AF452446

DICTIONNAIRE GÉOGRAPHIQUE

VOCABULAIRE GÉOGRAPHIQUE.

A

AA, r. de Suisse, qui se jette dans le Rhin. D'autres rivières portent aussi ce nom en France, en Hollande, en Prusse. Celle qui arrose la France se jette dans la Manche, a Gravelines (Nord).

AAR, r. de Suisse, qui se jette dans le Rhin, après un cours de 265 kil.

AARAU ou **ARAU**, v. de Suisse, sur l'Aar. 4,627 hab.

ABBEVILLE, jadis cap. du comté de Penthièvre. Ch.-l. d'arr. du dép. de la Somme. 18,539 hab. Place forte, port. Saint Louis y signa, en 1259, un traité qui rendait plusieurs provinces aux Anglais.

ABERDEEN, v. d'Ecosse, à l'embouchure de la Dee. 72,000 hab.

ABOUKIR, village de la B.-Egypte. En 1798, bataille navale où Nelson détruisit la flotte française; en 1799, combat sur terre où Bonaparte, avec 5,000 hommes, battit 15,000 Turcs.

ABRUZZES, prov. de l'anc. roy. de Naples, baignée par la mer Adriatique.

ABYSSINIE, contrée de l'Afrique orientale, arrosée par plusieurs affluents du Nil. Population évaluée de 2 à 4 millions d'âmes.

ACCOUS, ch.-l. de cant. des B.-Pyrénées, arr. d'Oloron. 1,505 hab.

ACHAIE, prov. de la Grèce actuelle, occupant à peu près l'emplacement de l'anc. Achaïe.

ACHEUX, ch.-l. de cant., arr. de Doullens. 750 hab.

AÇORES, îles de l'océan Atlantique, appart. au Portugal. Elles sont au nombre de 9. 180,000 hab.

ACRE ou **SAINT-JEAN D'ACRE**, v. forte de Syrie. Plusieurs sièges mémorables pendant les croisades. Les chrétiens la prirent en 1191 et les Sarrasins la leur reprirent en 1291. Elle résista à Bonaparte en 1799. 20,000 h.

ACTIUM, v. d'Acarnanie, en Grèce. Célèbre par la vict. navale remportée par Octave sur Antoine.

ADEN, Etat de l'Yémen, en Arabie. V. forte. 30,000 hab.

ADEN (GOLFE D'), golfe qui va de la mer des Indes au détroit de Bab-el-Mandeb.

ADOUR, r. de France, qui prend sa source dans les Pyrénées et se jette dans le golfe de Biscaye.

ADOUSE, r. de l'Algérie, qui sort du mont Atlas.

ADRETS, village du dép. de l'Isère, près de Grenoble.

ADRIATIQUE (GOLFE ou **MER)**, grand golfe de la Méditerranée, entre l'Italie, la Dalmatie et la Grèce.

AFGHANISTAN, région de l'Asie qui, jointe au Sistan, forme le roy. de Caboul. Cap. Caboul.

AFRIQUE, une des cinq parties du monde, baignée par la Méditerranée, l'océan Atlantique, la mer des Indes et la mer Rouge, liée à l'Afrique par l'isthme de Suez, terminée au sud par le cap de Bonne-Espérance. Elle est située tout entière dans la zone torride. On évalue sa pop. à 60 millions d'hab.

AGDE, ch.-l. de cant. du dép. de l'Hérault, arr. de Béziers. 9,019 hab. Un concile y fut tenu en 506.

AGEN, ch.-l. du dép. de Lot-et-Garonne. 15,940 hab.

AGENAIS ou **AGENOIS**, anc. prov. de Guyenne, fait partie du dép. de Lot-et-Garonne.

AGON, petit port de France, dans le dép. de la Manche.

AGRAH, v. de l'Inde anglaise. 30,000 hab. C'était autrefois une des villes les plus belles et les plus riches de l'univers.

AGRIGENTE, anc. ville de la Sicile, auj. Girgenti.

AHUN, ch.-l. de cant. de la Creuse, arr. de Guéret. 2,285 hab.

AI ou **AY**, v. de l'anc. Champagne, ch.-l. de cant. de la Marne, arr. de Reims. 3,390 hab.

AIGLE. (*Voy.* **LAIGLE.**)

AIGNAN, ch.-l. de cant. du Gers, arr. de Mirande. 1,650 hab.

AIGNAN-SUR-ROË, ch.-l. de cant. de la Mayenne, arr. de Chateau-Gontier. 855 hab.

AIGNAY-LE-DUC, ch.-l. de cant. de la Côte-d'Or, arr. de Chatillon. 849 hab.

AIGRE, ch.-l. de cant. de la Charente, arr. de Ruffec. 780 hab.

AIGREFEUILLE, ch.-l. de cant. de la Char.-Inf., arr. de Rochefort. 1,820 hab.

AIGREFEUILLE, ch.-l. de cant. de la Loire-Inférieure, arr. de Nantes. 1,554 hab.

AIGUEBELLE, ch.-l. de cant. du dép. de la Savoie, arr. de Saint-Jean-de-Maurienne. 1,120 hab.

AIGUEPERSE, ch.-l. de cant. du

Puy-de-Dôme, arr. de Riom. 2,035 hab.

AIGUES-MORTES, ch.-l. de cant. du Gard, arr. de Nimes, 3,685 hab. Jadis port de mer.

AIGUILLES, ch.-l. de cant. des Htes-Alpes, arr. de Briançon. 634 hab.

AIGURANDE, ch.-l. de cant. de l'Indre, arr. de la Châtre. 2,115 hab.

AILLANT, ch.-l. de cant. de l'Yonne, arr. de Joigny. 470 hab.

AILLY-SUR-NOYE, ch.-l. de cant. de la Somme, arr. de Montdidier. 1,100 hab.

AILLY-HAUT-CLOCHER, ch.-l. de cant. de la Somme, arr. d'Abbeville. 1,185 hab.

AIME, ch.-l. de cant. du dép. de la Savoie, arr. de Moutiers. 1,080 hab.

AIN, r. de France, qui sort des monts du Jura et se jette dans le Rhône.

AIN (DÉP. DE L'), ch.-l. Bourg. Cour d'appel de Lyon; évêché à Belley. Il est formé de la Bresse, du Bugey, du Valromey, du pays de Gex et de la principauté de Dombes. Le Rhône et la Saône bornent ce dép. de trois côtés; l'Ain le traverse.

AIRE, ch.-l. de cant. du Pas-de-Calais, arr. de Saint-Omer. 7,930 hab. Sur la Lys.

AIRE, ch.-l. de cant. des Landes, arr. de Saint-Sever. 4,700 hab.

AIRVAULT, ch.-l. de cant. des Deux-Sèvres, arr. de Parthenay. 1,830 hab. Sur le Toret.

AISNE, r. de France, qui prend sa source dans le dép. de la Meuse, et se jette dans l'Oise, à Compiègne.

AISNE DÉP. DE L', ch.-l. Laon. Cour d'appel d'Amiens; évêché à Soissons. Formé d'une partie de la Picardie, de l'Ile-de-France et de la Brie champenoise.

AIX, ch.-l. d'arr. des Bouches-du-Rhône. 25,335 hab. Sources d'eaux salines. Anc. cap. de la Provence. Archevêché.

AIX-EN-OTHE, ch.-l. de cant. de l'Aube, arr. de Troyes. 2,825 hab.

AIX (LES), ch.-l. de cant. du Cher, arr. de Bourges. 1,600 hab.

AIX (ILE D'), dans l'Océan, côtes de France, app. à la Charente-Inférieure. 430 hab.

AIX-LA-CHAPELLE, v. importante de la Prusse rhénane. 39,000 hab. Traité de 1748, qui mit fin à la guerre de la succession d'Autriche.

AIX-LES-BAINS, ch.-l. de cant. du dép. de la Savoie, arr. de Chambéry. 4,253 hab.

AIXE, ch.-l. de cant. de la Haute-Vienne, arr. de Limoges. 3,112 hab.

AJACCIO, ch.-l. du dép. de la Corse. 12,760 hab. Evêché. Napoléon Ier y naquit le 15 août 1769.

AJAN (CÔTE D'), contrée sablonneuse et stérile sur la côte orientale de l'Afrique.

ALAIGNE, ch.-l. de cant. de l'Aude, arr. de Limoux. 545 hab.

ALAIS, ch.-l. d'arr. du Gard. 19,000 hab.

ALAND (ILES D'), archipel de la mer Baltique; font partie de la Finlande.

ALASKA, presqu'île de l'Amérique du Nord.

ALBANIE, prov. de la Turquie d'Europe. Cap. Scutari.

ALBAN, ch.-l. de cant. du Tarn, arr. d'Albi. 840 hab.

ALBANY, v. des Etats-Unis, cap. de l'Etat de New-York. 41,000 hab.

ALBE-LA-LONGUE, la plus anc. ville du Latium; les Romains la détruisirent vers 666 av. J.-C.

ALBERTVILLE, ch.-l. d'arr. du dép. de la Savoie. 3,490 hab.

ALBESTROFF, ch.-l. de cant. de l'anc. dép. de la Meurthe, arr. de Château-Salins. 770 hab.

ALBI, ch.-l. du dép. du Tarn. 16,590 hab. Archevêché. Le navigateur La Pérouse y naquit, en 1741.

ALBION, nom anc. de la Grande-Bretagne.

ALENÇON, ch.-l. du dép. de l'Orne. 16,115 hab. Célèbre par ses dentelles.

ALEP, v. de Syrie. 70,000 hab. Pestes fréquentes.

ALEXANDRIE, cap. de la B.-Egypte, à l'une des embouchures du Nil. Fondée par Alexandre-le-Grand. 180,000 hab.

ALEXANDRIE, v. forte du roy. d'Italie. Prise par les Français, en 1657 et en 1707. 11,000 hab.

ALFORT, v. près de Paris. Ecole vétérinaire. 4,049 hab.

ALGER, cap. de l'Algérie, port sur la Méditerranée. Prise par les Français en 1830. Cour d'appel, archevêché. 42,000 hab.

ALGÉRIE, colonie française de l'Afrique sept., divisée en trois grandes provinces : Alger, Oran et Constantine.

ALHAMBRA, palais des rois maures à Grenade.

ALICANTE, v. d'Espagne, dans le roy. de Valence. 25,000 hab. Excellents vins.

ALISE, v. de la Côte-d'Or, où Vercingetorix fut vaincu par César.

ALLAIRE, ch.-l. de cant. du Morbihan, arr. de Vannes. 2,185 hab.

ALLANCHE, ch.-l. de cant. du Cantal, arr. de Murat. 2,125 hab.

ALLÈGRE, ch.-l. de cant. de la Haute-Loire, arr. du Puy. 1,720 hab.

ALLEMAGNE, vaste pays de l'Europe centrale, comprenant un certain nombre d'Etats qui, avant 1866, formaient la confédération germanique. Cette confédération n'existe plus.

ALLEVARD, ch.-l. de cant. de l'Isère, arr. de Grenoble. 3,180 hab.

ALLIA, r. de l'anc. Italie, où les Gaulois battirent les Romains. 290 ans av. J.-C.

ALLIER, r. de France, qui sort des Cévennes et se jette dans la Loire, près de Nevers, après un cours de 370 kil.

ALLIER (DÉP. DE L'), ch.-l. Moulins. Cour d'appel de Riom ; évêché à Moulins. Formé de l'anc. gouv. du Bourbonnais.

ALLOS, ch.-l. de cant. des B.-Alpes, arr. de Barcelonnette. 1,202 hab.

ALMA, r. de Crimée. Victoire des Anglais et des Français sur les Russes, en 1854.

ALPES, ch. de montagnes au N. de l'Italie ; s'étendent depuis la Méditerr., près de Nice, jusqu'au Danube, près de Vienne.

ALPES (DÉP. DES BASSES-), ch.-l. Digne. Cour d'appel d'Aix ; évêché à Digne. Formé d'une partie de la Provence.

ALPES (DÉP. DES HAUTES-), ch.-l. Gap. Cour d'appel de Grenoble ; évêché à Gap. Formé d'une partie du Dauphiné.

ALPES-MARITIMES (DÉP. DES), ch.-l. Nice. Formé du comté de Nice et d'une petite partie du territoire du Var.

ALSACE, anc. prov. de France, dont il ne nous reste plus que Belfort et un petit territoire autour. Cap. Strasbourg. Elle comprenait le Bas-Rhin et le Haut-Rhin.

ALKIRCH, ch.-l. de cant. de l'anc. dép. du Bas-Rhin, arr. de Mulhouse. 3,193 hab.

ALTONA, v. et port du duché de Holstein, à la Prusse, sur l'Elbe. 22,000 hab.

ALZON, ch.-l. de cant. du Gard, arr. de Le Vigan. 972 hab.

ALZONNE, ch.-l. de cant. de l'Aude, arr. de Carcassonne. 1,570 hab.

AMANCE, ch.-l. de cant. de la Hte-Saône, arr. de Vesoul. 974 hab.

AMANCEY, ch.-l. de cant. du Doubs, arr. de Besançon. 808 hab.

AMAZONES (FLEUVE DES), fleuve de l'Amérique du Sud, qui se jette dans l'océan Atlantique après un cours de 4,800 kil. On l'appelle aussi le *Maragnon*.

AMBAZAC, ch.-l. de cant. de la Hte-Vienne, arr. de Limoges. 2,895 h.

AMBÉRIEU, ch.-l. de cant. de l'Ain, arr. de Belley. 3,047 hab.

AMBERT, ch.-l. d'arr. du Puy-de-Dôme. 7,319 hab.

AMBEZ, v. de France (Gironde), sur la Dordogne. On appelle *bec d'Ambez* le lieu où la Dordogne se jette dans la Garonne.

AMBOISE, ch.-l. de cant. de l'Indre-et-Loire, arr. de Tours. 4,500 hab. En 1560, conjuration formée contre François II.

AMBRIÈRES, ch.-l. de cant. de la Mayenne, arr. de Mayenne. 2,720 hab.

AMBROIX (SAINT-), ch.-l. de cant. du Gard, arr. d'Alais. 4,025 hab.

AMÉRIQUE ou NOUVEAU-MONDE, une des cinq parties du monde, la plus grande après l'Asie, découverte en 1492 par Christophe Colomb. Elle se divise en *Amérique méridionale* et *Amérique septentrionale*, réunies par l'isthme de Panama. Environ 50,000,000 d'hab.

AMFREVILLE, ch.-l. de cant. de l'Eure, arr. de Louviers. 739 hab.

AMIENS, ch.-l. du dép. de la Somme. 51,535 hab. Evêché, cour d'appel. Paix de 1802, entre la France, l'Angleterre, l'Espagne et la Hollande.

AMOU, ch.-l. de cant. des Landes, arr. de Saint-Sever. 834 hab.

AMOUR (SAINT-), ch.-l. de cant. du Jura, arr. de Lons-le-Saulnier. 2,310 hab.

AMOUR, fl. de l'Asie, qui se jette dans la mer d'Okhotsk après un cours de 3,400 kil. On le nomme aussi *Saghalien*.

AMSTERDAM, v. la plus import. du roy. de Hollande. 304,000 hab. Port sur le golfe du Zuyderzée.

ANATOLIE, contrée de l'Asie-Mineure. Auj. prov. de la Turquie d'Asie.

ANCENIS, ch.-l. d'arr. de la Loire-Inférieure. 4,148 hab.

ANCERVILLE, ch.-l. de cant. de la Meuse, arr. de Bar-le-Duc. 2,198 hab.

ANCONE, v. forte d'Italie, port sur l'Adriatique. 24,000 hab.

ANCY-LE-FRANC, ch.-l. de cant. de l'Yonne, arr. de Tonnerre. 1,772 hab.

ANDALOUSIE, l'un des gouv. généraux de l'Espagne. 1,800,000 hab. Cap. Séville. Au sud de la Péninsule.

ANDAMAN (ILES), archipel du golfe de Bengale.

ANDELOT, ch.-l. de cant. de la Hte-Marne, arr. de Chaumont. 1,107 h.

ANDELYS (LES), ch.-l. d'arr. de l'Eure. 5,161.

ANDES (LES) ou **CORDIL-LIÈRES**, chaîne de montagnes de l'Amérique méridionale.

ANDOLSHEIM, ch.-l. de cant. de l'anc. dép. du Ht-Rhin, arr. de Colmar. 1,039 hab.

ANDORRE (VALLÉE D'), petit pays entre la France et l'Espagne, sur le versant des Pyrénées. République sous la protection de la France. 16,000 hab.

ANDRINOPLE, v. de la Turquie d'Europe. 120,000 hab.

ANDROS, l'une des Cyclades, dans l'Archipel. 15,000 hab.

ANDUZE, ch.-l. de cant. du Gard, arr. d'Alais. 5,303 hab.

ANET, ch.-l. de cant. de l'Eure-et-Loir, arr. de Dreux. 1,410 hab. Magnifique château élevé par Henri III.

ANGERS, ch.-l. du dép. de Maine-et-Loire. 54,791 hab. Évêché, cour d'appel. Il s'y tint plusieurs conciles provinciaux et des *conférences* mémorables. (1713-1714).

ANGLÈS, ch.-l. de cant. du Tarn, arr. de Castres. 2,680 hab.

ANGLESEY, île de la mer d'Irlande, à l'Angleterre. 50,000 hab.

ANGLETERRE, anc. roy. formant auj. avec l'Écosse et l'Irlande, un seul et même État, sous le nom de royaume Britannique. Cap. Londres.

ANGLURE, ch.-l. de cant. de la Marne, arr. d'Epernay. 860 hab.

ANGOLA, roy. de la Guinée inférieure, en Afrique. 2,500,000 hab.

ANGORA, v. de la Turquie d'Asie. 35,000 hab. C'est également le nom d'une province.

ANGOULÊME, ch.-l. du dép. de la Charente. Évêché. 25,116 hab. Patrie de la reine Marguerite de Valois, de Ravaillac.

ANGOUMOIS, anc. prov. de France. Cap. Angoulême. Comprise dans le dép. de la Charente.

ANIANE, ch.-l. de cant. de l'Hérault, arr. de Montpellier. 3,012 hab.

ANIO, r. de l'anc. Italie, qui se jette dans le Tibre. Camille y battit les Gaulois, en 367 av. J.-C.

ANIZY-LE-CHATEAU, ch.-l. de cant. de l'Aisne, arr. de Laon. 1,160 h.

ANJOU, anc. prov. de France, cap. Angers. Forme auj. le dép. de Maine-et-Loire et une partie des dép. de la Mayenne, de la Sarthe et de l'Indre-et-Loire.

ANNECY, ch.-l du dép. de la Hte-Savoie. 11,524 hab. Évêché. Saint François de Sales en fut évêque.

ANNONAY, ch.-l. de cant. de l'Ardèche, arr. de Tournon. 18,440 hab.

ANNOT, ch.-l. de cant. des Basses-Alpes, arr. de Castellane. 1,137 hab.

ANSE, ch.-l. de cant. du Rhône, arr. de Villefranche. 2,277 hab.

ANSPACH, v. de Bavière. 14,000 h.

ANTIBES, ch.-l. de cant. des Alpes-Maritimes, arr. de Grasse. 6,064 hab. Port fortifié.

ANTILLES, arch. de l'Amérique du Nord, découvertes par Christ. Colomb.

ANTIOCHE, v. de la Turquie d'Asie, sur l'Oronte. 180,000 hab.

ANTRAIGUES, ch.-l. de cant. de l'Ardèche, arr. de Privas. 1,580 hab.

ANTRAIN, ch.-l. de cant. de l'Ille-et-Vilaine, arr. de Fougères. 1,642 hab.

ANVERS, v. de Belgique, sur l'Escaut. 60,000 hab. Place forte, vaste port.

ANZIN, bourg du dép. du Nord, important par ses mines de houille. 7,283 hab.

AOSTE ou **CITÉ D'AOSTE**, v. du roy. d'Italie. 7,000 hab. Sur la Doire, au pied des Alpes.

APENNINS, ch. de montagnes qui traverse l'Italie dans toute sa longueur.

APPENZELL, v. et cant. de la Suisse. Pop. de tout le canton. 52,000 âmes.

APT, ch.-l. d'arr. du dép. de Vaucluse. 5,940 hab.

APULIE, contrée de l'anc. Italie. Auj. la Pouille, le long de la mer Adriatique.

AQUITAINE, une des quatre grandes régions de la Gaule anc., dans la partie méridionale.

ARABIE, contrée à l'ouest de l'Asie mérid. 12,000,000 hab.

ARAGON, prov. d'Espagne au N.-E. autrefois royaume indépendant, capitale Saragosse.

ARAL, grand lac de l'Asie centrale, dans la Tartarie indépendante.

ARAMITS, ch.-l. de cant. des B.-Pyrénées, arr. d'Oloron. 1,073 hab.

ARAMON, ch.-l. de cant. du Gard, arr. de Nîmes. 2,670 hab.

ARANJUEZ, v. d'Espagne, sur le Tage. Château qui servait de résidence à la cour. 9,000 hab.

ARARAT, montagne d'Arménie où s'arrêta l'arche de Noé.

ARAXE, r. de l'anc. Perse.

ARBELLES, v. d'Assyrie. Victoire remportée par Alexandre sur Darius 331 av. J.-C.

ARBOIS, ch.-l. de cant. du Jura, arr. de Poligny. 5,895 hab. Vins renommés.

ARBRESLES, ch.-l. de cant. du Rhône, arr. de Lyon. 2,700 hab.

ARC-EN-BARROIS, ch.-l. de

cant. de la Haute-Marne, arr. de Chaumont. 1,350 hab.

ARCADIE, prov. centrale du Péloponèse, dont les poètes avaient fait le séjour de l'innocence et du bonheur.

ARCHINE, ch.-l. de cant. de la Charente-Infér., arr. de Jonzac. 1,227 h.

ARCHIPEL, petite mer formée par la Méditerranée, qui baigne les côtes de l'Europe et celles de l'Asie. Les anc. l'appelaient *mer Égée.*

ARCIS-SUR-AUBE, ch.-l. d'arr. du dép. de l'Aube. 2,270 hab.

ARCOLE, v. d'Italie, près de Vérone. Victoire de Bonaparte sur les Autrichiens, en 1796.

ARCY-SUR-CURE, village de l'Yonne. Grotte à stalactites. 1,500 hab.

ARDÈCHE, r. de France, qui sort des Cévennes et se jette dans le Rhône.

ARDÈCHE (DÉP. DE L'), ch.-l. Privas. Cour d'appel de Nîmes, n'a pas d'évêché. Il est formé du Vivarais et d'une partie du Bas-Languedoc. 387,174 hab.

ARDENNES (FORÊT DES), vaste forêt dont une partie couvre le nord de la Champagne.

ARDENNES (DÉP. DES), ch.-l. Mézières. 326,864 hab. Formé de la principauté de Sédan, du Rhéthelois, du Rémois septent. et d'une partie du Hainault français.

ARDENTES, ch.-l. de cant. de l'Indre, arr. de Châteauroux. 2,560 hab.

ARDES, ch.-l. de cant. du Puy-de-Dôme, arr. d'Issoire. 1,470 hab.

ARDRES, ch.-l. de cant. du Pas-de-Calais, arr. de Saint-Omer. 1,940 h.

AREQUIPA, v. du Pérou. 30,000 hab. Fondée par Pizarre, en 1536.

AREZZO, v. forte du roy. d'Italie. 10,500 hab.

ARGELÈS, ch.-l. d'arr. des Hautes-Pyrénées. 1,698 hab.

ARGELÈS-SUR-MER, ch.-l. de cant. des Pyrénées-Orientales, arr. de Céret. 2,537 hab.

ARGENT, ch.-l. de cant. du Cher, arr. de Sancerre. 1,365 hab.

ARGENTAN, ch.-l. d'arr. de l'Orne. 5,491 hab.

ARGENTAT, ch.-l. de cant. de la Corrèze, arr. de Tulle. 3,370 hab.

ARGENTEUIL, ch.-l. de cant. de Seine-et-Oise, arr. de Versailles. 8,176 hab.

ARGENTIÈRE (L'), ch.-l. de cant. des Hautes-Alpes, arr. de Briançon. 1,202 hab.

ARGENTINE (RÉPUBLIQUE), formée des provinces réunies de la Plata. Cap. Buénos-Ayres.

ARGENTON, ch.-l. de cant. du l'Indre, arr. de Châteauroux. 4,765 hab.

ARGENTON-CHATEAU, ch.-l. de cant. des Deux-Sèvres, arr. de Bressuire. 995 hab.

ARGENTRÉ, ch.-l. de cant. de la Mayenne, arr. de Laval. 1,745 hab.

ARGENTRÉ, ch.-l. de cant. de l'Ille-et-Vilaine, arr. de Vitré. 2,240 h.

ARGINUSES (BATAILLE DES ILES), gagnée par les Athéniens sur les Spartiates, en 406 av. J.-C.

ARGOLIDE, partie de l'anc. Grèce. Cap. Argos.

ARGONNE, anc. pays de France, dont Sainte-Menehould était le ch.-l.

ARGOS, v. de l'anc. Grèce.

ARGOVIE, cant. de la Suisse. Cap. Aarau.

ARGUEIL, ch.-l. de cant. de la Seine-Inf., arr. de Neufchâtel. 500 hab.

ARIÈGE, r. de France, qui prend sa source dans les Pyrénées-Orient., et se jette dans la Garonne, après un cours de 140 kil.

ARIÈGE (DÉP. DE L'), ch.-l. Foix. 350,436 hab. Cour d'appel de Toulouse ; évêché à Pamiers. Formé de l'anc. comté de Foix, du Conserans, et d'une partie du Languedoc.

ARINTHOD, ch.-l. de cant. du Jura, arr. de Lons-le-Saulnier. 1,330 h.

ARJUZAUX, ch.-l. de cant. des Landes, arr. de Mont-de-Marsan. 795 h.

ARKHANGEL, ch.-l. du gouv. de ce nom, en Russie, à l'embouchure de la Dwina, sur la mer Blanche.

ARLANE, ch.-l. de cant. du Puy-de-Dôme, arr. d'Ambert. 4,167 hab.

ARLES, ch.-l. d'arr. des Bouches-du-Rhône. 25,920 hab. Antiquités remarquables.

ARLES-SUR-TECH, ch.-l. de cant. des Pyrénées-Orientales, arr. de Céret. 2,523 hab.

ARLEUX, ch.-l. de cant. du Nord, arr. de Douai. 1,640 hab.

ARLON, v. de Belgique. 5,600 hab.

ARMÉNIE, grande contrée de l'Asie, partagée entre la Turquie et la Russie.

ARMENTIÈRES, ch.-l. de cant. du Nord, arr. de Lille. 15,579 hab.

ARMORIQUE, anc. nom de la Bretagne et des côtes de la Manche.

ARNAY-LE-DUC, ch.-l. de cant. de la Côte-d'Or, arr. de Beaune. 2,500 h.

ARNO, fleuve de l'Italie, dans la Toscane.

ARPAJON, ch.-l. de cant. de Seine-et-Oise, arr. de Corbeil. 2,125 h.

ARQUES, commune de France, de la Seine-Inf. Victoire de Henri IV sur le duc de Mayenne et les ligueurs, en 1589.

ARRAS, ch.-l. du Pas-de-Calais. 25,740 hab. Evêché.

ARREAU, ch.-l. de cant. des Htes-Pyrénées. arr. de Bagnères. 1,330 hab.

ARS, ch.-l. de cant. dans l'île de Ré (Charente-Inf.), arr. de la Rochelle. 3,486 hab.

ARTENAY, ch.-l. de cant. du Loiret, arr. d'Orléans. 1,041 hab.

ARTHEZ, ch.-l. de cant. des Basses-Pyrénées, arr. d'Orthez. 540 hab.

ARTOIS, anc. prov. du nord de la France. Cap. Arras.

ARADY, ch.-l. de cant. des Basses-Pyrénées, arr. d'Oloron. 1,000 hab.

ARZACQ, ch.-l. de cant. des Basses-Pyrénées, arr. d'Orthez. 1,300 hab.

ARZANO, ch.-l. de cant. du Finistère, arr. de Quimperlé. 1,860 hab.

ARZEW. ch.-l. de district (Algérie), arr. d'Oran. 900 hab.

ASCALON, v. de l'anc. Palestine.

ASFELD, ch.-l. de cant. des Ardennes, arr. de Réthel. 1,151 hab.

ASIE, l'une des cinq parties du monde ; la plus grande et la plus riche par ses productions. Environ 400 millions d'hab.

ASIE-MINEURE. nom donné par les anciens à une partie de l'Asie au sud de la mer Noire.

ASPET, ch.-l. de cant. de la Haute-Garonne, arr. de St.-Gaudens. 2,510 h.

ASPHALTITE (LAC). *V. Morte* (mer).

ASPRES-LES-VEYNES, ch.-l. de cant. des Hautes-Alpes, arr. de Gap. 731 hab.

ASPRIÈRES, ch.-l. de cant. de l'Aveyron, arr. de Villefranche. 1,821 hab.

ASSAM, contrée de l'Inde-Chine anglaise. Cap. Djorhât.

ASSOMPTION, v. de l'Amérique mérid. Cap. du Paraguay. 15,000 hab.

ASSOMPTION (ILE DE L'), île située près de l'embouchure du Saint-Laurent, dans l'océan Atlantique.

ASSYRIE, vaste État de l'Asie anc., avait pour cap. Ninive.

ASTAFFORT, ch.-l. de cant. du dép. de Lot-et-Garonne, arr. d'Agen. 2,400 hab.

ASTAROTH. v. de l'anc. Palestine, et divinité phénicienne.

ASTI, v. du roy. d'Italie, dans le Piémont, 22,000 hab.

ASTIER (SAINT), ch.-l. de cant. de la Dordogne, arr. de Périgueux. 2,880 hab.

ASTRAKHAN, pr. et v. considérable de la Russie d'Europe. 45,700 hab.

ASTURIES (LES). prov. de l'Espagne. Cap. Oviédo.

ATH, v. de Belgique, dans le Hainault. 8,800 hab.

ATHÈNES. anc. cap. de l'Attique, actuellement cap. de la Grèce. 25,000 h.

ATHIS, ch.-l. de cant. de l'Orne, arr. de Domfront. 4,510 hab.

ATLANTIQUE (OCÉAN), grande mer qui baigne d'un côté l'Europe et l'Afrique, de l'autre l'Amérique.

ATLAS, chaîne de montagnes au N. de l'Afrique.

ATTICHY, ch.-l. de cant. de l'Oise, arr. de Compiègne. 919 hab.

ATTIGNY, ch.-l. de cant. des Ardennes, arr. de Vouziers. 1,679 hab.

ATTIQUE, contrée de l'anc. Grèce ; avait pour cap. Athènes.

AUBAGNE, ch.-l. des Bouches-du-Rhone, arr. de Marseille. 1,408 hab.

AUBAN (SAINT-), ch.-l. de cant. des Alpes-Maritimes, arr. de Grasse. 615 hab.

AUBE, r. de France, qui sort du dép. de la Haute-Marne, et se jette dans la Seine, à Conflans-sur-Aube.

AUBE (DÉP. DE L'), ch.-l. Troyes. 261,951 hab. Cour d'appel de Paris ; evêché à Troyes. Formé de l'anc. Champagne proprement dite et d'une partie de la Bourgogne.

AUBENAS, ch.-l. de cant. de l'Ardèche, arr. de Privas. 7,694 hab.

AUBENTON, ch.-l. de cant. de l'Aisne, arr. de Vervins. 1,549 hab.

AUBERIVE, ch.-l. de cant. de la Haute-Marne, arr. de Langres. 969 hab.

AUBETERRE, ch.-l. de cant. de la Charente, arr. de Barbezieux. 764 hab.

AUBIGNY, ch.-l. de cant. du Pas-de-Calais, arr. de Saint-Pol. 635 hab.

AUBIGNY, ch.-l. de cant. du Cher, arr. de Sancerre. 2,660 hab.

AUBIN, ch.-l. de cant. de l'Aveyron, arr. de Villefranche. 7,860 hab.

AUBIN-D'AUBIGNÉ (SAINT-), ch.-l. de cant. d'Ille-et-Vilaine, arr. de Rennes. 1,450 hab.

AUBIN-DU-CORMIER (SAINT-), ch.-l. de cant. d'Ille-et-Vilaine, arr. de Fougères. 2,100 hab.

AUBUSSON, ch.-l. d'arr. de la Creuse. 6,650 hab. Célèbre par ses manufactures de tapis.

AUCH, ch.-l. du dép. du Gers. 12,500 hab. Archevêché.

AUCUN, ch.-l. de cant. des Hautes-Pyrénées, arr. d'Argelès. 541 hab.

AUDE. r. de France, qui a sa source dans les Pyrén.-Orient., et se jette dans la Méditerranée, après un cours de 205 kil.

AUDE (DÉP. DE L'), ch.-l. Carcassonne. 288,626 hab. Cour d'appel de

Montpellier; évêché à Carcassonne. Formé de la partie S.-O. du Languedoc.

AUDENGE, ch.-l. de cant. de la Gironde, arr. de Bordeaux. 1,225 hab.

AUDEUX, ch.-l. de cant. du Doubs, arr. de Besançon. 145 hab.

AUDINCOURT, ch.-l. de cant. du Doubs, arr. de Montbéliard. 3,170 hab.

AUDRUICK, ch.-l. de cant. du Pas-de-Calais, arr. de Saint-Omer. 2,479 h.

AUDUN-LE-ROMAN, ch.-l. de cant. de Meurthe-et-Moselle, arr. de Briey. 446 hab.

AUGE (LA VALLÉE D'), dans la Normandie.

AUGSBOURG, v. de la Bavière. 30,000 hab.— Confession d'*Augsbourg*, profession de foi des princes protestants acceptée par Charles-Quint, en 1530. — Paix d'*Augsbourg*, conclue entre Charles-Quint et les protestants, en 1555.

AULIDE, prov. de l'anc. Grèce.

AULNAY, ch.-l. de cant. de la Charente-Inférieure, arr. de Saint-Jean-d'Angély. 2,040 hab.

AULNE, r. de France, qui se jette dans la rade de Brest.

AULT, ch.-l. de cant. de la Somme, arr. d'Abbeville. 1,548 hab.

AUMALE, ch.-l. de cant. de la Seine-Inf., arr. de Neufchâtel. 2,134 h.

AUMALE, poste militaire de l'Algérie. 1,200 hab.

AUMONT, ch.-l. de cant. de la Lozère, arr. de Marvéjols. 959 hab.

AUNAY, ch.-l. de cant. du Calvados, arr. de Vire. 2,057 hab.

AUNEAU, ch.-l. de cant. de l'Eure-et-Loir, arr. de Chartres. 1,705 hab.

AUNEUIL, ch.-l. de cant. de l'Oise, arr. de Beauvais. 1,155 hab.

AUNIS, anc. prov. de France. Cap. La Rochelle.

AUPS, ch.-l. de cant. du Var, arr. de Draguignan. 2,712 hab.

AURAY, ch.-l. de cant. du Morbihan, arr. de Lorient. 4,512 hab.

AURIGNAC, ch.-l. de cant. de la Hte-Garonne, arr. de Saint-Gaudens. 1,448 hab.

AURIGNY, île anglaise dans la Manche.

AURILLAC, ch.-l. du dép. du Cantal. 10,998 hab.

AUROS, ch.-l. de cant. de la Gironde, arr. de Bazas. 608 hab.

AUSONIE, autrefois l'Italie.

AUSTERLITZ, village de Moravie. Victoire de Napoléon, le 2 déc. 1805, sur les empereurs de Russie et d'Autriche.

AUSTRALIE ou **NOUVELLE-HOLLANDE**, très grande île de l'Océanie.

AUSTRASIE, anc. roy. de France. Cap. Metz.

AUTERIVE, ch.-l. de cant. de la Hte-Garonne, arr. de Muret. 3,312 hab.

AUTHON, ch.-l. de cant. de l'Eure-et-Loir, arr. de Nogent-le-Rotrou. 1,566 hab.

AUTREY, ch.-l. de cant. de la Hte-Saône, arr. de Gray. 1,260 hab.

AUTRICHE, l'une des cinq grandes puissances de l'Europe. Cap. Vienne.

AUTUN, ch.-l. d'arr. de Saône-et-Loire, 13,389 hab. Evêché.

AUVERGNE, anc. prov. de France. Cap. Clermont-Ferrand.

AUVILLAR, ch.-l. de cant. de Tarn-et-Garonne, arr. de Moissac. 1,825 hab.

AUXERRE, ch.-l. du dép. de l'Yonne. 15,497 hab.

AUXI-LE-CHATEAU, ch.-l. de cant. du Pas-de-Calais, arr. de Saint-Pol. 3,009 hab.

AUXOIS, pays de l'anc. Bourgogne.

AUXONNE, ch.-l. de cant. de la Côte-d'Or, arr. de Dijon. 5,911 hab., v. fortifiée.

AUZANCES, ch.-l. de cant. de la Creuse, arr. d'Aubusson 1,240 hab.

AUZON, ch.-l. de cant. de la Haute-Loire, arr. de Brioude. 1,500 hab.

AVAILLES, ch.-l. de cant. de la Vienne, arr. de Civray. 2,114 hab.

AVALLON, ch.-l. d'arr. de l'Yonne. 6,070 hab.

AVENTIN (MONT), l'une des sept collines de Rome.

AVERNE, lac de l'Italie mérid.; était regardé comme l'entrée des Enfers.

AVESNES, ch.-l. d'arr. du Nord. 2,860 hab. Petite place forte.

AVESNES-LE-COMTE, ch.-l. de cant. du Pas-de-Calais, arr. de Saint-Pol. 1,477 hab.

AVEYRON, r. de France, qui se jette dans le Tarn, après un cours de 226 kil.

AVEYRON (DÉP. DE L'), ch.-l. Rodez. 400,070 hab. Cour d'appel de Montpellier; évêché à Rodez. Formé de l'anc. prov. du Rouergue.

AVIGNON, ch.-l. du dép. de Vaucluse, sur le Rhône. Archevêché. Longtemps la résidence des papes. 36,127 hab.

AVIZE, ch.-l. de cant. de la Marne, arr. d'Epernay. 1,914 hab.

AVRANCHES, ch.-l. d'arr. de la Manche. 8,642 hab.

AX, ch.-l. de cant. de l'Ariège, arr. de Foix. 1,632 hab.

AXAT, ch.-l. de cant. de l'Aude, arr. de Limoux. 458 hab.

AY. *Voy.* **AI.**

AYEN, ch.-l. de cant. de la Corrèze, arr. de Brive. 1,333 hab.

AZAY-LE-RIDEAU, ch.-l de cant. de l'Indre-et-Loire, arr. de Chinon. 2,063 hab.

AZINCOURT, bourg du Pas-de-Calais. Victoire des Anglais sur les Français, en 1415

AZOV ou **AZOF (MER D')**, golfe de la mer Noire; v. de Russie.

B

BAB-EL-MANDEB (DÉTROIT DE), joint la mer Rouge à la mer d'Oman.

BABYLONE, cap. du plus anc. emp. du monde, sur l'Euphrate. Il n'en reste plus que des ruines.

BACCARAT, ch.-l. de cant. de Meurthe-et-Moselle, arr. de Lunéville. 3,565 hab.

BACQUEVILLE, ch.-l. de cant. de la Seine-Inférieure, arr. de Dieppe. 2,620 hab

BACTRIANE, grande et belle contrée de l'anc. Asie.

BADAJOZ, v. d'Espagne, cap. de l'Estrémadure. 14,500 hab. Place forte.

BADE ou **BADEN (GRAND DU-CHÉ DE)**, État de l'Allemagne du sud. Cap. Carlsruhe. Pop. 1,230,000 h.

BADE-BADEN, jolie petite v. du duché de Bade. Bains d'eaux sulfu-reuses.

BAFFIN (BAIE OU MER DE), golfe de l'Océan atlantique, au N. de l'Amérique.

BAGDAD, v. de la Turquie d'Asie, sur le Tigre. 75,000 hab.

BAGÉ-LE-CHATEL, ch.-l. de cant. de l'Ain, arr. de Bourg. 756 hab.

BAGNÈRE-DE-BIGORRE, ch.-l. d'arr. de la Haute-Garonne. 8,795 hab. Eaux minérales.

BAGNÈRE-DE-LUCHON, ch.-l. de cant. de la Haute-Garonne, arr. de Saint-Gaudens. 3,295 hab. Eaux ther-males.

BAGNOLES, ch.-l. de cant. du Gard, arr. d'Uzès. 4,860 hab.

BAHAMA (ARCHIPEL DE), ou **ILES LUCAYES**, arch. de l'océan Atlant., en avant du golfe du Mexique.

BAHIA ou **SAN-SALVADOR**, v. et port de mer du Brésil. 120,000 hab.

BAIGNES-STE-RADEGONDE, ch.-l. de cant. de la Charente, arr. de Barbezieux. 2,417 hab.

BAIGNEUX-LES-JUIFS, ch.-l. de cant. de la Côte-d'Or, arr. de Châtillon. 465 hab.

BAIKAL, lac de la Sibérie.

BAILLEUL, ch.-l. de cant. du Nord, arr. d'Hazebrouck. 12,896 hab.

BAIN, ch.-l. de cant. d'Ille-et-Vilaine, arr. de Redon. 4,175 hab.

BAINS, ch.-l. de cant. des Vosges, arr. d'Epinal. 2,600 hab.

BAIROUT ou **BEYROUT**, v. et port de la Turquie d'Asie, en Syrie. 2,600 hab.

BAIS, ch.-l. de cant. de la Mayenne, arr. de Mayenne. 2,240 hab.

BALATON, lac de la Hongrie, en Autriche.

BALE, cant. et v. de Suisse. Concile, en 1431.

BALÉARES (LES), groupe d'îles dans la Méditerranée, à l'Espagne.

BALKANS (MONTS), chaîne de montagnes de la Turquie d'Europe.

BALLEROY, ch.-l. de cant. du Calvados, arr. de Bayeux. 1,284 hab.

BALLON, ch.-l. de cant. de la Sarthe, arr. du Mans. 1,818 hab.

BALTIMORE, v. des Etats-Unis, dans le Maryland, un des ports les plus commerçants du monde. 215,000 hab.

BALTIQUE (MER), vaste golfe de la mer du Nord.

BAMBOUK, roy. d'Afrique, dans la Sénégambie.

BANGKOK ou **BANKOK**, cap. du roy. de Siam. 350,000 hab.

BANNALEC, ch.-l. de cant. du Finistère, arr. de Quimperlé. 4,611 hab.

BANON, ch.-l. de cant. des Basses-Alpes, arr. de Forcalquier. 1,179 hab.

BANTAM, roy. et v. de l'île de Java. Jadis florissante.

BAPAUME, ch.-l. de cant. du Pas-de-Calais, arr. d'Arras. 3,174 hab.

BAR (LE), ch.-l. de cant. des Alpes-Maritimes, arr. de Grasse. 1,579 hab.

BAR-LE-DUC, ch.-l. du dép. de la Meuse. 15,334 hab.

BAR-SUR-AUBE, ch.-l. d'arr. de l'Aube. 4,809 hab.

BAR-SUR-SEINE, ch.-l. d'arr. de l'Aube. 49,171 hab.

BARBADE (LA), une des Antilles anglaises. 116,000 hab.

BARBARIE ou **ETATS BAR-BARESQUES**, région de l'Afrique septent., qui comprend les Etats de Tripoli, de Tunis, d'Alger et du Maroc.

BARBEZIEUX, ch.-l. d'arr. de la Charente. 3,881 hab.

BARCELONE, v. d'Espagne. Port de mer. 200,000 hab.

BARCELONNETTE, ch.-l. d'arr. des Basses-Alpes. 2,000 hab.

BARCEILONNETTE, ch.-l. de cant. des Htes-Alpes, arr. de Gap. 343 h.

BARÈGES, village des Hautes-Pyrénées. Eaux minérales renommées.

BARENTON, ch.-l. de cant. de la Manche, arr. de Mortain 2,768 hab.

BARJAC, ch.-l. de cant. du Gard, arr. de Brignoles. 2,525 hab.

BARJOLS, ch.-l. de cant. du Var, arr. de Brignoles. 3,330 hab.

BARNEVILLE, ch.-l. de cant. de la Manche, arr. de Valognes. 1,065 hab.

BARR, ch.-l. de cant. de l'anc. dép. du Bas-Rhin, arr. de Schelestadt. 5,807 hab.

BARRE, ch.-l. de cant. de la Lozère, arr. de Florac. 606 hab.

BARRÊME, ch.-l. de cant. des Basses-Alpes, arr. de Digne. 1,102 h.

BARROIS, anc. pays de la Lorraine.

BAS, ch.-l. de cant. de la Haute-Loire, arr. d'Yssingeaux. 3,190 hab.

BASSANO, v. d'Italie, sur la Brenta. Victoire de Bonaparte, en 1796.

BASSE-TERRE (LA), cap. de la Guadeloupe. Evêché. 13,000 hab.

BASSÉE (LA), ch.-l. de cant. du Nord, arr. de Lille. 3,170 hab.

BASSORA, v. de la Turquie d'Asie. 60,000 hab.

BASTELICA, ch.-l. de cant. de la Corse, arr. d'Ajaccio 2,842 hab.

BASTIA, ch.-l. d'arr. de la Corse. 21,535 hab. Port de mer.

BATAVIA, cap. de l'île de Java. 140,000 hab.

BATH, v. d'Angleterre. Eaux thermales. 52,000 hab.

BATIE-NEUVE (LA), ch.-l. de cant. des Hautes-Alpes, arr. de Gap. 798 hab.

BAUD, ch.-l. de cant. du Morbihan, arr. de Pontivy. 5,590 hab.

BAUGÉ, ch.-l. d'arr. de Maine-et-Loire. 3,562 hab.

BAUGY, ch.-l. de cant. du Cher, arr. de Bourges. 1,483 hab.

BAUME-LES-DAMES, ch.-l. d'arr. du Doubs, 2,562 hab.

BAUTZEN, v. de la Saxe. Vict. de Napoléon sur les Prussiens et les Russes, en 1812.

BAVAI, ch.-l. de cant. du Nord, arr. d'Avesnes. 1,765 hab.

BAVIÈRE, roy. d'Allemagne, dans la confédération du Sud. 4,807,874 hab.

BAYEUX, ch.-l. d'arr. du Calvados. Evêché. 9,138 hab.

BAYLEN, v. d'Espagne. 2,550 hab. Capitulation du général Dupont, le 22 juillet 1808.

BAYON, ch.-l. de cant. du dép. de Meurthe-et-Moselle, arr. de Lunéville. 955 hab.

BAYONNE, ch.-l. d'arr. des Basses-Pyrénées. Place forte. Evêché. 26,888 hab.

BAZAS, ch.-l. d'arr. de la Gironde. 4,766 hab.

BAZOCHES-SUR-HOÉME, ch.-l. de cant. de l'Orne, arr. de Mortagne. 1,200 hab.

BÉARN, anc. prov. de France. Cap. Pau. Faisait autrefois partie du gouvernement de la Navarre.

BÉAT (SAINT-), ch.-l. de cant. de la Haute-Garonne, arr. de Saint-Gaudens. 1,165 hab.

BEAUCAIRE, ch.-l. de cant. du Gard, arr. de Nîmes. 9,555 hab. Foire célèbre du 1er au 28 juillet.

BEAUCE, anc. pays de France. Cap. Chartres. Beaucoup de blé.

BEAUFORT, ch.-l. de cant. de Maine-et-Loire, arr. de Baugé. 5,308 h.

BEAUFORT, ch.-l. de cant. du Jura, arr. de Lons-le-Saulnier. 1,290 h.

BEAUFORT, ch.-l. de cant. de la Savoie, arr. d'Alberteville. 2,462 hab.

BEAUGENCY, ch.-l. de cant. du Loiret, arr. d'Orléans. 5,626 hab.

BEAUJEU, ch.-l. de cant. du Rhône, arr. de Villefranche. 3,864 hab.

BEAUJOLAIS, anc. pays de France, compris dans le Lyonnais. Fait actuel. partie du dép. du Rhône et de la Loire.

BEAULIEU, ch.-l. de cant. de la Corrèze, arr. de Brive. 2,571 hab.

BEAUMES, ch.-l. de cant. du dép. de Vaucluse, arr. d'Orange. 1,744 h.

BEAUMESNIL, ch.-l. de cant. de l'Eure, arr. de Bernay. 695 hab.

BEAUMETZ-LES-LOGES, ch.-l. de cant. du Pas-de-Calais, arr. d'Arras. 540 hab.

BEAUMONT, ch.-l. de cant. de la Dordogne, arr. de Bergerac. 1,811 hab.

BEAUMONT, ch.-l. de cant. de la Manche, arr. de Cherbourg. 705 hab.

BEAUMONT, ch.-l. de cant. du Tarn-et-Garonne, arr. de Castelsarrasin. 4,456 hab.

BEAUMONT-LE-ROGER, ch.-l. de cant. de l'Eure, arr. de Bernay. 2,000 hab.

BEAUMONT-SUR-SARTHE, ch.-l. de cant. de la Sarthe, arr. de Mamers. 2,234 hab.

BEAUNE, ch.-l. d'arr. de la Côte-d'Or. 10,700 hab. Renom. par ses vins.

BEAUNE-LA-ROLANDE, ch.-l. de cant. du Loiret, arr. de Pithiviers. 1,800 hab.

BEAUPRÉAU, ch.-l. de cant. de Maine-et-Loire, arr. de Cholet. 5,820 h.

BEAUREPAIRE, ch.-l. de cant. de l'Isère, arr. de Vienne. 2,650 hab.

BEAUREPAIRE, ch.-l. de cant. de Saône-et-Loire, arr. de Louhans. 820 hab.

BEAUSSET (LE), ch.-l. de cant. du Var, arr. de Toulon. 2,690 hab.

BEAUVAIS, ch.-l. du dép. de l'Oise. Cour d'appel d'Amiens. Évêché. 15,307 hab. Souvenir de Jeanne Hachette.

BEAUVILLE, ch.-l. de cant. de Lot-et-Garonne, arr. d'Agen. 1,274 hab.

BEAUVOIR, ch.-l. de cant. de la Vendée, arr. des Sables-d'Olonne. 2,668 hab.

BÉCHEREL, ch.-l. de cant. de l'Ille-et-Vilaine, arr. de Montfort. 780 h.

BÉDARIEUX, ch.-l. de cant. de l'Hérault, arr. de Béziers. 8,985 hab.

BÉDARRIDES, ch.-l. de cant. du dép. de Vaucluse, arr. d'Avignon. 3,666 hab.

BEFORT. *Voy.* **BELFORT.**

BÉGARD, ch.-l. de cant. des Côtes-du-Nord, arr. de Guingamp. 4,553 hab.

BEHRING (DÉTROIT DE), entre l'Asie et l'Amérique septentrionale.

BEINE, ch.-l. de cant. de la Marne, arr. de Reims. 1,074 hab.

BEIRA, prov. du Portugal. Cap. Coïmbre.

BÉLABRE, ch.-l. de cant. de l'Indre, arr. du Blanc. 2,210 hab.

BELCAIRE, ch.-l. cant. de l'Aude, arr. de Limoux. 1,120 hab.

BELFAST, v. d'Irlande. 70,000 h.

BELFORT ou **BÉFORT**, ch.-l. d'arr. de l'anc. dép. du Haut-Rhin. Place forte. 8,400 hab. Laissé à la France, avec un petit territoire autour, par le traité de Francfort, en 1871.

BELGIQUE, roy. d'Europe. Cap. Bruxelles. 4,300,000 hab.

BELGODÈRE, ch.-l. de cant. de la Corse, arr. de Calvi. 1,005 hab.

BELGRADE, v. forte de Servie. 30,000 hab.

BELIN, ch.-l. de cant. de la Gironde, arr. de Bordeaux. 1,770 hab.

BELLAC, ch.-l. d'arr. de la Haute-Vienne. 3,620 hab.

BELLEGARDE, ch.-l. de cant. de la Creuse, arr. d'Aubusson. 760 hab.

BELLEGARDE, ch.-l. de cant. du Loiret, arr. de Montargis. 1,140 hab.

BELLE-ISLE-EN-MER, île de l'Océan Atlantique, arr. de Lorient (Morbihan). 9,800 hab.

BELLE-ISLE-EN-TERRE, ch.-l. de cant. des Côtes-du-Nord, arr. de Guingamp. 1,740 hab.

BELLÊME, ch.-l. de cant. de l'Orne, arr. de Mortagne. 5,150 hab.

BELLENCOMBRE, ch.-l. de cant. de la Seine-Inférieure, arr. de Dieppe. 340 hab.

BELLEVILLE, ch.-l. de cant. du Rhône, arr. de Villefranche. 3,201 hab.

BELLEY, ch.-l. d'arr. de l'Ain. Évêché. 81,400 hab.

BELLINZONA, v. de Suisse, sur le Tessin. 2,000 hab.

BELMONT, ch.-l. de cant. de l'Aveyron, arr. de Saint-Affrique. 3,872 h.

BÉLOUCHISTAN, contrée de l'Asie, dans la région persique.

BELPECH, ch.-l. de cant. de l'Aude, arr. de Castelnaudary. 2,343 hab.

BELT (GRAND ET PETIT), détroits de l'archipel danois.

BELVÈS, ch.-l. de cant. de la Dordogne, arr. de Sarlat. 2,517 hab.

BELZ, ch.-l. de cant. du Morbihan, arr. de Lorient. 2,103 hab.

BÉNARÈS, grande v. de l'Inde anglaise, sur le Gange. 620,000 hab.

BENDER, v. de la Russie d'Europe. Séjour de Charles XII, après la bataille de Pultawa. (1709-13).

BÉNÉVENT, v. forte du roy. d'Italie. 6,300 hab.

BÉNÉVENT-L'ABBAYE, ch.-l. de cant. de la Creuse, arr. de Bourganeuf. 1,686 hab.

BENFELD, ch.-l. de cant. de l'anc. dép. du Bas-Rhin, arr. de Schelestadt. 2,757 hab.

BENGALE, anc. prov. de l'Indoustan. Env. 25,000,000 d'hab. Cap. Calcutta.

BENGUELA (ROY. DE), dans le Congo portugais (Afrique). Cap. San-Felipe.

BENIN-D'AZY (SAINT-), ch.-l. de cant. de la Nièvre, arr. de Nevers. 1,860 hab.

BÉNIN (ROY. DE), État fertile de la côte d'Afrique, dans les Guinées. Cap. Bénin.

BÉNY-BOCAGE, ch.-l. de cant. du Calvados, arr. de Vire. 836 hab.

BÉOTIE, contrée de l'anc. Grèce. Cap. Thèbes.

BÉRÉZINA, r. de la Russie d'Europe, célèbre par le passage désastreux de l'armée française, à la retraite de Moscou, en 1812.

BERGAME, v. du roy. d'Italie, non loin de Milan. 32,000 hab.

BERGERAC, ch.-l. d'arr. de la Dordogne. 12,115 hab.

BERG-OP-ZOOM, v. du roy. de Hollande. Place forte. 10,000 hab.

BERGUES, ch.-l. de cant. du Nord, arr. de Dunkerque. Place de guerre. 6,020 hab.

BERLAIMONT, ch.-l. de cant. du Nord, arr. d'Avesnes. 2,620 hab.

BERLIN, cap. des États prussiens, sur la Sprée. 447,483 hab.

BERMUDES (LES), groupe d'îles de l'océan Atlant., au N.-E. des Antilles, aux Anglais.

BERNARD (GRAND SAINT-), montagne des Alpes, franchie par Bonaparte, en 1800.

BERNEVILLE, ch.-l. de cant. de la Somme, arr. de Doullens. 1,409 hab.

BERNAY, ch.-l. d'arr. de l'Eure. 7,510 hab.

BERNE, le plus considérable des cant. de la Suisse. Cap. Berne. 23,300 h.

BERRE, ch.-l. de cant. des Bouches-du-Rhône, arr. d'Aix. 2,090 hab.

BERRI ou **BERRY,** anc. prov. de France. Cap. Bourges.

BERTINCOURT, ch.-l. de cant. du Pas-de-Calais, arr. d'Arras. 1,590 h.

BESANÇON, ch.-l. du dép. du Doubs. v. forte. Archevêché. 46,961 h.

BESSARABIE, gouv. frontière de la Russie d'Europe. 600,000 hab. Cap. Kichenew.

BESSE, ch.-l. de cant. du Puy-de-Dôme, arr. d'Issoire. 1,920 hab.

BESSE, ch.-l. de cant. du Var, arr. de Brignoles. 1,700 hab.

BESSIN, petit pays de France qui faisait partie de la basse Normandie. Cap. Bayeux.

BESSINES, ch.-l. de cant. de la Hte-Vienne, arr. de Bellac. 2,590 hab.

BETHLÉEM, v. de Judée où naquit N.-S. J.-C.

BÉTHULIE, v. de l'anc. Judée, où Judith tua Holopherne.

BÉTHUNE, ch.-l. d'arr. du Pas-de-Calais, v. fortifiée. 8,178 hab.

BÉTIQUE, partie de l'anc. Espagne, au sud.

BÉTHANIE, bourg près de Jérusalem, où J.-C. ressuscita Lazare.

BETZ, ch.-l. de cant. de l'Oise, arr. de Senlis. 590 hab.

BEUVRON, r. de France, qui sort du Loiret et se jette dans la Loire, dans le dép. de Loir-et-Cher.

BEUZEVILLE, ch.-l. de cant. de l'Eure, arr. de Pont-Audemer. 2,450 h.

BEYNAT, ch.-l. de cant. de la Corrèze, arr. de Brive. 2,105 hab.

BÉZIERS, ch.-l. du dép. de l'Hérault. 27,722 hab.

BIARRITZ, commune des Basses-Pyrénées. Bains de mer renommés. 3,652 hab.

BICÊTRE, v. du dép. de la Seine. Hospice pour les vieillards et les aliénés.

BICOQUE (LA), v. du roy. d'Italie. Défaite des Français, en 1522.

BIDACHE, ch.-l. de cant. des Basses-Pyrénées, arr. de Bayonne. 2,760 h.

BIDASSOA, r. qui sépare la France de l'Espagne.

BIERNÉ, ch.-l. de cant. de la Mayenne, arr. de Château-Gontier. 1,036 hab.

BIÈVRE (LA), petite r. qui se jette dans la Seine, à Paris.

BIGORRE, anc. pays en France. Cap. Tarbes.

BILBAO, v. d'Espagne, ch.-l. de la Biscaye. 160,000 hab.

BILLOM, ch.-l. de cant. du Puy-de-Dôme, arr. de Clermont. 4,000 hab.

BIOT, ch.-l. de cant. de la Haute-Savoie, arr. de Thonon. 815 hab.

BIRMINGHAM, v. d'Angleterre. 233,000 hab. Manufactures importantes.

BISCAYE, prov. du N. de l'Espagne. Cap. Bilbao.

BISCHWILLER, ch.-l. de cant. de l'anc. dép. du Bas-Rhin, arr. de Strasbourg. 9,911 hab.

BITCHE, ch.-l. de cant. de l'anc. dép. de la Moselle, arr. de Sarreguemines. 9,965 hab.

BÉTHYNIE, contrée de l'Asie-Mineure.

BLAIN, ch.-l. de cant. de la Loire-Inférieure, arr. de Savenay. 6,805 hab.

BLAMONT, ch.-l. de cant. du Doubs, arr. de Montbéliard. 720 hab.

BLANC (CAP), à l'ouest de l'Afrique.

BLANC (MONT), le pic le plus élevé des Alpes.

BLANC (LE), ch.-l. d'arr. de l'Indre. 5,880 hab.

BLANGY, ch.-l. de cant. de la Seine-Inf., arr. de Neufchâtel. 1,700 h.

BLANGY, ch.-l. de cant. du Calvados, arr. de Pont-l'Évêque. 717 hab.

BLANQUEFORT, ch.-l. de cant. de la Gironde, arr. de Bordeaux. 2,722 hab.

BLANZAC, ch.-l. de cant. de la Charente, arr. d'Angoulême. 918 hab.

BLAYE, ch.-l. d'arr. de la Gironde. 4,761 hab.

BLÉNEAU, ch.-l. de cant. de l'Yonne, arr. de Joigny. 540 hab. Condé y fut battu par Turenne.

BLÉRÉ, ch.-l. de cant. de l'Indre-et-Loire, arr. de Tours. 3,430 hab.

BLESLE, ch.-l. de cant. de la Hte-Loire, arr. de Brioude. 1,715 hab.

BLETTERANS, ch.-l. de cant. du Jura, arr. de Lons-le-Saunier. 1,165 h.

BLEUES (MONTAGNES), situées l'une dans l'Amérique septent., l'autre en Australie, une troisième dans l'île de la Jamaïque.

BLEYMARD, ch.-l. de cant. de la Lozère, arr. de Mende. 505 hab.

BLIDAH, v. de l'Algérie. 8,849 h.

BLIGNY-SUR-OUCHE, ch.-l. de cant. de la Côte-d'Or, arr. de Beaune. 1,300 hab.

BLOIS, ch.-l. du dép. de Loir-et-Cher. Évêché. 20,330 hab. États généra raux de 1588, où Henri de Guise fut assassiné.

BOCAGE (LE, nom donné à deux pays de France, l'un dans le dép. de la Vendée et théâtre de la guerre civile pendant la Révolution, l'autre dans le Calvados.

BOCOGNANO, ch.-l. de cant. de la Corse, arr. d'Ajaccio. 1,334 hab.

BOEN, ch.-l. de cant. du dép. de la Loire, arr. de Montbrison. 1,953 hab.

BOGOTA (SANTA-FE-DE-), cap. de la Nouv.-Grenade, dans l'Amérique du Sud. 50,000 hab.

BOHAIN, ch.-l. de cant. de l'Aisne, arr. de Saint-Quentin. 5,322 hab.

BOHÊME, roy. d'Allemagne, dans la confédération du Sud. Cap. Prague. 4,000,000 d'hab.

BOIS-D'OINGT (LE), ch.-l. de cant. du Rhône, arr. de Villefranche. 1,350 hab.

BOIS-LE-DUC, v. de Hollande. Place forte. 13,000 hab.

BOISSY-SAINT-LÉGER, ch.-l. de cant. de Seine-et-Oise, arr. de Corbeil. 850 hab.

BOLBEC, ch.-l. de cant. de la Seine-Inférieure, arr. du Havre. 3,580 hab.

BOLIVIA (RÉPUBLIQUE DE), État de l'Amérique du Sud. 1,400,000 h. Cap. La Plata.

BOLLÈNE, ch.-l. de cant. du dép. de Vaucluse, arr. d'Orange. 5,010 hab.

BOLOGNE, v. du roy. d'Italie, dans les anc. États de l'Église. 71,000 h.

BOMBAY, v. de l'Inde angl., dans une petite île du même nom. 230,000 h.

BON (CAP), au nord de l'Afrique, dans la Barbarie.

BONE, v. d'Algérie. 10,000 hab.

BONIFACIO, ch.-l. de cant. de la Corse, arr. de Sartène. 3,450 hab.

BONIFACIO (DÉTROIT DE), entre la Corse et la Sardaigne.

BONN, v. des États prussiens, sur le Rhin. 7,300 hab. Univers. florissante.

BONNAT, ch.-l. de cant. de la Creuse, arr. de Guéret. 2,691 hab.

BONNE-ESPÉRANCE (CAP DE), au sud de l'Afrique. Vasco de Gama le doubla le premier, en 1497.

BONNÉTABLE, ch.-l. de cant. de la Sarthe, arr. de Mamers. 4,855 hab.

BONNEVAL, ch.-l. de cant. de l'Eure-et-Loir, arr. de Châteaudun. 3,486 hab.

BONNIÈRES, ch.-l. de cant. de Seine-et-Oise, arr. de Mantes. 822 hab.

BOOS, ch.-l. de cant. de la Seine-Inférieure, arr. de Rouen. 777 hab.

BORDEAUX, ch.-l. du dép. de la Gironde. Archevêché. Autrefois la cap. de la Guyenne. Cour d'appel. Port magnifique sur la Garonne. 194,241 hab.

BORDÈRES, ch.-l. de cant. des Htes-Pyrénées, arr. de Bagnères. 400 h.

BORGO, ch.-l. de cant. de la Corse, arr. de Bastia. 760 hab.

BORNÉO, l'une des plus grandes îles du monde, dans la Malaisie. Cap. Bornéo.

BORNHOLM, île du Danemark, dans la mer Baltique.

BORROMÉES (ILES), dans le lac Majeur, en Italie.

BORT, ch.-l. de la Corrèze, arr. d'Ussel. 2,712 hab.

BORYSTHÈNE, aujourd. Dnieper, fleuve de l'anc. Sarmatie.

BOSNA-SÉRAI, v. commerçante de la Turquie d'Europe. Cap. de la Bosnie. 70,000 hab.

BOSNIE, contrée de la Turquie d'Europe.

BOSPHORE, anc. nom du canal de Constantinople, qui va de la mer de Marmara à la mer Noire.

BOSTON, v. d'Angleterre. 13,000 hab. Commerce actif.

BOSTON, v. et port des États-Unis, dans l'Amér. du Nord. 162,029 h.

BOTANY-BAY, colon. de la Nouv.-Hollande, où les Anglais déportent les criminels.

BOTHNIE (GOLFE DE), entre la Suède et la Russie.

BOTHNIE, nom de la partie de la Suède et de la Finlande située au N. de la mer Baltique.

BOUAGE, ch.-l. de la Loire-Infér., arr. de Nantes. 1,390 hab.

BOUCHAIN, ch.-l. de cant. du Nord, arr. de Valenciennes. 1,500 hab.

BOUCHES-DU-RHONE (DÉP. DES), ch.-l. Marseille. 547,903 hab. Archevêché à Aix, évêché à Marseille. Formé de la partie S.-O. de la basse Provence, d'une petite partie du Comtat-Venaissin.

BOUCHOUX (LES), ch.-l. de cant. du Jura, arr. de Saint-Claude. 1,070 h.

BOUFARIK, poste milit. en Algérie.

BOUGIE, port de l'Algérie, sur la Méditerranée. 1,800 hab.

BOUGLON, ch.-l. de cant. de Lot-et-Garonne, arr. de Marmande. 810 h.

BOUILLY, ch.-l. de cant. de l'Aube, arr. de Troyes. 781 hab.

BOUKHARA, une des v. les plus importantes de l'Asie, cap. de la grande Boukharie, dans le Turkestan. 150,000 h.

BOUKHAREST, v. imp. de la Turquie d'Europe, cap. de la Valachie. 70,000 hab.

BOUKHARIE, grande contrée de l'Asie, faisant partie du Turkestan. 3,000,000 d'hab. Cap. Boukhara.

BOULAY, ch.-l. de cant. de l'anc. dép. de la Moselle, arr. de Metz. 2,970 h.

BOULOGNE, ch.-l. d'arr. du Pas-de-Calais. 40,285 hab. Port de mer.

BOULOIRE, ch.-l. de cant. de la Sarthe, arr. de Saint-Calais. 2,290 hab.

BOURBON-LANCY, ch.-l. de cant. de Saône-et-Loire, arr. de Charolles. 3,222 hab. Eaux thermales.

BOURBON-L'ARCHAMBAULT, ch.-l. de cant. de l'Allier, arr. de Moulins. 3,406 hab.

BOURBONNE-LES-BAINS, ch.-l. de cant. de la Haute-Marne, arr. de Langres. 4,080 hab. Eaux thermales.

BOURBOURG-VILLE, ch.-l. de cant. du Nord, arr. de Dunkerque. 2,615 hab.

BOURBRIAC, ch.-l. de cant. des Côtes-du-Nord, arr. de Guingamp. 4,421 hab.

BOURDEAUX, ch.-l. de cant. de la Drôme, arr. de Die. 1,105 hab.

BOURG, ch.-l. du dép. de l'Ain. 13,733 hab.

BOURG, ch.-l. de cant. de la Gironde, arr. de Blaye. 2,810 hab.

BOURG-ARGENTAL, ch.-l. de cant. de la Loire, arr. de Saint-Etienne. 3,574 hab.

BOURG-DE-PÉAGE, ch.-l. de cant. de la Drôme, arr. de Valence. 4,517 hab.

BOURG-DE-VISA, ch.-l. de cant. du Tarn-et-Garonne, arr. de Moissac. 914 hab.

BOURG-D'OISANS, ch.-l. de cant. de l'Isère, arr. de Grenoble. 2,772 h.

BOURG-LASTIC, ch.-l. de cant. du Puy-de-Dôme, arr. de Clermont. 2,599 hab.

BOURG-LÈS-VALENCE, ch.-l. de cant. de la Drôme, arr. de Valence. 3,615 hab.

BOURG-SAINT-ANDÉOL, ch.-l. de cant. de l'Ardèche, arr. de Privas. 4,316 hab.

BOURGANEUF, ch.-l. d'arr. de la Creuse. 3,501 hab.

BOURGES, ch.-l. du dép. du Cher. Archevêché. Cour d'appel. 30,119 hab.

BOURGNEUF, ch.-l. d'arr. de la Loire-Inf., arr. de Paimbœuf. 2,925 h.

BOURGOGNE, anc. prov. de France. Cap. Dijon.

BOURGOGNE (CANAL DE), entre l'Yonne et la Saône, joint, par suite, la Méditerranée à l'Océan.

BOURGOGNE, ch.-l. de cant. de la Marne, arr. de Reims. 1,060 hab.

BOURGOIN, ch.-l. de cant. de l'Isère, arr. de la Tour-du-Pin. 4,850 hab.

BOURGTHEROULDE, ch.-l. de cant. de l'Eure, arr. de Pont-Audemer. 750 hab.

BOURGUÉBUS, ch.-l. de cant. du Calvados, arr. de Caen. 280 hab.

BOURGUEIL, ch.-l. de cant. de l'Indre-et-Loire, arr. de Chinon. 3,415 h.

BOURMONT, ch.-l. de cant. de la Hte-Marne, arr. de Chaumont. 995 hab.

BOUSSAC, ch.-l. d'arr. de la Creuse. 1,062 hab.

BOUSSIÈRES, ch.-l. de cant. du Doubs, arr. de Besançon. 236 hab.

BOUVINES, v. de l'arr. de Lille. Vict. remp. par Philippe-Auguste, en 1213, sur l'empereur Othon IV.

BOUXWILLER, ch.-l. de cant. de l'anc. dép. du Bas-Rhin, arr. de Saverne. 3,698 hab.

BOUZONVILLE, ch.-l. de cant. de l'anc. dép. de la Moselle, arr. de Thionville. 1,883 hab.

BOZOULS, ch.-l. de cant. de l'Aveyron, arr. de Rodez. 2,577 hab.

BRABANT, anc. duché de l'empire germanique.

BRACIEUX, ch.-l. de cant. de Loir-et-Cher, arr. de Blois. 1,174 hab.

BRADFORD, v. d'Anglet. 45,000 h.

BRAGANCE, v. de Portugal qui a donné son nom à la famille régnante du Portugal.

BRAHMAPOUTRA, grand fleuve de l'Asie.

BRAISNE, ch.-l. de cant. de l'Aisne, arr. de Soissons. 1,580 hab.

BRANDEBOURG (DUCHÉ DE), prov. de Prusse. Cap. Berlin.

BRANDEBOURG, v. de Prusse. 17,000 hab.

BRANDO, ch.-l. de cant. de la Corse, arr. de Bastia. 1,540 hab.

BRANNE, ch.-l. de cant. de la Gironde, arr. de Libourne. 660 hab.

BRANTOME, ch.-l. de cant. de la Dordogne, arr. de Périgueux. 2,585 h.

BRASSAC, ch.-l. de cant. du Tarn, arr. de Castres. 2,015 hab.

BRAY (LE), pays en Normandie.

BRAY, ch.-l. de cant. de la Somme, arr. de Péronne. 1,470 hab.

BRAY-SUR-SEINE, ch.-l. de cant. de Seine-et-Marne, arr. de Provins. 1,645 hab.

BRÉCEY, ch.-l. de cant. de la Manche, arr. d'Avranches. 2,446 hab.

BRÉDA, v. forte de la Hollande. 15,000 hab. Paix de 1668, entre la France, l'Angleterre et la Hollande.

BRÉHAL, ch.-l. de cant. de la Manche, arr. de Coutances. 1,540 hab.

BREIL, ch.-l. de cant. des Alpes-Maritimes, arr. de Nice. 2,705 hab.

BRÊME, v. de l'Allemagne du Nord. 53,748 hab.

BREVOD, ch.-l. de cant. de l'Ain, arr. de Nantua. 900 hab.

BRESCIA, v. forte du roy. d'Italie, dans le nord. 35,000 hab.

BRÉSIL, vaste empire de l'Amér. du Sud. Cap. Rio-de-Janeiro. 677,000 h.

BRESLAU, cap. de la Silésie (Pruss.). 113,600 hab.

BRESSE, anc. pays de France. Cap. Bourg.

BRESSUIRE, ch.-l. d'arr. des Deux-Sèvres. 2,820 hab.

BREST, ch.-l. d'arr. du Finistère. 79,849 hab. Préfecture maritime, arsenal de la marine de guerre. Fortifié par Vauban.

BRETAGNE, anc. prov. de France. Cap. Rennes.

BRETAGNE (GRANDE-), vaste archipel, formant avec l'Irlande l'État des Îles britanniques.

BRETAGNE (NOUVELLE-), vaste contrée de l'Amérique du Nord, à l'Angleterre.

BRETENOUX, ch.-l. de cant. du Lot, arr. de Figeac. 1,011 hab.

BRETEUIL, ch.-l. de cant. de l'Eure, arr. d'Évreux. 2,130 hab.

BRETEUIL, ch.-l. de cant. de l'Oise, arr. de Clermont. 2,162 hab.

BRÉTIGNY, village de l'Eure-et-Loir, fameux par le traité humiliant qui y fut signé, en 1360, par le roi Jean, prisonnier des Anglais.

BRETON (PERTUIS), canal qui sépare l'île de Ré du dép. de la Char.-Inf.

BRESTEVILLE-SUR-LAIZE, ch.-l. de cant. du Calvados, arr. de Falaise. 1,080 hab.

BREZOLLES, ch.-l. de cant. de l'Eure-et-Loir, arr. de Dreux. 920 hab.

BRIANÇON, ch.-l. d'arr. des Htes-Alpes. 4,510 hab.

BRIARE, ch.-l. de cant. du Loiret, arr. de Gien. 3,930 hab.

BRIARE (CANAL DE), entre la Loire et le canal du Loing.

BRIE, petit pays de France. Cap. Meaux.

BRIE-COMTE-ROBERT, ch.-l. de cant. de Seine-et-Marne, arr. de Melun. 2,889 hab.

BRELO, ch.-l. de cant. du Finistère, arr. de Quimper. 5,445 hab.

BRIENNE-NAPOLÉON, ch.-l. de cant. de l'Aube, arr. de Bar-sur-Aube. Autref. école milit. où Napoléon fit ses premières études. 2,078 hab.

BRIENON, ch.-l. de cant. de l'Yonne, arr. de Joigny. 2,658 hab.

BRIEY, ch.-l. d'arr. de Meurthe-et-Moselle. 1,870 hab.

BRIGHTON, v. d'Anglet. 47,000 hab. Bains de mer.

BRIGNOLES, ch.-l. d'arr. du Var. 6,145 hab.

BRINDES, v. de l'Italie mérid., où mourut Virgile.

BRINON, ch.-l. de cant. de la Nièvre, arr. de Clamecy. 597 hab.

BRIOLLAY, ch.-l. de cant. de M.-et-Loire, arr. d'Angers. 964 hab.

BRIONNE, ch.-l. de cant. de l'Eure, arr. de Bernay. 4,037 hab.

BRIOUDE, ch.-l. d'arr. de la Hte-Loire. 4,950 hab.

BRIOUX, ch.-l. de cant. des Deux-Sèvres, arr. de Melle. 1,270 hab.

BRIOUZE, ch.-l. de cant. de l'Orne, arr. d'Argentan. 1,875 hab.

BRIQUEBEC, ch.-l. de cant. de la Manche, arr. de Valognes. 3,779 hab.

BRISTOL, grande v. et port d'Angleterre. 155,000 hab.

BRITANNIQUES (ILES), dans l'océan Atlant., comprenant la Grande-Bretagne, l'Irlande, etc.

BRIVE-LA-GAILLARDE, ch.-l. d'arr. de la Corrèze. 10,339 hab.

BROGLIE, ch.-l. de cant. de l'Eure, arr. de Bernay. 1,215 hab.

BROONS, ch.-l. de cant. des Côtes-du-Nord, arr. de Dinan. 2,738 hab.

BROSSAC, ch.-l. de cant. de la Charente, arr. de Barbezieux. 1,136 h.

BROU, ch.-l. de cant. de l'Eure-et-Loir, arr. de Chateaudun. 2,392 hab.

BROUSSE, v. forte de la Turquie d'Asie. Autrefois cap. de la Bithynie. 100,000 hab.

BROUVELIEURES, ch.-l. de cant. des Vosges, arr. de St-Dié. 557 h.

BRUGES, v. de Belgique, sur le canal de Gand à Ostende. 40,600 hab.

BRULON, ch.-l. de cant. de la Sarthe, arr. de La Flèche. 1,708 hab.

BRUMATH, ch.-l. de cant. de l'anc. Bas-Rhin, arr. de Strasbourg. 5,010 hab.

BRUNN, v. d'Autriche, dans la Moravie. 45,000 hab.

BRUNSWICK, v. et duché de l'Allemagne du Nord.

BRUTIUM, partie de l'anc. Italie, aujourd'hui Calabre.

BRUXELLES, cap. de la Belgique. 150,000 hab.

BRUYÈRES, ch.-l. de cant. des Vosges, arr. d'Épinal. 2,410 hab.

BUCHY, ch.-l. de cant. de la Seine-Inférieure, arr. de Rouen. 772 hab.

BUCKINGHAM, v. et comté d'Angleterre.

BUDE ou OFEN, v. d'Autriche, dans la Hongrie. 40,500 hab.

BUÉNOS-AYRES, cap. de la république Argentine, dans l'Amér. du Sud. 122,000 hab.

BUGEAT, ch.-l. de cant. de la Corrèze, arr. d'Ussel. 905 hab.

BUGEY, petit pays de France. Cap. Belley.

BUGUE, ch.-l. de cant. de la Dordogne, arr. de Sarlat. 3,005 hab.

BUIS (LE), ch.-l. de cant. de la Drôme, arr. de Nyons. 2,413 hab.

BUKHAREST ou **BOUKHAREST**, cap. de la Valachie. 90,000 h.

BULGARIE, prov. de la Turquie d'Europe.

BULGUÉVILLE, ch.-l. de cant. du dép. des Vosges, arr. de Neufchâteau. 1,065 hab.

BURGOS, v. d'Espagne. Patrie du Cid. 15,934 hab.

BURIE, ch.-l. de cant. de la Char.-Inférieure, arr. de Saintes. 1,802 hab.

BURZET, ch.-l. de cant. de l'Ardèche, arr. de Largentière. 2,726 hab.

BUSSIÈRES-BADIL, ch.-l. de cant. de la Dordogne, arr. de Nontron. 1,316 hab.

BUXY, ch.-l. de cant. de Saône-et-Loire, arr. de Chalon-sur-Saône. 2,153 hab.

BUZANÇAIS, ch.-l. de cant. de l'Indre, arr. de Chateauroux. 5,145 h.

BUZANCY, ch.-l. de cant. des Ardennes, arr. de Vouziers. 862 hab.

BYZANCE, v. de la Thrace, auj. Constantinople.

C

CABANNES (LES), ch.-l. de cant. de l'Ariège, arr. de Foix. 465 hab.

CABES, v. de la régence de Tunis. 30,000 hab.

CABOUL Voy. **KABOUL**.

CABRÉRA, l'une des îles Baléares.

CABRIÈRES, village du dép. de Vaucluse. Massacre des Vaudois sous François Ier.

CACHEMIRE, cap. du roy. de ce nom, dans l'Indoustan septent.

CADALEN, ch.-l. de cant. du Tarn, arr. de Gaillac, 2,004 hab.

CADENET, ch.-l. de cant. du dép. de Vaucluse, arr. d'apt. 2,675 hab.

CADILLAC, ch.-l. de cant. de la Gironde, arr. de Bordeaux. 2,500 hab.

CADIX, v. forte et bon port du roy. d'Espagne. 70,000 hab.

CADMÉE, citadelle de Thèbes, bâtie par Cadmus. (Grèce anc.)

CADOUIN, ch.-l. de cant. de la Dordogne, arr. de Bergerac. 692 hab.

CADOURS, ch.-l. de cant. de la Hte-Garonne, arr. de Toulouse. 1,059 h.

CAEN, ch.-l. du Calvados. Cour d'appel. 41,564 hab.

CAFRERIE, vaste contrée de l'Afrique méridionale.

CAGLIARI, cap. de l'île de Sardaigne. 30,000 hab.

CAHORS, ch.-l. du dép. du Lot. Evêché. 14,115 hab.

CAIRE (LE), v. très import. de l'Afrique, sur le Nil. Cap. de l'Égypte. 350,000 hab.

CAJARC, ch.-l. de cant. du Lot, arr. de Figeac. 1,917 hab.

CALABRE, prov. du roy. d'Italie, à l'extrémité S.-E. de la Péninsule.

CALACACCIA, ch.-l. de cant. de la Corse, arr. de Corte. 842 hab.

CALAIS, ch.-l. de cant. du Pas-de-Calais, arr. de Boulogne. Port de France le plus rapproché de l'Anglet. 12,727 h.

CALCUTTA, cap. de l'Indoustan anglais. 400,000 hab.

CALÉDONIE, anc. nom de l'Écosse.

CALÉDONIE (NOUVELLE-), archipel de l'Océanie, à la France depuis 1853. Lieu de déportation.

CALENZONA, ch.-l. de cant. de la Corse, arr. de Calvi. 2,555 hab.

CALICUT, v. et prov. de l'Inde anglaise. 25,000 hab.

CALIFORNIE, vaste contrée de l'Amérique du Nord, aux États-Unis. Mines d'or.

CALLAC, ch.-l. de cant. des Côtes-du-Nord, arr. de Guingamp. 3,280 hab.

CALLAS, ch.-l. de cant. du Var, arr. de Draguignan. 1,961 hab.

CALLE (LA), petit port de l'Algérie.

CALMAR, v. de Suède, fameuse par le traité de 1397, à la suite duquel les trois roy. de Suède, de Norwège et de Danemark furent réunis sous le même sceptre. Ce fut l'Union de Calmar. Ce traité fut rompu par Gustave-Adolphe.

CALVADOS, chaîne de rochers dans la Manche, sur les côtes de la Normandie.

CALVADOS (DÉP. DU), ch.-l. Caen. Cour d'appel à Caen, evêché à Bayeux. Formé des portions de l'anc. basse Normandie, le Lieuvain, le pays d'Auge, la Campagne de Caen, le Bessin, et d'une partie du Bocage.

CALVI, ch.-l. d'arr. de la Corse. 2,073 h.

CAMARÈS, ch.-l. de cant. de l'Aveyron, arr. de Saint-Affrique. 2,105 h.

CAMARGUE (LA), île du dép. des Bouches-du-Rhône, créée par les dépôts successifs du Rhône.

CAMBODGE, pays de l'Indo-Chine.

CAMBRAI, ch.-l. d'arr. du Nord, v. forte. Archevêché. 22,297 hab.

CAMBREMER, ch.-l. de cant. du Calvados, arr. de Pont-Lévêque. 1,223 hab.

CAMBRÉSIS, anc. pays de France. Cap. Cambrai.

CAMBRIDGE, v. d'Angleterre. Université célèbre, qui remonte à l'an 1229. 24,453 hab.

CAMBRIN, ch.-l. de cant. du Pas-de-Calais, arr. de Béthune. 388 hab.

CAMP DU DRAP D'OR. Nom resté au terrain situé entre Ardres et Guignes (Pas-de-Calais), où eut lieu l'entrevue entre François I et Henri VIII d'Angleterre, en 1520.

CAMPAGNAC, ch.-l. de cant. de l'Aveyron, arr. de Milhau. 1,307 hab.

CAMPAGNE, ch.-l. de cant. du Pas-de-Calais, arr. de Montreuil. 1,207 h.

CAMPAN, ch.-l. de cant. des Htes-Pyrénées, arr. de Bagnères. 3,576 hab.

CAMPANIE, prov. de l'Italie mérid.

CAMPÊCHE, v. du Mexique, dans le Yucatan. Bon port. 20,000 hab.

CAMPILE, ch.-l. de cant. de la Corse, arr. de Bastia. 854 hab.

CAMPITELLE, ch.-l. de cant. de la Corse, arr. de Bastia. 285 hab.

CAMPO-FORMIO, village d'Italie, dans le Frioul. Fameux traité de paix conclu, le 17 octobre 1797, entre la France et l'Autriche.

CANADA, contrée de l'Amér. angl. du Nord. Cap. Québec. Anc. à la France.

CANARIES (LES), groupe d'îles de l'océan Atlant., dépendant de l'Afrique et appart. à l'Espagne. Environ 260,000 hab.

CANCALE, ch.-l. de cant. de l'Ille-et-Vilaine, arr. de St-Malo. 6,350 h. Petit port renommé pour la pêche aux huitres.

CANCON, ch.-l. de cant. de Lot-et-Gar., arr. de Villeneuve d'Agen. 1,540 h.

CANDÉ, ch.-l. de cant. de Maine-et-Loire, arr. de Segré. 1,255 hab.

CANDIE (ILE DE), île de la Méditer. dépend. de la Turquie d'Europe. Cap. Candie. Ancienne Crète. 240,000 hab.

CANIGOU, un des plus hauts sommet des Pyrénées. 2,000 m.

CANISY, ch.-l. de cant. de la Manche, arr. de Saint-Lô. 800 hab.

CANNES (BATAILLE DE), gagnée par Annibal contre les Romains, en 216 av. J.-C.

CANNES, ch.-l. de cant. des Alpes-Marit., arr. de Grasse. 7,360 hab. Napoléon y débarqua à son retour de l'île d'Elbe.

CANOURGUE (LA), ch.-l. de cant. de la Lozère, arr. de Marvejols. 2,015 h.

CANTAL, mont. dans l'Auvergne.

CANTAL (DÉP. DU), ch.-l Au-rillac. Cour d'appel de Riom, évêché à Saint-Flour. Formé d'une partie de l'Auvergne et du Vélay. 240,525 hab.

CANTON, v. maritime de l'emp. chinois, ouverte aux Européens. Cap. de la prov. de ce nom. 250,000 h.

CANTORBÉRY, v. d'Angleterre, ch.-l. du comté de Kent. Siège de l'archevêque primat du roy. 15,000 hab.

CANY-BARVILLE, ch.-l. de cant. de la Seine-Inf., arr. d'Yvetot. 2,051 hab.

CAP (LE), v. de l'Afrique mérid., ch.-l. de la colonie du Cap; aux Anglais. 20,000 hab.

CAP-VERT, cap à l'ouest de l'Afrique.

CAP-VERT (ILES DU), dans l'océan Atlantique, au Portugal.

CAPELLE (LA), ch.-l. de cant. de l'Aisne, arr. de Vervins. 1,738 hab.

CAPENDU, ch.-l. de cant. de l'Aude, arr. de Carcassonne. 905 hab.

CAPESTANG, ch.-l. de cant. de l'Hérault, arr. de Béziers. 2,331 hab.

CAPHARNAUM, v. de Galilée.

CAPOUE, v. de la Campanie anc., où Annibal établit ses troupes après la bataille de Cannes. Auj. v. du royaume d'Italie. 8,000 hab.

CAPPADOCE, anc. pays de l'Asie-Mineure.

CAPRÉE, île de la Méditerranée, à l'extrémité du golfe de Naples. Tibère y passa ses dernières années.

CAPTIEUX, ch.-l. de cant. de la Gironde, arr. de Bazas. 1,561 hab.

CARACAS, cap. de la répub. de Vénézuela. 35,000 hab.

CARAMAN, ch.-l. de cant. de la Hte-Gar., arr. de Villefranche. 2,217 h.

CARBON-BLANC, ch.-l. de cant. de la Gironde, arr. de Bordeaux. 918 h.

CARBONNE, ch.-l. de cant. de la Hte-Garonne, arr. de Muret. 2,484 hab.

CARCASSONNE, ch.-l. du dép. de l'Aude. Évêché. 22,173 hab

CARENTAN, ch.-l. de cant. de la Manche, arr. de Saint-Lô. 3,056 hab.

CARHAIX, ch.-l. de cant. du Finistère, arr. de Chateaulin, 2,567 hab. Patrie de Latour-d'Auvergne, dit *le Premier grenadier de France*.

CARIGNAN, ch.-l. de cant. des Ardennes, arr. de Sedan. 2,051 hab.

CARINTHIE, prov. de l'Autriche, dans l'Illyrie.

CARLSRUHE, cap. du grand-duché de Bade. 25,000 hab.

CARLUX, ch.-l. de cant. de la Dordogne, arr. de Sarlat. 1,057 hab.

CARMEL, mont. de la Syrie.

CARNIÈRES, ch.-l. de cant. du Nord, arr. de Cambrai. 1,808 hab

CARNIOLE, prov. de l'Autriche, dans l'Illyrie.

CAROLINE, contrée des Etats-Unis, dans l'Amérique du Nord.

CAROLINES (LES, archipel de la Micronésie, dans l'Océanie.

CARPENTRAS, ch.-l. d'arr. du dép. de Vaucluse. 10.818 hab.

CARQUEFOU, ch.-l. de cant. de la Loire-Inf., arr. de Nantes. 2.807 hab.

CARRARE, v. du roy. d'Italie. Beaux marbres blancs.

CARROUGES, ch.-l. de cant. de l'Orne. arr. d'Alençon. 950 hab.

CARTHAGE, v. puissante fondée en Afrique par Didon, 863 ans av. J.-C.

CARTHAGÈNE, v. de la Nouv.-Grenade, dans l'Am. du Sud. 24.000 h.

CARTHAGÈNE, v. et port d'Espagne, sur la Méditerrané. 30.000 hab.

CARVIN, ch.-l. de cant. du Pas-de-Calais, arr. de Béthune. 6.025 hab.

CASPIENNE (MER, mer intérieure entre l'Europe et l'Asie.

CASSAGNES-BÉGONHÈS, ch.-l. de cant. de l'Aveyron, arr. de Rodez. 1,635 hab.

CASSEL, ch.-l. de cant. du Nord, arr. d'Hazebrouck. 4.200 hab.

CASSEL, v. d'Allemagne, cap. de la principauté de Hesse-Cassel. 517 h.

CASSIN (MONT, mont. de l'Italie méridionale, où un monastère fut fondé par saint Benoît.

CASTANET, ch.-l. de cant. de la Hte-Garonne. arr. de Toulouse. 1,693 h.

CASTELJALOUX, ch.-l. de cant. de L.-et-Garonne. arr. de Nérac. 3,482 h.

CASTELLANE, ch.-l. d'arr. des Basses-Alpes. 1.812 hab.

CASTELMORON, ch.-l. de cant. de Lot-et-Garonne, arr. de Marmande. 2,158 hab.

CASTELNAU, ch.-l. de cant. de la Gironde. arr. de Bordeaux. 1.500 hab.

CASTELNAU, ch.-l. de cant. du Lot. arr. de Cahors. 4.027 ...

CASTELNAU - DE - MONTMIRAL, ch.-l. de cant. du Tarn, arr. de Gaillac. 2.991 hab.

CASTELNAU-MAGNOAC, ch.-l. de cant. des Hautes-Pyrénées. arr. de Bagnères. 1.646 hab.

CASTELNAU-RIVIÈRE-BASSE, ch.-l. de cant. des Htes-Pyrénées, arr. de Tarbes. 1.170 ...

CASTELNAUDARY, ch.-l. d'arr. de l'Aude. 9.675 hab.

CASTEL-SARRASIN, ch.-l. d'arr. de Tarn-et-Garonne. 6.835 hab.

CASTETS, ch.-l. de cant. des Landes, arr. de Dax. 2.467 hab.

CASTIFAO, ch.-l. de cant. de la Corse, arr. de Corte. 701 hab.

CASTIGLIONE, v. d'Italie. Vict. remp. par les Français sur les Autrichiens, en 1796 et en 1796

CASTILLE, contrée d'Espagne. Il y a la Nouv.-Castille, cap. Madrid, et la Vieille-Castille, cap. Burgos.

CASTILLON, ch.-l. de cant. de l'Ariège, arr. de Saint-Girons. 1.000 h. Dernière bataille livrée contre les Anglais dans la guerre de Cent ans.

CASTILLONNÈS, ch.-l. de cant. de Lot-et-Garonne, arr. de Villeneuve. 2.004 hab.

CASTRES, ch.-l. d'arr. du Tarn. 21.357 hab.

CASTRIES, ch.-l. de cant. de l'Hérault, arr. de Montpellier. ... hab.

CATALOGNE, prov. ... Espagne. Cap. Barcelone. 1.200.000 hab.

CATANE, v. de Sicile. ... hab.

CATEAU (LE, autrefois Cateau-Cambrésis, ch.-l. de cant. du Nord, arr. de Cambrai. 9.574 hab. ...

CATELET (LE, ch.-l. de cant. de l'Aisne, arr. de Saint-Quentin. ... hab.

CATTÉGAT, bras de mer entre la mer du Nord et la Baltique.

CATTENOM, ch.-l. de cant. de Moselle, arr. de Thionville. 1.100 hab.

CATUS, ch.-l. de cant. du Lot, arr. de Cahors. 1.021 ...

CAUCASE, chaîne de mont. entre l'Europe et l'Asie.

CAUDEBEC, ch.-l. de cant. de la Seine-Inf. ...

CAUDIUM, ...

CAUMONT, ch.-l. de cant. du Calvados, arr. de Bayeux. 1.075 hab.

CAUSSADE, ch.-l. de cant. du Tarn-et-Garonne, arr. de Montauban. 4.208 hab.

CAUX PAYS DE, partie de la Normandie.

CAVAILLON, ch.-l. de cant. ...

CAYENNE, cap. de la Guyane française ...

CAYLAR, ch.-l. de cant. de l'Hérault, arr. de Lodève. ...

CAYRES, ch.-l. de cant. de la Hte-Loire, arr. du Puy. 1.521 hab.

CAZALS, ch.-l. de cant. du Lot, arr. de ... 847 hab.

CAZAUBON, ch.-l. de cant. du Gers, arr. de Condom. 2.708 hab.

CAZÈRES, ch.-l. de cant. de la Hte-Gar. ..., arr. de Muret. ...

CÉLÈBES (ARCHIPEL DES, groupe d'îles dans la Malaisie. La principale est Célèbes.

CELLES, ch.-l. de cant. des Deux-Sèvres, arr. de Melle. 1,883 hab.

CELTIQUE, partie de la Gaule antique.

CENIS, mont. des Alpes, route magnifique construite par Napoléon.

CÉPHALONIE, une des îles Ioniennes, dans la Méditerranée.

CERDAGNE, pays sur les deux versants des Pyrénées, partie en Espagne, partie en France ; dép. des Pyrénées-Orientales.

CÉRET, ch.-l. d'arr. des Pyrénées-Orientales. 2,737 hab.

CÉRIGNOLE, v. d'Italie, dans l'anc. roy. de Naples. Gonzalve de Cordoue y battit les Français, en 1503.

CERILLY, ch.-l. de cant. de l'Allier, arr. de Montluçon. 2,554 hab.

CERISIERS, ch.-l. de cant. de l'Yonne, arr. de Joigny. 1,435 hab.

CERISOLES, v. du roy. d'Italie. Victoire du duc d'Enghien sur les Espagnols, en 1544.

CERISY-LA-SALLE, ch.-l. de cant. de la Manche, arr. de Coutances. 2,015 hab.

CERISAY, ch.-l. de cant. des Deux-Sèvres, arr. de Bressuire. 1,541 h.

CERNAY, ch.-l. de l'anc. dép. du Haut-Rhin, arr. de Belfort. 4,930 hab.

CERVIONE, ch.-l. de cant. de la Corse, arr. de Bastia. 1,373 hab.

CÉSARÉE, nom de plusieurs villes anciennes, dans l'Asie-Mineure, dans la Palestine, etc.

CETTE, ch.-l. de cant. de l'Hérault, arr. de Montpellier ; port sur la Méditerranée. 24,177 hab.

CÉVENNES (LES), chaîne de mont. dans le S.-E. de la France.

CEYLAN, île au S.-E. de l'Asie, aux Anglais.

CEYZÉRIAT, ch.-l. de cant. de l'Ain, arr. de Bourg. 1,051 hab.

CHABEUIL, ch.-l. de cant. de la Drôme, arr. de Valence. 4,333 hab.

CHABLIS, ch.-l. de cant. de l'Yonne. Vins blancs renom. Arr. d'Auxerre. 2,339 hab.

CHAGNY, ch.-l. de cant. de Saône-et-Loire, arr. de Châlon-sur-Saône. 3,870 hab.

CHAILLAND, ch.-l. de cant. de la Mayenne, arr. de Laval. 2,548 hab.

CHAILLÉ-LES-MARAIS, ch.-l. de cant. de la Vendée, arr. de Fontenay-le-Comte. 2,377 hab.

CHAISE-DIEU, ch.-l. de cant. de la Hte-Loire, arr. de Brioude. 1,755 h.

CHALABRE, ch.-l. de cant. de l'Aude, arr. de Limoux. 2,218 hab.

CHALAIS, ch.-l. de cant. de la Charente, arr. de Barbezieux. 740 hab.

CHALAMONT, ch.-l. de cant. de l'Ain, arr. de Trévoux. 866 hab.

CHALCÉDOINE, anc. v. de l'Asie-Mineure.

CHALLANS, ch.-l. de cant. de la Vendée, arr. des Sables-d'Olonne. 4,480 hab.

CHALONNES-SUR-LOIRE, ch.-l. de cant. de Maine-et-Loire, arr. d'Angers. 6,090 hab.

CHALON-SUR-SAONE, ch.-l. d'arr. de Saône-et-Loire. 19,982 hab.

CHALONS-SUR-MARNE, ch.-l. du dép. de la Marne. Évêché. 17,092 h.

CHALUS, ch.-l. de cant. de la Hte-Vienne, arr. de Saint-Yrieix. 2,109 hab. Richard Cœur-de-Lion, roi d'Angleterre, y reçut une blessure mortelle.

CHAMBERTIN, bourg de la Côte-d'Or, renommé pour ses vins.

CHAMBÉRY, ch.-l. du dép. de la Savoie. 19,950 hab.

CHAMBON, ch.-l. de cant. de la Creuse, arr. de Boussac. 2,250 hab.

CHAMBON - FEUGEROLLES, ch.-l. de cant. de la Loire, arr. de Saint-Etienne. 5,515 hab.

CHAMBORD, village du dép. de Loir-et-Cher. Château donné, en 1821, au duc de Bordeaux, auj. comte de Chambord.

CHAMOUNY (VALLÉE DE), dans les Alpes. Glaciers célèbres.

CHAMPAGNAC, ch.-l. de cant. de la Dordogne, arr. de Nontron. 1,041 hab.

CHAMPAGNE, anc. prov. de France.

CHAMPAGNE, ch.-l. de cant. de l'Ain, arr. de Belley. 558 hab.

CHAMPAGNE-MOUTON, ch.-l. de cant. de la Charente, arr. de Confolens. 1,250 hab.

CHAMPAGNEY, ch.-l. de cant. de la Haute-Saône, arr. de Lure. 3,590 hab.

CHAMPAGNOLE, ch.-l. de cant. du Jura, arr. de Poligny. 3,190 hab.

CHAMPAUBERT, vill. de France, dans la Marne. Victoire de Napoléon sur les alliés, le 10 février 1814.

CHAMPDENIERS, ch.-l. de cant. des Deux-Sèvres, arr. de Niort. 1,380 h.

CHAMPEIX, ch.-l. de cant. du Puy-de-Dôme, arr. d'Issoire. 1,800 h.

CHAMPLITTE, ch.-l. de cant. de la Haute-Saône, arr. de Gray. 2,865 hab.

CHAMPS, ch.-l. de cant. du Cantal, arr. de Mauriac. 1,770 hab.

CHAMPTOCEAUX, ch.-l. de cant. de Maine-et-Loire, arr. de Cholet. 1,565 hab.

CHANAAN (TERRE DE), anc. nom de la Palestine ou Terre promise.

CHANAC, ch.-l. de cant. de la Lozère, arr. de Marvejols. 1,670 hab.

CHANDERNAGOR, v. de l'Indoustan, à la France. 30,000 hab.

CHANTELLE, ch.-l. de cant. de l'Allier, arr. de Gannat. 2,073 hab.

CHANTILLY, petite v. de l'Oise. Anc. domaine du prince de Condé. Courses de chevaux célèbres. 3,322 h.

CHANTONNAY, ch.-l. de cant. de la Vendée, arr. de la Roche-sur-Yon (précéd. Napoléon-Vendée). 3,429 hab.

CHAOURCE, ch.-l. de cant. de l'Aube, arr. de Bar-sur-Seine. 1,593 h.

CHAPELLE - D'ANGUILLON (LA), ch.-l. de cant. du Cher, arr. de Sancerre. 320 hab.

CHAPELLE - DE - GUINCHAY (LA), ch.-l. de cant. de Saône-et-Loire, arr. de Macon. 2,204 hab.

CHAPELLE - EN - VERCORS (LA), ch.-l. de cant. de la Drome, arr. de Die. 1,320 hab.

CHAPELLE-LA-REINE (LA), ch.-l. de cant. de Seine-et-Marne, arr. de Fontainebleau. 844 hab.

CHAPELLE-SUR-ERDRE (LA), ch.-l. de cant. de la Loire-Inf., arr. de Nantes. 2,580 hab.

CHARENTE, r. de France, qui sort du dép. de la Haute-Vienne et se jette dans l'océan Atlantique.

CHARENTE (DÉP. DE LA), ch.-l. Angoulême. Cour d'appel de Bordeaux, évêché à Angoulême. 378,218 h. Formé de l'Angoumois et de quelques parties du Poitou et de la Saintonge.

CHARENTE-INFÉRIEURE (DÉP. DE LA), ch.-l. La Rochelle. Cour d'appel de Poitiers, évêché à La Rochelle. 479,000 hab. Formé de l'Aunis et d'une partie de la Saintonge.

CHARENTON, ch.-l. de cant. du Cher, arr. de Saint-Amand. 1,635 hab.

CHARENTON-LE-PONT, ch.-l. de cant. de la Seine, arr. de Sceaux. 5,539 hab. Hospice d'aliénés.

CHARITÉ (LA), ch.-l. de cant. de la Nièvre, arr. de Cosne. 4,870 hab.

CHARLEROI, v. forte de Belgique. Dans les environs, mines considérables de houilles. 7,000 hab.

CHARLESTOWN, v. de la Caroline du Sud. Port important des Etats-Unis. 30,000 hab.

CHARLEVILLE, ch.-l. de cant. des Ardennes, séparé de Mezières par un pont. 9,900 hab.

CHARLIEU, ch.-l. de cant. de la Loire, arr. de Roanne. 3,910 hab.

CHARLY, ch.-l. de cant. de l'Aisne, arr. de Chateau-Thierry. 1,757 hab.

CHARMES, ch.-l. de cant. des Vosges, arr. de Mirecourt. 3,080 hab.

CHARNY, ch.-l. de cant. de l'Yonne, arr. de Joigny. 1,470 hab.

CHARNY, ch.-l. de cant. de la Meuse, arr. de Verdun. 470 hab.

CHAROLLAIS, anc. comté du duché de Bourgogne. Cap. Charolles.

CHAROLLES, ch.-l. d'arr. de Saône-et-Loire. 3,295 hab.

CHAROST, ch.-l. de cant. du Cher, arr. de Bourges. 1,687 hab.

CHARROUX, ch.-l. de cant. de la Vienne, arr. de Civray. 1,943 hab.

CHARTRE (LA), ch.-l. de cant. de la Sarthe, arr. de Saint-Calais. 1,564 h.

CHARTRES, ch.-l. du dép. d'Eure-et-Loir. Evêché. 19,442 hab.

CHARTREUSE (GRANDE), monastère fameux dans l'Isère.

CHATAIGNERAIE (LA), ch.-l. de cant. de la Vendée, arr. de Fontenay-le-Comte. 1,792 hab.

CHATEAU (LE), ch.-l. de cant. de la Charente-Inf., dans l'île d'Oléron, arr. de Marennes. 3,211 hab.

CHATEAUBOURG, ch.-l. de cant. de l'Ille-et-Vilaine, arr. de Vitré. 1,300 hab.

CHATEAUBRIANT, ch.-l. d'arr. de la Loire-Inf. 4,635 hab.

CHATEAU-CHINON, ch.-l. d'arr. de la Nièvre. 2,713 hab.

CHATEAU-DU-LOIR, ch.-l. de cant. de la Sarthe, arr. de St-Calais. 2,945 hab.

CHATEAUDUN, ch.-l. d'arr. de l'Eure-et-Loir. 6,720 hab.

CHATEAUGIRON, ch.-l. de cant. de l'Ille-et-Vilaine, arr. de Rennes. 1,500 hab.

CHATEAU-GONTIER, ch.-l. d'arr. de la Mayenne. 7,210 hab.

CHATEAU-LAFFITTE, village du dép. de la Gironde. Excellents vins.

CHATEAU-LANDON, ch.-l. de cant. de Seine-et-Marne, arr. de Fontainebleau. 2,778 hab.

CHATEAU - LA - VALLIÈRE, ch.-l. de cant. de l'Indre-et-Loire, arr. de Tours. 1,243 hab.

CHATEAULIN, ch.-l. d'arr. du Finistère. 3,259 hab.

CHATEAUMEILLANT, ch.-l. de cant. du Cher, arr. de Saint-Amand. 3,404 hab.

CHATEAUNEUF, ch.-l. de cant. de la Haute-Vienne, arr. de Limoges. 1,521 hab.

CHATEAUNEUF, ch.-l. de cant. de l'Ille-et-Vilaine, arr. de Saint-Malo. 718 hab.

CHATEAUNEUF-DE-RANDON, ch.-l. de cant. de la Lozère, arr. de Mende. 1,391 hab. Mort de Duguesclin.

CHATEAUNEUF - DU - FAOU, ch.-l. de cant. du Finistère, arr. de Chateaulin. 3,003 hab.

CHATEAUNEUF-EN-THIME-RAIS, ch.-l. de cant. de l'Eure-et-Loir, arr. de Dreux. 1,489 hab.

CHATEAUNEUF-SUR-CHA-RENTE, ch.-l. de cant. de la Charente, arr. de Cognac. 3,541 hab.

CHATEAUNEUF-SUR-CHER, ch.-l. de cant. du Cher, arr. de Saint-Amand. 2,993 hab.

CHATEAUNEUF-SUR-LOIRE, ch.-l. de cant. du Loiret; arr. d'Orléans. 2,264 hab.

CHATEAUNEUF-SUR-SAR-THE, ch.-l. de cant. de Maine-et-Loire, arr. de Segré. 1,683 hab.

CHATEAUPONSAC, ch.-l. de cant. de la Hte-Vienne, arr. de Bellac. 3,800 hab.

CHATEAU-PORCIEN, ch.-l. de cant. des Ardennes, arr. de Réthel. 1,954 hab.

CHATEAURENARD, ch.-l. de cant. des B.-du-Rhône, arr. d'Arles. 5,530 hab.

CHATEAURENARD, ch.-l. de cant. du Loiret, arr. de Montargis. 2,649 hab.

CHATEAURENAULT, ch.-l. de cant. de l'Indre-et-Loire, arr. de Tours. 3,560 hab.

CHATEAUROUX, ch.-l. du dép. de l'Indre. 16,170 hab.

CHATEAU-SALINS, ch.-l. d'arr. de l'anc. dép. de la Meurthe. 2,323 h.

CHATEAU-THIERRY, ch.-l. d'arr. de l'Aisne. 6,519 h. Patrie de La Fontaine.

CHATEAUVILAIN, ch.-l. d'arr. de la Hte-Marne, arr. de Chaumont. 1,771 hab.

CHATEL, ch.-l. de cant. des Vosges, arr. d'Épinal. 1,277 hab.

CHATELAUDREN, ch.-l. de cant. des Côtes-du-Nord, arr. de Saint-Brieuc. 1,305 hab.

CHATELDON, ch.-l. de cant. du Puy-de-Dôme, arr. de Thiers. 1,992 h.

CHATELET (LE), ch.-l. de cant. du Cher, arr. de St-Amand. 2,006 h.

CHATELET (LE), ch.-l. de cant. de Seine-et-Marne, arr. de Melun. 1,003 hab.

CHATELLERAULT, ch.-l. d'arr. de la Vienne. 14,278 hab.

CHATELUS, ch.-l. de cant. de la Creuse, arr. de Bourac. 1,397 hab.

CHATENOIS, ch.-l. de cant. des Vosges, arr. de Neufchâteau. 1,482 hab.

CHATILLON, ch.-l. de cant. de la Drôme, arr. de Die. 1,235 hab.

CHATILLON-DE-MICHAILLE, ch.-l. de cant. de l'Ain, arr. de Nantua. 1,262 hab.

CHATILLON-EN-BAZAIS, ch.-l.

de cant. de la Nièvre, arr. de Château-Chinon. 1,715 hab.

CHATILLON-SUR-CHALA-RONNE, ch.-l. de cant. de l'Ain, arr. de Nantua. 1,315 hab.

CHATILLON-SUR-INDRE, ch.-l. de cant. de l'Indre, arr. de Châteauroux. 3,875 hab.

CHATILLON-SUR-LOING, ch.-l. de cant. du Loiret, arr. de Montargis. 2,557 hab.

CHATILLON-SUR-LOIRE, ch.-l. de cant. du Lo ret, arr. de Gien. 3,225 h.

CHATILLON-SUR-MARNE, ch.-l. de cant. de la Marne, arr. de Reims. 903 hab.

CHATILLON-SUR-SEINE, ch.-l. d'arr. de la Côte-d'Or. 4,869 hab.

CHATILLON-SUR-SÈVRE, ch.-l. de cant. des Deux-Sèvres, arr. de Bressuire. 1,537 hab.

CHATRE (LA), ch.-l. d'arr. de l'Indre. 5,167 h b.

CHAUDESAIGUES, ch.-l. de cant. du Cantal, arr. de St-Flour. Eaux thermales. 1,948 hab.

CHAUFFAILLES, ch.-l. de cant. de Saône-et-Loire, arr. de Charolles. 4,120 hab.

CHAULNES, ch.-l. de cant. de la Somme, arr. de Péronne. 1,170 hab.

CHAUMERGY, ch.-l. de cant. du Jura, arr. de Dôle. 540 hab.

CHAUMONT, ch.-l. du dép. de la Haute-Marne. 8,285 hab.

CHAUMONT-EN-VEXIN, ch.-l. de cant. de l'Oise, arr. de Beauvais. 1,304 hab.

CHAUMONT-PORCIEN, ch.-l. de cant. des Ardennes, arr. de Réthel. 1,104 hab.

CHAUNY, ch.-l. de cant. de l'Aisne, arr. de Laon. 9,080 hab.

CHAUSSIN, ch.-l. de cant. du Jura, arr. de Dôle. 1,199 hab.

CHAUVIGNY, ch.-l. de cant. de la Vienne, arr. de Montmorillon. 2,049 h.

CHAUX-DE-FOND (LA), v. de la Suisse. 6,000 hab.

CHAVANGES, ch.-l. de cant. de l'Aube, arr. d'Arcis-sur-Aube. 904 h.

CHEF-BOUTONNE, ch.-l. de cant. des Deux-Sèvres, arr. de Melle, 2,401 h.

CHELLES, bourg de l'arr. de Meaux (Seine-et-Marne). Sainte Bathilde y fonda une abbaye en 660.

CHÉLY-D'APCHER (SAINT-), ch.-l. de cant. de la Lozère, arr. de Marvejols. 1,870 hab.

CHÉLY-D'AUBRAC (SAINT-), ch.-l. de cant de l'Aveyron, arr. d'Espalion. 1,700 hab.

CHEMILLE, ch.-l. de cant. de Maine-et-Loire, arr. de Cholet. 4,700 h

CHÉMIN, ch.-l. de cant. du Jura, arr. de Dôle. 440 hab.

CHEMNITZ, la première v. manufacturière du roy. de Saxe. 21,000 hab.

CHÉNERAILLES, ch.-l. de cant. de la Creuse, arr. d'Aubusson. 1,050 h.

CHER, r. de France, qui sort du dép. de la Creuse et se jette dans la Loire, après un cours de 315 kil.

CHER (DÉP. DU), ch.-l. Bourges. Cour d'appel et archevêché à Bourges. 336,613 hab. Formé du Haut-Berry.

CHERBOURG, ch.-l. d'arr. de la Manche. 4,810 hab. Port militaire.

CHERCHELL, v. de l'Algérie, dans la prov. de Mascara. Prise par les Français au mois de mars 1840.

CHÉRONÉE, anc. v. de Béotie. Vict. de Philippe, roi de Macédoine, sur les Athéniens et les Thébains, 338 av. J.-C.

CHÉROY, ch.-l. de cant. de l'Yonne, arr. de Sens. 845 hab.

CHERSONÈSE, nom donné à certaines presqu'îles : *Chersonèse taurique.*

CHESNE (LE), ch.-l. de cant. des Ardennes, arr. de Vouziers. 1,570 hab.

CHESTER, v. d'Angleterre. 8,000 hab. Fromage estimé.

CHEVAGNES, ch.-l. de cant. de l'Allier, arr. de Moulins. 1,000 hab.

CHEVILLON, ch.-l. de cant. de la Hte-Marne, arr. de Vassy. 1,230 hab.

CHEVREUSE, ch.-l. de cant. de S.-et-Oise, arr. de Rambouillet. 1,589 h.

CHEYLARD (LE, ch.-l. de cant. de l'Ardèche, arr. de Tournon. 3,422 h.

CHÈZE (LA), ch.-l. de cant. des C.-du-Nord, arr. de Loudéac. 897 hab.

CHILI (RÉPUBL. DU), Etat de l'Amérique mérid. Cap. Santiago.

CHIMBORAÇO, mont. de l'Amér. du Sud, une des plus hautes de la chaîne des Andes.

CHINE, puissant Etat de l'Asie orient. Env. 340,000 hab. Cap. Pékin.

CHINIAN, ch.-l. de cant. de l'Hérault, arr. de Saint-Pons. 3,340 hab.

CHINON, ch.-l. d'arr. de l'Indre-et-Loire. 6,905 hab.

CHIO, île de l'Archipel.

CHOLET, ch.-l. d'arr. de Maine-et-Loire. 13,360 hab.

CHOMÉRAC, ch.-l. de cant. de l'Ardèche, arr. de Privas. 2,455 hab.

CHORGES, ch.-l. de cant. des Htes-Alpes, arr. d'Embrun. 1,815 hab.

CHOUMLA, v. de la Turquie d'Europe. 30,000 hab.

CHRISTIANIA, cap. de la Norvége, port de mer. 32,000 hab.

CHYPRE, île de la Méditerranée. 100,000 hab.

CILICIE, pays de l'Asie-Mineure.

CINCINNATI, v. des Etats-Unis dans l'Amér. du Nord. 160,188 hab.

CINTEGABELLE, ch.-l. de cant. de la Haute-Garonne, arr. de Muret. 4,020 hab.

CIOTAT (LA), ch.-l. de cant. des Bouches-du-Rhône, arr. de Marseille. 10,017 hab. Port sur la Méditerranée.

CIRCASSIE, contrée de la Russie entre la mer Noire et la mer Caspienne.

CITEAUX, village de la Côte-d'Or, où Robert de Molesme fonda, en 1098, une communauté religieuse.

CIVITA-VECCHIA, v. d'Italie, dans les anc. Etats de l'Eglise. Port sur la Méditerranée.

CIVRAY, ch.-l. d'arr. de la Vienne. 2,300 hab.

CLAIRVAUX, v. de l'Aube. Jadis célèbre abbaye de Bénédictins, fondée par saint Bernard, en 1115.

CLAIRVAUX, ch.-l. de cant. du Jura, arr. de Lons-le-Saulnier. 1,200 h.

CLAMECY, ch.-l. d'arr. de la Nièvre. 5,620 hab.

CLAREMONT, château à 24 kil. de Londres, dernière résidence de Louis-Philippe.

CLARET, ch.-l. de cant. de l'Hérault, arr. de Montpellier. 709 hab.

CLARY, ch.-l. de cant. du Nord, arr. de Cambrai. 2,712 hab.

CLAYE-SOUILLY, ch.-l. de cant. de S.-et-Marne, arr. de Meaux. 1,752 h.

CLAYETTE (LA), ch.-l. de cant. de Saone-et-Loire, arr. de Charolles. 1,965 hab.

CLEFMONT, ch.-l. de cant. de la Hte-Marne, arr. de Chaumont. 412 hab.

CLÉGUÉREC, ch.-l. de cant. du Morbihan, arr. de Pontivy. 3,470 hab.

CLELLES, ch.-l. de cant. de l'Isère, arr. de Grenoble. 733 hab.

CLÈRES, ch.-l. de cant. de la Seine-Inférieure, arr. de Rouen. 779 hab.

CLERMONT-EN-ARGONNE, ch.-l. de cant. de la Meuse, arr. de Verdun. 1,304 hab.

CLERMONT-EN-BEAUVAISIS, ch.-l. d'arr. de l'Oise. 5,743 hab.

CLERMONT-FERRAND, ch.-l. du dép. du Puy-de-Dôme. Env. 37,630 h.

CLERMONT-L'HÉRAULT, ch.-l. de cant. de l'Hérault, arr. de Lodève. 6,050 hab.

CLERVAL, ch.-l. de cant. du Doubs, arr. de Baume-les-Dames. 1,360 hab.

CLÉRY, ch.-l. de cant. du Loiret, arr. d'Orléans. 2,765 hab.

CLÈVES, v. et anc. duché de la Prusse rhénane.

CLICHY-LA-GARENNE, com. de la Seine, arr. de Saint-Denis. 13,046 h.

CLISSON, ch.-l. de cant. de la Loire-Inf., arr. de Nantes. 2,850 hab.

CLOS-VOUGEOT, excellent vignoble, dép. de la Côte-d'Or.

CLOUD (SAINT-), petite v. des environs de Paris (S.-et-Oise). 5,620 h.

CLOYES, ch.-l. de cant. de l'Eure-et-Loir, arr. de Châteaudun. 2,455 h.

CLUNY, ch.-l. de cant. de Saône-et-Loire, arr. de Mâcon. 4,270 h. Possédait jadis une célèbre abbaye de Bénédictins.

CLUSIUM, anc. v. d'Étrurie.

COBLENTZ, v. d'Allemagne. Lieu de rendez-vous de la noblesse française, émigrée pendant la révolution.

COBOURG, v. d'Allemagne, cap. du duché dt Saxe-Cobourg-Gotha.

COCHINCHINE, vaste contrée à l'est de l'Indo-Chine.

COGNAC, ch.-l. d'arr. de la Charente. 9,412 hab.

COIMBRE, v. du Portugal. 18,000 hab.

COIRE, v. de Suisse, ch.-l. du cant. des Grisons.

COLCHIDE, contrée de l'Asie célèbre par la Toison-d'Or et par l'expédition des Argonautes.

COLIGNY, ch.-l. de cant. de l'Ain, arr. de Bourg. 1,655 hab.

COLLINÉE, ch.-l. de cant. des Côtes-du-Nord, arr. de Loudéac. 785 h.

COLLIOURE, petite v. de France, dans les Pyré.-Orient. Port sur la Méditerranée. 3,274 h.

COLLOBRIÈRES, ch.-l. de cant. du Var, arr. de Toulon. 2,300 hab.

COLLONGES, ch.-l. de cant. de l'Ain, arr. de Gex. 1,120 hab.

COLMAR, ch.-l. de l'anc. dép. du Haut-Rhin. 22,630 hab.

COLMARS, ch.-l. de cant. des B.-Alpes, arr. de Castellane. 1,025 h.

COLOGNE, v. forte sur le Rhin, cap. de la Prusse rhénane. 66,000 hab.

COLOGNE, ch.-l. de cant. du Gers, arr. de Lombez. 855 hab.

COLOMBEY, ch.-l. de cant. du dép. de Meurthe-et-Moselle, arr. de Toul. 985 hab.

COLOMBIE, anc. rép. de l'Amér. du Sud, divisée auj. en trois répub.

COLOMBO, cap. de l'île de Ceylan. 31,550 hab.

COLONNES D'HERCULE, nom donné par les anciens aux monts Calpé et Abyla, situés au N. et au S. du détroit de Gibraltar.

COMBEAUFONTAINE, ch.-l. de cant. de la Haute-Saône, arr. de Vesoul. 757 hab.

COMBLES, ch.-l. de cant. de la Somme, arr. de Péronne. 1,627 hab.

COMBOURG, ch.-l. de cant. de l'Ille-et-Vilaine, arr. de Saint-Malo. 5,130 hab.

COMBROUDE, ch.-l. de cant. du Puy-de-Dôme, arr. de Riom. 2,035 h.

COME, v. d'Italie, dans l'anc. roy. lombard-vénitien. 20,000 hab.

COMMERCY, ch.-l. d'arr. de la Meuse. 3,915 hab.

COMORES (ILES), au N. du canal de Mozambique.

COMORIN (CAP), au S. de l'Indoustan.

COMPIÈGNE, ch.-l. d'arr. de l'Oise. Beau château, parc, forêt. 12,150 hab.

COMPS, ch.-l. de cant. du Var, arr. de Draguignan. 775 hab.

COMTAT-VENAISSIN, pays de France, auj. compris dans le dép. de Vaucluse.

CONCARNEAU, ch.-l. de cant. du Finistère, arr. de Quimper. 3,555 hab.

CONCEPTION (LA), v. du Chili. 10,000 hab.

CONCHES, ch.-l. de cant. de l'Eure, arr. d'Evreux. 2,482 hab. Forges et fonderies.

CONDÉ-SUR-BRIE, ch.-l. de cant. de l'Aisne, arr. de Château-Thierry. 750 hab.

CONDÉ-SUR-ESCAUT, ch.-l. de cant. du Nord, arr. de Valenciennes. 4,642 hab. Place forte.

CONDÉ-SUR-NOIREAU, ch.-l. de cant. du Calvados, arr. de Vitré. 6,643 hab.

CONDOM, ch.-l. d'arr. du Gers. 8,175 hab.

CONDRIEU, ch.-l. de cant. du Rhône, arr. de Lyon. 2,595 hab.

CONFLANS, ch.-l. de cant. de Meurthe-et-Moselle, arr. de Briey. 510 h.

CONFOLENS, ch.-l. d'arr. de la Charente. 2,720 hab.

CONGO, roy. de la Guinée mérid. Cap. San-Salvador.

CONI, v. du roy. d'Italie. 20,000 h.

CONLIE, ch.-l. de cant. de la Sarthe, arr. du Mans. 1,720 hab.

CONLIÈGE, ch.-l. de cant. du Jura, arr. de Lons-le-Saulnier. 1,230 hab.

CONQUES, ch.-l. de cant. de l'Aude, arr. de Rodez. 1,200 hab.

CONSTANCE, v. et lac dans le grand duché de Bade.

CONSTANTINE, v. de l'Algérie, place forte, prise d'assaut par les Français, en 1837.

CONSTANTINOPLE, v. sur le canal du même nom, cap. de la Turquie. 600,000 hab.

CONTRES, ch.-l. de cant. de Loir-et-Cher, arr. de Blois. 2,611 hab.

CONTY, ch.-l. de cant. de la Somme, arr. d'Amiens. 976 hab.

COPENHAGUE, cap. du Danemark, dans l'île de Seéland. 143,501 h.

COQUIMBO, v. du Chili. 15,000 h.

CORBEIL, ch.-l. d'arr. de Seine-et-Oise. 5,541 hab.

CORBIE, ch.-l. de cant. de la Somme, arr. d'Amiens. 3,346 hab.

CORBIGNY, ch.-l. de cant. de la Nièvre, arr. de Clamecy. 2,099 hab.

CORCIEUX, ch.-l. de cant. des Vosges, arr. de Saint-Dié. 1,600 hab.

CORDES, ch.-l. de cant. du Tarn, arr. de Gaillac. 2,719 hab.

CORDILLIÈRES, se dit de différentes ramifications appelées Andes.

CORDOUE, grande v. d'Espagne. 57,500 hab.

CORÉE, presqu'île d'Asie.

CORFOU (L'ANC. CORCYRE), la plus import. des îles Ioniennes. Cap. Corfou.

CORINTHE, v. de la Grèce, dans la Morée.

CORINTHE (ISTHME DE, entre la Morée et la Grèce propre.

CORK, v. d'Irlande. 106,000 hab.

CORLAY, ch.-l. de cant. des Côtes-du-Nord, arr. de Loudéac. 1,535 hab.

CORNEILLES, ch.-l. de cant. de l'Eure, arr. de Pont-Audemer. 1,525 h.

CORNOUAILLES, comté d'Angleterre.

CORNUS, ch.-l. de cant. de l'Aveyron, arr. de S.-Affrique. 1,515 hab.

COROGNE (LA), v. d'Espagne. 23,000 hab.

COROMANDEL, côte orient. de l'Inde.

CORPS, ch.-l. de cant. de l'Isère, arr. de Grenoble. 1,329 hab.

CORRÈZE, r. de France, qui sort des mont. de Monédières et se jette dans la Vézère, après un cours de 80 kil.

CORRÈZE (DÉP. DE LA), ch.-l. Tulle. Cour d'appel de Riom, évêché à Tulle. 310,843 hab. Formé d'une partie du Limousin.

CORRÈZE, ch.-l. de cant. de la Corrèze, arr. de Tulle. 1,690 hab.

CORSE (ILE DE), dans la Méditerranée, cédée à Louis XV par les Génois, en 1768.

CORSE (CAP, au N. de la Corse.

CORTE, ch.-l. d'arr. de la Corse. 4,026 hab.

COSNE, ch.-l. d'arr. de la Nièvre. 6,575 hab.

CORCÉ-LE-VIVIEN, ch.-l. de dép. de la Mayenne, arr. de de Château-Gontier. 3,370 hab.

COSTA-RICA, petit État de Guatémala.

COTE D'OR, territ. de la Guinée d'Afrique.

COTE-D'OR (DÉP. DE LA), ch.-l. Dijon. Cour d'appel et évêché. 384,140 hab. Son nom lui vient de la ch. de collines qui le traverse. Formé de la partie septent. de l'anc. Bourgogne.

COTE SAINT-ANDRÉ (LA), ch.-l. de cant. de l'Isère, arr. de Vienne. 4,556 hab.

COTENTIN, pays de la basse Normandie.

COTES-DU-NORD (DÉP. DES), ch.-l. Saint-Brieuc. Cour d'appel de Rennes, évêché à Saint-Brieuc. 611,210 hab. Formé d'une partie de l'anc. Bretagne

COTIGNAC, ch.-l. de cant. du Var, arr. de Brignoles. 3,600 hab.

COUCHES-LES-MINES, ch.-l. de cant. de Saone-et-Loire, arr. d'Autun. 2,778 hab.

COUCOURON, ch.-l. de cant. de l'Ardèche, arr. de Largentière. 1,235 h.

COUCY-LE-CHATEAU, ch.-l. de cant. de l'Aisne, arr. de Laon. 846 hab.

COUDRAY-SAINT-GERMER, ch.-l. de cant. de l'Oise, arr. de Beauvais. 475 hab.

COUHÉ, ch.-l. de cant. de la Vienne, arr. de Civray. 1,893 hab.

COUIZA, ch.-l. de cant. de l'Aude, arr. de Limoux. 920 hab.

COULANGE-LA-VINEUSE, ch.-l. de cant. de l'Yonne, arr. d'Auxerre. 1,372 hab.

COULANGE-SUR-YONNE, ch.-l. de cant. de l'Yonne, arr. d'Auxerre. 1,087 hab.

COULOMMIERS, ch.-l. d'arr. de Seine-et-Marne. 4,415 hab.

COULONGES, ch.-l. de cant. des Deux-Sèvres, arr. de Niort. 2,224 hab.

COUPTRAIN, ch.-l. de cant. de la Mayenne, arr. de Mayenne. 417 hab.

COURBEVOIE, ch.-l. de cant. de la Seine, arr. de Saint-Denis. 9,862 h.

COURÇON, ch.-l. de cant. de la Charente-Inf., arr. de La Rochelle. 1,263 hab.

COURLANDE, prov. de la Russie d'Europe. Cap. Mittau.

COURPIÈRE, ch.-l. de cant. du Puy-de-Dôme, arr. de Thiers. 3,690 h.

COURSAN, ch.-l. de cant. de l'Aude, arr. de Narbonne. 2,477 hab.

COURSEGOULES, ch.-l. de cant. des Alpes-Marit., arr. de Grasse. 505 hab.

COURSON, ch.-l. de cant. de l'Yonne, arr. d'Auxerre. 1,371 hab.

COURTENAY, ch.-l. de cant. du Loiret, arr. de Montargis. 2,887 hab.

COURTINE (LA), ch.-l. de cant. de la Creuse, arr. d'Aubusson. 1,034 h.

COURTOMER, ch.-l. de cant. de l'Orne, arr. d'Alençon. 1,200 hab.

COURTRAY, v. de la Belgique, sur la Lys. 20,000 hab.

COURVILLE, ch.-l. de cant. de l'Eure-et-Loire, arr. de de Chartres. 1,630 hab.

COUSSEY, ch.-l. de cant. des Vosges, arr. de Neufchâteau. 720 hab.

COUTANCES, ch.-l. d'arr. de la Manche. 8,000 hab.

COUTRAS, ch.-l. de cant. de la Gironde, arr. de Libourne. 3,885 hab. Victoire de Henri IV sur les catholiques, en 1587.

COZES, ch.-l. de cant. de la Char.-Inf., arr. de Saintes. 1,898 hab.

CRACOVIE, anc. cap. de la rép. de ce nom, annexée à l'Autriche, en 1846.

CRAON, ch.-l. de cant. de la Mayenne, arr. de Chateau-Gontier. 4,401 hab.

CRAONNE, ch.-l. de cant. de l'Aisne, arr. de Laon. 825 hab.

CRAPONNE, ch.-l. de cant. de la Hte-Loire, arr. du Puy. 2,630 hab.

CRÉCY, ch.-l. de cant. de Seine-et-Marne, arr. de Meaux. 1,657 hab.

CRÉCY, ch.-l. de cant. de la Somme, arr. d'Abbeville. 1,748 hab. Vict. des Anglais, en 1346, sur Philippe de Valois.

CRÉCY-SUR-SERRE, ch.-l. de cant. de l'Aisne, arr. de Laon. 2,136 h.

CREIL, ch.-l. de cant. de l'Oise, arr. de Senlis. 3,625 hab.

CRÉMIEU, ch.-l. de cant. de l'Isère, arr. de La Tour-du-Pin. 2,244 hab.

CRÉMONE, v. d'Italie. 27,000 hab.

CRÉON, ch.-l. de cant. de la Gironde, arr. de Bordeaux. 1,051 hab.

CRÉPY, ch.-l. de cant. de l'Oise, arr. de Senlis. 2,835 hab.

CREST, ch.-l. de cant. de la Drôme, arr. de Die. 5,460 hab.

CRÊTE (ILE DE), auj. Candie, dans la Med-terranée.

CREULLY, ch.-l. de cant. du Calvados, arr. de Ca—— 990 hab.

CREUSE, r. de France, qui traverse le dép. de ce nom du sud au nord.

CREUSE (DÉP. DE LA), ch.-l. Guéret. Cour d'appel et evêché à Limoges. 274,657 hab. Formé de la Haute-Marche et de quelques parties du Berry, du Bourbonnais, du Limousin et de l'Auvergne.

CREUZOT (LE), comm. de l'arr. d'Autun (Saône-et-Loire). Forges et usines. 23,872 hab.

CRÉVECŒUR, ch.-l. de cant. de l'Oise, arr. de Clermont. 2,355 hab.

CRIMÉE, presqu'île au sud de la Russie, sur la mer Noire. Victoire des Français, en 1855.

CRIQUETOT-ESNEVAL, ch.-l. de cant. de la Seine-Inf., arr. du Hâvre. 1,485 hab.

CROATIE (LA), partie de l'emp. d'Autriche.

CROCQ, ch.-l. de cant. de la Creuse, arr. d'Aubusson. 1,147 hab.

CROISIC (LE), ch.-l. de cant. de la Seine-Inf., arr. de Savenay. 2,416 h.

CROISILLES, ch.-l. de cant. du Pas-de-Calais, arr. d'Arras. 1,537 hab.

CRONSTADT, v. forte de la Russie, sur la mer Baltique. 11,000 hab.

CROTONE, v. de l'anc. Italie.

CROZON, ch.-l. de cant. du Finistère, arr. de Châteaulin. 8,946 hab.

CRUZY-LE-CHATEL, ch.-l. de cant. de l'Yonne, arr. de Tonnerre. 987 hab.

CUBA (ILE DE), la plus grande île des Antilles, à l'Espagne. Cap. La Havane.

CUERS, ch.-l. de cant. du Var, arr. de Toulon. 4,295 hab.

CUISEAUX, ch.-l. de cant. de S.-et-Loire, arr. de Louhans. 1,626 hab.

CUISERY, ch.-l. de cant. de Seine-et-Loire, arr. de Louhans. 1,586 hab.

CUMES, anc. v. de Campanie. Séjour d'une sibylle célèbre dans l'antiquité.

CUNAXA, v. de l'anc. Babylonie. Bataille entre Cyrus-le-Jeune et ses frères, en 461 av. J.-C.

CUNLHAT, ch.-l. de cant. du Puy-de-Dôme, arr. d'Ambert. 2,929 hab.

CUQ-TOULZA, ch.-l. de cant. du Tarn, arr. de Lavaur. 1,187 hab.

CURAÇAO, île des Antilles, à la Hollande.

CURE, petite r. de France, qui se jette dans l'Yonne.

CUSSET, ch.-l. de cant. de l'Allier, arr. de La Palisse. 6,575 hab.

CUZCO ou CUSCO, v. du Pérou. 50,000 hab.

CYCLADES, groupe d'îles de l'Archipel.

CYSOING, ch.-l. de cant. du Nord, arr. de Lille. 2,995 hab.

CYTHERE, île de la Grèce anc., auj. Cerigo, célèbre par le culte rendu à Vénus.

D

DACIE, anc. pays près du Pont-Euxin, conquis par les Romains.

DAGHESTAN, prov. de la Russie d'Asie.

DALÉCARLIE, anc. prov. de la Suède.

DALMATIE, prov. de l'Autriche. Cap. Zara.

DAMAS, v. de Syrie. 200,000 hab. Très industrieuse.

DAMAZAN, ch.-l. de cant. de Lot-et-Garonne, arr. de Nérac. 1,835 hab.

DAMIETTE, v. de la Basse-Egypte. Prise par les Croisés, en 1219 et en 1249.

DAMMARTIN, ch.-l. de cant. de S.-et-Marne, arr. de Meaux. 1.800 hab.

DAMPIERRE. ch.-l. de cant. du Jura, arr. de Dôle. 705 hab.

DAMPIERRE-SUR-SALON, ch.-l. de cant. de la Hte-Saône, arr. de Gray. 1,350 hab.

DAMVILLE, ch.-l. de cant. de l'Eure, arr. d'Evreux. 1,005 hab.

DAMVILLERS, ch.-l. de cant. de la Meuse, arr. de Montmédy. 935 hab.

DANEMARK, roy. de l'Europe septentrionale. 2,500,000 hab. Cap. Copenhague.

DANGÉ, ch.-l. de cant. de la Vienne, arr. de Châtellerault. 870 hab.

DANNEMARIE, ch.-l. de cant. de l'anc. dép. du H.-Rhin, arr. de Belfort. 1,146 hab.

DANTZICK, v. de la Prusse. 66,800 hab.

DANUBE, grand fleuve d'Europe, qui sort de la forêt Noire et va se jeter dans la mer Noire.

DAOULAS, ch.-l. de cant. du Finistère, arr. de Brest. 1,315 hab.

DARDANELLES (DÉTROIT DES), ou de **GALLIPOLI,** entre l'Archipel et la mer de Marmara ; l'*Hellespont* des anciens.

DARIEN (GOLFE DE), formé par la mer des Antilles.

DARMSTADT, cap. du duché de Hesse-Darmstadt (Allemagne). 32,000 h.

DARNÉTAL, ch.-l. de cant. de la Seine-Inf., arr. de Rouen. 5,909 hab.

DARNEY, ch.-l. de cant. des Vosges, arr. de Mirecourt. 1,932 hab.

DAUPHINÉ, anc. prov. de France. Cap. Grenoble.

DAX, ch.-l. d'arr. des Landes. 9,469 hab.

DEBRECZIN, v. de Hongrie. 61,283 hab.

DECIZE, ch.-l. de cant. de la Nièvre, arr. de Nevers. 4,366 hab.

DELAWARE, fleuve des Etats-Unis.

DELHI ou **DEHLI,** v. de l'Inde angl. 200,000 hab.

DELLE, ch.-l. de cant. de l'anc. dép. du H.-Rhin, arr. de Belfort. 1,219 hab.

DELME, ch.-l. de cant. de l'anc. dép. de la Meurthe, arr. de Château-Salins. 696 hab.

DÉLOS, une des Cyclades, où na-

quirent, suivant la Fable, Apollon et Diane.

DELPHES, v. de l'anc. Grèce. Temple où Apollon rendait des oracles par la bouche de la Pythie.

DEMBÉA, lac de l'Afrique.

DENAIN, v. du dép. du Nord, arr. de Valenciennes. Vict. de Villars sur le prince Eugène, en 1712. 11,022 hab.

DENDÉRAH, village de la Haute-Egypte. Magnifiques ruines.

DERBY, v. d'Angleterre. 43,700 h. Cap. du comté du même nom.

DERVAL, ch.-l. de cant. de la L.-Inf., arr. de Châteaubriant. 2,851 h.

DÉSIRADE (LA), île des petites Antilles françaises.

DESVRES, ch.-l. de cant. du Pas-de-Calais, arr. de Boulogne. 2,840 hab.

DEUX-PONTS, v. et principauté de la Bavière rhénane.

DEVONPORT, v. et port d'Angleterre.

DIARBÉKIR, v. de la Turquie d'Asie.

DIE, ch.-l. d'arr. de la Drôme. 3,875 hab.

DIÉMEN (TERRE DE), île au S. de l'Australie.

DIEPPE, ch.-l. d'arr. de la S.-Inf. 20,185 hab. Bains de mer renommés.

DIEULEFIT, ch.-l. de cant. de la Drome, arr. de Montélimart. 4,502 h.

DIEUZE, ch.-l. de cant. de l'anc. dép. de la Meurthe, arr. de Château-Salins. 3,200 hab.

DIGNE, ch.-l. du dép. des Basses-Alpes. Evêché. 4,450 hab.

DIGOIN, ch.-l. de cant. de Seine-et-Loire, arr. de Charolles. 3,426 hab.

DIJON, ch.-l. du dép. de la Côte-d'Or. Evêché. 37,075 hab.

DINAN, ch.-l. d'arr. des Côtes-du-Nord. 8,000 hab.

DINANT, v. de Belgique.

DJEDDAH ou **GIDDAH,** v. d'Arabie. 15,000 hab.

DJEYPOUR, v. de l'Inde angl. 60,000 hab.

DJIDJELLI, v. de l'Algérie.

DNIÉPER, fleuve de la Russie d'Europe, qui se jette dans la mer Noire.

DNIESTER ou **DNIESTR,** fleuve de la Russie d'Europe, qui se jette dans la mer Noire.

DODONE, v. de l'Epire ; avait un temple de Jupiter près d'une forêt de chênes qui rendaient des oracles.

DOFRINES ou **ALPES SCANDINAVES,** ch. de mont. qui sépare la Norvège de la Suède.

DOL, ch.-l. de cant. de l'Ille-et-Vilaine, arr. de Saint-Malo. 4,230 hab.

DOLE, ch.-l. d'arr. du Jura. 11,693 h.

DOMART, ch.-l. de cant. de la Somme, arr. de Doullens. 1,421 hab.

DOMBES (PRINCIP. DE), petit pays compris dans la Bourgogne, et qui avait pour cap. Trévoux.

DOMÈNE, ch.-l. de cant. de l'Isère, arr. de Grenoble. 1,620 hab.

DOMÉVRE, ch.-l. de cant. de Meurthe-et-Moselle, arr. de Toul. 422 h.

DOMFRONT, ch.-l. d'arr. de l'Orne. 4,866 hab.

DOMINIQUE (LA), une des principales Antilles anglaises.

DOMMARTIN - SUR - YÈVRE, ch.-l. de cant. de la Marne, arr. de Sainte-Ménéhould. 217 hab.

DOMME, ch.-l. de cant. de la Dordogne, arr. de Sarlat. 2,000 hab.

DOMPAIRE, ch.-l. de cant. des Vosges, arr. de Mirecourt. 1,428 hab.

DOMPIERRE, ch.-l. de cant. de l'Allier, arr. de Moulins. 2,229 hab.

DOMREMY, village de l'arr. de Neufchâteau (Vosges). Lieu natal de Jeanne d'Arc.

DON, fleuve de la Russie d'Europe, qui se jette dans la mer d'Azow.

DONJON (LE), ch.-l. de cant. de l'Allier, arr. de la Palisse. 1,880 hab.

DONNE-MARIE-EN-MONTOIS, ch.-l. de cant. de Seine-et-Marne, arr. de Provins. 1,150 hab.

DONZENAC, ch.-l. de cant. de la Corrèze, arr. de Brive. 3,360 hab.

DONZY, ch.-l. de cant. de la Nièvre, arr. de Cosne. 4,045 hab.

DORDOGNE, r. de France, qui sort du mont Dore et se jette dans la Garonne, au bec d'Ambez, après un cours de 465 kil.

DORDOGNE (DÉP. DE LA), ch.-l. Périgueux. Cour d'appel de Bordeaux ; évêché à Périgueux. 512,673 h. Formé du Périgord et de quelques portions du Limousin, de l'Angoumois et de la Saintonge.

DORDRECHT, v. de Hollande. 22,000 hab.

DORE, mont. d'Auvergne.

DORIDE, partie de la Grèce anc.

DORMANS, ch.-l. de cant. de la Marne, arr. d'Epernay. 2,215 hab.

DORNES, ch.-l. de cant. de la Nièvre, arr. de Nevers. 1,569 hab.

DOUAI, ch.-l. d'arr. du Nord. Cour d'appel. 24,485 hab. .

DOUARNENEZ, ch.-l. de cant. du Finistère, arr. de Quimper. 4,870 hab.

DOUBS, r. de France, qui sort du Jura et se jette dans la Saône, à Verdun, après un cours de 450 kil.

DOUBS (DÉP. DU), ch.-l. Besançon. 298,072 hab. Cour d'appel et archevêché à Besançon. Formé d'une

partie de la Franche-Comté et du comté de Montbéliard.

DOUDEVILLE, ch.-l. de cant. de la Seine-Inf., arr. d'Yvetot. 3,587 hab.

DOUÉ, ch.-l. de cant. de Maine-et-Loire, arr. de Saumur. 3,338 hab.

DOULAINCOURT, ch.-l. de cant. de la Hte-Marne, arr. de Vassy. 1,117 h.

DOULEVANT, ch.-l. de cant. de la Haute-Marne, arr. de Vassy. 716 h.

DOULLENS, ch.-l. d'arr. de la Somme. 4,706 hab. Citadelle qui sert de prison d'Etat.

DOURDAN, ch.-l. de cant. de Seine-et-Oise, arr. de Rambouillet. 2,914 hab.

DOURGUE, ch.-l. de cant. du Tarn, arr. de Castres. 1,715 hab

DOURO, fleuve d'Espagne et de Portugal, qui se jette dans l'océan Atlantique.

DOUVAINE, ch.-l. de cant. de la Hte-Savoie, arr. de Thonon. 1,230 h.

DOUVRES, v. d'Angleterre, sur le Pas-de-Calais. 29,000 hab.

DOUVRES, ch.-l. de cant. du Calvados, arr. de Caen. 2,083 hab.

DOZALÉ, ch.-l. de cant. du Calvados, arr. de Pont-l'Evêque. 900 hab.

DRAGUIGNAN, ch.-l. de cant. du dép. du Var. 9,819 hab.

DRAVE, r. des Etats autrichiens.

DRESDE, v. et cap. de la Saxe, sur l'Elbe. 94,000 hab.

DREUX, ch.-l. d'arr. de l'Eure-et-Loir. 6,940 hab. Sépulture de la famille d'Orléans.

DROME, r. de France, qui sort du dép. des Hautes-Alpes et se jette dans le Rhin, après un cours de 110 kil.

DROME (DÉP. DE LA), ch.-l. Valence. Cour d'appel de Grenoble ; évêché à Valence. 324,231 hab. Formé du Valentinois et du Diois, qui faisaient partie du gouvernement du Dauphiné et de petites portions de la Provence.

DRONTHEIM, v. de Norvége. 14,000 hab.

DROUÉ, ch.-l. de cant. de Loir-et-Cher, arr. de Vendôme. 1.037 hab.

DRULINGEN, ch.-l. de cant. de l'anc. dép. du Bas-Rhin, arr. de Saverne. 562 hab.

DUBLIN, cap. de l'Irlande. 250,000 hab.

DUCEY, ch.-l. de cant. de la Manche, arr. d'Avranches. 1,850 hab.

DUCLAIR, ch.-l. de cant. de Seine-Inf., arr. de Rouen. 1,810 hab.

DUN-LE-PALLETEAU, ch.-l. de cant. de la Creuse, arr. de Guéret. 1.547 hab.

DUN-LE-ROI, ch.-l. de cant. du Cher, arr. de Saint-Amand. 5,454 hab.

DUN-SUR-MEUSE, ch.-l. de cant. de la Meuse, arr. de Montmédy. 972 h.

DUNDEE, v. d'Écosse. 78,850 hab.

DUNKERQUE, ch.-l. d'arr. du Nord. Port de mer et place forte. 83,083 hab.

DURANCE, r. de France, qui sort des Alpes et se jette dans le Rhône, après un cours de 335 kil.

DURBAN, ch.-l. de cant. de l'Aude, arr. de Narbonne. 675 hab.

DURHAM, v. d'Anglet. 14,000 hab.

DURTEL, ch.-l. de cant. de Maine-et-Loire, arr. de Baugé. 3,512 hab.

DUSSELDORF, v. de la Prusse rhénane. 40,000 hab.

DWINA, nom de deux rivières de la Russie d'Europe.

E

EAUX-BONNES, village des B.-Pyrénées, arr. d'Oloron. Eaux minér.

EAUZE, ch.-l. de cant. du Gers, arr. de Condom. 4,307 hab.

EBRE, fleuve d'Espagne, qui se jette dans la Méditer., après un cours de 440 kil.

EBREUIL, ch.-l. de cant. de l'Allier, arr. de Gannat. 2,296 hab.

ECBATANE, cap. de l'anc. Médie.

ECKMUHL, village de Bavière. Victoire de Napoléon sur les Autrichiens, en 1809.

ECLUSE (L'), petit port de Hollande. Bataille navale gagnée par les Anglais sur les Français, en 1340.

ECOMMOY, ch.-l. de cant. de la Sarthe, arr. du Mans. 3,684 hab.

ECOS, ch.-l. de cant. de l'Eure, arr. des Andelys. 532 hab.

ECOSSE, partie sept. de la Grande-Bretagne. Cap. Edimbourg. 2,620,000 h.

ECOSSE (NOUVELLE-) ou **ACADIE,** péninsule de l'Amér. sept. 125,000 hab. Cap. Halifax.

ECOUCHÉ, ch.-l. de cant. de l'Orne, arr. d'Argentan. 1,162 hab.

ECOUEN, ch.-l. de cant. de Seine-et-Oise, arr. de Pontoise. 1,280 hab.

ECUEILLÉ, ch.-l. de cant. de l'Indre, arr. de Châteauroux. 1,923 hab.

ECURY-SUR-COOLE, ch.-l. de cant. de la Marne, arr. de Châlons. 319 hab.

EDESSE, anc. v. de la Mésopotamie.

EDIMBOURG, cap. de l'Écosse. Anc. et fameuse université. 190,000 h.

EGINE, île de l'Archipel.

EGLETONS, ch.-l. de cant. de la Corrèze, arr. de Tulle. 1,600 hab.

EGLISE (ETATS DE). Ils occu-paient le centre de l'Italie et étaient sous la domination du Pape. 3,000,000 d'hab. Cap. Rome. Auj. ces Etats font partie du roy. d'Italie.

EGUZON, ch.-l. de cant. de l'Indre, arr. de la Chatre. 1,595 hab.

EGYPTE, contrée d'Afrique. Cap. Le Caire. 2,000,000 d'hab.

ELBE, fleuve d'Allemagne, qui a sa source en Bohème et se jette dans la mer du Nord.

ELBE (ILE D'), petite île de la Médit. Napoléon y fut relégué, en 1814.

ELBEUF, ch.-l. d'arr. de la Seine-Inf., arr. de Rouen. 21,784 hab. Manuf. de draps fins.

ELEUSIS, v. ou bourg de l'Attique. Temple de Cérès, où l'on célébrait des mystères.

ELIDE, anc. pays de la Grèce. Jeux Olympiques.

ELVEN, ch.-l. de cant. du Morbihan, arr. de Vannes. 3,515 hab.

EMBRUN, ch.-l. d'arr. des Hautes-Alpes. V. forte. 4,184 hab.

EMS, bourg de la Prusse. Eaux thermales.

ENGHIEN, village près de Paris. 500 hab. Eaux sulfureuses.

ENGHIEN, v. de Belgique. 4,000 h.

ENNEZAT, ch.-l. de cant. du Puy-de-Dôme, arr. de Riom. 1,442 hab.

ENSISHEIM, ch.-l. de cant. de l'anc. dép. du Haut-Rhin, arr. de Colmar. 3,847 hab.

ENTRAYGUES, ch.-l. de cant. de l'Aveyron, arr. d'Espalion. 1,846 hab.

ENTREVAUX, ch.-l. de cant. des B.-Alpes, arr. de Castellane. 1,461 h.

ENVERMEU, ch.-l. de cant. de la Seine-Inf., arr. de Dieppe. 1,334 hab.

EOLIDE ou **EOLIE,** anc. cont. ée de l'Asie-Mineure.

EOLIENNES (ILES), anc. nom des îles Lipari.

EPERNAY, ch.-l. d'arr. de la Marne. 11,504 hab.

EPHESE, anc. v. de l'Asie-Mineure. Autref. célèbre par le temple de Diane.

EPIDAURE, v. de l'anc. Grèce. Esculape y rendait des oracles.

EPINAC, ch.-l. de cant. de Saône-et-Loire, arr. d'Autun. 4,623 hab.

EPINAL, ch.-l. de cant. des Vosges, sur la Moselle. 11,870 hab.

EPIRE, contrée de l'anc. Grèce.

ERFURTH, v. de Prusse. 32,200 h.

ERIDAN, fleuve de l'anc. Italie. Auj. le Pô.

ERIÉ, lac de l'Amér. du Nord.

ERIVAN, v. de la Russie d'Asie. 12,000 hab.

ERLAU, v. de Hongrie. 20,000 h.

ERMENONVILLE, village du dép.

de l'Oise, arr. de Senlis. J.-J. Rousseau y passa ses derniers jours.

ERNÉE, ch.-l. de cant. de la Mayenne, arr. de Mayenne. 5,476 hab.

ERSTEIN, ch.-l. de cant. de l'anc. dép. du Bas-Rhin, arr. de Schelestadt. 3,899 hab.

ERVY, ch.-l. de cant. de l'Aube, arr. de Troyes. 1,671 hab.

ERYTHRÉE (MER), nom donné autrefois à la mer des Indes.

ERZÉROUM, v. de la Turquie d'Asie.

ESCAUT, r. qui prend sa source en France, traverse la Belgique, et va se jeter, en Hollande, dans la mer du Nord.

ESCLAVONIE ou SLAVONIE, port des Etats autrichiens, dans la Hongrie.

ESCURIAL (L'), palais et monastère, non loin de Madrid, bâti par Philippe II.

ESCUROLLES, ch.-l. de cant. de l'Allier, arr. de Gannat. 1,136 hab.

ESPAGNE, roy. du midi de l'Europe. Cap. Madrid. 14,000,000 d'hab.

ESPALION, ch.-l. d'arr. de l'Aveyron. 4,330 hab.

ESPELETTE, ch.-l. de cant. des B.-Pyrénées, arr. de Bayonne. 1,506 h.

ESSARTS (LES), ch.-l. de cant. de la Vendée, arr. de la Roche-sur-Yon. 2,831 hab.

ESLING, village d'Autriche, près de Vienne. Vict. des Français, en 1809.

ESSOYES, ch.-l. de cant. de l'Aube, arr. de Bar-sur-Seine. 1,093 hab.

ESTAING, ch.-l. de cant. de l'Aveyron, arr. d'Espalion. 1,612 hab.

ESTERNAY, ch.-l. de cant. de la Marne, arr. d'Epernay. 1,734 hab.

ESTHONIE, pays de la Russie d'Europe. ch.-l. Revel.

ESTISSAC, ch.-l. de cant. de l'Aube, arr. de Troyes. 1,897 hab.

ESTRAMADURE ESPAGNOLE, prov. au centre de l'Espagne. Cap. Badajoz.

ESTRAMADURE PORTUGAISE, prov. du Portugal. Cap. Lisbonne.

ESTRÉES-SAINT-DENIS, ch.-l. de cant. de l'Oise, arr. de Compiègne. 1,364 hab.

ETABLES, ch.-l. de cant. des Côtes-du-Nord, arr. de Saint-Brieuc. 2,961 hab.

ETAIN, ch.-l. de cant. de la Meuse, arr. de Verdun. 2,683 hab.

ETAMPES, ch.-l. d'arr. de Seine-et-Oise. 8,228 hab.

ETAPLES, ch.-l. de cant. du Pas-de-Calais, arr. de Montreuil. 2,719 hab.

ETATS-UNIS, rép. fédérative de l'Amérique du Nord. 27,000,000 d'hab. Cap. Washington.

ETHIOPIE, contrée anc. de l'Afrique, au sud de l'Egypte.

ETNA, volcan de l'île de Sicile.

ETOLIE, contrée de l'anc. Grèce.

ETRÉPAGNY, ch.-l. de cant. de l'Eure, arr. des Andelys. 1,628 hab.

ETRURIE, anc. région de l'Italie.

EU, ch.-l. de cant. de la Seine-Inf., arr. de Dieppe. 4,168 hab.

EUBÉE, île de l'anc. Grèce, auj. Négrepont.

EUPHRATE, fleuve de la Turquie d'Asie, qui se jette dans le golfe Persique.

EURE, r. de France, qui sort du dép. de l'Orne et se jette dans la Seine, après un cours de 180 kil.

EURE (DÉP. DE L'), ch.-l. Evreux. 394,487 hab. Cour d'appel de Rouen. Evêché à Evreux. Formé d'une partie de la Normandie proprement dite, du comté d'Evreux, et d'une partie du Perche.

EURE-ET-LOIR (DÉP. DE L'), ch.-l. Chartres. 390,753 hab. Cour d'appel de Paris ; évêché à Chartres. Formé d'une partie de la Beauce et d'une portion du Perche.

EUROPE, une des cinq parties du monde, dans l'anc. contin. 235,000,000 d'hab.

EVAUX, ch.-l. de cant. de la Creuse, arr. d'Aubusson. 2,786 hab.

EVISA, ch.-l. de cant. de la Corse, arr. d'Ajaccio. 701 hab.

EVRAN, ch.-l. de cant. des Côtes-du-Nord, arr. de Dinan. 4,402 hab.

EVREUX, ch.-l. du dép. de l'Eure. Evêché. 2,320 hab.

EVRON, ch.-l. de cant. de la Mayenne, arr. de Laval. 5,243 hab.

EXCIDEUIL, ch.-l. de cant. de la Dordogne, arr. de Périgueux. 2,270 h.

EXETER, v. d'Anglet. 32,810 hab.

EXMES, ch.-l. de cant. de l'Orne, arr. d'Argentan. 376 hab.

EYGUIÈRES, ch.-l. de cant. des B.-du-Rhône, arr. d'Arles. 3,000 hab.

EYGURANDE, ch.-l. de cant. de la Corrèze, arr. d'Ussel. 1,000 hab.

EYLAU, v. de Prusse. Victoire de Napoléon sur les Russes et les Prussiens, en 1807.

EYMET, ch.-l. de cant. de la Dordogne, arr. de Bergerac. 1,847 hab.

EYMOUTIERS, ch.-l. de cant. de la Hte-Vienne, arr. de Limoges. 3,838 h.

F

FAENZA, v. du roy. d'Italie. 20,000 hab.

FALAISE, ch.-l. d'arr. du Calvados. 8,560 hab.

FALERNE, vignoble et vin célèbres chez les anc. Romains.

FALSTER, île du Danemark.

FANJEAUX, ch.-l. de cant. de l'Aude, arr. de Castelnaudary. 1,580 h.

FAOU (LE), ch.-l. de cant. du Finistère, arr. de Châteaulin. 1,271 hab.

FAOUET (LE), ch.-l. de cant. du Morbihan, arr. de Pontivy. 2,977 hab.

FAUCOGNEY, ch.-l. de cant. de la Haute-Saône, arr. de Lure. 1,353 hab.

FAULQUEMONT, ch.-l. de cant. de l'anc. dép. de la Moselle, arr. de Metz. 1,143 hab.

FAUQUEMBERGUES, ch.-l. de cant. du Pas-de-Calais, arr. de Saint-Omer, 1,078 hab.

FAUVILLE, ch.-l. de cant. de la Seine-Inf., arr. d'Yvetot. 1,391 hab.

FAY-LE-FROID, ch.-l. de cant. de la Hte-Loire, arr. du Puy. 810 hab.

FAYENCE, ch.-l. de cant. du Var, arr. de Draguignan. 2,175 hab.

FAYS-BILLOT, ch.-l. de cant. de la Hte-Marne, arr. de Langres. 2,335 h.

FÉCAMP, ch.-l. de cant. de la Seine-Inf., arr. du Hâvre. 12,240 hab. Port sur la Manche.

FELLETIN, ch.-l. de cant. de la Creuse, arr. d'Aubusson. 3,435 hab.

FÉNÉTRANGE, ch.-l. de cant. de l'anc. dép. de la Meurthe, arr. de Sarrebourg. 1,310 hab.

FER (ILE DE), la plus occidentale des Canaries.

FÈRE (LA), ch.-l. de cant. de l'Aisne, arr. de Laon. Place forte. École d'artillerie. 1,984 hab.

FÈRE-CHAMPENOISE (LA), ch.-l. de cant. de la Marne, arr. d'Epernay. 2,042 hab.

FÈRE-EN-TARDENOIS, ch.-l. de cant. de l'Aisne, arr. d'Epernay. 2,040 hab.

FERNAMBOUC, v. et prov. du Brésil. 500,000 hab.

FERNEY, ch.-l. de cant. de l'Ain, arr. de Gex. 1,170 hab.

FÉROÉ (ILES), arch. danois au N. de l'Ecosse.

FERRARE, v. du roy. d'Italie. 31,000 hab.

FERRETTE, ch.-l. de cant. de l'anc. dép. du Haut-Rhin, arr. d'Altkirch. 691 hab.

FERRIÈRES, ch.-l. de cant. du Loiret, arr. de Montargis. 1,997 hab.

FERTÉ-ALAIS (LA), ch.-l. de cant. de Seine-et-Oise, arr. d'Etampes. 850 hab.

FERTÉ-BERNARD (LA), ch.-l. de cant. de la Sarthe, arr. de Mamers. 2,815 hab.

FERTÉ-FRÉNEL (LA), ch.-l. de cant. de l'Orne, arr. d'Argentan. 490 hab.

FERTÉ-GAUCHER (LA), ch.-l. de cant. de Seine-et-Marne, arr. de Coulommiers. 2,545 hab.

FERTÉ-MACÉ (LA), ch.-l. de cant. de l'Orne, arr. de Domfront. 7,010 h.

FERTÉ-MILON (LA), petite v. du dép. de l'Aisne, arr. de Château-Thierry. 2,018 hab. Patrie de Jean Racine.

FERTÉ-SAINT-AUBIN (LA), ch.-l. de cant. du Loiret, arr. d'Orléans. 2,305 hab.

FERTÉ-SOUS-JOUARRE (LA), ch.-l. de cant. de Seine-et-Marne, arr. de Meaux. 4,480 hab.

FERTÉ-SUR-AMANCE (LA), Voy. **LAFERTÉ.**

FERTÉ-VIDAME (LA), ch.-l. de cant. d'Eure-et-Loir, arr. de Dreux. 1,005 hab.

FEU (TERRE DE), arch. de l'Am. mérid., au sud de la Patagonie.

FEURS, ch.-l. de cant. de la Loire, arr. de Montbrison. 2,823 hab.

FEZ, cap. de la prov. de ce nom, dans le Maroc. 88,000 hab.

FEZZAN, contrée de la Barbarie, tributaire du pacha de Tripoli. Cap. Mourzouk.

FIGEAC, ch.-l. d'arr. du Lot. 8,380 hab.

FINISTÈRE (DÉP. DU), ch.-l. Quimper. 627,305 hab. Cour d'appel de Rennes, évêché à Quimper.

FINLANDE, prov. de la Russie.

FISMES, ch.-l. de cant. de la Marne, arr. de Reims. 2,840 hab.

FLANDRE FRANÇAISE, anc. prov. de la France. Cap. Lille.

FLANDRE ORIENTALE, prov. du roy. de Belgique. Cap. Gand.

FLANDRE OCCIDENTALE, prov. du roy. de Belgique. Cap. Bruges.

FLAVIGNY, ch.-l. de cant. de la Côte-d'Or, arr. de Semur. 1,111 hab.

FLÈCHE (LA), ch.-l. d'arr. de la Sarthe. 9,292 hab. École militaire préparatoire pour les fils d'officiers sans fortune.

FLERS, ch.-l. de cant. de l'Orne, arr. de Domfront. 10,200 hab.

FLESSINGUE, v. de la Hollande. 8,000 hab.

FLEURANCE, ch.-l. de cant. du Gers, arr. de Lectoure. 4,516 hab.

FLEURUS, v. de Belgique. Vict. de Jourdan sur les Autrichiens, en 1794.

FLEURY-SUR-ANDELLE, ch.-l. de cant. de l'Eure, arr. des Andelys. 1,454 hab.

FLIZE, ch.-l. de cant. des Ardennes, arr. de Mézières. 380 hab.

FLOGNY, ch.-l. de cant. de l'Yonne, arr. de Tonnerre. 404 hab.

FLORAC, ch.-l. d'arr. de la Lozère. 2,185 hab.

FLORENCE, v. d'Italie, sur l'Arno, cap. du grand duché de Toscane. 109,635 hab.

FLORENSAC, ch.-l. de cant. de l'Hérault, arr. de Béziers. 3,877 hab.

FLORIDE, pays de l'Am. du Nord, dans les Etats-Unis. 55,000 hab.

FOIX, ch.-l. du dép. de l'Ariège. 6,746 hab.

FOIX (COMTÉ DE), anc. prov. de France.

FOLKSTONE, v. et port d'Anglet rre.

FONTAINE, ch.-l. de cant. de l'anc. dép. du Haut-Rhin, arr. de Belfort. 312 hab.

FONTAINE-FRANÇAISE, ch.-l. de cant. de la Côte-d'Or, arr. de Dijon. 1,108 hab. Vict. de Henri IV sur le duc de Mayenne, en 1595.

FONTAINE-LE-DUN, ch.-l. de cant. de la Seine-Inf., arr. d'Yvetot. 606 hab.

FONTAINEBLEAU, ch.-l. d'arr. de Seine-et-Marne. 11,900 hab. Belle forêt. Château où Napoléon signa son abdication, en 1814.

FONTARABIE, v. d'Espagne.

FONTENAY, vill. près d'Auxerre (Yonne). Bataille où Lothaire et son neveu Pépin furent vaincus par Charles-le-Chauve et Louis-le-Germanique, en 841.

FONTENAY-LE-COMTE, ch.-l. d'arr. de la Vendée. 8,062 hab.

FONTENOY, village de Belgique. Vict. du maréchal de Saxe sur les Autrichiens et les Anglais, en 1745.

FONTEVRAULT, bourg du dép. de Maine-et-Loire, arr. de Saumur. 258 h. Abbaye de Bénédictins, transf. auj. en une prison centrale.

FORBACH, ch.-l. de cant. de l'anc. dép. de la Moselle, arr. de Sarreguemines. 4,860 hab.

FORCALQUIER, ch.-l. d'arr. des Basses-Alpes. 2,950 hab.

FORÊT NOIRE, chaîne de mont. couvertes de forêts dans le grand duché de Bade et le roy. de Wurtemberg.

FOREZ (LE), anc. prov. de France qui faisait partie de l'anc. prov. du Lyonnais.

FORGES-LES-EAUX, ch.-l. de cant. de la Seine-Inf., arr. de Neufchâtel. 1,625 hab.

FORLI, v. des anc. Etats de l'Eglise. 16,000 hab.

FORMERIE, ch.-l. de cant. de l'Oise, arr. de Beauvais. 1,350 hab.

FORMOSE, île de la Chine, qui a plus de 2,000,000 d'hab.

FORNOUE, bourg du roy. d'Italie. Vict. de Charles VIII sur les Italiens, en 1495.

FORT-ROYAL ou **FORT-DE-FRANCE**, cap. de la Martinique. 11,300 hab.

FORTUNÉES (ILES), nom anc. des îles Canaries.

FOSSAT (LE), ch.-l. de l'Ariège, arr. de Pamiers. 1,105 hab.

FOUESNANT, ch.-l. de cant. du Finistère, arr. de Quimper. 3,442 hab.

FOUGÈRES, ch.-l. d'arr. de l'Ille-et-Vilaine. 9,580 hab.

FOURCHAMBAULT, comm. du dép. de la Nièvre, arr. de Nevers. 6,495 hab. Usines métallurgiques.

FOURCHES-CAUDINES, défilés où l'armée romaine fut contrainte par les Samnites à passer sous le joug, 321 av. J.-C.

FOURNELS (LES), ch.-l. de cant. de la Lozère, arr. de Marvejols. 441 h.

FOURS, ch.-l. de cant. de la Nièvre, arr. de Nevers. 1,450 hab.

FOUSSERET, ch.-l. de cant. de la Garonne, arr. de Muret. 2,226 hab.

FRAIZE, ch.-l. de cant. des Vosges, arr. de Saint-Dié. 2,502 hab.

FRANÇAISE (LA), ch.-l. de cant. de Tarn-et-Garonne, arr. de Montauban. 3,578 hab.

FRANCE, Etat de l'Europe occident. 37,472,732 hab. Cap. Paris.

FRANCE (ILE DE), prov. de l'anc. France. Cap. Paris.

FRANCE (ILE DE). Voy. **MAURICE**.

FRANCESCAS, ch.-l. de cant. du Lot-et-Garonne, arr. de Nérac. 1,063 h.

FRANCFORT-SUR-LE-MEIN, v. de Prusse; anc. v. libre de la Confédération germanique. 64,257 hab.

FRANCFORT-SUR-L'ODER, v. de Prusse. 30,000 hab.

FRANCHE-COMTÉ, anc. prov. de France. Cap. Besançon.

FRANCONIE, pays d'Allemagne; appartient depuis 1814 à la Bavière.

FRÉDÉRIKSHALL, v. de la Norvège, sous les murs de laquelle Charles XII fut tué, en 1718.

FRÉJUS, ch.-l. de cant. du Var, arr. de Draguignan. Evêché. 3,050 hab. Anc. port de mer.

FRESNAY, ch.-l. de cant. de la Sarthe, arr. de Mamers. 3,336 hab.

FRESNAYE (LA), ch.-l. de cant. de la Sarthe, arr. de Mamers. 1,455 h.

FRESNE-EN-WOEVRE, ch.-l.

de cant. de la Meuse, arr. de Verdun. 985 hab.

FRESNE-SAINT-MAMÈS, ch.-l. de cant. de la Hte-Savoie, arr. de Gray. 540 hab.

FRIBOURG, cant. de la Suisse. Ch.-l. Fribourg. 9,000 hab.

FRIEDLAND, v. de la Prusse. 2,000 hab. Vict. de Napoléon sur les Russes, en 1807.

FRIOUL, prov. de l'Autriche, sur l'Adriatique.

FRISE, pays de la Hollande.

FROISSY, ch.-l. de cant. de l'Oise, arr. de Clermont. 690 hab.

FRONSAC, ch.-l. de cant. de la Gironde, arr. de Libourne. 1,500 hab.

FRONTENAY, ch.-l. de cant. des Deux-Sèvres, arr. de Niort. 2,275 hab.

FRONTIGNAN, ch.-l. de cant. de l'Hérault. arr. de Montpellier. 2,575 h. Célèbre par ses vins.

FRONTON, ch.-l. de cant. de la Hte-Garonne, arr. de Toulouse. 2,195 h.

FRUGES, ch.-l. de cant. du Pas-de-Calais, arr. de Montreuil. 2,950 hab.

FUMAY, ch.-l. de cant. des Ardennes, arr. de Rocroi. 4,285 hab.

FUMEL, ch.-l. de cant. de Lot-et-Garonne, arr. de Villeneuve-d'Agen. 3,000 hab.

G

GABARRET, ch.-l. de cant. des Landes, arr. de Mont-de-Marsan. 1,145 hab.

GACÉ, ch.-l. de cant. de l'Orne, arr. d'Argenton. 1,850 hab.

GACILLY (LA), ch.-l. de cant. du Morbihan, arr. de Vannes. 1,460 hab.

GADÈS, v. de l'Hispanie. Auj. Cadix.

GAÈTE, v. du roy. d'Italie. 15,000 h.

GAILLAC, ch.-l. d'arr. du Tarn. 5,800 hab.

GAILLON, ch.-l. de cant. de l'Eure, arr. de Louviers. 3,340 hab.

GALAAD, pays de la Judée.

GALAN, ch.-l. de cant. des Hautes-Pyrénées, arr. de Tarbes. 1,300 hab.

GALATIE, anc. pays de l'Asie-Mineure.

GALATZ, v. de la Turquie. 10,000 hab.

GALICE, prov. d'Espagne.

GALICIE. Voy. GALLICIE.

GALLES (PAYS DE), princip. d'Angleterre. 912,000 hab.

GALLES (NOUVELLE-), vaste contrée de l'Amérique anglaise.

GALLES DU SUD (NOUVELLE-), colonie angl. sur la côte orient. de l'Australie.

GALLICIE, région de la Nouvelle-Bretagne, dans l'Amérique du Nord.

GALLIPOLI, v. de la Turquie d'Europe, sur le détroit des Dardanelles. 17,000 hab.

GALWAY ou **GALLOWAY**, v. d'Irlande. Port vaste et peu profond. 34,000 hab.

GAMACHES, ch.-l. de cant. de la Somme, arr. d'Abbeville. 1,794 hab.

GAMBIE, fleuve de l'Afrique occid.

GAND, v. de la Belgique. Patrie de Charles-Quint. 175,296 hab.

GANGE, fleuve de l'Indoustan, qui sort des monts Himalaya et se jette dans l'Océan, après un cours de 600 kil. environ.

GANGES, ch.-l. de cant. de l'Hérault, arr. de Montpellier. 1,121 hab.

GANNAT, ch.-l. d'arr. de l'Allier. 5,600 hab.

GAP, ch.-l. du dép. des Htes-Alpes. Evêché. 8,165 hab.

GARD, r. de France, qui sort de la Lozère et se jette dans le Rhône.

GARD (DÉP. DU), ch.-l. Nîmes. 422,105 hab. Cour d'appel et évêché à Nîmes. Formé d'une partie de l'anc. prov. du Languedoc.

GARDA, lac de l'Italie.

GARDANNE, ch.-l. de cant. des Bouches-du-Rhône. 2,740 hab.

GARLIN, ch.-l. de cant. des B.-Pyrénées, arr. de Pau. 1,440 hab.

GARONNE, fleuve de France, qui sort des Pyrénées et se jette dans l'Océan, après un cours de 512 kil.

GARONNE (DÉP. DE LA HAUTE-), ch.-l. Toulouse. 484,080 h. Cour d'appel et archevêché à Toulouse. Formé d'une partie de la Gascogne et du Languedoc.

GASCOGNE, anc. prov. de France.

GASCOGNE (GOLFE DE), entre la France et l'Espagne.

GATINAIS, anc. pays de France, dans l'Orléanais.

GAULE, pays de l'anc. Europe, auj. la France.

GAVRAY, ch.-l. de cant. de la Manche, arr. de Coutances. 1,820 hab.

GAZA, anc. v. des Philistins.

GEAUNE, ch.-l. de cant. des Landes, arr. de Saint-Sever. 870 hab.

GEISPOLSHEIM, ch.-l. de cant. de l'anc. dép. du Bas-Rhin, arr. de Strasbourg. 2,240 hab.

GÉMOZAC, ch.-l. de cant. de la Char.-Inf., arr. de Saintes. 2,785 hab.

GENÇAY, ch.-l. de cant. de la Vienne, arr. de Civray. 1,180 hab.

GENDREY, ch.-l. de cant. du Jura, arr. de Dôle. 690 hab.

GÊNES, v. d'Italie. 120,000 hab.

GÊNES (GOLFE DE), au nord de l'Italie.

GÉNÉSARETH (LAC DE). *Voy.* **TIBÉRIADE**.

GENÈVE, v. de la Suisse. 31,098 h.

GENÈVE (LAC DE), en Suisse, traversé par le Rhône.

GENLIS, ch.-l. de cant. de la Côte-d'Or, arr. de Dijon. 1,182 hab.

GENNES, ch.-l. de cant. de Maine-et-Loire, arr. de Saumur. 1,758 hab.

GENALHAC, ch.-l. de cant. du Gard, arr. d'Alais. 1,509 hab.

GENTIOUX, ch.-l. de cant. de la Creuse, arr. d'Aubusson. 1,496 hab.

GÉORGIE, pays dép. de la Russie, dans la région caucasienne.

GÉORGIE, un des États réunis de l'Amérique du Nord.

GÉRARDMER, ch.-l. de cant. des Vosges, arr. de Saint-Dié. 5,920 hab.

GERBÉVILLER, ch.-l. de cant. de Meurthe-et-Moselle, arr. de Lunéville. 2,015 hab.

GERMANIE, vaste contrée de l'Europe anc., correspondant à peu près à l'Allemagne actuelle.

GERS, r. de France, qui sort des Htes-Pyrén. et se jette dans la Garonne.

GERS (DÉP. DU, ch.-l. Auch. Cour d'appel d'Agen, archevêché à Auch. 295,692 hab. Formé de l'Armagnac, de l'Astarac, de la Limagne, du Condomois et de quelques autres petites prov. de Guyenne et de Gascogne.

GESSEN, nom de la terre où Joseph établit sa famille.

GETHSÉMANI, village près de Jérusalem, où était le jardin des Oliviers.

GÉVAUDAN, anc. pays de France, dans le dép. de la Lozère.

GEVREY, ch.-l. de cant. de la Côte-d'Or, arr. de Dijon. 1,743 hab.

GEX, ch.-l. d'arr. de l'Ain. 2,642 h.

GIBRALTAR, v. sur le détroit du même nom, à l'extrémité de l'Espagne.

GIBRALTAR (DÉTROIT DE), entre l'Espagne et l'Afrique.

GIEN, ch.-l. d'arr. du Loiret. 6,717 h.

GIGNAC, ch.-l. de cant. de l'Hérault, à r. de Lodève. 2,776 hab.

GIMONT, ch.-l. de cant. du Gers, arr. d'Auch. 3,102 hab.

GINESTAS, ch.-l. de cant. de l'Aude, arr. de Narbonne. 971 hab.

GIROMAGNY, ch.-l. de cant. de l'anc. dép. du H.-Rhin, arr. de Belfort. 2,893 hab.

GIRONDE, fleuve de France, formé par la réunion de la Garonne et de la Dordogne au bec d'Ambez.

GIRONDE (DÉP. DE LA), ch.-l. Bordeaux. 701,855 hab. Cour d'appel et archevêché à Bordeaux. Formé du Bor-

delais, d'une grande partie du Bazadais, de quelques portions du Périgord et de l'Agénois.

GISORS, ch.-l. de cant. de l'Eure, arr. des Andelys. 3,573 hab.

GIVET, ch.-l. de cant. des Ardennes, arr. de Rocroi. 5,801 hab.

GIVORS, ch.-l. de cant. du Rhône, arr. de Lyon. 9,957 hab.

GIVRY, ch.-l. de cant. de Saône-et-Loire, arr. de Châlons-sur-Saône. 3,118 h.

GLARIS, cant. de la Suisse. 30,000 hab. Ch.-l. Glaris.

GLASCOW, v. d'Écosse, sur la Clyde. 285,000 hab.

GLOGAU, v. de Prusse.

GOA, v. de l'Indoustan, sur la côte sept. de l'île de Goa. Aux Portugais.

GOAREC, ch.-l. de cant. des Côtes-du-Nord, arr. de Loudéac. 870 hab.

GODERVILLE, ch.-l. de cant. de la Seine-Inf., arr. du Hâvre. 1,320 h.

GOETTINGUE ou **GOTTINGUE**, v. du Hanovre. 13,000 hab.

GOLCONDE, v. de l'Inde. Prétendues mines de diamants.

GOLGOTHA, colline près de Jérusalem, où fut crucifié J.-C. On le nomme le *Calvaire*.

GOMORRHE, anc. v. de la Palestine, consumée par le feu du ciel, avec quatre autres villes.

GONCELIN, ch.-l. de cant. de l'Isère, arr. de Grenoble. 1,630 hab.

GONDAR, v. d'Abyssinie.

GONDRECOURT, ch.-l. de cant. de la Meuse, arr. de Commercy. 1,760 h.

GONESSE, ch.-l. de cant. de Seine-et-Oise, arr. de Pontoise. 2,600 hab.

GORDES, ch.-l. de cant. du dép. de Vaucluse, arr. d'Apt. 2,940 hab.

GORDIUM, anc. v. de Phrygie.

GORÉE (ILE DE), dans l'océan Atlantique.

GORITZ, v. d'Autriche. Mort de Charles X.

GORRON, ch.-l. de cant. de la Mayenne, arr. de Mayenne. 2,690 hab.

GORZE, ch.-l. de cant. de l'anc. dép. de la Moselle, arr. de Metz. 1,850 h.

GOTHA, v. d'Allemagne, ch.-l. de la princ. de Saxe-Gotha. 15,000 hab.

GOTHARD (SAINT-), une des plus hautes mont. de la Suisse.

GOTHEMBOURG, v. de la Suède. 30,000 hab.

GOTHIE, partie mérid. de la Suède.

GOTHLAND, île de la mer Baltique.

GOURDON, ch.-l. d'arr. du Lot. 5,204 hab.

GOURIN, ch.-l. de cant. du Morbihan, arr. de Pontivy. 4,190 hab.

GOURNAY, ch.-l. de cant. de la Seine-Inf., arr. de Neufchâtel. 3,352 h.

GRAÇAY, ch.-l. de cant. du Cher, arr. de Bourges. 3,291 hab.

GRAMAT, ch.-l. de cant. du Lot, arr. de Gourdon. 4,075 hab.

GRANCEY-LE-CHATEAU, ch.-l. le cant. de la Côte-d'Or, arr. de Dijon. 501 hab.

GRAND-BOURG, ch.-l. de cant. de la Creuse, arr. de Guéret. 3,060 hab.

GRAND-CHAMP, ch.-l. de cant. du Morbihan, arr. de Vannes. 4,915 h.

GRAND-COURONNE, ch.-l. de cant. de la Seine-Inf., arr. de Rouen. 1,550 hab.

GRANDE-TERRE, arr. de la Guadeloupe, colonie franç. dans la mer des Antilles. Ch.-l. La Pointe-à-Pitre.

GRAND-FOUGERAY, ch.-l. de cant. de l'Ille-et-Vilaine, arr. de Redon. 5,860 hab.

GRAND-LEMPS, ch.-l. de cant. de l'Isère, arr. de la Tour-du-Pin. 2,065 hab.

GRAND-LUCÉ, ch.-l. de cant. de la Sarthe, arr. de Saint-Calais. 2,295 h.

GRANDPRÉ, ch.-l. de cant. des Ardennes, arr. de Vouziers. 1,475 hab.

GRAND-PRESSIGNY (LE), ch.-l. de cant. de l'Indre-et-Loire, arr. de Loches. 1,832 hab.

GRANDRIEU, ch.-l. de cant. de la Lozère, arr. de Mende. 1,586 hab.

GRAND-SERRE, ch.-l. de cant. de la Drôme, arr. de Valence. 1,748 h.

GRANDVILLIERS, ch.-l. de cant. de l'Oise, arr. de Beauvais. 1,817 hab.

GRANIQUE (LE), petite r. de l'Asie-Mineure. Vict. d'Alexandre sur Darius. 334 av. J.-C.

GRANSON, petite v. de Suisse. Vict. des Suisses sur Charles-le-Téméraire, en 1476.

GRANVILLE, ch.-l. de cant. de la Manche, arr. d'Avranches. 17,180 hab. Port commerçant.

GRASSE, ch.-l. d'arr. des Alpes-Maritimes. 12,000 hab.

GRATZ, v. d'Autriche. 52,800 hab.

GRAULHET, ch.-l. de cant. du Tarn, arr. de Lavaur. 6,120 hab.

GRAVE (LA), ch.-l. de cant. des Htes-Alpes, arr. de Briançon. 1,450 h.

GRAVE D'AMBAREZ, village du dép. de la Gironde. Vins blancs renommés.

GRAVELINES, ch.-l. de cant. du Nord, arr. de Dunkerque. 6,400 hab. Port commerçant.

GRAY, ch.-l. d'arr. de la Haute-Saone. 7,050 hab.

GRÈCE, un des Etats de l'Europe mérid. Cap. Athènes.

GREENOCK, v. d'Ecosse. 37,000 hab.

GREENWICH, v. d'Angleterre, près de Londres.

GRENADE, v. d'Espagne, anc. cap. d'un roy. musulman. 90,145 hab.

GRENADE (NOUVELLE-), rép. de l'Amérique du Sud. 2,363,000 hab.

GRENADE-SUR-ADOUR, ch.-l. de cant. des Landes, arr. de Mont-de-Marsan. 1,628 hab.

GRENADE-SUR-GARONNE, ch.-l. de cant. de la Haute-Garonne, arr. de Toulouse. 4,204 hab.

GRENOBLE, ch.-l. du dép. de l'Isère, v. forte. Evêché. Cour d'appel. 40,484 hab.

GRÉSIVAUDAN, anc. pays de France, dans le Dauphiné.

GREZ-EN-BOUÈRE, ch.-l. de cant. de la Mayenne, arr. de Chateau-Gontier. 1,820 hab.

GRIGNAN, ch.-l. de cant. de la Drôme, arr. de Montelimar. 1,935 hab.

GRIGNOLS, ch.-l. de cant. de la Gironde, arr. de Bazas. 1,830 hab.

GRIGNAN, village de Seine-et-Oise. Institut agronomique et école d'agriculteurs.

GRIMAUD, ch.-l. de cant. du Var, arr. de Draguignan. 1,380 hab.

GRIS-NEZ, cap de France, sur le Pas-de-Calais.

GRISOLLES, ch.-l. de cant. de Tarn-et-Garonne, arr. de Castel-Sarrasin. 2,020 hab.

GRISONS, cant. de la Suisse.

GRODNO, v. de Russie. 16,000 h.

GROENLAND, vaste contrée au nord de l'Amérique.

GRONINGUE, prov. du roy. de Hollande. Ch.-l. Groningue.

GROSTENQUIN, ch.-l. de l'anc. dép. de la Moselle, arr. de Sarreguemine. 830 hab.

GRUYÈRE, village de la Suisse, renommé pour ses fromages.

GUADALAXARA, v. du Mexique. 60,000 hab.

GUADALQUIVIR, fleuve d'Espagne, qui se jette dans l'océan Atlant.

GUADELOUPE (LA), l'une des petites Antilles, devenue colonie française en 1664. 130,000 hab. Cap. La Basse-Terre.

GUADIANA, fleuve d'Espagne, qui se jette dans l'Ocean, après un cours de 560 kil.

GUANAXUATO, v. du Mexique. 41,000 hab.

GUARDAFUI, cap à l'est de l'Afrique.

GUATÉMALA ou **GUATIMALA**, rép. fédér. de l'Amérique centrale. Cap. San-Salvador.

GUAYAQUIL, v. imp. de la rép.

de l'Équateur (Amérique). 90,000 hab.

GUEBWILLER, ch.-l. de cant. de l'anc. dép. du Haut-Rhin, arr. de Colmar. 10,680 hab.

GUELDRE, prov. de Hollande.

GUELMA, v. d'Algérie. 2,600 hab.

GUÉMÉNÉ, ch.-l. de cant. du Morbihan, arr. d. Pontivy. 1,670 hab.

GUÉMÉNÉ-PENFAO, ch.-l. de cant. de la Loire-Inf., arr. de Savenay. 5,835 hab.

GUER, ch.-l. de cant. du Morbihan, arr. de Ploërmel. 3,340 hab.

GUÉRANDE, ch.-l. de cant. de la Loire-Inf., arr. de Savenay. 8,580 h. Traité de 1365, qui mit fin à la guerre de la succession de Bretagne.

GUERCHE (LA), ch.-l. de cant. de l'Ille-et-Vilaine, arr. de Vitré, 4,603 h.

GUERCHE-SUR-AUBOIS, ch.-l. de cant. du Cher, arr. de Saint-Amand. 3,595 hab.

GUÉRET, ch.-l. du dép. de la Creuse. 5,126 hab.

GUERNESEY, île de la Manche, à l'Angleterre.

GUEUGNON, ch.-l. de cant. de Saône-et-Loire, arr. de Charolles. 2,420 hab.

GUICHE (LA), ch.-l. de cant. de Seine-et-Loire, arr. de Charolles. 911 h.

GUICHEN, ch.-l. de cant. de l'Ille-et-Vilaine, arr. de Redon. 8,636 hab.

GUILLESTRE, ch.-l. de cant. des Hautes-Alpes, arr. d'Embrun. 1,460 h.

GUILLON, ch.-l. de cant. de l'Yonne, arr. d'Avallon. 810 hab.

GUINÉE, vaste contrée de l'Afrique occidentale.

GUINEGATTE, village du Pas-de-Calais. Les Français y furent battus, en 1479, par Maximilien d'Autriche, et par les Anglais en 1513, à la Journée des Éperons.

GUINES, ch.-l. de cant. du Pas-de-Calais, arr. de Boulogne. 4,400 hab.

GUINGAMP, ch.-l. d'arr. des Côtes-du-Nord. 6,077 hab.

GUISCARD, ch.-l. de cant. de l'Oise, arr. de Compiègne. 1,658 hab.

GUISE, ch.-l. de cant. de l'Aisne, arr. de Vervins. 5,289 hab.

GUITRES, ch.-l. de cant. de la Gironde, arr. de Libourne. 1,400 hab.

GUYANE, contrée de l'Am. du Sud, divisée en cinq parties : Guyanne espagnole, anglaise, hollandaise, française et portugaise.

GUYENNE, anc. prov. de France.

H

HABSHEIM, ch.-l. de cant. de l'anc. dép. du Haut-Rhin, arr. de Mulhouse. 2,073 hab.

HAGETMAU, ch.-l. de cant. des Landes, arr. de Saint-Sever. 3,098 hab.

HAGUE (LA). *Voy.* **HOGUE**.

HAGUENAU, ch.-l. de cant. de l'anc. dép. du Bas-Rhin, arr. de Strasbourg. 11,427 hab.

HAIDERABAD ou HYDERABAD, v. de l'Indoustan. 200,000 hab.

HAINAN, île considérable de l'Asie, dans la mer de Chine.

HAINAUT, prov. du roy. de Belgique. Ch.-l. Mons.

HAITI, grande île de l'Amér., dans l'océan Atlant. Cap. Port-au-Prince.

HALICARNASSE, anc. v. de l'Asie-Mineure, dans la Carie.

HALIFAX, v. d'Anglet. 35,000 h.

HALIFAX, v. de l'Amér. anglaise, ch.-l. de la Nouv.-Écosse. 28,000 hab.

HALLE, v. des États prussiens (Saxe). 23,000 hab.

HALLENCOURT, ch.-l. de cant. de la Somme, arr. d'Abbeville. 1,915 h.

HAM, ch.-l. de cant. de la Somme, arr. de Péronne. 2,800 hab. Château fort servant de prison d'État.

HAMBOURG, v. d'Allemagne, sur l'Elbe. 135,000 hab.

HAMPSHIRE, comté d'Angleterre.

HANOVRE, cap. du roy. de Hanovre, en Allemagne. 40,000 hab.

HARCOURT (THURY-), ch.-l. de cant. du Calvados, arr. de Falaise. 1,280 hab.

HARLEM, v. de la Hollande. 24,000 hab.

HAROUÉ, ch.-l. de cant. de Meurthe-et-Moselle, arr. de Nancy. 610 hab.

HASPARREN, ch.-l. de cant. des Basses-Pyrén., arr. de Bayonne. 5,116 hab.

HASTINGS, v. d'Anglet. Vict. de Guillaume-le-Conquérant sur Harold, en 1066.

HAUBOURDIN, ch.-l. de cant. du Nord, arr. de Lille. 4,204 hab.

HAUTEFORT, ch.-l. de cant. de la Dordogne, arr. de Périgueux. 1,508 h.

HAUTEVILLE, ch.-l. de cant. de l'Ain, arr. de Belley. 798 hab.

HAVANE (LA), cap. de l'île de Cuba. 150,000 hab.

HAVRE (LE), ch.-l. d'arr. de la Seine-Inf. 74,300 hab. L'un des ports les plus commerçants de France.

HAYE (LA), cap. du roy. de Hollande. 64,000 hab.

HAYE (LA), ch.-l. de cant. de l'Indre-et-Loire, arr. de Loches. 1,620 h.

HAYE-DU-PUITS (LA), ch.-l. de cant. de la Manche, arr. de Coutances. 1,510 hab.

HAYE-PESNEL (LA), ch.-l. de cant. de la Manche, arr. d'Avranches. 900 hab.

HAZEBROUCK, ch.-l. d'arr. du Nord. 8,200 hab.

HÉBRIDES, îles à l'ouest de l'Écosse.

HÉBRIDES (NOUVELLES), îles de la Mélanésie.

HÉBRON, v. de la Palestine.

HÉCLA (MONT), volcan d'Islande.

HÉDÉ, ch.-l. de cant. de l'Ille-et-Vilaine, arr. de Rennes. 950 hab.

HEDJAZ, contrée de l'Arabie; v. principales : La Mecque et Médine.

HEIDELBERG, v. du grand duché de Bade. Célèbre par son université.

HEILTZ-LE-MAURUPT, ch.-l. de cant. de la Marne, arr. de Vitry-le-François. 810 hab.

HELGOLAND, île angl. de la mer du Nord.

HÉLICON, mont de la Grèce, consacré aux Muses.

HÉLIOPOLIS, anc. v. d'Égypte. Près de cette ville, vict. de Kléber sur les Turcs, en 1800.

HELLESPONT, auj. détroit des Dardanelles.

HELVÉTIE, v. anc. de la Suisse.

HENNEBONT, ch.-l. de cant. du Morbihan, arr. de Lorient. 4,675 hab.

HENRICHEMONT, ch.-l. de cant. du Cher, arr. de Sancerre. 3,410 hab.

HÉRAT, ville de l'Afghanistan, 100,000 hab.

HÉRAULT, fleuve de France, qui sort des Cévennes et se jette dans la Méditer., après un cours de 125 kil.

HÉRAULT (DÉP. DE L'), ch.-l. Montpellier; 427,245 hab. Cour d'appel et évêché à Montpellier. Formé d'une partie du Languedoc.

HERBAULT, ch.-l. de cant. de Loir-et-Cher, arr. de Blois. 880 hab.

HERBIERS (LES), ch.-l. de cant. de la Vendée, arr. de la Roche-sur-Yon. 3,500 hab.

HERBIGNAC, ch.-l. de cant. de la Loire-Inf., arr. de Savenay. 3,670 hab.

HERCULANUM, v. de la Campanie (Italie), ensevelie par la première éruption du Vésuve, en l'an 79.

HÉRICOURT, ch.-l. de cant. de la Haute-Saône, arr. de Lure. 3,360 hab.

HÉRISSON, ch.-l. de cant. de l'Allier, arr. de Montluçon. 1,395 hab.

HERMANSTADT, v. de Transylvanie. 18,350 hab.

HERMENAULT (L'), ch.-l. de cant. de la Vendée, arr. de Fontenay-le-Comte. 1,011 hab.

HERMENT, ch.-l. de cant. du Puy-de-Dôme, arr. de Clermont-Ferrand. 600 hab.

HERZÉGOVINE, pays de la Turquie d'Europe, dans le pachalik de Bosnie.

HESDIN, ch.-l. de cant. du Pas-de-Calais, arr. de Montreuil. 3,460 hab.

HESPÉRIE, nom donné par les Grecs à l'Italie, et par les Romains : l'Espagne.

HESSE, nom de plusieurs États d'Allemagne.

HEUCHIN, ch.-l. de cant. du Pas-de-Calais, arr. de Saint-Pol. 675 hab.

HEYRIEU, ch.-l. de cant. de l'Isère, arr. de Vienne. 1,353 hab.

HIERSAC, ch.-l. de cant. de la Charente, arr. d'Angoulême. 865 hab.

HIMALAYA (MONTS), grande chaîne de mont. de l'Asie centrale.

HINDOUSTAN ou INDOUSTAN, vaste contrée de l'Asie méridionale.

HIPPONE, anc. v. de la Numidie, dont saint Augustin fut évêque.

HIRSINGEN, ch.-l. de cant. de l'anc. dép. du Haut-Rhin, arr. de Mulhouse. 1,345 hab.

HIRSON, ch.-l. de cant. de l'Aisne, arr. de Vervins. 3,225 hab.

HISPANIE, anc. nom de l'Espagne.

HOANG-HO, c'est-à-dire fleuve Jaune, grand fleuve de la Chine.

HOCHFELDEN, ch.-l. de cant. de l'anc. dép. du Bas-Rhin, arr. de Saverne. 2,633 hab.

HOCHSTETT, v. de Souabe. Vict. du prince de Savoie et de Malborough sur les Français, en 1704.

HOGUE (LA), ou **LA HAGUE**, cap de France, dans le dép. de la Manche.

HOGUE (LA), fort et rade près du cap La Hogue. Vict. des Angl. sur Tourville, en 1692.

HOHENLOHE, anc. principauté d'Allemagne.

HOHENZOLLERN, nom de deux États de l'anc. Confédération germanique.

HOLLANDE ou NÉERLANDE, roy. de l'Europe septent. 3,450,707 h.

HOLSTEIN (DUCHÉ DE), pays de l'Allemagne du Nord; appartient à la Prusse.

HOMBOURG, cap. du landgraviat de Hesse-Hombourg, annexé à la Prusse.

HONDSCHOOTE, ch.-l. de cant. du Nord, arr. de Dunkerque. 3,725 h.

HONDURAS, pays et baie de l'Amérique centrale.

HONFLEUR, ch.-l. de cant. du Calvados, arr. de Pont-l'Évêque. 9,918 h.

HONG-KONG, île située dans la baie de Canton.

HONGRIE, roy. d'Europe, dans les États Autrichiens. 744,481 hab. Cap. Oien.

HONOLULU, cap. des îles Hawaï, dans l'Océanie.

HOREB, mont. d'Arabie.

HORN (CAP), à l'extrémité de l'Amérique.

HORNOY, ch.-l. de cant. de la Somme, arr. d'Amiens. 1,020 hab.

HORPS (LE), ch.-l. de cant. de la Mayenne, arr. de Mayenne, 1,630 hab.

HOUDAIN, ch.-l. de cant. du Pas-de-Calais, arr. de Béthune. 1,070 hab.

HOUDAN, ch.-l. de cant. de Seine-et-Oise, arr. de Nantes. 2,050 hab.

HOUEILLES, ch.-l. de cant. de Lot-et-Garonne, arr. de Nérac. 1,045 h.

HUCQUELIERS, ch.-l. de cant. du Pas-de-Calais, arr. de Montreuil. 720 h.

HUDSON (MER ou BAIE D'), dans le nord de l'Amérique septent.

HUE ou **HUÉ-FO**, cap. de la Cochinchine. 106,000 hab.

HUELGOAT (LE), ch.-l. de cant. du Finistère, arr. de Châteaulin. 1,217 h.

HULL, v. d'Angleterre. 89,552 hab.

HUNINGUE, ch.-l. de cant. de l'anc. dép. du Haut-Rhin, arr. de Mulhouse. 1,700 hab. Place démantée en 1815.

HUREPOIX, petit pays de l'Ille-de-France. Cap. Dourdan.

HURIEL, ch.-l. de cant. de l'Allier, arr. de Montluçon. 2,760 hab.

HURON, lac de l'Amér. du Nord.

HYBLA, nom de plusieurs v. anc. de la Sicile.

HYDASPE, fleuve de l'Inde anc.

HYÈRES, ch.-l. de cant. du Var, arr. de Toulon. 10,300 hab.

HYÈRES (ILES D'), dans la Médit., en face de la ville de ce nom.

HYMETTE, mont. de l'Attique renommée par son miel.

I

IAKOUTSK, v. de Sibérie. 3,00 h.

IAROSLAW, v. de Russie. 21,000 h.

IBÉRIE, contrée de l'Asie anc. Nom donné par les anciens à l'Espagne.

ICONIUM, anc. v. de l'Asie-Mineure.

IDALIE, v. antique et fameuse de l'île de Chypre, consacrée à Vénus.

IDUMÉE, anc. contrée de la Palestine. Auj. Konich.

IÉNA, v. du grand duché de Saxe-Weimar. Vict. de Napoléon sur l'armée prussienne, en 1806.

IÉNISSEIK, v. de la Russie, sur l'Iénissée. 6,000 hab.

IHOLDY, ch.-l. de cant. des Basses-Pyrénées, arr. de Mauléon. 850 hab.

ILE-BOUCHARD, ch.-l. de cant. de l'Indre-et-Loire, arr. de Chinon. 1,670 hab.

ILE-DE-FRANCE, prov. de l'anc. France. Cap. Paris.

ILE-DIEU, ch.-l. de cant. de la Vendée, arr. des Sables-d'Olonne. 3,060 hab.

ILE-JOURDAIN, ch.-l. de cant. de la Vienne, arr. de Montmorillon. 1,025 hab.

ILE-ROUSSE, ch.-l. de cant. de la Corse, arr. de Calvi. 1,644 hab.

ILION, un des noms de l'anc. Troie.

ILL, riv. de France, qui se jette dans le Rhin.

ILLE, petite r. de France, qui se jette dans la Vilaine, à Rennes.

ILLE-ET-VILAINE (DÉP. DE), ch.-l. Rennes. Cour d'appel et archevêché à Rennes. 584,630 hab. Formé d'une partie de l'anc. prov. de Bretagne.

ILLIERS, ch.-l. de cant. de l'Eure-et-Loir, arr. de Chartres. 3,000 hab.

ILLINOIS, un des États unis de l'Amérique du Nord.

ILLYRIE, roy. dépendant de l'Autriche, divisé en deux gouvernements, Leybach et Trieste.

INDES ou **INDES ORIENTALES**, nom donné à deux grandes presqu'îles de l'Asie méridionale.

INDES (MER DES). Voy. **INDIEN (OCÉAN)**.

INDES OCCIDENTALES, nom donné à l'Amér., parce que Colomb crut d'abord n'avoir découvert qu'un prolongement de l'Inde.

INDIANA, un des États unis de l'Amérique du Nord.

INDIEN (OCÉAN) ou **MER DES INDES)**, au sud de l'Asie.

INDO-CHINE, grande presqu'île de l'Inde entre l'Indoustan et la Chine.

INDOUSTAN ou **HINDOUSTAN**, vaste pays de l'Asie mérid.

INDRE, r. de France, qui sort du dép. de la Creuse, et se jette dans la Loire.

INDRE (DÉP. DE L'), ch.-l. Châteauroux, 277,860 hab. Cour d'appel et évêché à Bourges. Formé du Bas-Berri, et de quelques portions de la Touraine et de la Marche.

INDRE-ET-LOIRE (DÉP. DE L'), ch.-l. Tours. Cour d'appel d'Orléans; archevêché à Tours. 325,193 h. Formé de la Touraine et de quelques portions de l'Anjou et du Poitou.

INDUS, fleuve de l'Inde anc. Auj. le Sind.

INGOUVILLE, commune réunie au Havre.

INKERMANN, prov. de la Russie en Crimée. Vict. des Français et des Anglais sur les Russes, en 1854.

INN, r. d'Allemagne, qui se jette dans le Danube.

INSPRUCK, v. d'Autriche. 15,000 h.

IONIE, prov. de l'Asie-Mineure anc.

IONIENNE (MER), entre l'Italie, la Turquie et la Grèce.

IONIENNES (ILES), dans la mer de ce nom. Cap. Corfou.

IPSUS, bourg de l'anc. Phrygie. Grande bataille entre les généraux d'Alexandre, en 301 av. J.-C.

IRAM, nom de la Perse.

IRAOUADDY, fleuve de l'Asie méridionale.

IRKOUTSK, cap. de la Sibérie orientale. 24,000 hab.

IRLANDE, une des îles Britanniques. 6,633,357 hab.

IS-SUR-TILLE, ch.-l. de cant. de la Côte-d'Or, arr. de Dijon. 1,371 h.

ISÈRE, r. de France, qui se jette dans le Rhône.

ISÈRE (DÉP. DE L'), ch.-l. Grenoble. 581,380 hab. Cour d'appel et évêché à Grenoble. Formé d'une partie du Dauphiné.

ISIGNY, ch.-l. de cant. du Calvados, arr. de Bayeux. 2,300 hab.

ISIGNY, ch.-l. de cant. de la Manche, arr. de Mortain. 350 hab.

ISLANDE, grande île de l'Am. du Nord, au Danemark. Cap. Reikiavig.

ISLE, r. de France, qui se jette dans la Dordogne.

ISLE, ch.-l. de cant. du dép. de Vaucluse, arr. d'Avignon. 6,478 hab.

ISLE-ADAM, ch.-l. de cant. de Seine-et-Oise, arr. de Pontoise. 4,442 h.

ISLE-EN-DODON, ch.-l. de cant. de la Haute-Garonne, arr. de Saint-Gaudens. 2,405 hab.

ISLE-JOURDAIN, ch.-l. de cant. du Gers, arr. de Lombez. 4,954 hab.

ISLE-SUR-LE-DOUBS, ch.-l. de cant. du Doubs, arr. de Beaune. 2,060 hab.

ISLE-SUR-LE-SEREIN, ch.-l. de cant. de l'Yonne, arr. d'Avallon. 912 hab.

ISLY, v. d'Afrique (Algérie). Vict. du maréchal Bugeaud sur les Marocains, en 1844.

ISPAHAN, v. de la Perse, dont elle fut longtemps la cap. 100,000 hab.

IS-ENGEAUX. Voy. **YSSEN-GEAUX.**

ISSIGEAC, ch.-l. de cant. de la Dordogne, arr. de Bergerac. 1,026 hab.

ISSOIRE, ch.-l. d'arr. du Puy-de-Dôme. 93,740 hab.

ISSOUDUN, ch.-l. d'arr. de l'Indre. 14,261 hab.

ISSUS, v. de l'Asie-Mineure. Vict. d'Alexandre sur Darius, en 333 av. J.-C.

ISSY-L'ÉVÊQUE, ch.-l. de cant. de Saône-et-Loire, arr. d'Autun. 1,868 h.

ISTRES, ch.-l. de cant. des Bouches-du-Rhône, arr. d'Aix. 3,780 hab.

ISTRIE, prov. des États autrichiens.

ITALIE, contrée de l'Europe mérid. Environ. 22,000,000 d'hab.

ITHAQUE, île de l'anc. Grèce. Auj. Théaki.

IVIÇA, l'une des trois principales îles Baléares. Cap. Iviça.

IVRY, bourg du dép. de l'Eure. Vict. de Henri IV sur les Ligueurs, en 1590.

J

JAFFA, v. et prov. de Syrie. Prise par Bonaparte, en 1799.

JALIGNY, ch.-l. de cant. de l'Allier, arr. de La Palisse. 950 hab.

JAMAIQUE, une des Antilles anglaises.

JAMESTOWN, ch.-l. de l'île Ste-Hélène. 3,000 hab.

JANICULE, l'une des collines de Rome.

JANINA, v. de la Turquie d'Europe.

JANVILLE, ch.-l. de cant. de l'Eure-et-Loir, arr. de Chartres. 1,346 h.

JANZÉ, ch.-l. de cant. de l'Ille-et-Vilaine, arr. de Rennes. 4,540 hab.

JAPON, vaste empire de l'Asie. 30,000,000 d'hab. Cap. Yédo.

JARGEAU, ch.-l. de cant. du Loiret, arr. d'Orléans. 2,590 hab.

JARNAC, ch.-l. de cant. de la Charente, arr. de Cognac. 3,850 hab. Vict. des protestants sur le duc d'Anjou (Henri III), en 1566.

JARNAGES, ch.-l. de cant. de la Creuse, arr. de Boussac. 780 hab.

JARRIE (LA), ch.-l. de cant. de la Charente-Inf., arr. de la Rochelle. 1,195 hab.

JASSY ou IASSY, cap. de la Moldavie.

JAVA, île de la Sonde (Malaisie). 2,600,000 d'hab. Cap. Batavia.

JAVIE (LA), ch.-l. de cant. des Basses-Alpes, arr. de Digne. 385 hab.

SEGUN, ch.-l. de cant. du Gers, arr. d'Auch. 1,065 hab.

JEMMAPES, village de Belgique. Vict. des Français, en 1792, sur les Autrichiens.

JÉRICHO, v. de Palestine

JERSEY, île de la Manche, à l'Angleterre. Ch.-l. Saint-Hélier.

JÉRUSALEM, cap. de la Palestine.

JOHANNISBERG, village du duché de Nassau. Vin renommé.

JOIGNY, ch.-l. d'arr. de l'Yonne. 5,970 hab.

JOINVILLE, ch.-l. de cant. de la Haute-Marne, arr. de Vassy.

JONZAC, ch.-l. d'arr. de la Char.-Inférieure. 3,147 hab.

JOPPÉ, anc. v. de la Palestine.

JOUX, fort dans le Doubs.

JOYEUSE, ch.-l. de cant. de l'Ardèche, arr. de Largentière. 2,576 hab.

JUDÉE, pays de la Syrie habité autrefois par le peuple juif, et comprenant toute la Palestine.

JUGON, ch.-l. de cant. des Côtes-du-Nord, arr. de Dinan. 365 hab.

JUILLAC, ch.-l. de cant. de la Corrèze, arr. de Brive. 2,670 hab.

JUILLY, village de Seine-et-Marne. Collége célèbre.

JUMEAUX, ch.-l. de cant. du Puy-de-Dôme, arr. d'Issoire. 1,305 hab.

JUMIÉGES, village du dép. de la Seine-Infér. Ruines d'une abbaye de Bénédictins.

JUMILHAC-LE-GRAND, ch.-l. de cant. de la Dordogne, arr. de Nontron. 2,950 hab.

JUNIVILLE, ch.-l. de cant. des Ardennes, arr. de Réthel. 1,450 hab.

JURA, chaîne de mont. entre la France et la Suisse.

JURA (DÉP. DU), ch.-l. Lons-le-Saulnier. 298,470 hab. Cour d'appel de Besançon; évêché à St-Claude. Formé d'une partie de l'anc. Franche-Comté.

JURJURA, mont. d'Algérie.

JUSSEY, ch.-l. de cant. de la Hte-Saône, arr. de Vesoul. 2,785 hab.

JUTLAND, presqu'île du Danemark. 647,000 hab.

JUVIGNI-SOUS-ANDAINE, ch.-l. de cant. de l'Orne, arr. de Domfront. 1,590 hab.

JUVIGNY, ch.-l. de cant. de la Manche, arr. de Mortain. 829 hab.

JUZENNECOURT, ch.-l. de cant. de la Hte-Marne, arr. de Chaumont. 350 hab.

K

KABOUL, cap. de l'Afghanistan. 600,000 hab.

KABYLIE, partie de l'Algérie. 300,000 hab.

KACHEMYR, Voy. **CACHEMIRE**.

KAIROUAN, v. de la Turquie d'Asie. 95,000 hab.

KAISARIEH. Voy. **CÉSARÉE**.

KALGOUEF, île russe de l'océan Glacial.

KALOUGA, v. manufacturière de la Russie d'Europe. 27,000 hab.

KAMTSCHATKA, grande péninsule de la Russie d'Asie, dans la Sibérie orientale.

KANDAHAR, cap. de la prov. de même nom dans l'Afghanistan. 100,000 h.

KARIKAL, v. française dans l'Indous an. 15,000 hab.

KARPATHES ou CARPATHES, chaîne de mont. au nord de la Hongrie.

KAYSERBERG, ch.-l. de cant. de l'anc. dép. du Haut-Rhin, arr. de Colmar. 1,220 hab.

KAZAN, v. forte de la Russie. 48,000 hab.

KÉCHO, v. de l'empire d'Annam. 80,000 hab.

KELH, v. du grand duché de Bade.

KENT, roy., puis comté d'Angleterre. Ch.-l. Cantorbéry.

KENTUCKY, un des Etats unis de l'Amérique du Nord.

KHORASSAN ou KHORAÇAN, contrée de la Perse.

KIEV, v. considérable de la Russie d'Europe. 37,000 hab.

KILKENNY, v. industrieuse d'Irlande. 23,000 hab.

KINGSTOWN, cap. de la Jamaïque. 50,000 hab.

KŒNIGSBERG, v. importante de la Prusse. 68,000 hab.

KONIEH, v. princip. de l'Anatolie.

KOURDISTAN, contrée de l'Asie occidentale.

KOURILES, archipel d'Asie.

KREMLIN, citadelle de Moscou qu'habita Napoléon, en 1812, après la prise de cette ville.

KRONSTADT. Voy. **CRONS-TADT**.

KUTAIEH, v. de la Turquie d'Asie. 55,000 hab.

L

LABARTHE, ch.-l. de cant. des Htes-Pyrénées, arr. de Bagnères. 800 h.

LABASTIDE-MURAT, ch.-l. de cant. du Lot, arr. de Gourdon. 1,705 h.

LABRADOR, région de l'Amér. septent., habitée par des peuplades sauvages.

LABRÈDE, ch.-l. de cant. de la Gironde, arr. de Bordeaux. 1,475 hab.

LABRIT, ch.-l. de cant. des Landes, arr. de Mont-de-Marsan. 1,035 h.

LABRUGUIÈRE, ch.-l. de cant. du Tarn, arr. de Castres. 3,600 hab.

LACAPELLE-MARIVAL, ch.-l

de cant. du Lot, arr. de Figeac. 1,342 h.

LACAUNE, ch.-l. de cant. du Tarn, arr. de Castres. 3,545 hab.

LACÉDÉMONE. *Voy.* **SPARTE.**

LACONIE, anc. contrée du Péloponèse.

LADOGA, lac de la Russie d'Europe.

LAFERTÉ-SUR-AMANCE, ch.-l. de cant. de la Haute-Marne, arr. de Langres. 620 hab.

LAFORCE, ch.-l. de cant. de la Dordogne, arr. de Bergerac. 1,070 hab.

LAGNIEU, ch.-l. de cant. de l'Ain, arr. de Belley. 3,315 hab.

LAGNY, ch.-l. de cant. de Seine-et-Marne, arr. de Meaux. 3,400 hab.

LAGOR, ch.-l. de cant. des Basses-Pyrénées, arr. d'Orthez. 1,170 hab.

LAGRASSE, ch.-l. de cant. de l'Aude, arr. de Carcassonne. 1,220 hab.

LAGUIOLE, ch.-l. de cant. de l'Aveyron, arr. d'Espalion. 1,840 hab.

LA HAYE. *Voy.* **HAYE (LA).**

LA HOGUE. *Voy.* **HOGUE.**

LAHORE, cap. du roy. des Seikhs (Indoustan). 70,000 hab.

LAIGLE, ch.-l. de cant. de l'Orne, arr. de Mortagne. 5,811 hab.

LAIGNES, ch.-l. de cant. de la Côte-d'Or, arr. de Châtillon-sur-Seine. 910 h.

LAISSAC, ch.-l. de cant. de l'Aveyron, arr. de Milhau. 1,190 hab.

LAKNAU ou **LAKNOW**, v. de l'Indoustan. 200,000 hab.

LALBENQUE, ch.-l. de cant. du Lot, arr. de Cahors. 2,046 hab.

LALINDE, ch.-l. de cant. de la Dordogne, arr. de Bergerac. 2,067 hab.

LAMA, ch.-l. de cant. de la Corse, arr. de Bastia. 402 hab.

LAMARCHE, ch.-l. de cant. des Vosges, arr. de Neufchâteau. 1,749 hab.

LAMASTRE, ch.-l. de cant. de l'Ardèche, arr. de Tournon. 3,000 hab.

LAMBALLE, ch.-l. de cant. des Côtes-du-Nord, arr. de Saint-Brieuc. 4,250 hab.

LAMBÈSE, ch.-l. de cant. des B.-du-Rhône, arr. d'Aix. 3,339 hab.

LAMBESSA, v. d'Algérie.

LAMOTE-BEUVRON, ch.-l. de cant. de Loir-et-Cher, arr. de Romorantin. 1,310 hab.

LAMPSAQUE, anc. v. de l'Asie-Mineure.

LAMURE, ch.-l. de cant. du Rhône, arr. de Villefranche. 1,135 hab.

LANCASTRE, v. d'Angleterre. 24,000 hab.

LANDERNEAU, ch.-l. de cant. du Finistère, arr. de Brest. 6,040 hab.

LANDES, pays de France, jadis compris dans la Gascogne. Ch.-l. Dax.

LANDES (DÉP. DES), ch.-l. Mont-de-Marsan. Cour d'appel de Pau; évêché à Aire. 306,093 hab. Formé du pays des Landes, du Marsan et du Chalosse, prov. du gouv. de Guyenne.

LANDIVISIAU, ch.-l. de cant. du Finistère, arr. de Morlaix. 3,315 hab.

LANDIVY, ch.-l. de cant. de la Mayenne, arr. de Mayenne. 2,110 hab.

LANDRECIES, ch.-l. de cant. du Nord, arr. d'Avesnes. 2,021 hab.

LAND'S-END, cap à l'extrémité S.-O. de l'Angleterre.

LANDSER, ch.-l. de cant. de l'anc. dép. du Haut-Rhin, arr. de Mulhouse. 554 hab.

LANGEAC, ch.-l. de cant. de la Haute-Loire, arr. de Brioude. 3,804 h.

LANGEAIS, ch.-l. de cant. de l'Indre-et-Loire, arr. de Chinon. 3,004 hab.

LANGOGNE, ch.-l. de cant. de la Lozère, arr. de Mende. 3,141 hab.

LANGON, ch.-l. de cant. de la Gironde, arr. de Bazas. 4,111 hab.

LANGRES, ch.-l. d'arr. de la Hte-Marne. 7,940 hab.

LANGUEDOC, anc. gouvernement de la France. Ch.-l. Toulouse.

LANMEUR, ch.-l. de cant. du Finistère, arr. de Morlaix. 2,772 hab.

LANNEMEZAN, ch.-l. de cant. des Htes-Pyrénées, arr. de Bagnères. 1,605 hab.

LANNILIS, ch.-l. de cant. du Finistère, arr. de Brest. 3,320 hab.

LANNION, ch.-l. d'arr. des Côtes-du-Nord. 6,550 hab.

LANNOY, ch.-l. de cant. du Nord, arr. de Lille. 1,640 hab.

LANOUAILLE, ch.-l. de cant. de la Dordogne, arr. de Nontron. 1,165 hab.

LANTA, ch.-l. de cant. de la Haute-Garonne, arr. de Villefranche. 1,665 h.

LANVOLLON, ch.-l. de cant. des Côtes-du-Nord, arr. de Saint-Brieuc. 1,719 hab.

LAODICÉE, cap. de l'anc. Phrygie. Ville de Syrie, auj. Latakieh.

LAON, ch.-l. du dép. de l'Aisne. 10,096 hab.

LA PALISSE, ch.-l. d'arr. de l'Allier. 2,745 hab.

LAPLEAU, ch.-l. de cant. de la Corrèze, arr. de Tulle. 1,005 hab.

LAPLUME, ch.-l. de cant. de Lot-et-Garonne, arr. d'Agen. 1,715 hab.

LAPONIE, pays au N. de l'Europe.

LAQUEDIVES (ILES), dans la mer des Indes.

LARAGNE, ch.-l. de cant. des Htes-Alpes, arr. de Gap. 950 hab.

LARCHE, ch.-l. de cant. de la Corrèze, arr. de Brive. 950 hab.

LARGENTIÈRE, ch.-l. d'arr. de l'Ardèche. 3,281 hab.

LARISSE, v. de la Turquie d'Europe. 28,000 hab.

LA ROQUE-BROU, ch.-l. de cant. de Lot-et-Garonne, arr. d'Agen. 1,371 h.

LA ROQUE-TIMBAUT, ch.-l. de cant. de Lot-et-Garonne, arr. d'Agen. 1,330 hab.

LARUNS, ch.-l. de cant. des Basses-Pyrénées, arr. d'Oloron. 2,476 hab.

LASALLE, ch.-l. de cant. du Gard, arr. du Vigan. 2,538 hab.

LASSAY, ch.-l. de cant. de la Mayenne, arr. de Mayenne. 2,500 hab.

LASSEUBE, ch.-l. de cant. des B.-Pyrénées, arr. d'Oloron. 2,670 hab.

LASSIGNY, ch.-l. de cant. de l'Oise, arr. de Compiègne. 986 hab.

LATIUM, contrée de l'Italie anc.

LATRONQUIÈRE, ch.-l. de cant. du Lot, arr. de Figeac. 525 hab.

LAUENBOURG (DUCHÉ DE), Etat de l'anc. confédération germanique. 80,000 hab.

LAURIÈRE, ch.-l. de cant. de la Hte-Vienne, arr. de Limoges. 1,425 hab.

LAUSANNE, v. de Suisse, ch.-l. de cant. de Vaud. 17,000 hab.

LAUTERBOURG, ch.-l. de l'anc. dép. du Haut-Rhin, arr. de Wissembourg. 2,005 hab.

LAUTREC, ch.-l. de cant. du Tarn, arr. de Castres. 3,240 hab.

LAUZERTE, ch.-l. de cant. de Tarn-et-Garonne, arr. de Moissac. 2,960 hab.

LAUZÈS, ch.-l. de cant. du Lot, arr. de Cahors. 441 hab.

LAUZET (LE), ch.-l. de cant. des Basses-Alpes, arr. de Barcelonnette. 930 hab.

LAUZUN, ch.-l. de cant. de Lot-et-Garonne, arr. de Marmande. 1,235 h.

LAVAL, ch.-l. du dép. de la Mayenne. Evêché. 27,189 hab.

LA VALETTE, ch.-l. de cant. de la Charente, arr. d'Angoulême. 920 h.

LAVARDAC, ch.-l. de cant. de Lot-et-Garonne, arr. de Nérac. 2,010 hab.

LAVAUR, ch.-l. d'arr. du Tarn. 7,400 hab.

LAVELANET, ch.-l. de cant. de l'Ariège, arr. de Foix. 3,065 hab.

LAVENTIE, ch.-l. de cant. du Pas-de-Calais, arr. de Béthune. 4,385 h.

LAVINIUM, v. de l'Italie anc. batie par Enée.

LAVIT-DE-LOMAGNE, ch.-l. de cant. du Tarn-et-Garonne, arr. de Castel-Sarrasin. 1,584 hab.

LAVOULTE, ch.-l. de cant. de l'Ardèche, arr. de Privas. 3,060 hab.

LAVOUTE-CHILHAC, ch.-l. de cant. de la Haute-Garonne, arr. de Brioude. 736 hab.

LAYBACH, v. des Etats autrichiens (Illyrie). 18,500 hab.

LECTOURE, ch.-l. d'arr. du Gers. 8,120 hab.

LÉDIGNAN, ch.-l. de cant. du Gard.

LEEDS, v. manufact. de l'Angleterre. 24,000 hab.

LEGÉ, ch.-l. de cant. de la Loire-Inférieure, arr. de Nantes. 4,480 hab.

LÉGUEVIN, ch.-l. de cant. de la Hte-Garonne, arr. de Toulouse. 950 h.

LEICESTER, v. d'Angleterre. 48,000 hab.

LEIGNÉ-SUR-USSEAU, ch.-l. de cant. de la Vienne, arr. de Chatellerault. 366 hab.

LEIPZIG ou **LEIPSICK**, v. du roy. de Saxe. Vict. de Gustave-Adolphe sur les Impériaux (1635-1642) ; bataille entre les Français et les alliés (1813). 65,000 hab.

LEITH, v. d'Ecosse. 30,000 hab.

LÉMAN (LAC) ou **LAC DE GENÈVE**, traversé par le Rhône, en Suisse.

LEMBERG, v. d'Autriche, cap. de la Galicie. 52,000 hab.

LEMBEYE, ch.-l. de cant. des B.-Pyrénées, arr. de Pau. 1,270 hab.

LA MÊLE-SUR-SARTHE, ch.-l. de cant. de l'Orne, arr. d'Alençon. 831 hab.

LEMNOS, île de la mer Egée, où se trouvait un fameux labyrinthe.

LENCLOITRE, ch.-l. de cant. de la Vienne, arr. de Chatellerault. 1,780 h.

LENS, ch.-l. de cant. du Pas-de-Calais, arr. de Béthune. 5,738 hab.

LÉON, v. d'Espagne 7,000 hab.

LÉON (PROVINCE DE), prov. d'Espagne. 267 hab.

LÉON, cap. de la république de Nicaragua. 38,000 hab.

LÉPANTE (GOLFE DE), golfe de la Grèce. Vict. de don Juan d'Autriche sur Sélim II, empereur des Turcs, en 1571.

LÉRÉ, ch.-l. de cant. du Cher, arr. de Sancerre. 1,640 hab.

LÉRIDA, v. d'Espagne. 13,000 hab.

LESBOS, île de la mer Egée.

LESCAR, ch.-l. de cant. des B.-Pyrénées, arr. de Pau. 1,827 hab.

LESNEVEN, ch.-l. de cant. du Finistère, arr. de Brest. 2,600 hab.

LESPARRE, ch.-l. de cant. de la Gironde. 3,726 hab.

LESSAY, ch.-l. de cant. de la Manche, arr. de Coutances. 1,530 hab.

LEUCADE, une des îles Ioniennes de la Grèce ancienne.

LEUCTRES, v. de l'anc. Béotie. Vict. d'Epaminondas sur les Spartiates, en 371 av. J.-C.

LEVET, ch.-l. de cant. du Cher, arr. de Bourges. 1,017 hab.

LEVIE, ch.-l. de cant. de la Corse, arr. de Sartène. 1,700 hab.

LEVIER, ch.-l. de cant. du Doubs, arr. de Pontarlier. 1,290 hab.

LEVROUX, ch.-l. de cant. de l'Indre, arr. de Châteauroux. 4,014 hab.

LEYDE, v. de Hollande. 38,000 h.

LÉZARDIEUX, ch.-l. de cant. des Côtes-du-Nord, arr. de Lannion. 2,261 hab.

LEZAY, ch.-l. de cant. des Deux-Sèvres, arr. de Melle. 2,554 hab.

LÉSIGNAN, ch.-l. de cant. de l'Aude, arr. de Narbonne. 3,934 hab.

LEZOUX, ch.-l. de cant. du Puy-de-Dôme, arr. de Thiers. 3,740 hab.

L'HUIS, ch.-l. de cant. de l'Ain, arr. de Belley. 1,266 hab.

LIANCOURT, ch.-l. de cant. de l'Oise, arr. de Clermont. 3,141 hab.

LIBAN, mont. de la Turquie d'Asie.

LIBOURNE, ch.-l. d'arr. de la Gironde. 639 hab.

LIBYE, anc. nom de l'Afrique.

LIÉGE, v. de Belgique, sur la Meuse. 70,000 hab.

LIEOU-KIEOU, archipel d'Asie, composé de 37 îles.

LIERNAIS, ch.-l. de cant. de la Côte-d'Or, arr. de Beaune. 1,200 hab.

LIFFRÉ, ch.-l. de cant. de l'Ille-et-Vilaine, arr. de Rennes. 3,128 hab.

LIGNÉ, ch.-l. de cant. de la Loire-Inf., arr. d'Ancenis. 2,607 hab.

LIGNIÈRES, ch.-l. de cant. du Cher, arr. de Saint-Amand. 2,992 hab.

LIGNY, ch.-l. de cant. de la Meuse, arr. de Bar-le-Duc. 3,702 hab.

LIGNY-LE-CHATEL, ch.-l. de cant. de l'Yonne, arr. d'Auxerre. 1,490 h.

LIGUEIL, ch.-l. de cant. de l'Indre-et-Loire, arr. de Loches. 1,996 hab.

LIGURIE, partie de l'Italie anc.

LILLE, ch.-l. du dép. du Nord. 131,800 hab.

LILLEBONNE, ch.-l. de cant. de la Seine-Inf., arr. du Havre. 5,049 h.

LILLERS, ch.-l. de cant. du Pas-de-Calais, arr. de Béthune. 5,975 hab.

LIMA, cap. du Pérou. 70,000 hab.

LIMAGNE, anc. pays de l'Auvergne.

LIMAY, ch.-l. de cant. de Seine-et-Oise, arr. de Mantes. 1,304 hab.

LIMBOURG (DUCHÉ DE), anc. prov. des Pays-Bas, partagée auj. entre la Belgique et la Hollande.

LIMERIK, v. d'Irlande. 48,000 h.

LIMOGES, ch.-l. du dép. de la Hte-Vienne. 55,134 hab. Cour d'appel, évêché.

LIMOGNE, ch.-l. de cant. du Lot, arr. de Cahors. 1,458 hab.

LIMONEST, ch.-l. de cant. du Rhône, arr. de Lyon. 1,031 hab.

LIMOURS, ch.-l. de cant. de Seine-et-Oise, arr. de Rambouillet. 1,211 h.

LIMOUX, ch.-l. d'arr. de l'Aude. 6,770 hab.

LINCOLN, v. et comté d'Angleterre.

LION (GOLFE DU), dans la Méditerranée, sur les côtes de France.

LION D'ANGERS (LE), ch.-l. de cant. de Maine-et-Loire, arr. de Segré. 2,752 hab.

LIPARI (ILES), groupe d'îles situées au nord de la Sicile, dont elles dépendent.

LIPPE, r. d'Allemagne, qui a donné son nom aux deux principautés de Lippe-Detmold et de Lippe-Backeburg ou Schauemburg.

LISBONNE, cap. du roy. de Portugal. 260,000 hab.

LISIEUX, ch.-l. d'arr. du Calvados. 13,120 hab.

LISLE, ch.-l. de cant. du Tarn, arr. de Gaillac. 780 hab.

LIVAROT, ch.-l. de cant. du Calvados, arr. de Lisieux. 305 hab. Renommé pour ses fromages.

LIVERNON, ch.-l. de cant. du Lot, arr. de Figeac. 820 hab.

LIVERPOOL, v. d'Angleterre. 280,000 hab.

LIVONIE, prov. de la Russie d'Europe.

LIVOURNE, v. de la Toscane, avec un port sur la Médit. 75,000 hab.

LIVRADE (SAINTE-), ch.-l. de cant. de Lot-et-Garonne, arr. de Villeneuve. 3,020 hab.

LIZARD, cap situé à la pointe méridionale de l'Angleterre.

LIZIER (SAINT-), ch.-l. de cant. de l'Ariège, arr. de S.-Girons. 1,165 h.

LIZY-SUR-OURCQ, ch.-l. de cant. de Seine-et-Marne, arr. de Meaux. 1,302 hab.

LO (SAINT-), ch.-l. du dép. de la Manche. 9,800 hab. Sur la Vire.

LOANGO, v. et Etat de la Guinée méridionale.

LOBAU, île du Danube, à 8 kil. de Vienne, ou les Français se fortifièrent avant la bataille de Wagram, en 1809.

LOCHES, ch.-l. d'arr. de l'Indre-et-Loire. 5,260 hab.

LOCMINÉ, ch.-l. de cant. du Morbihan, arr. de Pontivy. 2,480 hab.

LOCRES, v. du Brutium, dans l'Italie mérid. Auj. Bruzzano.

LOCRIDE, contrée de la Grèce anc.

LODÈVE, ch.-l. d'arr. de l'Hérault. 10,571 hab.

LODI, v. d'Italie. 18,000 hab. Vict. de Bonaparte en 1796.

LOING (LE), petite riv. de France (Yonne), qui se jette dans la Seine.

LOIR (LE), r. de France, qui se jette dans la Sarthe.

LOIR-ET-CHER (DÉP. DU), ch.-l. Blois. Cour d'appel d'Orléans; évêché à Blois. 275,767 hab. Formé du Blaisois, du Vendômois, d'une portion de l'Orléanais propre, d'une partie de la Sologne et d'une p. portion du Berri.

LOIRE (LA), fleuve de France, qui sort du dép. de l'Ardèche et se jette dans l'Océan, après un cours de 1,126 k.

LOIRE (DÉP. DE LA), ch.-l. Saint-Étienne. 537,106 hab. Cour d'appel et archevêché de Lyon. Formé de la plus grande partie des prov. du Forez et du Beaujolais.

LOIRE (DÉP. DE LA HAUTE-), ch.-l. Le Puy. 312,661 hab. Cour d'appel de Riom; évêché à Le Puy. Formé du Velay, de quelques portions du Gévaudan et du Vivarais, et d'une partie du Forez.

LOIRE-INFÉRIEURE (DÉP. DE LA), ch.-l. Nantes. 598,598 hab. Cour d'appel de Rennes; évêché à Nantes. Formé d'une p. de l'anc. Bretagne.

LOIRET (LE), petite r. de France, affluent de la Loire.

LOIRET (DÉP. DU), ch.-l. Orléans. 357,110 hab. Cour d'appel et évêché à Orléans. Formé de l'Orléanais propre, d'une partie du Gâtinais et du Blésois, et d'une petite portion du Berri.

LOIRON, ch.-l. de cant. de la Mayenne, arr. de Laval. 1,181 hab.

LOMBARDIE, partie nord de l'Italie. Cap. Milan. Auj. prov. du roy. d'Italie.

LOMBEZ, ch.-l. d'arr. du Gers. 20,581 hab.

LONDINIÈRES, ch.-l. de cant. de la Seine-Inf., arr. de Neufchâtel. 1,141 h.

LONDRES, cap. de l'Angleterre. 2,400,000 hab.

LONGCHAMP, anc. abbaye près de Paris.

LONGEAU, ch.-l. de cant. de la Hte-Marne, arr. de Langres. 470 hab.

LONGJUMEAU, ch.-l. de cant. de Seine-et-Oise, arr. de Corbeil. 2,250 h.

LONGNY, ch.-l. de cant. de l'Orne, arr. de Mortagne. 2,532 hab.

LONGUÉ, ch.-l. de cant. de Maine-et-Loire, arr. de Beaugé. 4,352 hab.

LONGUEVILLE, ch.-l. de cant. de Seine-Inf., arr. de Dieppe. 687 hab.

LONGUYON, ch.-l. de cant. de Meurthe-et-Moselle, arr. de Briey. 1,840 hab.

LONGWOOD, habitation de Napoléon à Sainte-Hélène.

LONGWY, v. forte, ch.-l. de cant. de Meurthe-et-Moselle, arr. de Briey. 3,353 hab.

LONS-LE-SAUNIER, ch.-l. du dép. du Jura. 9,943 hab.

LORETTE, v. du roy. d'Italie. 8,000 hab.

LORGUES, ch.-l. de cant. du Var, arr. de Draguignan. 4,729 hab.

LORIENT, ch.-l. d'arr. du Morbihan. V. forte et port milit. 37,655 h.

LORIOL, ch.-l. de cant. de la Drôme, arr. de Valence. 3,512 hab.

LORMES, ch.-l. de cant. de la Nièvre, arr. de Clamecy. 2,939 hab.

LOROUX, ch.-l. de cant. de la Loire-Inf., arr. de Nantes. 4,195 hab.

LORQUIN, ch.-l. de cant. de l'anc. dép. de la Meuse, arr. de Sarrebourg. 1,035 hab.

LORRAINE, anc. prov. de la France. Cap. Nancy.

LORREZ-LE-BOCAGE, ch.-l. de cant. de Seine-et-Marne, arr. de Fontainebleau. 911 hab.

LORRIS, ch.-l. de cant. du Loiret, arr. de Montargis. 2,085 hab.

LOT, r. de France, affluent de la Garonne.

LOT (DÉP. DU), ch.-l. Cahors. 288,914 hab. Cour d'appel d'Agen; évêché à Cahors. Formé de l'anc. prov. du Quercy.

LOT-ET-GARONNE (DÉP. DE), ch.-l. Agen. 327,962 hab. Cour d'appel et évêché à Agen. Formé de l'Agenois et du Bazadois, du Condomois et d'une partie de la Limagne.

LOUDÉAC, ch.-l. d'arr. des Côtes-du-Nord. 6,072 hab.

LOUDES, ch.-l. de cant. de la Haute-Loire, arr. du Puy. 1,600 hab.

LOUDUN, ch.-l. d'arr. de la Vienne. 4,403 hab.

LOUÉ, ch.-l. de cant. de la Sarthe, arr. du Mans. 2,006 hab.

LOUHANS, ch.-l. d'arr. de Saône-et-Loire. 3,871 hab.

LOUISIANE, un des États unis de l'Amér. du Nord. Ch.-l. La Nouvelle-Orléans. 517,762 hab.

LOULAY, ch.-l. de cant de la Char.-Inf., arr. de Saint-Jean-d'Angely. 581 hab.

LOUPE (LA), ch.-l. de cant. de l'Eure-et-Loir, arr. de Nogent-le-Rotrou. 1,357 hab.

LOUQSOR ou **LUXOR**, village d'Égypte.

LOURDES, ch.-l. de cant. des Htes-Pyrénées, arr. d'Argelès. 4,620 hab.

LOUROUX-BÉCONNAIS (LE), ch.-l. de cant. de Maine-et-Loire, arr. d'Angers. 3,022 hab.

LOUVAIN, v. de Belgique. 30,000 h.

LOUVIERS, ch.-l. d'arr. de l'Eure. 11,707 hab.

LOUVIGNY-DU-DÉSERT. ch.-l. de cant. de l'Ille-et-Vilaine, arr. de Fougères. 3,672 hab.

LOZÈRE, chaîne des Cévennes.

LOZÈRE (DÉP. DE LA). ch.-l. Mende. 137,263 h. C. d'appel de Nîmes; évêché à Mende. Formé du Gévaudan.

LUBECK, v. de l'Allemagne du Nord 27,000 hab.

LUBERSAC. ch.-l. de cant. de la Corrèze, arr. de Brive. 3,826 hab.

LUC (LE), ch.-l. de cant. du Var, arr. de Draguignan. 3,700 hab.

LUC-EN-DIOIS (LE). ch.-l. de cant. de la Drôme, arr. de Die. 1,045 h.

LUCANIE, anc. prov. d'Italie.

LUCAYES (ILES), archipel de l'océan Atlant., aux Anglais. 16,000 h. La principale est Bahama.

LUCENAY, ch.-l. de cant. de Saône-et-Loire, arr. d'Autun. 1,005 hab.

LUCERNE, cant. de la Suisse. Cap. Lucerne, sur le lac de ce nom. 930 hab.

LUÇON, ch.-l. de cant. de la Vendée, arr. de Fontenay-le-Comte. 5,600 h.

LUÇON ou MANILLE, la plus considérable des îles Philippines. Cap. Manille.

LUCQUES, v. d'Italie. 24,000 hab.

LUDE (LE), ch.-l. de cant. de la Sarthe, arr. de la Flèche. 3,780 hab.

LUGNY, ch.-l. de cant. de Saône-et-Loire, arr. de Mâcon. 1,300 hab.

LUKNOW. Voy. LAKNAU.

LUMBRES, ch.-l. de cant. du Pas-de-Calais, arr. de S.-Omer. 920 hab.

LUNAS, ch.-l. de cant. de l'Hérault, arr. de Lodève. 1,410 hab.

LUNE (MONTS DE LA). en Afrique.

LUNEL, ch.-l. de cant. de l'Hérault, arr. de Montpellier. 6,720 hab. Vins muscats renommés.

LUNÉVILLE, ch.-l. d'arr. de Meurthe-et-Moselle, arr. de Nancy. 53,300 h.

LUPATA (MONTS) dits L'ÉPINE DU MONDE. ch. de mont. d'Afrique.

LURCY-LÉVY, ch.-l. de cant. de l'Allier, arr. de Moulins. 3,520 hab.

LURE, ch.-l. d'arr. de la Haute-Saône. 3,430 hab.

LURI, ch.-l. de cant. de la Corse, arr. de Bastia. 1,518 hab.

LURY, ch.-l. de cant. du Cher, arr. de Bourges. 785 hab.

LUSIGNAN, ch.-l. de cant. de la Vienne, arr. de Troyes. 1,156 hab.

LUSIGNY, ch.-l. de cant. de l'Aube, arr. de Troyes. 1,175 hab.

LUSITANIE, anc. nom du Portugal.

LUSSAC, ch.-l. de cant. de la Gironde.

LUSSAC - LES - CHATEAUX. ch.-l. de cant. de la Vienne, arr. de Montmorillon. 1,750 hab.

LUSSAN, ch.-l. de cant. du Gard, arr. d'Uzès. 1,240 hab.

LUTÈCE, anc. nom de Paris.

LUTZEN. petite v. de Prusse. Bataille de 1632, où fut tué Gustave-Adolphe; bataille de 1813, où Napoléon défit les Russes et les Prussiens.

LUXEMBOURG, anc. État de l'empire d'Allemagne.

LUXEUIL, ch.-l. de cant. de la Hte-Saône, arr. de Lure. 3,959 hab.

LUXOR. Voy. LOUQSOR

LUZ, ch.-l. de cant. des Hautes-Pyrénées, arr. d'Argelès. 1,671 hab.

LUZARCHES, ch.-l. de cant. de Seine-et-Oise, arr. de Pontoise. 1,470 h.

LUZECH, ch.-l. de cant. du Lot, arr. de Cahors. 2,229 hab.

LUZY, ch.-l. de cant. de la Nièvre, arr. de Château-Chinon. 2,654 hab.

LYCIE, anc. région de l'Asie-Mineure.

LYDIE, contrée de l'Asie-Mineure.

LYON, ch.-l. du dép. du Rhône. 318,500 hab. La seconde v. de France pour la population, le commerce et l'industrie. Archevêché, cour d'appel.

LYONNAIS (LE), anc. prov. de France. Cap. Lyon.

LYONS-LA-FORÊT, ch.-l. de cant. de l'Eure, ar. des Andelys. 1,391 h.

LYS, r. de France, qui sort du Pas-de-Calais et se jette dans l'Escaut, à Gand (Belgique).

M

MACAO, v. forte de l'empire chinois; port France. 35,000 hab.

MACASSAR, État des îles Célèbes, aux Hollandais. Cap. Macassar.

MACÉDOINE, roy. de l'anc. Grèce.

MACHAULT, ch.-l. de cant. des Ardennes, arr. de Vouziers. 725 hab.

MACHECOUL, ch.-l. de cant. de la Loire-Inf., arr. de Nantes. 3,700 h.

MACKENSIE, fleuve de l'Amér. du Nord. 1,200 kil. de cours.

MACON, ch.-l. du dép. de Saône-et-Loire. 18,000 hab. Célèbre par ses vins.

MADAGASCAR, île de l'Afrique, dont elle est séparée par le canal de Mozambique. Cap. Tananarive.

MADÈRE, île de l'océan Atlant., aux Portugais. Excellents vins. Cap. Fanchal.

MADRAS, cap. de la résidence de ce nom, dans l'Indoustan.

MADRID, cap. de l'Espagne. 260,000 hab.

MAEL-CARHAIX, ch.-l. de cant.

des Côtes-du-Nord, arr. de Guingamp. 2.120 hab.

MAESTRICH, v. forte de la Hollande. Cap. du duché de Limbourg. 23,000 hab.

MAGDEBOURG, v. de la Prusse, sur l'Elbe. 6,000 hab.

MAGELLAN (DÉT. DE), bras de mer entre l'extrémité sud de l'Amér. et la Terre-de-Feu.

MAGENTA, v. d'Italie. Vict. des Français sur les Autrichiens, en 1859.

MAGNAC-LAVAL, ch.-l. de cant. de la H.-Vienne, arr. de Bellac. 3,427 h.

MAGNY, ch.-l. de cant. de Seine-et-Oise, arr. de Mantes. 1,834 hab.

MAHÉ, v. de l'Indoustan, à la France. 3,000 hab.

MAHON ou PORT-MAHON, v. forte, cap. de l'île Minorque. 13,000 h.

MAICHE, ch.-l. de cant. du Doubs, arr. de Montbéliard. 1,349 hab.

MAIGNELAY, ch.-l. de cant. de l'Oise, arr. de Clermont. 730 hab.

MAILLEZAIS, ch.-l. de cant. de la Vendée, arr. de Fontenay-le-Comte. 1,421 hab.

MAINE, r. de France, qui se jette dans la Loire.

MAINE, anc. prov. de France. Ch.-l. Le Mans.

MAINE, un des Etats-Unis de l'Amérique du Nord.

MAINE-ET-LOIRE (DÉP. DE), ch.-l. Angers. 532,525 hab. Cour d'appel et évêché à Angers. Formé de l'Anjou et du gouvernement de Saumur.

MAINTENON, ch.-l. de cant. de l'Eure-et-Loir, arr. de Chartres. 1,920 h.

MAJEUR (LAC), lac d'Italie.

MAJORQUE, la plus grande des îles Baléares. Cap. Palma.

MALABAR (COTE DE), partie de la côte occidentale de l'Inde en-deçà du Gange. Ch.-l. Calicut.

MALACCA, v. de l'Inde anglaise. 30,000 hab.

MALACCA (DÉT. DE), entre la presqu'île de Malacca et l'île de Sumatra.

MALACCA (PRESQU'ILE DE), dans l'Asie méridionale. 375,000 hab.

MALADETTA (MONT), pic des Pyrénées.

MALAGA, v. et port d'Espagne. Vins renommés. 52,000 hab.

MALAISIE, partie de l'Océanie.

MALAUCÈNE, ch.-l. de cant. du dép. de Vaucluse, arr. d'Orange. 3,030 h.

MALDIVES, archipel de l'océan Indien.

MALESHERBES, ch.-l. de cant. du Loiret, arr. de Pithiviers. 1,670 h.

MALESTROIT, ch.-l. de cant. du

Morbihan, arr. de Ploërmel. 1,580 hab.

MALICORNE, ch.-l. de cant. de la Sarthe, arr. de la Flèche. 1,420 hab.

MALINE, v. de Belgique. 24,000 h.

MALMAISON (LA), domaine situé à Rueil (Seine-et-Oise), séjour de l'impératrice Joséphine.

MALOUINES ou FALKLAND, arch. de l'Amérique anglaise.

MALPLAQUET, village du dép. du Nord. Vict. que perdit glorieusement le maréchal Villars contre le prince Eugène et Marlborough, en 1709.

MALTE, île de la Médit., accordée par Charles-Quint, en 1530, aux hospitaliers, chassés de Rhodes. Appartient aux Anglais.

MALZIEU-VILLE, ch.-l. de la Lozère, arr. de Marvejols. 845 hab.

MAMERS, ch.-l. d'arr. de la Sarthe. 5,800 hab.

MAN, île anglaise de la mer d'Irlande. 48,000 hab.

MANÇANAREZ, riv. d'Espagne, arrose Madrid.

MANCHE (LA), partie de l'océan Atlant. entre l'Angleterre et la France.

MANCHE (DÉP. DE LA), ch.-l. Saint-Lô. 573,899 hab. Cour d'appel à Caen ; évêché à Coutances. Formé du Cotentin et de l'Avranchin, prov. de l'anc. Normandie, et d'une partie du Bocage.

MANCHESTER, v. manufact. de l'Angleterre. 312,000 hab.

MANDCHOURIE ou MANT-CHOURIE, prov. de la Chine.

MANHEIM, la seconde v. du grand duché de Bade, sur le Rhin. 23,000 h.

MANILLE, ch.-l. des îles Philippines. 200,000 hab.

MANOSQUE, ch.-l. de cant. des B.-Alpes, arr. de Forcalquier. 5,940 h.

MANS (LE), ch.-l. du dép. de la Sarthe. 25,230 hab. Evêché.

MANSLE, ch.-l. de cant. de la Charente, arr. de Ruffec. 1,900 hab.

MANSOURAH, ville de la Basse-Egypte.

MANTES, ch.-l. d'arr. de Seine-et-Oise. 5,345 hab.

MANTINÉE, v. d'Arcadie. Vict. d'Epaminondas sur les Spartiates, en 363 av. J.-C. Epaminondas périt dans cette bataille.

MANTOUE, v. forte du roy. d'Italie. 30,000 hab.

MANZAT, ch.-l. de cant. du Puy-de-Dôme, arr. de Riom. 1,908 hab.

MARACAIBO, v., lac et cap d'Am.

MARAGNON. V. AMAZONES.

MARANS, ch.-l. de cant. de la Char.-Inf., arr. de La Rochelle. 4,534 h.

MARATHON, village de l'Attique.

Vict. de Miltiade sur les Perses, en 490 av. J.-C.

MARCENAT, ch.-l. de cant. du Cantal, arr. de Murat. 2,523 hab.

MARCHAUX, ch.-l. de cant. du Doubs, arr. de Besançon. 534 hab.

MARCHE, anc. prov. de France.

MARCHENOIR, ch.-l. de cant. de Loir-et-Cher, arr. de Blois. 720 hab.

MARCHIENNES-VILLE, ch.-l. de cant. du Nord, arr. de Douai. 3,274 h.

MARCIAC, ch.-l. de cant. du Gers, arr. de Mirande. 1,901 hab.

MARCIGNY, ch.-l. de cant. de S.-et-Loire, arr. de Charolles. 2,750 hab.

MARCILLAC, ch.-l. de cant. de l'Aveyron, arr. de Rodez. 1,975 hab.

MARCILLAT, ch.-l. de cant. de l'Allier, arr. de Montluçon. 1,730 hab.

MARCILLY-LE-HAYER, ch.-l. de cant. de l'Aube, arr. de Nogent-sur-Seine. 740 hab.

MARCOLSHEIM, ch.-l. de cant. de l'anc. dép. du B.-Rhin, arr. de Schlestadt. 2,500 hab.

MARCOING, ch.-l. de cant. du Nord, arr. de Cambrai. 1,810 hab.

MARENGO, village du roy. d'Italie. Vict. de Bonaparte sur les Autrichiens, le 14 juin 1800.

MARENNES, ch.-l. d'arr. de la Charente-Inf. 4,508 hab.

MAREUIL, ch.-l. de cant. de la Vendée, arr. de la Roche-sur-Yon. 1,870 hab.

MAREUIL, ch.-l. de cant. de la Dordogne, arr. de Nontron. 1,634 hab.

MARGUERITE (ILE), dans la mer des Antilles.

MARGUERITTES, ch.-l. de cant. du Gard, arr. de Nîmes. 1,945 hab.

MARIANNES (LES), îles de la Polynésie (Océanie).

MARIE-AUX-MINES (SAINTE), ch.-l. de cant. de l'anc. dép. du Haut-Rhin, arr. de Colmar. 12,330 hab.

MARIES (SAINTES), ch.-l. de cant. des B.-du-Rhône, arr. d'Arles. 1,000 hab.

MARIE-GALANTE (ILE DE), une des Antilles françaises.

MARIGNAN, v. d'Italie. Vict. des Français sur les Suisses, en 1515.

MARIGNY, ch.-l. de cant. de la Manche, arr. de Saint-Lô. 1,450 hab.

MARINES, ch.-l. de cant. de Seine-et-Oise, arr. de Pontoise. 1,571 hab.

MARINGUES, ch.-l. de cant. du Puy-de-Dôme, arr. de Thiers. 4,052 hab.

MARLE, ch.-l. de cant. de l'Aisne, arr. de Laon. 1,956 hab.

MARLY-LE-ROI, ch.-l. de cant. de Seine-et-Oise, arr. de Versailles. 1,302 hab.

MARMANDE, ch.-l. d'arr. de Lot-et-Garonne. 8,564 hab.

MARMARA (MER DE), dans le bassin de la Méditerranée.

MARMOUTIER, ch.-l. de cant. de l'anc. dép. du B.-Rhin, arr. de Saverne. 2,458 hab.

MARNAY, ch.-l. de cant. de la Hte-Saône, arr. de Gray. 1,209 hab.

MARNE, r. de France, qui se jette dans la Seine.

MARNE (DÉP. DE LA), ch.-l. Châlons. 390,809 hab. Cour d'appel de Paris; évêché à Châlons; archevêché à Reims. Formé du Rémois, prov. de l'anc. gouv. de Champagne, d'une partie du Perthois et de la Brie-Champenoise.

MARNE (DÉP. DE LA HAUTE-), ch.-l. Chaumont. Cour d'appel de Dijon, évêché à Langres. 259,096 hab. Formé du Vallage, du Perthois et du Bassigny, et de quelques portions de la Franche-Comté et de la Bourgogne.

MAROC, v. et contrée de l'Afrique.

MAROLLES-LES-BRAULTS, ch.-l. de cant. de la Sarthe, arr. de Mamers. 2,055 hab.

MAROMME, ch.-l. de cant. de la Seine-Inf., arr. de Rouen. 2,829 hab.

MARQUION, ch.-l. de cant. du Pas-de-Calais, arr. d'Arras. 903 hab.

MARQUISES, ch.-l. de cant. du Pas-de-C., arr. de Boulogne. 4,380 h.

MARQUISES (ILES), groupe d'îles de l'Océanie, à la France. 25,000 h.

MARSAILLE (LA), v. du roy. d'Italie. Vict. de Catinat, en 1693.

MARSANNE, ch.-l. de cant. de la Drôme, arr. de Montélimar. 1,605 hab.

MARSEILLE, ch.-l. des Bouches-du-Rhône. 360,131 hab. Un des ports les plus commerçants de la Méditerranée. Evêché.

MARSEILLE, ch.-l. de cant. de l'Oise, arr. de Beauvais. 778 hab.

MARSON, ch.-l. de cant. de la Marne, arr. de Châlons-sur-Marne. 360 hab.

MARTEL, ch.-l. de cant. du Lot, arr. de Gourdon. 3,006 hab.

MARTIGUES, ch.-l. de cant. des B.-du-Rhône, arr. d'Aix. 8,011 hab.

MARTINIQUE (LA), la princip. des petites Antilles françaises. Cap. Port-Royal.

MARVEJOLS, ch.-l. d'arr. de la Lozère. 4,800 hab.

MARYLAND, un des Etats-Unis de l'Amérique du Nord.

MAS-CABARDÈS, ch.-l. de cant. de l'Aude, arr. de Carcassonne. 358 h.

MAS-D'AGENAIS, ch.-l. de cant. de Lot-et-Gar., arr. de Marmande 2,130h.

MAS-D'AZIL (LE), ch.-l. de cant. de l'Ariège, arr. de Pamiers. 2,690 h.

MASCARA, v. d'Algérie. 6,500 hab.

MASCATE, v. d'Arabie. 60,000 h.

MASSACHUSSETS, un des Etats-Unis de l'Amér. du Nord. C.-l. Boston.

MASSAT, ch.-l. de cant. de l'Ariège, arr. de Saint-Girons. 4,030 hab.

MASSEGROS (LE), ch.-l. de cant. de la Lozère, arr. de Florac. 325 hab.

MASSEUBE, ch.-l. de cant. du Gers, arr. de Mirande. 1,720 hab.

MASSEVAUX, ch.-l. de cant. de l'anc. H.-Rhin, arr. de Belfort. 2,230 h.

MASSIAC, ch.-l. de cant. du Cantal, arr. de Saint-Flour. 2,040 hab.

MAZULIPATAM, v. forte de l'Indoustan. 80,000 hab.

MATAPAN (CAP), au sud de la Grèce.

MATELLES (LES), ch.-l. de cant. de l'Hérault, arr. de Montpellier. 490 h.

MATHA, ch.-l. de cant. de la Char.-Inf., arr. de S.-Jean-d'Angely. 2,210 hab.

MATIGNON, ch.-l. de cant. des C.-du-Nord, arr. de Dinan. 1,305 hab.

MATOUR, ch.-l. de cant. de Saône-et-Loire, arr. de Mâcon. 2,335 hab.

MAUBEUGE, ch.-l. de cant. du Nord, arr. d'Avesnes. 10,877 hab.

MAUBOURGUET, ch.-l. de cant. des Hautes-Pyrénées, arr. de Tarbes. 2,750 hab.

MAUGUIO, ch.-l. de cant. de l'Hérault, arr. de Montpellier. 2,550 h.

MAULÉON, ch.-l. d'arr. des B.-Pyrénées. 1,720 hab.

MAULÉON-BAROUSSE, ch.-l. de cant. des Htes-Pyrénées, arr. de Bagnères. 730 hab.

MAURE, ch.-l. de cant. de l'Ille-et-Vilaine, arr. de Redon. 4,075 hab.

MAURIAC, ch.-l. d'arr. du Cantal. 3,400 hab.

MAURICE (ILE) ou ILE DE FRANCE, dans l'Océan indien. Auj. aux Anglais. Cap. Port-Louis.

MAURITANIE, anc. contrée de l'Afrique.

MAURON, ch.-l. de cant. du Morbihan, arr. de Ploërmel. 4,200 hab.

MAURS, ch.-l. de cant. du Cantal, arr. d'Aurillac. 3,002 hab.

MAUTEZIN, ch.-l. de cant. du Gers, arr. de Lectoure. 2,700 hab.

MAUZÉ, ch.-l. de cant. des Deux-Sèvres, arr. de Niort. 1,810 hab.

MAYENCE, v. du grand duché de Hesse-Darmstadt, sur la rive gauche du Rhin. 32,000 hab.

MAYENNE, r. de France, qui sort du dép. de l'Orne et se jette dans la Loire.

MAYENNE (DÉP. DE LA), ch.-l. Laval. 367,845 hab. Cour d'appel d'Angers; évêché à Laval. Formé du Bas-Maine, et d'une partie de l'Anjou.

MAYENNE, ch.-l. d'arr. de la Mayenne. 10,894 hab.

MAYET, ch.-l. de cant. de la Sarthe, arr. de la Flèche. 3,900 hab.

MAYET-LA-MONTAGNE (LE), ch.-l. de cant. de l'Allier, arr. de la Palisse. 1,915 hab.

MAYOTTE, une des îles Comores. 15,000 hab.

MAZAGRAN, village d'Algérie fameux par le siège que soutinrent, en 1840, 123 Français contre 12,000 Arabes.

MAZAMET, ch.-l. de cant. du Tarn, arr. de Castres. 10,920 hab. Grande fabrique de draps.

MAZIÈRES, ch.-l. de cant. des Deux-Sèvres, arr. de Parthenay. 960 h.

MEAKO, v. f. du Japon. 603,000 h.

MEAUX, ch.-l. d'arr. de Seine-et-Marne. 10,700 hab.

MECKLEMBOURG - SCHWÉRIN, duché de l'Allemagne du Nord. 543,000 hab.

MECKLEMBOURG-STRÉLITZ, duché de l'Allem. du Nord. 100,000 h.

MECQUE (LA), v. sainte des musulmans, dans l'Arabie. 50,000 hab.

MÉDÉAH, v. forte d'Algérie.

MÉDIE, anc. contrée de l'Asie. Cap. Ecbatane.

MÉDINE, v. de l'Arabie, où se trouve le tombeau de Mahomet.

MÉDITERRANÉE, mer au sud de l'Europe.

MÉDOC, anc. pays du midi de la France.

MÉEN (SAINT-), ch.-l. de cant. de l'Ille-et-Vilaine, arr. de Montfort. 2,305 hab.

MÉES (LES), ch.-l. de cant. des B.-Alpes, arr. de Digne. 1,030 hab.

MÉGARE, v. de l'anc. Grèce.

MÉHUN, ch.-l. de cant. du Cher, arr. de Bourges. 4,470 hab.

MEILHAN, ch.-l. de cant. de Lot-et-Garonne, arr. de Marmande. 2,170 h.

MEIN, r. d'Allemagne, qui sort de la Bavière et tombe dans le Rhin.

MÉLANÉSIE, l'une des grandes divisions de l'Océanie.

MÊLE-SUR-SARTHE. Voy. LE MÊLE, ch.-l. de cant. de l'Orne, arr. d'Alençon. 830 hab.

MÉLISEY, ch.-l. de cant. de la Hte-Saône, arr. de Lure. 140 hab.

MELLE, ch.-l. d'arr. des Deux-Sèvres. 2,630 hab.

MELUN, ch.-l. du dép. de Seine-et-Marne. 11,108 hab.

MEMPHIS, v. de l'Egypte anc. Près de là se trouvaient les Pyramides.

MENAT, ch.-l. de cant. du Puy-de-Dôme, arr. de Riom. 2,185 hab.

MENDE, ch.-l. du dép. de la Lozère. Evêché. 6,453 hab.

MÉNIGOUTE, ch.-l. de cant. des Deux-Sèvres, arr. de Parthenay. 1,910 h.

MENNETOU-SUR-CHER, ch.-l. de cant. de Loir-et-Cher, arr. de Romorantin. 925 hab.

MENS, ch.-l. de cant. de l'Isère, arr. de Grenoble. 1,905 hab.

MÉOTIDE (PALUS), anc. nom de la mer d'Azov.

MÉQUINEZ, v. du Maroc. 50,000 h.

MER, ch.-l. de cant. de Loir-et-Cher, arr. de Blois. 4,165 hab.

MERCŒUR, ch.-l. de cant. de la Corrèze, arr. de Tulle. 815 hab.

MERDRIGNAC, ch.-l. de cant. des C.-du-Nord, arr. de Loudéac. 3,392 h.

MÈRE-ÉGLISE (SAINTE-), ch.-l. de cant. de la Manche, arr. de Valognes. 1,575 hab.

MÉRÉVILLE, ch.-l. de cant. de Seine-et-Oise, arr. d'Etampes. 1,665 h.

MÉRINDOL, village de France (Vaucluse). Massacre des Vaudois, en 1545.

MERLERAULT (LE), ch.-l. de cant. de l'Orne, arr. d'Argentan. 1,260 h.

MÉRU, ch.-l. de cant. de l'Oise, arr. de Beauvais. 3,008 hab.

MERVILLE, ch.-l. de cant. du Nord, arr. d'Hazebrouck. 6,520 hab.

MÉRY-SUR-SEINE, ch.-l. de cant. de l'Aube, arr. d'Arcis-sur-Aube. 1,420 hab.

MÉSIE, contrée de l'Europe anc., dans la Turquie.

MESLAY, ch.-l. de cant. de la Mayenne, arr. de Laval. 1,785 hab.

MÉSOPOTAMIE, contrée de l'Asie anc.

MESSÉNIE, anc. contrée du Péloponèse.

MESSEI, ch.-l. de cant. de l'Orne, arr. de Domfront. 1,780 hab.

MESSINE, v. et port de Sicile, sur le détroit auquel elle donne son nom. 70,000 hab.

MESVRES, ch.-l. de cant. de S.-et-Loire, arr. d'Autun. 1,120 hab.

METTRAY, village d'Indre-et-Loire. Colonie agricole de jeunes détenus.

METZ, ch.-l. de l'anc. dép. de la Moselle. V. très forte, sur la Moselle. 86,000 hab.

METZERWISSE, ch.-l. de cant. de l'anc. dép. de la Moselle, arr. de Thionville. 720 hab.

MEUDON, v. des environs de Paris (Seine-et-Oise), remarquable par son château.

MEULAN, ch.-l. de cant. de Seine-et-Oise, arr. de Versailles. 2,120 hab.

MEUNG, ch.-l. de cant. du Loiret, arr. d'Orléans. 5,660 hab.

MEURTHE, r. de France, qui sort des Vosges et se jette dans la Moselle.

MEURTHE - ET - MOSELLE (DÉP. DE), ch.-l. Nancy. Cour d'appel et évêché à Nancy. Formé du dép. de la Moselle et de la partie de celui de la Meurthe laissée à la France par la Prusse, en 1871.

MEUSE, fleuve qui a sa source dans la Haute-Marne, et se jette dans la mer du Nord, après un cours de 900 k.

MEUSE (DÉP. DE LA), ch.-l. Bar-le-Duc. 301,653 hab. Cour d'appel de Nancy; évêché à Verdun. Formé d'une partie de l'anc. évêché de Verdun, du duché de Bar, et d'une portion de la Champagne.

MEXICO, capitale du Mexique. 205,000 hab.

MEXIMIEUX, ch.-l. de cant. de l'Ain, arr. de Trévoux. 2,550 hab.

MEXIQUE (LE), rép. fédérative de l'Amér. du Nord. 7,100,000 hab.

MEYMAC, ch.-l. de cant. de la Corrèze, arr. d'Ussel. 3,500 hab.

MEYRUEIS, ch.-l. de cant. de la Lozère, arr. de Florac. 1,995 hab.

MEYSSAC, ch.-l. de cant. de la Corrèze, arr. de Brive. 2,590 hab.

MEYZIEU, ch.-l. de cant. de l'Isère, arr. de Vienne. 1,525 hab.

MÈZE, ch.-l. de cant. de l'Hérault, arr. de Montpellier. 6,105 hab.

MÉZEL, ch.-l. de cant. des Basses-Alpes, arr. de Digne. 805 hab.

MÉZIDON, ch.-l. de cant. du Calvados, arr. de Lisieux. 1,145 hab.

MÉZIÈRES, ch.-l. de cant. de la Hte-Vienne, arr. de Bellac. 1,380 hab.

MÉZIÈRES, ch.-l. de cant. des Ardennes. 5,600 hab.

MÉZIÈRES - EN - BRIENNE, ch.-l. de cant. de l'Indre, arr. de Blanc. 1,080 hab.

MÉZIN, ch.-l. de cant. de Lot-et-Garonne, arr. de Nérac. 2,990 hab.

MICHIGAN, grand lac des Etats-Unis.

MICRONÉSIE, part. de l'Océanie.

MIDDLEBOURG, v. de la Hollande. 16,000 hab.

MIDDLESEX, comté d'Angleterre où se trouve la ville de Londres.

MIDI (CANAL DU). *Voy.* **LANGUEDOC.**

MIÉLAN, ch.-l. de cant. du Gers, arr. de Mirande. 1,905 hab.

MILAN, v. d'Italie. 170,000 hab.

MILANAIS (LE), pays d'Italie dont Milan est la capitale.

MILET, anc. v. de l'Asie-Mineure.

MILHAU ou **MILLAU**, ch.-l. d'arr. de l'Aveyron. 13,863 hab.

MILIANAH, v. d'Algérie. 5,000 h.

MILLAS, ch.-l. de cant. des Pyr.-Orient., arr. de Perpignan. 2,080 hab.

MILLESIMO, bourg du roy. d'Italie. Vict. de Bonaparte sur les Autrichiens, en 1796.

MILLY, ch.-l. de cant. de Seine-et-Oise, arr. d'Étampes. 2,260 hab.

MIMIZAN, ch.-l. de cant. des Landes, arr. de Mont-de-Marsan. 1,107 h.

MINCIO, r. d'Italie, affluent du Pô.

MINDANAO, île de l'arch. des Philippines. 1,000,000 d'hab.

MINGRÉLIE, prov. de la Russie d'Asie.

MINHO, fleuve d'Espagne et de Portugal.

MINORQUE, l'une des îles Baléares.

MINTURNES, v. du Latium. Marius fugit f se cacha dans les marais voisins.

MIRADOUX, ch.-l. de cant. du Gers, arr. de Lectoure. 1,565 hab.

MIRAMBEAU, ch.-l. de cant. de la Char.-Inf., arr. de Jonzac. 2,384 hab.

MIRANDE, ch.-l. d'arr. du Gers. 3,305 hab.

MIREBEAU, ch.-l. de cant. de la Vienne, arr. de Poitiers. 2,720 hab.

MIREBEAU-SUR-BÈZE, ch.-l. de cant. de la Côte-d'Or, arr. de Dijon. 1,410 hab.

MIRECOURT, ch.-l. d'arr. des Vosges. 3,530 hab.

MIREPOIX, ch.-l. de cant. de l'Ariège, arr. de Pamiers. 4,180 hab.

MIRZAPOUR, v. de l'Indoustan anglais, sur le Gange.

MISÈNE (CAP), promontoire de la Campanie, au nord du golfe de Naples.

MISSISSIPI, grand fleuve de l'Amér. du Nord.

MISSISSIPI, un des États-Unis de l'Amér. du Nord. Cap. Jackson.

MISSOLONGHI, v. de la Grèce.

MISSOURI, grande riv. de l'Amér. du Nord, qui se jette dans le Mississipi.

MISSOURI, un des États-Unis de l'Amér. du Nord. Ch.-l. Jefferson.

MITTAU, v. de Russie.

MITIDJAH, plaine fertile de l'Algérie.

MODANE, ch.-l. de cant. du dép. de la Savoie, arr. de Saint-Jean-de-Maurienne. 1,227 hab.

MODÈNE, v. d'Italie. 28,000 hab.

MŒRIS, lac d'Égypte, creusé par le roi de ce nom (1740-1724 av. J.-C.), et destiné à recevoir les eaux du Nil.

MOGADOR, v. du Maroc. 16,000 h.

MOIRANS, ch.-l. de cant. du Jura, arr. de Saint-Claude. 1,384 hab.

MOISDON, ch.-l. de cant. de la Loire-Inférieure, arr. de Châteaubriant. 2,610 hab.

MOISSAC, ch.-l. d'arr. de Tarn-et-Garonne. 9,681 hab.

MOITA, ch.-l. de cant. de la Corse, arr. de Corte. 830 hab.

MOLDAVIE, principauté vassale de la Turquie. Cap. Jassy.

MOLIÈRES, ch.-l. de cant. de Tarn-et-Garonne, arr. de Montauban. 2,445 hab.

MOLLIENS-VIDAME, ch.-l. de cant. de la Somme, arr. d'Amiens. 807 h.

MOLSHEIM, ch.-l. de cant. de l'anc. dép. du Bas-Rhin. arr. de Strasbourg. 3,576 hab.

MOLUQUES, îles de l'Océanie. 500,000 hab.

MONACO, petite v. de l'arr. de Nice, des Alpes-Maritimes.

MONASTIER (LE), ch.-l. de cant. de la Hte-Loire, arr. du Puy. 3,580 h.

MONCLAR, ch.-l. de cant. de Lot-et-Garonne, arr. de Montauban. 2,120 h.

MONCONTOUR, ch.-l. de cant. de la Vienne, arr. de Loudun. 699 hab.

MONCONTOUR, ch.-l. de cant. des Côtes-du-Nord, arr. de Saint-Brieuc. 1,387 hab.

MONCOUTANT, ch.-l. de cant. des Deux-Sèvres, arr. de Parthenay. 2,250 hab.

MONDOUBLEAU, ch.-l. de cant. de Loir-et-Cher, arr. de Vendôme. 1,620 hab.

MONDOVI, v. d'Italie. Vict. de Bonaparte sur les Piémontais, en 1796.

MONEIN, ch.-l. de cant. des B.-Pyrén., arr. d'Oloron. 4,600 hab.

MONESTIER DE CLERMONT, ch.-l. de cant. de l'Isère, arr. de Grenoble. 810 hab.

MONESTIÈS, ch.-l. de cant. du Tarn, arr. d'Albi. 1,595 hab.

MONÊTIER (LE), ch.-l. de cant. des Hautes-Alpes, arr. de Briançon. 2,848 hab.

MONFLANQUIN, ch.-l. de cant. de Lot-et-Garonne, arr. de Villeneuve. 3,440 hab.

MONGOLIE, vaste contrée de la Chine. 3,000,000 d'hab.

MONISTROL - SUR - LOIRE, ch.-l. de cant. de la Haute-Loire, arr. d'Yssengeaux. 4,470 hab.

MONOMOTAPA, contrée de l'Afrique.

MONPONT, ch.-l. de cant. de la Dordogne, arr. de Bergerac. 2,000 hab.

MONS, v. de Belgique. 23,166 hab.

MONS-EN-PUELLE, v. du dép. du Nord. Vict. de Philippe-le-Bel sur les Flamands, en 1304.

MONSÉGUR, ch.-l. de cant. de la Gironde, arr. de la Réole. 1,704 hab.

MONSOLES, ch.-l. de cant. du Rhône, arr. de Villefranche. 1,388 hab.

MONTAGNAC, ch.-l. de cant. de l'Hérault, arr. de Béziers. 3,896 hab.

MONTAGRIER, ch.-l. de cant. de la Dordogne, arr. de Ribérac. 825 hab.

MONTAIGU, ch.-l. de cant. de la Vendée, arr. de La Roche-sur-Yon. 1,800 hab.

MONTAIGU, ch.-l. de cant. de Tarn-et-Garonne, arr. de Moissac. 3,500 hab.

MONTAIGUT, ch.-l. de cant. du Puy-de-Dôme, arr. de Riom. 1,700 h.

MONTANER, ch.-l. de cant. des B.-Pyrénées, arr. de Pau. 840 hab.

MONTARGIS, ch.-l. d'arr. du Loiret. 8,000 hab.

MONTASTRUC, ch.-l. de cant. de la Haute-Garonne, arr. de Toulouse. 1,115 hab.

MONTAUBAN, ch.-l. du dép. de Tarn-et-Garonne. Evêché. 25,991 hab.

MONTAUBAN, ch.-l. de cant. de l'Ille-et-Vil., arr. de Montfort. 3,065 hab.

MONTBARD, ch.-l. de cant. de la Côte-d'Or, arr. de Semur. 2,808 hab.

MONTBARREY, ch.-l. de cant. du Jura, arr. de Dôle. 503 hab.

MONTBAZENS, ch.-l. de cant. de l'Aveyron, arr. de Villefranche. 1,480 hab.

MONTBAZON, ch.-l. de cant. de l'Indre-et-Loire, arr. de Tours. 1,099 h.

MONTBÉLIARD, ch.-l. d'arr. du Doubs. 6,479 hab.

MONTBENOIT, ch.-l. de cant. du Doubs, arr. de Pontarlier. 221 hab.

MONT-BLANC, la plus haute montagne des Alpes, dans la Savoie.

MONTBOZON, ch.-l. de cant. de la H.-Saône, arr. de Vesoul. 815 hab.

MONTBRISON, ch.-l. d'arr. de la Loire. 6,483 hab.

MONTBRON, ch.-l. de cant. de la Charente, arr. d'Angoulême. 3,300 h.

MONTCENIS, ch.-l. de cant. de S.-et-Loire, arr. d'Autun. 1,900 hab.

MONTCUQ, ch.-l. de cant. du Lot, arr. de Cahors. 2,250 hab.

MONT-DE-MARSAN, ch.-l. du dép. des Landes. 8,455 hab.

MONTDIDIER, ch.-l. d'arr. de la Somme. 4,326 hab.

MONTÉBELLO, village d'Italie. Vict. de Lannes sur les Autrichiens, en 1800.

MONTEBOURG, ch.-l. de cant. de la Manche, arr. de Valognes. 2,304 hab.

MONTECH, ch.-l. de cant. de Tarn-et-Garonne, arr. de Castel-Sarrazin. 2,606 hab.

MONTÉLIMAR, ch.-l. d'arr. de la Drôme. 11,100 hab..

MONTEMBOEUF, ch.-l. de cant. de la Charente, arr. de Confolens. 1,307 hab.

MONTENDRE, ch.-l. de cant. de la Char.-Inf., arr. de Jonzac. 1,174 hab.

MONTÉNÉGRO, pays de la Turquie d'Europe. 120,000 hab.

MONTENOTTE, village d'Italie. Vict. de Bonaparte sur les Autrichiens, en 1796.

MONTEREAU, ch.-l. de cant. de Seine-et-Marne, arr. de Fontainebleau. 6,200 hab.

MONTESQUIEU-VOLVESTRE, ch.-l. de cant. de la Hte-Garonne, arr. de Muret. 4,120 hab.

MONTESQUIEU, ch.-l. de cant. du Gers, arr. de Mirande. 1,800 hab.

MONTET (LE), ch.-l. de cant. de l'Allier, arr. de Moulins. 760 hab.

MONTÉVIDÉO, v. de l'Amér. mérid., cap. de l'Uruguay. 30,800 hab.

MONTFAUCON, ch.-l. de cant. de la Hte-Loire, arr. d'Yssengeaux. 950 h.

MONTFAUCON, ch.-l. de cant. de Maine-et-Loire, arr. de Chollet. 725 h.

MONTFAUCON, ch.-l. de cant. du Lot, arr. de Gourdon. 2,070 hab.

MONTFAUCON, ch.-l. de cant. de la Meuse, arr. de Montmédy. 1,075 h.

MONTFERRAT, anc. duché d'Italie.

MONTFORT, ch.-l. de cant. des Landes, arr. de Dax. 1,635 hab.

MONTFORT-L'AMAURY, ch.-l. de cant. de Seine-et-Oise, arr. de Rambouillet. 1,658 hab.

MONTFORT-SUR-HUISNE, ch.-l. de cant. de la Sarthe, arr. du Mans. 900 hab.

MONTFORT-SUR-MEU, ch.-l. d'arr. de l'Ille-et-Vilaine. 2,280 hab.

MONTFORT-SUR-RILLE, ch.-l. de cant. de l'Eure, arr. de Pont-Audemer. 574 hab.

MONTGISCARD, ch.-l. de cant. de la Hte-Garonne, arr. de Villefranche. 1,116 hab.

MONTGUYON, ch.-l. de cant. de la Char.-Inf., arr. de Jonzac. 1,542 h.

MONTHERMÉ, ch.-l. de cant. des Ardennes, arr. de Mézières. 2,550 hab.

MONTHOIS, ch.-l. de cant. des Ardennes, arr. de Vouziers. 616 hab.

MONTHOUMET, ch.-l. de cant. de l'Aude, arr. de Carcassonne. 341 hab.

MONTHUREUX-SUR-SAONE,

ch.-l. de cant. des Vosges, arr. de Mirecourt. 1,600 hab.

MONTIER-EN-DER, ch.-l. de cant. de la Hte-Marne, arr. de Vassy. 1,515 hab.

MONTIERS-SUR-SAULX, ch.-l. de cant. de la Meuse, arr. de Bar-le-Duc. 1,370 hab.

MONTIGNAC, ch.-l. de cant. de la Dordogne, arr. de Sarlat. 4,000 hab.

MONTIGNY-LE-ROY, ch.-l. de cant. de la Hte-Marne, arr. de Langres. 1,200 hab.

MONTIGNY-SUR-AUBE, ch.-l. de cant. de la Côte-d'Or, arr. de Châtillon. 855 hab.

MONTÉVILLIERS, ch.-l. de cant. de la Seine-Inf., arr. du Havre. 4,560 h.

MONTLHÉRY, petite v. de S.-et-Oise, arr. de Corbeil. 2,020 hab.

MONTLIEU, ch.-l. de cant. de la Char.-Inf., arr. de Jonzac. 975 hab.

MONTLOUIS, ch.-l. de cant. des Pyr.-Orient., arr. de Prades. 470 hab.

MONTLUÇON, ch.-l. d'arr. de l'Allier. 18,675 hab.

MONTLUEL, ch.-l. de cant. de l'Ain, arr. de Trévoux. 2,981 hab.

MONTMARAULT, ch.-l. de cant. de l'Allier, arr. de Montluçon. 1,721 h.

MONMARTIN-SUR-MER, ch.-l. de cant. de la Manche, arr. de Coutances. 1,038 hab.

MONTMÉDY, ch.-l. d'arr. de la Meuse. 2,135 hab.

MONTMÉLIAN, ch.-l. de cant. du dép. de la Savoie, arr. de Chambéry. 1,802 hab.

MONTMIRAIL, ch.-l. de cant. de la Marne, arr. d'Epernay. 2,570 hab.

MONTMIRAIL, ch.-l. de cant. de la Sarthe, arr. de Mamers. 883 hab.

MONTMIREY, ch.-l. de cant. du Jura, arr. de Dôle. 423 hab.

MONTMOREAU, ch.-l. de cant. de la Charente, arr. de Barbezieux. 690 hab.

MONTMORENCY, ch.-l. de cant. de S.-et-Oise, arr. de Pontoise. 3,136 h.

MONTMORILLON, ch.-l. d'arr. de la Vienne. 63,901 hab.

MONTMORT, ch.-l. de cant. de la Marne, arr. d'Epernay. 704 hab.

MONTOIRE, ch.-l. de cant. de Loir-et-Cher, arr. de Vendôme. 3,103 h.

MONTPELLIER, ch.-l. du dép. de l'Hérault. 55,605 hab. Evêché. Faculté de médecine.

MONTPEZAT, ch.-l. de cant. de Tarn-et-Garonne, arr. de Largentière. 2,562 hab.

MONTPEZAT, ch.-l. de cant. de Tarn-et-Gar., arr. de Montauban. 2,700 h.

MONTPONT, ch.-l. de cant. de S.-

et-Loire, arr. de Louhans. 2,510 hab.

MONTRÉAL, v. du Canada. 75,000 h.

MONTRÉAL, ch.-l. de cant. du Gers, arr. de Condom. 2,790 hab.

MONTRÉAL, ch.-l. de cant. de l'Aude, arr. de Carcassonne, 3,005 hab.

MONTREDON, ch.-l. de cant. du Tarn, arr. de Castres. 4,890 hab.

MONTREJEAU, ch.-l. de cant. de la Haute-Gar., arr. de Saint-Gaudens. 3,680 hab.

MONTRÉSOR, ch.-l. de cant. de l'Indre-et Loire, arr. de Loches. 655 h.

MONTRET, ch.-l. de cant. de S.-et-Loire, arr. de Louhans. 935 hab.

MONTREUIL-BELLAY, ch.-l. de cant. de Maine-et-Loire, arr. de Saumur. 2,020 hab.

MONTREUIL-SOUS-BOIS, vill. de la Seine, arr. de Sceaux. 9,235 hab.

MONTREUIL-SUR-MER, ch.-l. d'arr. du Pas-de-Calais. 3,635 hab.

MONTREVAULT, ch.-l. de cant. de Maine-et-Loire, arr. de Beaupréau. 906 hab.

MONTREVEL, ch.-l. de cant. de l'Ain, arr. de Bourg. 1,496 hab.

MONTRICHARD, ch.-l. de cant. de Loir-et-Cher, arr. de Blois. 2,804 h.

MONTS, ch.-l. de cant. de la Vienne, arr. de Loudun. 923 hab.

MONT-SAINT-JEAN. *Voy.* **WATERLOO**.

MONT-SAINT-MICHEL, village sur un rocher, au fond d'une baie (Manche).

MONT-SAINT-VINCENT, ch.-l. de cant. de S.-et-Loire, arr. de Chalon-sur-Saône. 708 hab.

MONTSALVY, ch.-l. de cant. du Cantal, arr. d'Aurillac. 1,063 hab.

MONTSANCHE, ch.-l. de cant. de la Nièvre, arr. de Château-Chinon. 1,580 hab.

MONTAURS, ch.-l. de cant. de la Mayenne, arr. de Laval. 1,886 hab.

MORAT, v. de Suisse. Vict. des Suisses sur Charles-le-Téméraire, en 1476.

MORAVIE, prov. d'Autriche.

MORBIHAN (DÉP. DU), ch.-l. Vannes. 501,084 hab. Cour d'appel à Rennes ; évêché à Vannes. Formé d'une partie de l'anc. Basse-Bretagne.

MORDELLES, ch.-l. de cant. de l'Ille-et-Vilaine, arr. de Rennes. 2,507 h.

MORÉE, presqu'île de la Grèce.

MORÉE, ch.-l. de cant. de Loir-et-Cher, arr. de Vendôme. 1,330 hab.

MORENA (SIERRA-), chaîne de mont. de l'Espagne.

MORESTEL, ch.-l. de cant. de l'Isère, arr. de la Tour-du-Pin. 1,360 hab.

MORET, ch.-l. de cant. de S.-et-Marne, arr. de Fontainebleau. 4,920 h.

MOREUIL, ch.-l. de cant. de la Somme, arr. de Montdidier. 2,638 hab.

MOREZ, ch.-l. de cant. du Jura, arr. de Saint-Claude. 5,458 hab.

MORLAAS, ch.-l. de cant. des B.-Pyrénées, arr. de Pau. 1,624 hab.

MORLAIX, ch.-l. d'arr. du Finistère. 14,046 hab.

MORMANT, ch.-l. de cant. de S.-et-Marne, arr. de Melun. 1,465 hab.

MORMOIRON, ch.-l. de cant. du dép. de Vaucluse, arr. de Carpentras. 2,425 hab.

MORNANT, ch.-l. de cant. du Rhône, arr. de Lyon. 2,440 hab.

MOROSAGLIA, ch.-l. de cant. de la Corse, arr. de Corte. 891 hab.

MORTAGNE, ch.-l. d'arr. de l'Orne. 4,800 hab.

MORTAGNE - SUR - SÈVRE, ch.-l. de cant. de la Vendée, arr. de La Roche-sur-Yon. 2,225 hab.

MORTAIN, ch.-l. d'arr. de la Manche. 2,490 hab.

MORTE (MER), dans la Turquie d'Asie.

MORTEAU, ch.-l. de cant. du Doubs, arr. de Pontarlier. 1,945 hab.

MORTRÉE, ch.-l. de cant. de l'Orne, arr. d'Argentan. 1,415 hab.

MORVAN, pays de l'anc. France. Ch.-l. Château-Chinon.

MOSCOU, v. de la Russie, brûlée par les Russes en 1814. 400,000 hab.

MOSELLE, r. de France et d'Allemagne, affluent du Rhin.

MOSELLE (ANC. DÉP. DE LA), ch.-l. Metz. 452,157 hab. Auj. la Prusse possède Metz et deux arrondissements de la Moselle.

MOSKOVA, r. de Russie. En 1812, sanglante bataille gagnée par les Français sur les Russes.

MOSSOUL, v. de la Turquie d'Asie. 45,000 hab.

MOSTAGANEM, v. de l'Algérie. 7,258 hab.

MOTHE-ACHARD (LA), ch.-l. de cant. de la Vendée, arr. des Sables-d'Olonne. 796 hab.

MOTHE-SAINT-HÉRAYE (LA), ch.-l. de cant. des Deux-Sèvres, arr. de Melle. 2,554 hab.

MOTTE (LA), ch.-l. de cant. des B.-Alpes, arr. de Sisteron. 690 hab.

MOTTE - CHALANÇON (LA), ch.-l. de cant. de la Drôme, arr. de Die. 1,019 hab.

MOULINS, ch.-l. du dép. de l'Allier. Évêché. 15,920 hab.

MOULINS-ENGILBERT, ch.-l. de cant. de la Nièvre, arr. de Château-Chinon. 2,978 hab.

MOULINS-LA-MARCHE, ch.-l. de cant. de l'Orne, arr. de Mortagne. 1,189 hab.

MOUSTIERS, ch.-l. de cant. des B.-Alpes, arr. de Digne. 1,193 hab.

MOUTHE, ch.-l. de cant. du Doubs, arr. de Pontarlier. 1,008 hab.

MOUTIERS, ch.-l. d'arr. du dép. de la Savoie. 1,950 hab.

MOUTIERS-LES-MAUFAITS, ch.-l. de cant. de la Vendée, arr. des Sables-d'Olonne. 938 hab.

MOUY, ch.-l. de cant. de l'Oise, arr. de Clermont. 3,089 hab.

MOUZON, ch.-l. de cant. des Ardennes, arr. de Sedan. 2,288 hab.

MOY, ch.-l. de cant. de l'Aisne, arr. de Saint-Quentin. 1,419 hab.

MOYENNEVILLE, ch.-l. de cant. de la Somme, arr. d'Abbeville. 1,108 h.

MOZAMBIQUE (CANAL DE), entre l'Afrique et l'île de Madagascar.

MUGRON, ch.-l. de cant. des Landes, arr. de Saint-Sever. 2,169 hab.

MULHOUSE, ch.-l. d'arr. de l'anc. dép. du Haut-Rhin. 45,800 hab.

MUNICH, cap. de la Bavière. 154,000 hab.

MUNSTER, prov. de l'Irlande. Cap. Cork.

MUR, ch.-l. de cant. des Côtes-du-Nord, arr. de Loudéac. 2,534 hab.

MUR-DE-BARREZ, ch.-l. de cant. de l'Aveyron, arr. d'Espalion. 1,445 hab.

MURAT, ch.-l. d'arr. du Cantal, arr. d'Aurillac. 2,600 hab.

MURATO, ch.-l. de cant. de la Corse, arr. de Bastia. 1,070 hab.

MURE (LA), ch.-l. de cant. de l'Isère, arr. de Grenoble. 3,620 hab.

MURET, ch.-l. d'arr. de la Haute-Garonne. 4,130 hab.

MURO, ch.-l. de cant. de la Corse, arr. de Calvi. 1,200 hab.

MURVIEL, ch.-l. de cant. de l'Hérault, arr. de Béziers. 1,710 hab.

MUSSIDAN, ch.-l. de cant. de la Dordogne, arr. de Ribérac. 1,920 hab.

MUSSY-SUR-SEINE, ch.-l. de cant. de l'Aube, arr. de Bar-sur-Seine. 1,650 hab.

MUZILLAC, ch.-l. de cant. du Morbihan, arr. de Vannes. 2,370 hab.

MYCALE, mont. et promontoire de l'Asie-Mineure.

MYCÈNES, v. de l'Argolide.

MYSIE, contrée de l'Asie-Mineure.

N

NAGPOUR ou **NAGAPOURA,** v. de l'Indoustan. 115,000 hab.

NAILLOUX, ch.-l. de cant. de la Haute-Garonne, arr. de Villefranche. 1,410 hab.

NAJAC, ch.-l. de cant. de l'Aveyron, arr. de Villefranche. 2,415 hab.

NAMUR, v. forte de Belgique. 24,000 hab.

NANCY, ch.-l. du dép. de Meurthe-et-Moselle, 49,003 hab. Evêché. Faculté de droit.

NANGASAKI, v. du Japon. 50,000 h.

NANKIN, v. de la Chine. 500,000 h.

NANT, ch.-l. de l'Aveyron, arr. de Milhau. 3,105 hab.

NANTERRE, bourg du dép. de la Seine, patrie de sainte Geneviève.

NANTES, ch.-l. du dép. de la Loire-Inférieure. 111,908 hab. Evêché.

NANTEUIL, ch.-l. de cant. de l'Oise, arr. de Senlis. 1,640 hab.

NANTIAT, ch.-l. de cant. de la Hte-Vienne, arr. de Bellac. 1,325 hab.

NANTUA, ch.-l. d'arr. de l'Ain. 3,725 hab.

NAPLES, v. du roy. d'Italie, cap. de l'anc. roy. du même nom. 420,000 h.

NAPOLÉON-VENDÉE, aujourd. Roche-sur-Yon, ch.-l. du dép. de la Vendée. 8,710 hab.

NAPOLÉONVILLE, auj., comme autrefois, Pontivy. Ch.-l. d'arr. du Morbihan. 8,149 hab.

NARBONNAISE, nom donné sous Auguste à une partie de la Gaule méridionale.

NARBONNE, ch.-l. d'arr. de l'Aude. 17,172 hab.

NARVA, v. forte de la Russie.

NASBINALS, ch.-l. de cant. de la Lozère, arr. de Marvejols. 1,156 hab.

NASSAU (DUCHÉ DE), petit État d'Allemagne, annexé à la Prusse en 1866.

NATCHEZ, v. des Etats-Unis. 9,000 hab.

NAUCELLE, ch.-l. de cant. de l'Aveyron, arr. de Rodez. 1,281 hab.

NAVARIN, v. de Grèce. Vict. des flottes françaises, anglaise et russe sur la flotte turco-egyptienne, le 20 octobre 1827.

NAVARRE, anc. roy. sur les deux versants des Pyrénées.

NAVARRE (PROV. DE), prov. d'Espagne. Cap. Pampelune.

NAVARREINS, ch.-l. de cant. des Basses-Pyrén., arr. d'Orthez. 1,553 h.

NAXOS, île de l'Archipel.

NAY, ch.-l. de cant. des Basses-Pyrénées, arr. de Pau. 3,400 hab.

NAZARETH, v. de l'anc. Palestine. 3,000 hab. Résidence de la sainte Famille jusqu'au baptême de Jésus.

NÉGREPELISSE, ch.-l. de cant. de Tarn-et-Garonne, arr. de Montauban. 3,093 hab.

NÉGREPONT, anc. Eubée, île de l'Archipel.

NEMOURS, ch.-l. de cant. de Seine-et-Marne, arr. de Fontainebleau. 3,740 hab.

NÉPAUL, roy. d'Asie, au nord de l'Indoustan. Cap. Katmandou.

NÉRAC, ch.-l. d'arr. de Lot-et-Garonne. 7,280 hab.

NÉRONDE, ch.-l. de cant. de la Loire, arr. de Roanne. 1,240 hab.

NÉRONDES, ch.-l. de cant. du Cher, arr. de Saint-Amand. 2,505 hab.

NESLES, ch.-l. de cant. de la Somme, arr. de Péronne. 2,135 hab.

NESTIER, ch.-l. de cant. des Htes-Pyrénées, arr. de Bagnères. 580 hab.

NEUBOURG (LE), ch.-l. de cant. de l'Eure, arr. de Louviers. 2,500 hab.

NEUCHATEL, v. de Suisse, ch.-l. du cant. de même nom.

NEUCHATEL (LAC DE), en Suisse.

NEUF-BRISAC, ch.-l. de cant. de l'anc. dép. du Haut-Rhin, arr. de Colmar. 1,981 hab.

NEUFCHATEAU, ch.-l. d'arr. du dép. des Vosges. 3,793 hab.

NEUFCHATEL, ch.-l. de cant. de l'Aisne, arr. de Laon. 884 hab.

NEUFCHATEL-EN-BRAY, ch.-l. d'arr. de la Seine-Infér. 3,616 hab.

NEUILLÉ-SAINT-PIERRE, ch.-l. de cant. de l'Indre-et-Loire, arr. de Tours. 1,504 hab.

NEUILLY, ch.-l. de cant. de la Seine, arr. de Saint-Denis. 17,545 hab.

NEUILLY-EN-THELLE, ch.-l. de cant. de l'Oise, arr. de Senlis. 1,821 hab.

NEUILLY-SAINT-FONT, ch.-l. de cant. de l'Aisne, arr. de Château-Thierry. 1,762 hab.

NEUILLY-LE-RÉAL, ch.-l. de cant. de l'Allier, arr. de Moulins. 1,551 hab.

NEUILLY-L'ÉVÊQUE, ch.-l. de cant. de la Haute-Marne, arr. de Langres. 1,222 hab.

NEUNG-SUR-BEUVRON, ch.-l. de cant. de Loir-et-Cher, arr. de Romorantin. 1,192 hab.

NEUSTRIE, l'un des trois grands roy. francs sous les Mérovingiens.

NEUVIC, ch.-l. de cant. de la Corrèze, arr. d'Ussel. 3,425 hab.

NEUVIC, ch.-l. de cant. de la Dordogne, arr. de Riberac. 2,291 hab.

NEUVILLE, ch.-l. de cant. de la Vienne, arr. de Poitiers. 1,379 hab.

NEUVILLE-AUX-BOIS, ch.-l. de cant. du Loiret, arr. d'Orléans. 2,668 h.

NEUVILLE-SUR-SAONE, ch.-l. de cant. du Rhône, arr. de Lyon. 2,679 h.

NEUVY-LE-ROI, ch.-l. de cant. de l'Indre-et-Loire, arr. de Tours. 1,446 h.

NEUVY-SAINT-SÉPULCRE, ch.-l. de cant. de l'Indre, arr. de la Châtre. 2,293 hab.

NÉVA, fleuve de Russie, qui se jette dans le golfe de Finlande.

NEVADA (SIERRA), mont. d'Espagne.

NEVERS, ch.-l. du dép. de la Nièvre. 20,700 hab. Evêché.

NEWCASTLE, v. d'Angleterre, 89,145 hab.

NEW-HAMPSHIRE, prov. de la Nouv.-Angleterre, dans l'Am. du Nord.

NEW-JERSEY, v. des Etats-Unis de l'Am. du Nord. Ch.-l. Trenton.

NEWMARKET, v. d'Angleterre. Courses de chevaux.

NEW-YORK, v. des Etats-Unis de l'Amér. du Nord. Commerce très important. 624,000 hab.

NEW-YORK, un des Etats unis de l'Amérique du Nord.

NEXON, ch.-l. de cant. de la Haute-Vienne, arr. de Saint-Yrieix. 2,648 h.

NIAGARA, riv. de l'Amér. du Nord. Remarquable cataracte.

NICARAGUA, lac du Guatémala.

NICARAGUA (ÉTAT DE), rép. de l'Amér. centrale. Ch.-l. Léon.

NICE, ch.-l. du dép. des Alpes-Maritimes. 48,275 hab.

NICÉE, v. de Bithynie. Concile célèbre de l'an 325.

NICOLAS (ILES), arch. dans le golfe du Bengale.

NICOLAIEF, v. de Russie. 38,000 h.

NICOPOLIS, nom de plus. v. anc. de l'Asie-Min. de la basse Egypte, etc.

NIEDERBRONN, ch.-l. de cant. de l'anc. dép. du Bas-Rhin, arr. de Wissembourg. 3,391 hab.

NIÉMEN, fleuve de Russie, qui va se jeter dans la mer Baltique, en Prusse.

NIEUL, ch.-l. de cant. de la Hte-Vienne, arr. de Limoges. 773 hab.

NIÈVRE (LA), r. de France, affluent de la Loire.

NIÈVRE (DÉP. DE LA), ch.-l. Nevers. 342,773 hab. Cour d'appel de Bourges; évêché à Nevers. Formé de l'anc. gouvernement du Nivernais.

NIGER, grand fleuve de l'Afrique.

NIGRITIE, l'une des cinq grandes régions de l'Afrique, comprenant la Sénégambie, la Guinée, le Congo et le Soudan.

NIL, fleuve de l'Afrique, qui se jette dans la Méditerranée.

NIMÈGUE, v. de Hollande. Traité de 1678 entre la France, la Hollande et l'Empire.

NIMES, ch.-l. du dép. du Gard. 37,000 hab.

NING-PO, v. de la Chine. 300,000 h.

NINIVE, v. de l'anc. Asie. Cap. du roy. d'Assyrie.

NIORT, ch.-l. du dép. des Deux-Sèvres. 20,775 hab.

NIPHON, la plus grande des îles du Japon.

NIVERNAIS, anc. prov. de France. Cap. Nevers.

NIVILLERS, ch.-l. de cant. de l'Oise, arr. de Beauvais. 200 hab.

NIZAM, roy. de l'Indoustan. Cap. Haiderabad.

NOAILLES, ch.-l. de cant. de l'Oise, arr. de Beauvais. 1,352 hab.

NOCE, ch.-l. de cant. de l'Orne, arr. de Mortagne. 1,589 hab.

NOGARO, ch.-l. de cant. du Gers, arr. de Condom. 2,120 hab.

NOGENT, ch.-l. de cant. de la Hte-Marne, arr. de Chaumont. 3,440 hab.

NOGENT-LE-ROI, ch.-l. de cant. de l'Eure-et-L., arr. de Dreux. 1,487 h.

NOGENT-LE-ROTROU, ch.-l. d'arr. de l'Eure-et-Loir. 7,006 hab.

NOGENT-SUR-SEINE, ch.-l. d'arr. de l'Aube. 3,641 hab.

NOIRE (MER), anc. Pont-Euxin, mer intérieure formée par la Médit.

NOIRÉTABLE, ch.-l. de cant. de la Loire, arr. de Montbrison. 1,888 h.

NOIRMOUTIER, île de l'océan Atlant., forme un cant. du dép. de la Vendée, arr. des Sables-d'Olonne. 6,128 hab.

NOLAY, ch.-l. de cant. de la Côte-d'Or, arr. de Beaune. 2,535 hab.

NOMENY, ch.-l. de cant. de Meurthe-et-Moselle, arr. de Nancy. 1,227 h.

NONANCOURT, ch.-l. de cant. de l'Eure, arr. d'Evreux. 1,750 hab.

NONTRON, ch.-l. d'arr. de la Dordogne. 3,622 hab.

NONZA, ch.-l. de cant. de la Corse, arr. de Bastia. 430 hab.

NORD (MER DU) ou D'ALLEMAGNE, au nord de la Manche.

NORD (CAP), promontoire de Norvège, tout-à-fait au nord de l'Europe.

NORD (DÉP. DU), ch.-l. Lille. 1,392,041 hab. Cour d'appel à Douai; archevêché à Cambrai. Formé de la Flandre française, du Hainault français et du Cambrésis.

NORDLAND, région du nord de
la Norvège.

NORFOLK, comté d'Anglet. Cap.
Norfolk.

NORIQUE, anc. pays compris auj.
dans les États autrichiens.

NORMANDIE, anc. prov. de
France. Cap. Rouen.

NOROY-LE-BOURG, ch.-l. de
cant. de la Hte-Saône, arr. de Vesoul.
1,195 hab.

NORRENT-FONTES, ch.-l. de
cant. du Pas-de-Calais, arr. de Béthune.
1,438 hab.

NORT, ch.-l. de cant. de la Loire-
Infér., arr. de Châteaubriant. 5,655 h.

NORTHUMBERLAND, comté
d'Angleterre. Cap. Newcastle.

NORVÈGE, anc. roy. réuni à la
Suède. Cap. Christiana.

NOTTINGHAM, v. et comté d'Angleterre.

NOUKA-HIVA, la principale des
îles Marquises. Lieu de déportation.

NOUVION-EN-PONTHIEU (LE),
ch.-l. de cant. de la Somme, arr. d'Abbeville. 870 hab.

**NOUVION - EN - THIÉRACHE
(LE),** ch.-l. de cant. de l'Aisne, arr. de
Vervins. 3,261 hab.

NOVARE, v. forte d'Italie. Défaite
du roi Charles-Albert par Radetzky,
en 1849.

NOVI, v. forte d'Italie.

NOVION-PORCIEN, ch.-l. de
cant. des Ardennes, arr. de Rhétel.
1,230 hab.

NOVOGOROD-LA-GRANDE et
NOVOGOROD-LA-PETITE, deux
villes de Russie.

NOYANT, ch.-l. de cant. de l'Yonne, arr. de Tonnerre. 1,617 hab.

NOYERS, ch.-l. de cant. de l'Yon
ne, arr. de Tonnerre. 1,638 hab.

NOYERS, ch.-l. de cant. des B.-
Alpes, arr. de Sisteron. 995 hab.

NOYON, ch.-l. de cant. de l'Oise,
arr. de Compiègne. Patrie de Calvin.
6,498 hab.

NOZAY, ch.-l. de cant. de la Loire-
Inf., arr. de Châteaubriant. 885 hab.

NOZEROY, ch.-l. de cant. du Jura,
arr. de Poligny. 885 hab.

NUBIE, contrée de l'Afrique.

NUITS, ch.-l. de cant. de la Côte-
d'Or, arr. de Beaune. Vins estimés.
3,155 hab.

NUMANCE, v. de l'anc. Espagne.

NUMIDIE, contrée de l'anc. Afrique.

NUREMBERG, v. industrielle du
roy. de Bavière. 50,000 hab.

NYONS, ch.-l. d'arr. de la Drôme.
3,611 hab.

O

OBERNAY, ch.-l. de cant. de l'anc.
dép. du Bas-Rhin, arr. de Schlestadt.
5,185 hab.

OCÉANIE, 5e partie du monde,
comprenant la Mélanésie, la Malaisie,
la Polynésie et la Micronésie. 20 millions d'hab.

OCTEVILLE, ch.-l. de cant. de la
Manche, arr. de Cherbourg. 2,275 hab.

ODER, fleuve d'Allemagne, qui se
jette dans la Baltique.

ODESSA, v. de Russie. 80,000 h.

ŒTA, mont. de l'anc. Grèce.

OFFRANVILLE, ch.-l. de cant. de
la Seine-Inf., arr. de Dieppe. 1,711 hab.

OHIO, affluent de Mississipi.

OHIO, un des États-Unis de
l'Amérique du Nord.

OISE, riv. de France, affluent de la
Seine.

OISE (DÉP. DE L'), ch.-l. Beauvais. 401,274 hab. Cour d'appel d'A-
miens; évêché à Beauvais. Formé d'une
partie de l'Ile-de-France et d'une partie de la Picardie.

OISEMONT, ch.-l. de cant. de la
Somme, arr. d'Amiens. 1,113 hab.

OLARGUES, ch.-l. de cant. de
l'Hérault, arr. de Saint-Pons. 1,016 h.

**OLDENBOURG (GRAND DU-
CHÉ D'),** État de l'Allemagne du
Nord. Cap. Oldenbourg.

OLÉRON, île de France (Char.-Inf.).
20,000 hab.

OLETTA, ch.-l. de cant. de la
Corse, arr. de Bastia. 1,122 hab.

OLETTE, ch.-l. de cant. des Pyr.-
Orient., arr. de Prades. 1,043 hab.

OLIVIERS (MONT DES), lieu
près de Jérusalem, où Jésus alla prier
la veille de sa mort.

OLLIERGUES, ch.-l. de cant. du
Puy-de-Dôme, arr. d'Ambert. 1,998 h.

OLLIOULES, ch.-l. de cant. du
Var, arr. de Toulon. 3,360 hab.

OLMETO, ch.-l. de cant. de la
Corse, arr. de Sartène. 1,830 hab.

OLMI-CAPPELLA, ch.-l. de cant.
de la Corse, arr. de Calvi. 860 hab.

OLMUTZ, v. d'Autriche. 14,000 h.

OLMAZAC, ch.-l. de cant. de l'Hérault, arr. de Saint-Pons. 1,765 hab.

OLORON, ch.-l. d'arr. des Basses-
Pyrénées. 9,360 hab.

OLYMPE, mont. de la Grèce, résidence des dieux.

OLYMPIE, v. du Péloponèse, où
se célébraient les jeux dits *olympiques.*

OMAN, golfe de l'océan Indien.

OMBRIE, contrée de l'Italie anc.

OMESSA, ch.-l. de cant. de la Corse, arr. de Corte. 980 hab.

OMONT, ch.-l. de cant. des Ardennes, arr. de Mézières. 440 hab.

ONÉGA, lac et fleuve de la Russie.

ONTARIO, lac de l'Amér. septent.

ORADOUR - SUR - VAYRES, ch.-l. de cant. de la Hte-Vienne, arr. de Rochechouart. 3,310 hab.

ORAN, v. d'Algérie. 22,000 hab.

ORANGE, ch.-l. d'arr. du dép. de Vaucluse. 10,000 hab.

ORBEC, ch.-l. de cant. du Calvados, arr. de Lisieux. 3,260 hab.

ORCADES, groupe d'îles au nord de l'Ecosse.

ORCHIES, ch.-l. de cant. du Nord, arr. de Douai. 3,710 hab.

ORCIÈRES, ch.-l. de cant. des Htes-Alpes, arr. d'Embrun. 1,352 hab.

ORÉGON, fleuve des Etats-Unis, qui se jette dans l'océan Pacifique.

ORÉGON (TERRIT. DE L'), vaste contrée de l'Amér. du Nord.

OREMBOURG, v. forte de la Russie d'Europe. 14,000 hab.

ORÉNOQUE, grand fleuve de l'Amérique du Sud, qui se jette dans l'océan Atlantique.

ORGELET, ch.-l. de cant. du Jura, arr. de Lons-le-Saulnier. 1,910 hab.

ORGÈRES, ch.-l. de cant. des B.-du-Rhône, arr. d'Arles. 545 hab.

ORGON, ch.-l. de cant. des B.-du-Rhône, arr. d'Arles. 3,175 hab.

ORLÉANAIS, anc. prov. de France. Cap. Orléans.

ORLÉANS, ch.-l. du dép. du Loiret. 50,000 hab. Evêché ; cour d'appel.

ORLÉANSVILLE, v. d'Algérie. 1,365 hab.

ORNAIN, r. de France, qui se jette dans la Marne.

ORNANS, ch.-l. de cant. du Doubs, arr. de Besançon. 3,520 hab.

ORNE, r. de France, qui se jette dans la Manche.

ORNE (DÉP. DE L'), ch.-l. Alençon. 414,618 hab. Cour d'appel de Caen ; évêché à Séez. Formé d'une partie de la Normandie et du Perche.

ORPIERRE, ch.-l. de cant. des Htes-Alpes, arr. de Gap. 818 hab.

ORTEGAL, ca. au N.-O de l'Espag.

ORTHEZ, ch.-l. d'arr. des Basses-Pyrénées. 6,027 hab.

OSSA, mont de l'anc. Grèce, sur lequel les Titans voulurent entasser Pélion.

OSSAN, ch.-l. de cant. des Hautes-Pyrén., arr. de Tarbes. 2,595 hab.

OSTENDE, v. de Belgique. Port très fréquenté. 2,735 hab.

OUDE, v. et roy. de l'Inde.

OUDENARDE, v. de Belgique. 6,000 hab.

OUESSANT, île française de l'océan Atlant., qui dépend du Finistère, ch.-l. de cant., arr. de Brest. 2,390 hab.

OULCHY-LE-CHATEAU, ch.-l. de cant. de l'Aisne, arr. de Soissons. 680 hab.

OURAL, fleuve de Russie, qui se jette dans la mer Caspienne.

OURALS (MONTS), ch. de mont. entre l'Europe et l'Asie.

OURCQ, r. de France, qui se jette dans la Marne, et communique avec la Seine par le canal de l'Ourcq.

OURVILLE, ch.-l. de cant. de la Seine-Infér., arr. d'Yvetot. 1,200 hab.

OUST, ch.-l. de cant. de l'Ariège, arr. de Saint-Girons. 1,364 hab.

OUTARVILLE, ch.-l. de cant. du Loiret, arr. de Pithiviers. 560 hab.

OUZOUER-LE-MARCHÉ, ch.-l. de cant. du Loir-et-Cher, arr. de Blois. 1,514 hab.

OUZOUER-SUR-LOIRE, ch.-l. de cant. du Loiret, arr. de Gien. 971 h.

OVIEDO, v. d'Espagne. 9,384 hab.

OXFORD, v. d'Anglet. 21,000 hab.

OXUS, fleuve de l'Asie anc.

OYONNAX, ch.-l. de cant. de l'Ain, arr. de Nantua. 3,547 hab.

P

PACAUDIÈRE (LA), ch.-l. de cant. de la Loire, arr. de Roanne. 1,905 hab.

PACIFIQUE (OCÉAN) ou GRAND OCÉAN, ou MER DU SUD.

PACTOLE, riv. de la Grèce, qui roulait des paillettes d'or.

PACY-SUR-EURE, ch.-l. de cant. de l'Eure, arr. d'Evreux. 1,720 hab.

PADOUE, v. d'Italie. 52,000 hab.

PAIMBŒUF, ch.-l. d'arr. de la Loire-Infér. 3,500 hab.

PAIMPOL, ch.-l. de cant. des Côt.-du-Nord, arr. de Saint-Brieuc. 2,115 h.

PALAISEAU, ch.-l. de cant. de S.-et-Oise, arr. de Versailles. 1,910 hab.

PALATINAT, v. de deux pays de l'anc. Allemagne.

PALERME, cap. de la Sicile. 170,000 hab.

PALESTINE, pays de la Judée, désigné souvent sous le nom de Terre sainte.

PALINGES, ch.-l. de cant. de Saône-et-Loire, arr. de Charolles. 2,255 hab.

PALLUAU, ch.-l. de cant. de la Vendée, arr. des Sables-d'Olonne. 625 h.

PALMA, cap. des îles Baléares. 40,000 hab.

PALMYRE, v. de Syrie. Ruines magnifiques.

PAMIERS, ch.-l. d'arr. de l'Ariège. 7,900 hab.

PAMPELONNE, ch.-l. de cant. du Tarn, arr. d'Albi. 2,270 hab.

PAMPELUNE, v. forte d'Espagne.

PAMPHILIE, anc. contrée de l'Asie-Mineure.

PANAMA (ISTHME DE), unit les deux Amériques.

PANAMA, v. sur la baie de ce nom, dans la Nouvelle-Grenade.

PANGE, ch.-l. de cant. de l'anc. dép. de la Moselle, arr. de Metz. 395 h.

PANNONIE, région de l'Europe anc., séparée de la Germanie par le Danube.

PANTIN, ch.-l. de cant. de la Seine, arr. de Saint-Denis. 8,563 hab.

PAPHLAGONIE, anc. pays de l'Asie-Mineure.

PAPHOS, anc. v. de Chypre, célèbre par le culte de Vénus.

PARAGUAY, rép. de l'Amér. du Sud. 1,200,000 hab.

PARAGUAY, fleuve de l'Amér. du Sud. Cours de 2,000 kil.

PARAMARIBO, cap. de la Guyane hollandaise. 20,000 hab.

PARAY-LE-MONIAL, ch.-l. de cant. de Saône-et-Loire, arr. de Charolles. 3,400 hab.

PARCQ (LE), ch.-l. de cant. du Pas-de-Calais, arr. de S.-Pol. 770 hab.

PARENTIS-EN-BORN, ch.-l. de cant. des Landes, arr. de Mont-de-Marsan. 2,050 hab.

PARIS, cap. de la France, ch.-l. du dép. de la Seine, sur la Seine. 1,694,558

PARME, v. d'Italie. 41,000 hab.

PARNASSE (LE), mont de l'anc. Grèce consacré à Apollon et aux Muses.

PAROS, une des Cyclades, dans l'Archipel; était célèbre par son marbre.

PARTHENAY, ch.-l. d'arr. des Deux-Sèvres. 4,000 hab.

PAS, ch.-l. de cant. du Pas-de-Calais, arr. d'Arras. 905 hab.

PAS-DE-CALAIS, détroit entre la France et l'Angleterre.

PAS-DE-CALAIS (DÉP. DU), ch.-l. Arras. 749,780 hab. Cour d'appel de Douai; évêché à Arras. Formé de l'anc. prov. de l'Artois, du Calaisis et du Boulonnais.

PASSAIS, ch.-l. de cant. de l'Orne, arr. de Domfront. 1,818 hab.

PASSARO, cap à la pointe S.-E. de la Sicile.

PASSY, commune de l'anc. banlieue de Paris, maintenant annexée.

PATAGONIE, contrée au sud de l'Amérique.

PATHMOS, l'une des Sporades, dans l'Archipel. Saint Jean y écrivit l'Apocalypse.

PATRAS, v. de la Grèce. 9,000 h.

PAU, ch.-l. du dép. des B.-Pyrén. Cour d'appel. 24,563 hab.

PAUILLAC, ch.-l. de cant. de la Gironde, arr. de Lesparre. 3,261 hab.

PAULHAGUET, ch.-l. de cant. de la Hte-Loire, arr. de Brioude. 1,401 h.

PAUSILIPPE, mont. près de Naples.

PAVIE, v. d'Italie. Défaite et captivité de François Ier par Charles-Quint, en 1525.

PAVILLY, ch.-l. de cant. de Seine-Infér., arr. de Rouen. 2,786 hab.

PAYRAC, ch.-l. de cant. du Lot, arr. de Gourdon. 1,255 hab.

PAYS-BAS, se disait du roy. formé en 1815 par la réunion de la Belgique et de la Hollande. En 1830, ce royaume fut séparé en deux Etats distincts.

PÉKIN, cap. de la Chine. 2,000,000 d'hab.

PÉLION, mont de la Grèce. *Voy.* **OSSA.**

PELLEGRUE, ch.-l. de cant. de la Gironde, arr. de La Réole. 1,708 h.

PELLERIN (LE), ch.-l. de cant. de la Loire-Inf., arr. de Paimbœuf. 1,833 hab.

PÉLOPONÈSE, presqu'île au sud de la Grèce.

PÉLUSE, v. d'Egypte. Auj. Tineh, à l'embouchure orient. du Nil.

PÉLUSSIN, ch.-l. de cant. de la Loire, arr. de Saint-Etienne. 4,041 h.

PENNE, ch.-l. de cant. de Lot-et-Gar., arr. de Villeneuve-d'Agen. 2,838 h.

PENSYLVANIE, un des Etats-Unis de l'Amérique.

PERCHE (LE), anc. pays de France.

PERCY, ch.-l. de cant. de la Manche, arr. de Saint-Lô. 2,974 hab.

PERDU (MONT), l'un des plus hauts sommets des Pyrénées.

PÉRÉKOP (ISTHME DE), unit la Crimée au continent.

PERGAME, v. et roy. de l'anc. Asie.

PÉRIERS, ch.-l. de cant. de la Manche, arr. de Coutances. 2,704 hab.

PÉRIGORD, anc. pays de France.

PÉRIGUEUX, ch.-l. du dép. de la Dordogne. 20,401 hab. Evêché.

PÉRIM, île dans le détroit de Bab-el-Mandeb.

PERNES, ch.-l. de cant. du dép. de Vaucluse, arr. de Carpentras. 5.084 h.

PERO-CASEVECCHIE, ch.-l. de cant. de la Corse, arr. de Bastia. 600 hab.

PÉRONNE, ch.-l. d'arr. de la Somme. 4,262 hab.

PÉROU, vaste contrée de l'Amérique méridionale.

PERPIGNAN, ch.-l. du dép. des Pyr.-Orient. 25,264 hab. Evêché.

PERREUX, ch.-l. de cant. de la Loire, arr. de Roanne. 2,493 hab.

PERROS-GUIREC, ch.-l. de cant. des Côtes-du-Nord, arr. de Lannion. 2,800 hab.

PERSE, contrée de l'Asie. 11 millions d'hab.

PERSÉPOLIS, anc. v. qui fut la cap. de l'empire des Perses.

PERSIQUE (GOLFE), entre la Perse et l'Arabie, dans la mer des Indes.

PERTH, v. et comté d'Ecosse.

PERTUIS, ch.-l de cant. du dép. de Vaucluse, arr. d'Apt. 4,830 hab.

PERVENCHÈRES, ch.-l. de cant. de l'Orne, arr. de Mortagne. 900 hab.

PESMES, ch.-l. de cant. de la Hte-Saône, arr. de Gray. 1,785 hab.

PESSAC, Gironde, ch.-l. de cant., arr. de Bordeaux. 2,676 hab.

PESTH, v. de Hongrie. 90.000 hab.

PETITE-PIERRE (LA), anc. dép. du Bas-Rhin, ch.-l. de cant., arr. de Saverne. 1,107 hab.

PETRETO-BICCHISANO, Corse, ch.-l. de cant., arr. de Sartène. 920 hab.

PEYREHORADE, Landes, ch.-l. de cant., arr. de Dreux. 2,567 hab.

PEYRELEAU, Aveyron, ch -l. de cant., arr. de Milhau. 356 hab.

PEYRIAC-MINERVOIS, Aude, ch.-l. de cant., arr. de Carcassonne. 1,294 hab.

PEYROLLES, Bouc.-du-Rhône, ch.-l. de cant., arr. d'Aix. 1,260 hab.

PEYRUIS, B.-Alpes, ch.-l. de cant., arr. de Forcalquier. 773 hab.

PÉZENAS, Hérault, ch.-l. de cant., arr. de Béziers. 7,574 hab.

PHALSBOURG, anc. dép., de la Meurthe, ch.-l. de cant., arr. de Sarrebourg. 3,564 hab.

PHARSALE, v. anc. de la Thessalie. Vict. de César sur Pompée, l'an 48 av. J.-C.

PHASE, riv. de l'Asie anc.

PHÉNICIE, contrée de l'Asie anc.

PHILADELPHIE, v. des Etats-Unis. 250,000 hab.

PHILIPPES, v. de Macédoine, où Brutus et Cassius furent vaincus, en 42 av. J.-C., par Antoine et Octave.

PHILIPPEVILLE, v. d'Algérie. 10,000 hab.

PHILIPPINES, arch. de la Malaisie.

PHOCIDE, pays de l'anc. Grèce.

PHRYGIE, anc. contrée de l'Asie-Mineure.

PIANA (LA), Corse, ch.-l. de cant., arr. d'Ajaccio. 1,253 hab.

PICARDIE, anc. prov. de France. Cap. Amiens.

PICQUIGNY, Somme, ch.-l. de cant., arr. d'Amiens. 1,414 hab.

PIEDICORTE, Corse, ch.-l. de cant., arr. de Corte. 976 hab.

PIEDIROCE, Corse, ch.-l. de cant., arr., de Corte. 486 hab.

PIÉMONT, prov. d'Italie. Cap. Turin.

PIERRE, Saône-et-Loire, ch.-l. de cant., arr. de Louhans. 1,936 hab.

PIERRE-BUFFIÈRE, Haute-Vienne, ch.-l. de cant., arr. de Limoges. 1,041 hab.

PIERRE (SAINT-), île de l'océan Atlant., près de la petite île Miquelon.

PIERRE (SAINT-), une des deux villes principales de la Martinique.

PIERRE-DE-CHIGNAC (SAINT), Dordogne, ch.-l. de cant., arr. de Périgueux. 895 hab.

PIERRE-ÉGLISE (SAINT-), Manche, ch.-l. de cant., arr. de Cherbourg. 2,265 hab.

PIERRE-SUR-DIVES (SAINT-), Calvados, ch.-l. de cant., arr. de Lisieux. 1,950 hab.

PIERRE-LE-MOUTIER (SAINT), Nièvre, ch.-l. de cant., arr. de Nevers. 2,990 hab.

PIERREFFITTE, Meuse, ch.-l. de cant., arr. de Commercy. 565 hab.

PIERREFONTAINE, Doubs, ch.-l. de cant., arr. de Baume. 1,143 h.

PIERREFORT, Cantal, ch.-l. de cant., arr. de Saint-Flour. 1,134 h.

PIERRELATTE, Drôme, ch.-l. de cant., arr. de Montélimar. 5,539 h.

PIETRA, Corse, ch.-l. de cant., arr. de Corte. 898 hab.

PIEUX (LES), Manche, ch.-l. de cant., arr. de Cherbourg. 1,387 hab.

PIGNEROL, v. forte du roy. d'Italie. 13,500 hab.

PILNITZ, village de Saxe. Traité de coalition contre la France, en 1791.

PINDE, mont. de la Grèce consacrée à Apollon et aux Muses.

PINEY, Aube, ch.-l. de cant., arr. de Troyes. 1,653 hab.

PINOIS, Hte-Loire, ch.-l. de cant., arr. de Brioude. 945 hab.

PIONSAT, Puy-de-Dôme, ch.-l. de cant., arr. de Riom. 3,425 hab.

PIPRIAC, Ille-et-Vilaine, ch.-l. de cant., arr. de Redon. 3,425 hab.

PIRÉE, port d'Athènes.

PISE, v. du roy. d'Italie. 21,000 h.

PISSOS, Landes, ch.-l. de cant., arr. de Mont-de-Marsan. 2,279 hab.

PISTOIE, v. du roy. d'Italie, où Catilina fut défait et tué, en 63 av. J.-C.

PITHIVIERS, ch.-l. d'arr. du Loiret. 4,928 hab.

PLABENNEC, Finistère, ch.-l. de cant., arr. de Brest. 3,571 hab.

PLAISANCE, v. d'Italie. 32,011 h.

PLAISANCE, Gers, ch.-l. de cant., arr. de Mirande. 2,028 hab.

PLANCOET, Côt.-du-Nord, ch.-l. de cant., arr. de Dinan. 1,900 hab.

PLATA (RIO DE LA), fleuve de l'Amérique méridionale.

PLATA (PROV. UNIES DE LA) ou **RÉPUBLIQUE ARGENTINE,** Etat de l'Amér. du Sud. Cap. Buenos-Ayres.

PLATÉE, v. de Béotie. Vict. de Pausanias et d'Aristide sur les Perses, en 479 av. J.-C.

PLÉAUX, Cantal, ch.-l. de cant., arr. de Mauriac. 2,840 hab.

PLEINE-FOUGÈRES, Ille-et-Vilaine, ch.-l. de cant., arr. de Saint-Malo. 3,184 hab.

PLÉLAN, Ille-et-Vilaine, ch.-l. de cant., arr. de Montfort. 3,908 hab.

PLÉLAN-LE-PETIT, Côtes-du-Nord, ch.-l. de cant., arr. de Dinan. 1,199 hab.

PLÉNEUF, C.-du-Nord, ch.-l. de cant., arr. de Saint-Brieuc. 2,201 hab.

PLESTIN, C.-du-Nord, ch.-l. de cant., arr. de Lannion. 4,548 hab.

PLEUMARTIN, Vienne, ch.-l. de cant., arr. de Châtellerault. 1,418 hab.

PLEURTUIT, Ille-et-Vilaine, ch.-l. de cant., arr. de Saint-Malo. 5,552 hab.

PLEYBEN, Finistère, ch.-l. de cant., arr. de Châteaulin. 5,289 hab.

PLOERMEL, ch.-l. d'arr. du Morbihan. 5,697 hab.

PLŒUC, Côtes-du-Nord, ch.-l. de cant., arr. de Saint-Brieuc. 5,114 hab.

PLOGASTEL-S.-GERMAIN, Finistère, ch.-l. de cant., arr. de Quimper. 1,720 hab.

PLOMBIÈRES, Vosges, ch.-l. de cant., arr. de Remiremont. 1,614 h.

PLOUAGAT, Côt.-du-Nord, ch.-l. de cant., arr. de Guingamp. 2,460 h.

PLOUARET, Côt.-du-Nord, ch.-l. de cant., arr. de Lannion. 3,268 hab.

PLOUAY, Morbihan, ch.-l. de cant., arr. de Lorient. 4,281 hab.

PLOUBALAY, C.-du-Nord, ch.-l. de cant., arr. de Dinan. 2,731 hab.

PLOUDALMÉZEAU, Finistère, ch.-l. de cant., arr. de Brest. 3,243 h.

PLOUDIRY, Finistère, ch.-l. de cant., arr. de Brest. 1,487 hab.

PLOUESCAT, Finistère, ch.-l. de cant., arr. de Morlaix. 3,176 hab.

PLOUGUENAST, Côt.-du-Nord, ch.-l. de cant., arr. de Loudéac. 3,619 h.

PLOUHA, Côt.-du-Nord, ch.-l. de cant., arr. de Saint-Brieuc. 5,531 hab.

PLOUIGNEAU, Finistère, ch.-l. de cant., arr. de Morlaix. 5,123 hab.

PLOUZÉVÉDÉ, Finistère, ch.-l. de cant., arr. de Morlaix. 1,725 hab.

PLUVIGNER, Morbihan, ch.-l. de cant., arr. de Lorient. 1,873 hab.

PLYMOUTH, v. d'Angleterre. Port de guerre et de commerce sur la Manche.

PODENSAC, Gironde, ch.-l. de cant., arr. de Bordeaux. 1,680 hab.

POINTE-A-PITRE (LA), v. de la Guadeloupe, dans la Grande-Terre.

POIRÉ-SOUS-NAPOLÉON (LE), Vendée, ch.-l. de cant., arr. de la Roche-sur-Yon. 3,900 hab.

POISSONS, Hte-Marne, ch.-l. de cant., arr. de Vassy. 1,510 hab.

POISSY, Seine-et-Oise, ch.-l. de cant., arr. de Versailles. 5,100 hab.

POITIERS, Vienne, ch.-l. de dép. 31,034 hab., anc. cap. du Poitou. Cour d'appel; évêché.

POITOU, anc. prov. de France. Cap. Poitiers.

POIX, Somme, ch.-l. de cant., arr. d'Amiens. 1,205 hab.

POLIGNY, Jura, ch.-l. d'arr. 5,393 hab.

POLOGNE, anc. Etat de l'Europe, dont les prov. ont été partagées entre la Russie, la Prusse et l'Autriche.

POLYNÉSIE, une des quatre parties de l'Océanie.

POMARD, vill. de la Côte-d'Or, arr. de Beaune. Vins renommés.

POMÉRANIE, prov. de la Prusse.

POMPÉIA, auj. **POMPÉI.**

PONCIN, Ain, ch.-l. de cant., arr. de Nantua. 2,187 hab.

PONDICHÉRY, une des possessions franç. dans l'Indoustan. 21,061 h.

PONS, Char.-Infér. ch.-l. de cant., arr. de Saintes. 4,969 hab.

PONT ROY. DE, anc. Etat de l'Asie-Mineure.

PONT-A-MARQ. Nord, ch.-l. de cant., arr. de Lille. 813 hab.

PONT-A-MOUSSON, Meurthe-et-Moselle, ch.-l. de cant., arr. de Nancy. 7,963 hab.

PONT-AUDEMER, Eure, ch.-l. d'arr. 6,182 hab.

PONT-AVEN, Finistère, ch.-l. de cant., arr. de Quimperlé. 1,065 hab.

PONTCHATEAU, Loire-Infér., ch.-l. de cant., arr. de Savenay. 4,158 hab.

PONT-CROIX. Finistère, ch.-l. de cant., arr. de Quimper. 2,444 hab.

PONT-D'AIN. Ain, ch.-l. de cant., arr. de Bourg. 1,406 hab.

PONT-DE-BEAUVOISIN. Isère, ch.-l. de cant., arr. de la Tour-du-Pin. 1,873 hab.

PONT-DE-L'ARCHE ; Eure, ch.-l. de cant., arr. de Louviers. 1,043 h.

PONT-DE-MONTVERT, Lozère, ch.-l. de cant., arr. de Florac. 1,580 h.

PONT-DE-ROIDE, Doubs, ch.-l. de cant., arr. de Montbéliard. 1,780 h.

PONT-DE-SALARS. Aveyron, ch.-l. de cant., arr. de Rodez. 1,405 h.

PONT-DE-VAUX, Ain, ch.-l. de cant., arr. de Bourg. 3,080 hab.

PONT-DE-VEYLE, Ain, ch.-l. de cant., arr. de Bourg. 1,412 hab.

PONT-DU-CHATEAU, Puy-de-Dôme, ch.-l. de cant., arr. de Clermont. 1,520 hab.

PONT-EN-ROXANS. Isère, ch.-l. de cant., arr. de Saint-Marcelin. 1,140 hab.

PONT-EUXIN, anc. nom de la mer Noire.

PONT-GIBAUD. Puy-de-Dôme, ch.-l. de cant., arr. de Riom. 1,090 h.

PONT-L'ABBÉ, Finistère, ch.-l. de cant., arr. de Quimper. 4,200 hab.

PONT-L'ÉVÊQUE , Calvados, ch.-l. d'arr. 3,115 hab.

PONT-SAINT-ESPRIT; Gard, ch.-l. de cant., arr. d'Uzès. 5,120 hab.

PONT-Ste-MAXENCE , Oise, ch.-l. de cant., arr. de Senlis. 2,268 h.

PONT-SCORFF, Morbihan, ch.-l. de cant., arr. de Lorient. 1,678 hab.

PONT-SUR-YONNE , Yonne, ch.-l. de cant., arr. de Sens. 1,905 hab.

PONT-VALLAIN, Sarthe, ch.-l. de cant., arr. de la Flèche. 1,860 hab.

PONTACQ, B.-Pyrénées, ch.-l. de cant., arr. de Pau. 3,018 hab.

PONTAILLER, Côte-d'Or, ch.-l. de cant., arr. de Dijon. 1,215 hab.

PONTARION, Creuse, ch.-l. de cant., arr. de Bourganeuf. 430 hab.

PONTARLIER, Doubs, ch.-l. d'arr. 5,001 hab.

PONTAUMUR. Puy-de-Dôme, ch.-l. de cant., arr. de Riom. 1,724 hab.

PONTHIEU, anc. pays de France. Ch.-l. Abbeville.

PONTINS (MARAIS), vastes marais du Latium; les environs en sont malsains.

PONTIVY. Voy. NAPOLÉON-VILLE.

PONTOISE. Seine-et-Oise, ch.-l. d'arr. 6,287 hab.

PONTORSON, Manche, ch.-l. de cant., arr. d'Avranches. 2,808 hab.

PONTRIEUX , Côtes-du-Nord , ch.-l. de cant., arr. de Guingamp. 2,300 hab.

PONTS-DE-CÉ (LES), Maine-et-Loire, ch.-l. de cant., arr. d'Angers. 3,557 hab.

PORNIC. Loire-Infér., ch.-l. de cant., arr. de Paimbœuf. 1,605 hab.

PORT-AU-PRINCE, cap. de la rép. d'Haïti. 17,000 hab.

PORT-LOUIS, Morbihan, ch.-l. de cant., arr. de Lorient. 3,188 hab.

PORT-LOUIS, cap. de l'île Maurice. 28,000 hab.

PORT-SAINTE-MARIE, Lot-et-Garonne, ch.-l. de cant., arr. d'Agen. 2,628 hab.

PORT-SUR-SAONE, Hte-Saône, ch.-l. de cant., arr. de Vesoul. 1,852 h.

PORT-VENDRES, port sur la Méditer., dans les Pyrén.-Orient., arr. de Céret. 2,364 hab.

PORTA (LA), Corse, ch.-l. de cant., arr. de Bastia. 663 hab.

PORTICI, v. d'Italie, au pied du Vésuve, sur les ruines d'Herculanum. 5,500 hab.

PORTO ou **OPORTO,** v. du Portugal. 80,000 hab. Vin renommé.

PORTO-RICO, l'une des plus grandes Antilles. 225,000 hab. Cap. San-Juan.

PORTO-VECCHIO, Corse, ch.-l. de cant., arr. de Sartène. 2,290 hab.

PORTSMOUTH, v. d'Anglet., port et arsenal important de la marine anglaise. 51,000 hab.

PORTUGAL, roy. d'Europe. Cap. Lisbonne.

POSEN, cap. du grand-duché de Posen, en Prusse. 30,000 hab.

POTOSI, v. du haut Pérou. 10,600 h.

POTSDAM, v. de Prusse où se trouve le château de Sans-Souci. 33,000 hab.

POUANCÉ. Maine-et-Loire, ch.-l. de cant., arr. de Segré. 3,206 hab.

POUGUES, Nièvre, ch.-l. de cant., arr. de Nevers. 1,362 hab.

POUILLE, pays de l'anc. roy. de Naples.

POUILLON, Landes, ch.-l. de cant., arr. de Dax. 3,524 hab.

POUILLY, Nièvre, ch.-l. de cant., arr. de Cosne. 1,850 hab.

POUILLY-EN-AUXOIS, Côte-d'Or, ch.-l. de cant., arr. de Beaune. 1,036 hab.

POUTROYE (LA), Haut-Rhin, ch.-l. de cant., arr. de Colmar. 2,593 h.

POUYASTRUC, Htes-Pyrénées, ch.-l. de cant., arr. de Tarbes. 626 h.

POUZAUGES, Vendée, ch.-l. de cant., arr. de Fontenay-le-Cte. 2,701 h.

POUZOLES, v. du roy. d'Italie. 9,000 hab.

PRADELLES, Hte-Loire, ch.-l. de cant., arr. de Le Puy. 1,872 hab.

PRADES, Pyrén.-Orient., ch.-l. d'arr. 3,579 hab.

PRAGUE, cap. de la Bohême. 150,000 hab.

PRAHECQ, Deux-Sèvres, ch.-l. de cant., arr. de Niort. 1,080 hab.

PRATS-DE-MOLLO, Pyrénées-Orient., ch.-l. de cant., arr. de Céret. 2,784 hab.

PRAUTHOY, Hte-Marne, ch.-l. de cant., arr. de Langres. 705 hab.

PRAYSSAC, Lot-et-Garonne, ch.-l. de cant., arr. d'Agen. 1,609 hab.

PRÉ-EN-PAIL, Mayenne, ch.-l. de cant., arr. de Mayenne. 3,309 hab.

PRÉCY-SOUS-THIL, Cote-d'Or, ch.-l. de cant., arr. de Semur. 638 hab.

PRÉMERY, Nièvre, ch.-l. de cant., arr. de Cosne. 2,273 hab.

PRESBOURG, v. de Hongrie. 5,000 hab.

PREUILLY, Indre-et-Loire, ch.-l. de cant., arr. de Loches. 2,150 hab.

PRIÈNE, v. anc. d'Ionie.

PRIVAS, Ardèche, ch.-l. du dép. 7,204 hab.

PROPONTIDE, la mer de Marmara.

PROVENCE, anc. prov. de France. Cap. Aix.

PROVIDENCE, v. des Etats-Unis. 43,000 hab.

PROVINS, Seine-et-Marne, ch.-l. d'arr. 7,996 hab.

PRUNELLI, Corse, ch.-l. de cant., arr. de Corte. 871 hab.

PRUSSE, roy. du centre de l'Europe. Cap. Berlin.

PRUTH, r. de l'Europe, qui se jette dans le Danube.

PTOLÉMAIS, nom de plusieurs villes de l'antiquité.

PUEBLA-DE-LOS-ANGELOS, v. du Mexique. 72,000 hab.

PUGET-THÉNIERS, Alpes-Marit., ch.-l. d'arr. 1,280 hab.

PUISEAUX, Loiret, ch.-l de cant., arr. de Pithiviers. 1,883 hab.

PUJOLS, Gironde, ch.-l. de cant., arr. de Libourne. 818 hab.

PULTAVA, v. de Russie. Vict. de Pierre-le-Grand sur Charles XII, en 1709.

PUTANGES, Orne, ch.-l. de cant., arr. d'Argentan. 678 hab.

PUTRIDE (MER), partie S.-E. du Palus-Méotide ou mer d'Azov.

PUY (LE), Hte-Loire, ch.-l. du dép. Évêché. 19,532 hab.

PUY-DE-DOME, mont. d'Auverg.

PUY-DE-DOME (DÉP. DU), Clermont-Ferrand. ch.-l. 571,690 h. Cour d'appel à Riom; évêché à Clermont. Formé en partie de l'Auvergne, du Lyonnais et du Bourbonnais.

PUYLAURENS, Tarn, ch.-l. de cant., arr. de Lavaur. 6,649 hab.

PUY-L'ÉVÊQUE, Lot, ch.-l. de cant., arr. de Cahors. 2,469 hab.

PUYMIROL, Lot-et-Garonne, ch.-l. de cant., arr. d'Agen. 1,508 hab.

PYDNA, v. de Macédoine. Défaite de Persée par Paul-Émile, en 168 av. J.-C.

PYLOS, nom de plusieurs villes de l'anc. Grèce; l'une d'elles eut pour roi Nestor.

PYRÉNÉES, chaîne de mont. entre la France et l'Espagne.

PYRÉNÉES (DÉP. DES BASSES-), Pau, ch.-l. 435,481 h. Cour d'appel à Pau; évêché à Bayonne. Formé de l'anc. Béarn, de la Navarre et d'une partie de la Gascogne.

PYRÉNÉES (DÉP. DES HAUTES-), Tarbes, ch.-l. 240,254 hab. Cour d'appel de Pau; évêché à Tarbes. Formé du Bigorre et des Quatre-Vallées, qui faisaient partie du grand gouv. de la Guyenne.

PYRÉNÉES-ORIENTALES (DÉP. DES), Perpignan ch.-l. 189,400 hab. Cour d'appel de Montpellier; évêché à Perpignan. Formé du Roussillon, de la Cerdagne française et d'une partie du Languedoc.

Q

QUADRA-ET-VANCOUVER, île du grand océan Boréal.

QUARRÉ-LES-TOMBES, Yonne, ch.-l. de cant., arr. d'Avallon. 2,100 hab.

QUÉBEC, v. forte, cap. de tout le Canada. 40,000 hab.

QUERCY, anc. pays de France.

QUÉRIGUT, Ariège, ch.-l. de cant., arr. de Foix. 660 hab.

QUESNOY (LE), Nord, ch.-l. de cant., arr. d'Avesnes. 4,760 hab. Place forte.

QUESNOY-SUR-DEULE, Nord, ch.-l. de cant., arr. de Lille. 4,145 hab.

QUESTEMBERT, Morbihan, ch.-l. de cant., arr. de Vannes. 3,940 h.

QUETTEHOU, Manche, ch.-l. de cant., arr. de Valognes. 1,531 hab.

QUIBERON, Morbihan, ch.-l. de cant., arr. de Lorient. 2,085 hab.

QUIÉVREN, bourg de Belgique, à la frontière de la France.

QUILLAN, Aude, ch.-l. de cant., arr. de Limoux. 1,980 hab.

QUILLEBŒUF, Eure, ch.-l. de cant., arr. de Pont-Audemer 1,450 h.

QUIMPER, Finistère, ch.-l. 11,480 hab. Évêché.

QUIMPERLÉ, Finistère, ch.-l. d'arr. 11,480 hab.

QUINGEY, Doubs, ch.-l. de cant., arr. de Besançon. 1,155 hab.

QUINTIN, Côtes-du-Nord, ch.-l. de cant., arr. de S.-Brieuc. 3,710 h.

QUISSAC, Gard, ch.-l. de cant., arr. du Vigan. 1,560 hab.

QUITO, cap. de la rép. de l'Equateur, dans l'Amér. du Sud. 70,000 hab.

R

RABASTENS, Hautes-Pyrénées, ch.-l. de cant., arr. de Tarbes. 1,326 h.

RABASTENS, Tarn, ch.-l. de cant., arr. de Gaillac. 5,391 hab.

RAGUSE, v. des Etats autrichiens, sur l'Adriatique. 7,000 hab.

RAMBERVILLERS, Vosges, ch.-l. de cant., arr. d'Epinal. 4,986 h.

RAMBOUILLET, Seine-et-Oise, ch.-l. d'arr. 3,971 hab.

RAMERUPT, Aube, ch.-l. de cant., arr. d'Arcis-sur-Aube. 592 hab.

RAMILLIES, village de Belgique, où Villeroi fut vaincu, en 1706, par Marlborough.

RANDAN, Puy-de-Dôme, ch.-l. de cant., arr. de Riom. 1,805 hab.

RAON-L'ÉTAPE, Vosges, ch.-l. de cant., arr. de Saint-Dié. 3,709 hab.

RASTADT, v. du grand duché de Bade.

RATISBONNE, v. de Bavière. 24,000 hab.

RANCOURT, Ardennes, ch.-l. de cant., arr. de Sedan. 1,605 hab.

RAVENNE, v. d'Italie. 18,000 hab.

RÉ (ILE DE), Char.-Infér.. 15,000 hab. Cap. Saint-Martin.

RÉALMONT, Tarn, ch.-l. de cant., arr. d'Albi. 2,680 hab.

REBAIS, Seine-et-Marne, ch.-l. de cant., arr. de Coulommiers. 1,185 hab.

RECEY-SUR-OURCE, Côte-d'Or, ch.-l. de cant., arr. de Châtillon. 989 hab.

RÉCHICOURT, anc. dép. de la Meurthe, ch.-l. de cant., arr. de Sarrebourg. 950 hab.

REDON, Ille-et-Vilaine, ch.-l. d'arr. 5,945 hab.

REGGIO, v. d'Italie. 18,000 hab.

REISCHTADT, v. des Etats autrichiens.

REILLANNE, B.-Alpes, ch.-l. de cant., arr. de Forcalquier. 1,480 h.

REIMS, Marne, ch.-l. d'arr. 55,800 hab. Archevêché; magnifique cathédrale.

RÉMALARD, Orne, ch.-l. de cant., arr. de Mortagne. 1,840 hab.

REMIREMONT, Vosges, ch.-l. d'arr. 6,074 hab.

REMOULINS, Gard, ch.-l. de cant., arr. d'Uzès. 1,405 hab.

RÉMUSAT, Drôme, ch.-l. de cant., arr. de Nyons. 725 hab.

REMY (SAINT-), B.-du-Rhône, ch.-l. de cant., arr. d'Arles. 6,330 hab.

REMY (SAINT-), Puy-de-Dôme, ch.-l. de cant., arr. de Thiers. 5,070 h.

REMY-EN-BOUZAMONT (SAINT-), Marne, ch.-l. de cant., arr. de Vitry-le-François. 770 hab.

RENNES, Ille-et-Vilaine, ch.-l. 45,400 hab. Archevêché. Cour d'appel.

RENWEZ, Ardennes, ch.-l. de cant., arr. de Mézières. 1,642 hab.

RÉOLE (LA), Gironde, ch.-l. d'arr. 4,244 hab.

REQUISTA, Aveyron, ch.-l. de cant., arr. de Rodez. 4,017 hab.

RESSONS, Oise, ch.-l. de cant., arr. de Compiègne. 925 hab.

RETHEL, Ardennes, ch.-l. d'arr. 7,400 hab.

RÉTIERS, Ille-et-Vilaine, ch.-l. de cant., arr. de Vitré. 3,214 hab.

RÉUNION (ILE DE LA), dans la mer des Indes. 110,000 hab. Cap. Saint-Denis. S'est appelée aussi île Bourbon.

REUSS, riv. de Suisse.

REVEL, v. de Russie. 16,000 hab.

REVEL, Hte-Garonne, ch.-l. de cant., arr. de Villefranche. 5,598 hab.

REVIGNY, Meuse, ch.-l. de cant., arr. de Bar-le-Duc. 1,562 hab.

RHÉTIE, anc. contrée du nord de l'Italie.

RHIN, fleuve d'Europe, qui sort des Alpes, et va se jeter dans la mer du Nord.

RHIN (ANC. DÉP. DU BAS-), ch.-l. Strasbourg. 588,968 hab.

RHIN (ANC. DÉP. DU HAUT-), ch.-l. Colmar. 530,285 hab. La Prusse, en 1871, a laissé à la France Belfort et un petit territoire autour.

RHODE-ISLAND, un des Etats unis de l'Amér. du Nord.

RHODES, île de l'Archipel.

RHONE, fleuve de France, qui sort des Alpes et va se jeter dans la Médit.

RHONE (DÉP. DU), ch.-l. Lyon. 678,648 hab. Cour d'appel et archevêché à Lyon. Formé de l'anc. Lyonnais, qui comprenait aussi le Beaujolais.

RIAILLÉ, Loire-Infér., ch.-l. de cant., arr. d'Ancenis. 2,183 hab.

RIANS, Var, ch.-l. de cant., arr, de Brignoles. 2,600 hab.

RIBEAUVILLÉ, anc. H.-Rhin, ch.-l. de cant., arr. de Colmar. 7,146 h.

RIBÉCOURT, Oise, ch.-l. de cant., arr. de Compiègne. 675 hab.

RIBEMONT, Aisne, ch.-l. de cant., arr. de Saint-Quentin. 3,126 h.

RIBÉRAC, Dordogne, ch.-l. d'ar. 3,837 hab.

RIBIERS, Htes-Alpes, ch.-l. de cant., arr. de Gap. 1,206 hab.

RICEYS, Aube, ch.-l. de cant., arr. de Bar-sur-Seine. 3,188 hab.

RICHELIEU, Indre-et-Loire, ch.-l. de cant., arr. de Chinon. 2,641 h.

RIEUMES, Hte-Garonne, ch.-l. de cant., arr. de Muret. 2,304 hab.

RIEUPEIROUX, Aveyron, ch.-l. de cant., arr. de Villefranche. 2,819 h.

RIEUX, Hte-Garonne, ch.-l. de cant., arr. de Muret. 2,257 hab.

RIEZ, B.-Alpes, ch.-l. de cant., arr. de Digne. 2,575 hab.

RIGA, v. et port de Russie. 57,903 h.

RIGA (GOLFE DE), ou de **LIVONIE**, formé par la mer Baltique.

RIGNAC, Aveyron, ch.-l. de cant., arr. de Rodez. 1,728 hab.

RIMINI, v. des anc. Etats de l'Eglise. 16,000 hab.

RIO-JANEIRO, cap. du Brésil. 2 35,466 hab.

RIOM, Puy-de-Dôme, ch.-l. d'arr. 10,614 hab. Cour d'appel.

RIOM-LA-MONTAGNE, Cantal, ch.-l. de cant., arr. de Mauriac. 2,614 hab.

RIOZ, Hte-Saône, ch.-l. de cant., arr. de Vesoul. 1,068 hab.

RISCLE, Gers, ch.-l. de cant., arr. de Mirande. 1,803 hab.

RIVE-DE-GIER, Loire, ch.-l. de cant., arr. de S.-Etienne. 14,381 h.

RIVES, Isère, ch.-l. de cant., arr. de Saint-Marcellin. 2,507 hab.

RIVESALTES, Pyrén.-Orient., ch.-l. de cant., arr. de Perpignan. 5,218 hab. Renommé pour ses vins.

RIVOLI, v. d'Italie. Vict. de Bonaparte sur les Autrichiens, le 14 janvier 1797.

ROANNE, Loire, ch.-l. d'arr. 17,400 hab.

ROCHE-CANILLAC, Corrèze, ch.-l. de cant., arr. de Tulle. 542 hab.

ROCHE-BERNARD (LA), Morbihan, ch.-l. de cant., arr. de Vannes. 1,200 hab.

ROCHECHOUART, Hte-Vienne, ch.-l. de cant., arr. de Limoges. 4,105 h.

ROCHE-DERRIEN (LA), Côtes-du-Nord, ch.-l. de cant., arr. de Lannion. 1,740 hab.

ROCHEFORT, Charente-Infér., ch.-l. d'arr. 30,000 hab. Grand port maritime.

ROCHEFORT, Puy-de-Dôme, ch.-l. de cant., arr. de Clermont. 1,500 hab.

ROCHEFORT-EN-TERRE, Morbihan, ch.-l. de cant., arr. de Vannes. 692 hab.

ROCHEFORT, Jura, ch.-l. de cant., arr. de Dole. 506 hab.

ROCHEFOUCAULD (LA), Charente, ch.-l. de cant., arr. d'Angoulême. 2,775 hab.

ROCHELLE (LA), Char.-Infér., ch.-l. du dép. 18,720 hab. Evêché. Port sur l'Atlantique.

ROCHEMAURE, Ardèche, ch.-l. de cant., arr. de Privas. 1,210 hab.

ROCHESERVIÈRE, Vendée, ch.-l. de cant., arr. de la Roche-sur-Yon. 1,995 hab.

ROCHESTER, v. des Etats-Unis. 20,000 hab.

ROCHEUSES (MONTAGNES), dans l'Amérique du Nord.

ROCROI, Ardennes, ch.-l. d'arr. 3,280 hab. Place forte. En 1643, vict. du prince de Condé sur les Espagnols.

RODEZ ou **RHODEZ**, Aveyron, ch.-l. du dép. 11,800 hab.

ROGLIANO, Corse, ch.-l. de cant., arr. de Bastia. 1,870 hab.

ROHAN, Morbihan, ch.-l. de cant., arr. de Ploërmel. 565 hab.

ROHRBACH, anc. dép. de la Moselle, ch.-l. de cant., arr. de Sarreguemines. 1,200 hab.

ROISEL, Somme, ch.-l. de cant., arr. de Péronne. 1,800 hab.

ROMAGNE, prov. d'Italie. Ch.-l. Ravenne.

ROMANS, Drôme, ch.-l. de cant., arr. de Valence. 1,200 hab.

ROME, v. située sur le Tibre. Cap. du roy. d'Italie; résidence du Pape. 178,000 hab.

ROMILLY-SUR-SEINE, Aube, ch.-l. de cant., arr. de Nogent-sur-Seine. 4,534 hab.

ROMORANTIN, Loir-et-Cher, ch.-l. d'arr. 55,038 hab.

RONCEVAUX, vallée des Pyrén., célèbre par la mort de Roland, neveu de Charlemagne.

ROQUEBRUSSANNE, Var, ch.-l. de cant., ar. de Brignoles. 1,218 h.

ROQUECOURBE, Tarn, ch.-l. de cant., arr. de Castres. 1,846 hab.

ROQUEFORT-DE-MARSAN, Landes, ch.-l. de cant., arr. de Mont-de-Marsan. 1,763 hab.

ROQUEMAURE, Gard, ch.-l. de cant., arr. d'Uzès. 343 hab.

ROQUEVAIRE, B.-du-Rhône, ch.-l. de cant., arr. de Marseille. 3,635 h.

ROSANS, Htes-Alpes, ch.-l. de cant., arr. de Gap. 860 hab.

ROSBACH, vill. de Saxe. Vict. de Frédéric II sur le prince de Soubise, en 1757.

ROSBECQUE, vill. de Belgique. Vict. de Charles VI sur les Flamands, en 1382.

ROSETTE, v. de la Basse-Egypte.

ROSHEIM, anc. dép. du Bas-Rhin, ch.-l. de cant., arr. de Schlestadt. 3,948 hab.

ROSIÈRES, Somme, ch.-l. de cant., arr. de Montdidier. 2,308 hab.

ROSPORDEN, Finistère, ch.-l. de cant., arr. de Quimper. 1,284 hab.

ROSTRENEN, Côtes-du-Nord, ch.-l. de cant., arr. de Quimper. 1,626 h.

ROTTERDAM, v. de Hollande. 96,740 hab.

ROUBAIX, Nord, ch.-l. de cant., arr. de Lille. 65,091 hab.

ROUEN, ch.-l. du dép. de la Seine-Inf., sur la Seine. Archev. 100,000 h.

ROUERGUE, anc. prov. du midi de la France.

ROUFFACH, anc. dép. du H.-Rhin, ch.-l. de cant., arr. de Colmar. 3,547 h.

ROUGE (MER) ou **GOLFE ARABIQUE,** entre l'Arabie et l'Afrique.

ROUGÉ, Loire-Infér., ch.-l. de cant., arr. de Châteaubriant. 2,780 h.

ROUGEMONT, Doubs, ch.-l. de cant., arr. de Baume-les-Dames. 1,334 h.

ROUILLAC, Charente, ch.-l. de cant., arr. d'Angoulême. 2,438 hab.

ROUJAN, Hérault, ch.-l. de cant., arr. de Béziers. 1,879 hab.

ROULANS, Doubs, ch.-l. de cant., arr. de Baume-les-Dames. 432 hab.

ROUMÉLIE, contrée de la Turquie.

ROUSSILLON, Isère, ch.-l. de cant., arr. de Vienne. 1,505 hab.

ROUSSILLON, anc. pr. de France. Cap. Perpignan.

ROUTOT, Eure, ch.-l. de cant., arr. de Pont-Audemer. 964 hab.

ROYAN, Char.-Infér., ch.-l. de cant., arr. de Marennes. 4,170 hab.

ROYBON, Isère, ch.-l. de cant., arr. de Saint-Marcellin. 2,008 hab.

ROYE, Somme, ch.-l. de cant., rr. de Montdidier. 3,993 hab.

ROYÈRE, Creuse, ch.-l. de cant., arr. de Bourganeuf. 2,505 hab.

ROZOY-EN-BRIE, Seine-et-Marne, ch.-l. de cant., arr. de Coulommiers. 1,568 hab.

ROZOY-SUR-SERRE, Aisne, ch.-l. de cant., arr. de Laon. 1,578 h.

RUBICON, petite riv. de l'anc. Italie, célèbre par les paroles de César lorsqu'il la franchit, en 49 av. J.-C.

RUE, Somme, ch.-l. de cant., arr. d'Abbeville. 2,366 hab.

RUFFEC, Charente, ch.-l. d'arr. 3,175 hab.

RUGEN, île dans la Baltique.

RUGLES, Eure, ch.-l. de cant., arr. d'Evreux. 1,850 hab.

RUINES, Cantal, ch.-l. de cant., arr. de Saint-Flour. 845 hab.

RUMIGNY, Ardennes, ch.-l. de cant., arr. de Rocroi. 845 hab.

RUMILLY, Hte-Savoie, ch.-l. de cant., arr. d'Annecy. 4,410 hab.

RUSSEY (LE), Doubs, ch.-l. de cant., arr. de Montbéliard. 1,145 hab.

RUSSIE (EMPIRE DE), le plus vaste des Etats modernes. Cap. Saint-Pétersbourg. Il s'étend en Europe, en Asie et en Amérique. 66,000,000 hab.

RYES, Calvados, ch.-l. de cant., arr. de Bayeux. 470 hab.

RYSWICK, village de Hollande. Traité de paix, en 1697, qui mit fin à la guerre du Palatinat.

S

SAALES, Vosges, ch.-l. de cant., arr. de Saint-Dié. 1,278 hab.

SAARDAM, v. de Hollande. 12,000 hab. Pierre-le-Grand y travailla comme charpentier.

SAAR-UNION, anc. dép. du Bas-Rhin, ch.-l. de cant., arr. de Saverne. 3,498 hab.

SABA, v. de l'Arabie anc.

SABLÉ, Sarthe, ch.-l. de cant., arr. de la Flèche. 3,644 hab.

SABLES-D'OLONNE (LES), Vendée, ch.-l. d'arr. Port de mer. 7,352 hab.

SABRES, Landes, ch.-l. de cant., arr. de Mont-de-Marsan. 3,573 hab.

SACRAMENTO, r. de la Haute-Californie.

SACRE (MONT), colline près de Rome.

SAGONTE, v. de l'anc. Hispanie (Espagne).

SAHARA, vaste désert de l'Afrique.

SAIGNES, Cantal, ch.-l. de cant., arr. de Mauriac. 549 hab.

SAILLAGOUSE, Pyrén.-Orient., ch.-l. de cant., arr. de Prades. 605 h.

SAILLANS, Drôme, ch.-l. de cant., arr. de Die. 688 hab.

SAINS, Aisne, ch.-l. de cant., arr. de Vervins. 2,340 hab.

SAINT-AFFRIQUE, Aveyron, ch.-l. d'arr. 7,040 hab.

S.-AGNANT, Char.-Infér., ch.-l

de cant., arr. de Marennes. 1,181 hab.

S.-AGRÈVE, Ardèche, ch.-l. de cant., arr. de Turnon. 3,278 hab.

S.-AIGNAN, Loir-et-Cher, ch.-l. de cant., arr. de Blois. 3,648 hab.

S.-AIGNAN-SUR-ROÉ, Mayenne, ch.-l. de cant., arr. de Chateau-Gontier. 951 hab.

S.-ALVÈRE, Dordogne, ch.-l. de cant., arr. de Bergerac. 1,729 hab.

S,-AMAND, Loir-et-Cher, ch.-l. de cant., arr. de Vendôme. 671 hab.

S.-AMAND, Nord, ch.-l. de cant., arr. de Valenciennes. 10,369 hab.

S.-AMAND-EN-PUISAYE, Nièvre, ch.-l. de cant., arr. de Cosne. 2,357 hab.

S.-AMAND-MONT-ROND, Cher, ch.-l. d'arr. 8,757 hab.

S.-AMANS, Lozère, ch.-l. de cant., arr. de Mende. 359 hab.

S.-AMANS-DES-COPTS, Aveyron, ch.-l. de cant., arr. d'Espalion. 1,234 hab.

S.-AMANS-SOULT, Tarn, ch.-l. de cant., arr. de Castres. 2,427 hab.

S.-AMANT-DE-BOIXE, Charente, ch.-l. de cant., arr. d'Angoulême. 790 hab.

S.-AMANT-ROCHE-SAVINE, Puy-de-Dôme, ch.-l. de cant., arr. d'Ambert. 1,832 hab.

S.-AMANT-TALLENDE, Puy-de-Dôme, ch.-l. de cant., arr. de Clermont. 1,510 hab.

S. AMARIN, anc. dép. du H.-Rhin, ch.-l. de cant., arr. de Belfort. 2,314 h.

S.-AMBROIX, Gard, ch.-l. de cant., arr. d'Alais. 4,645 hab.

S.-AMOUR, Jura, ch.-l. de cant., arr. de Lons-le-Saulnier. 2,553 hab.

S.-ANDRÉ-DE-CUBZAC, Gironde, ch.-l. de cant., arr. de Bordeaux. 3,611 hab.

S.-ANDRÉ-DE-MÉOUILLES, B.-Alpes, ch.-l. de cant., arr. de Castellane. 892 hab.

S.-ANDRÉ-DE-VALBORGNE, Gard, ch.-l. de cant., arr. du Vigan. 1,800 hab.

S.-ANDRÉ-LA-MARCHE, Eure, ch.-l. de cant., arr. d'Evreux. 1,523 h.

S.-ANTHÈME, Puy-de-Dôme, ch.-l. de cant., arr. d'Ambert. 3,154 h.

S.-ANTONIN, Tarn-et-Garonne, ch.-l. de cant., arr. de Montauban. 5,099 hab.

S.-ASTIER, Dordogne, ch.-l. de cant., arr. de Périgueux. 2,949 hab.

S.-AUBAN, Alpes-Maritimes, ch.-l. de cant., arr. de Grasse. 574 hab.

S.-AUBIN-D'AUBIGNÉ, Ille-et-Vilaine, ch.-l. de cant., arr. de Rennes. 1,684 hab.

S.-AUBIN-DU-CORMIER, Ille-et-Vilaine, ch.-l. de cant., arr. de Fougères. 2,143 hab.

S.-AULAIRE. *Voy.* **SAINTE-AULAIRE.**

S.-AULAYE, Dordogne, ch.-l. de cant., arr. de Ribérac. 1,551 hab.

S.-AVOLD, anc. dép. de la Moselle, ch.-l. de cant., arr. de Sarreguemines. 2,925 hab.

S.-BÉAT, Hte-Garonne, ch.-l. de cant., arr. de S.-Gaudens. 1,089 hab.

S.-BEAUZÉLY, Aveyron, ch.-l. de cant., arr. de Millau. 979 hab.

S.-BENIN-D'AZY, Nièvre, ch.-l. de cant., arr. de Nevers. 1,905 hab.

S.-BENOIT, Indre, ch.-l. de cant., arr. du Blanc. 1,099 hab.

S.-BERTRAND, Haute-Garonne, ch.-l. de cant., arr. de Saint-Gaudens. 716 hab.

S.-BLIN, Hte-Marne, ch.-l. de cant., arr. de Chaumont. 611 hab.

S.-BONNET, Htes-Alpes, ch.-l. de cant., arr. de Gap. 1,789 hab.

S.-BONNET-DE-JOUX, Seine-et-Loire, ch.-l. de cant., arr. de Charolles. 1,601 hab.

S.-BONNET-LE-CHATEAU, Loire, ch.-l. de cant., arr. de Montbrison. 2,132 hab.

S.-BRICE-EN-COGLAIS, Ille-et-Vilaine, ch.-l. de cant., arr. de Fougères. 1,881 hab.

S.-BRIEUC, ch.-l. du dép. des Côtes-du-Nord. Evêché. 15,813 hab.

S.-CALAIS, Sarthe, ch.-l. d'arr. 3,648 hab.

S.-CÉRÉ, Lot, ch.-l. de cant., arr. de Figeac. 4,303 hab.

S.-CERNIN, Cantal, ch.-l. de cant., arr. d'Aurillac. 2,633 hab.

S.-CHAMOND, Loire, ch.-l. de cant., arr. de Saint-Etienne. 12,652 h.

S.-CHAPTES, Gard, ch.-l. de cant., arr. d'Uzès. 871 hab.

S.-CHÉLY-D'APCHER, Lozère, ch.-l. de cant., arr. de Marvejols. 1,916 hab.

S.-CHÉLY-D'AUBRAC, Aveyron, ch.-l. de cant., arr. d'Espallion. 1,809 h.

S.-CHINIAN, Hérault, ch.-l. de cant., arr. de Saint-Pons. 4,284 hab.

S.-CHRISTOPHE-EN-BAZELLE, Indre, ch.-l. de cant., arr. d'Issoudun. 758 hab.

S.-CIERS-LALANDE, Gironde, ch.-l. de cant., arr. de Blaye. 2,880 h.

S.-CLAIR, Manche, ch.-l. de cant., arr. de Saint-Lô. 661 hab.

S.-CLAR, Gers, ch.-l. de cant., arr. de Lectoure. 1,648 hab.

S.-CLAUD, Charente, ch.-l. de cant., arr. de Confolens. 1,938 hab.

S.-CLAUDE, Jura, ch.-l. d'arr. 6,809 hab.

S.-CLOUD, petite v. des environs de Paris, arr. de Versailles. 5,215 hab.

S.-CYPRIEN, Dordogne, ch.-l. de cant., arr. de Sarlat. 2,374 hab.

S.-CYR, bourg de Seine-et-Oise, arr. de Versailles. Ecole militaire. 2,308 h.

S.-DENIS, Seine, ch.-l. d'arr. 26,117 hab. Sépulture des rois de France dans l'église de l'antique abbaye.

S.-DENIS, ch.-l. de la Réunion. 19,000 hab.

S.-DIDIER-LA-SÉAUVE, Hte-Loire, ch.-l. de cant., arr. d'Yssingeaux. 4,941 hab.

S.-DIÉ, Vosges, ch.-l. d'arr. 10,470 h.

S.-DIER, Puy-de-Dôme, ch.-l. de cant., arr. de Clermont. 1,580 hab.

S.-DIZIER, Hte-Marne, ch.-l. de cant., arr. de Vassy. 10,170 hab.

S.-DOMINGUE. Voy. HAITI.

S.-DONAT, Drôme, ch.-l. de cant., arr. de Valence. 2,519 hab.

S.-ÉTIENNE, ch.-l. du dép. de la Loire. 96,000 hab.

S.-ÉTIENNE-DE-BAIGORRY, B.-Pyrén., ch.-l. de cant., arr. de Mauléon. 2,519 hab.

S.-ÉTIENNE-DE-LUGDARÈS, Ardèche, ch.-l. de cant., arr. de Largentière. 1,569 hab.

S.-ÉTIENNE-DE-MONTLUC, Loire-Inf., ch.-l. de cant., arr. de Savenay. 1,874 hab.

S.-ÉTIENNE-DE-S.-GEOIRS, Isère, ch.-l. de cant., arr. de Saint-Marcellin. 1,844 hab.

S.-ÉTIENNE-EN-DÉVOLUY, Htes-Alpes, ch.-l. de cant., arr. de Gap. 763 hab.

S.-ÉTIENNE-LES-ORGUES, B.-Alpes, ch.-l. de cant., arr. de Forcalquier. 1,039 hab.

S.-FARGEAU, Yonne, ch.-l. de cant., arr. de Joigny. 2,849 hab.

S.-FÉLICIEN, Ardèche, ch.-l. de cant., arr. de Tournon. 2,170 hab.

S.-FIRMIN, Htes-Alpes, ch.-l. de cant., arr. de Gap. 1,230 hab.

S.-FLORENT, Corse, ch.-l. de cant., arr. de Bastia. 1,071 hab.

S.-FLORENT-LE-VIEIL, Maine-et-Loire, ch.-l. de cant., arr. de Cholet. 2,327 hab.

S.-FLORENTIN, Yonne, ch.-l. de cant., arr. d'Auxerre. 2,561 hab.

S.-FLOUR, Cantal, ch.-l. d'arr. 5,218 hab. Evêché.

S.-FULGENT, Vendée, ch.-l. de cant., arr. de la Roche-sur-Yon. 2,000 h.

S.-GALL, v. de Suisse. 11,234 hab.

S.-GALMIER, Loire, ch.-l. de cant., arr. de Montbrison. 3,035 hab.

S.-GAUDENS, Hte-Garonne, ch.-l. d'arr. 5,166 hab.

S.-GAULTIER, Indre, ch.-l. de cant., arr. du Blanc. 1,983 hab.

S.-GENEST-MALIFAUX, Loire, ch.-l. de cant., arr. de Saint-Etienne. 2,416 hab.

S.-GENGOUX-LE-ROYAL, Saône-et-Loire, ch.-l. de cant., arr. de Mâcon. 1,830 hab.

S.-GENIEZ, Aveyron, ch.-l. de cant., arr. d'Espalion. 3,917 hab.

S.-GENIS, Char.-Infér., ch.-l. de cant., arr. de Jonzac. 1,244 hab.

S.-GENIS-LAVAL, Rhône, ch.-l. de cant., arr. de Lyon. 2,817 hab.

S.-GEOIRE, Isère, ch.-l. de cant., arr. de la Tour-du-Pin. 3,937 hab.

S.-GEORGE (CANAL), détroit entre la Grande-Bretagne et l'Irlande.

S.-GEORGES-DU-VIEVRE, Eure, ch.-l. de cant., arr. de Pont-Audemer. 1,088 hab.

S.-GEORGES-EN-COUZAN, Loire, ch.-l. de cant., arr. de Montbrison. 1,147 hab.

S.-GEORGES-LES-BAILLARGEAUX, Vienne, ch.-l. de cant., arr. de Poitiers. 340 hab.

S.-GEORGES-SUR-LOIRE, Maine-et-Loire, ch.-l. de cant., arr. d'Angers. 2,608 hab.

S.-GERMAIN-DE-BEL-AIR, Lot, ch.-l. de cant., arr. de Gourdon. 1,141 hab.

S.-GERMAIN-DE-CALBERTE, Lozère, ch.-l. de cant., arr. de Florac. 1,020 hab.

S.-GERMAIN-DU-BOIS, Seine-et-Loire, ch.-l. de cant., arr. de Louhans. 2,569 hab.

S.-GERMAIN-DU-PLAIN, Seine-et-Loire, ch.-l. de cant., arr. de Châl.-sur-Saône. 1,610 hab.

S.-GERMAIN-DU-TEIL, Lozère, ch.-l. de cant., arr. de Marvejols. 1,259 hab.

S.-GERMAIN-EN-LAYE, Seine-et-Oise, ch.-l. de cant., arr. de Versailles. 17,478 hab.

S.-GERMAIN-LAVAL, Loire, ch.-l. de cant., arr. de Roanne. 2,071 hab.

S.-GERMAIN-LEMBRON, Puy-de-Dôme, ch.-l. de cant., arr. d'Issoire. 2,271 hab.

S.-GERMAIN-LES-BELLES, Hte-Vienne, ch.-l. de cant., arr. de Saint-Yrieix. 2,201 hab.

S.-GERMAIN-L'HERM, Puy-de-Dôme, ch.-l. de cant., arr. d'Ambert. 2,130 hab.

S.-GERVAIS, Hérault, ch.-l. de cant., arr. de Béziers. 2,540 hab.

S.-GERVAIS, Puy-de-Dôme, ch.-l. de cant., arr. de Riom. 2,530 hab.

S.-GERVAIS-LE-VILLAGE, Hte-Savoie, ch.-l. de cant., arr. de Bonneville. 2,060 hab.

S.-GÉRY, Lot, ch.-l. de cant., arr. de Cahors. 881 hab.

S.-GILDAS-DES-BOIS, Loire-Inf., ch.-l. de cant., arr. de Savenay. 2,131 hab.

S.-GILLES, Gard, ch.-l. de cant., arr. de Nimes. 6,804 hab.

S.-GILLES-SUR-VIE, Vendée, ch.-l. de cant., arr. des Sables-d'Olonne. 1,270 hab.

S.-GIRONS, Ariège, ch.-l. d'arr. 86,103 hab.

S.-GOBAIN, petite v. du dép. de l'Aisne, arr. de Laon. Manufacture de glaces. 2,190 hab.

S.-GOTHARD, mont. des Alpes.

S.-HAON-LE-CHATEL, Loire, ch.-l. de cant., arr. de Roanne. 730 h.

S.-HÉAND, Loire, ch.-l. de cant., arr. de Saint-Etienne. 3,294 hab.

S.-HILAIRE, Aude, ch.-l. de cant., arr. de Limoux. 904 hab.

S.-HILAIRE, Char.-Infér., ch.-l. de cant., arr. S.-Jean-d'Angely. 1,334 h.

S.-HILAIRE-DES-LOGES, Vendée, ch.-l. de cant., arr. de Fontenay-le-Comte. 2,760 hab.

S.-HILAIRE-DU-HARCOUET, Manche, ch.-l. de cant., arr. de Mortain. 3,983 hab.

S.-HIPPOLYTE, Doubs, ch.-l. de cant., arr. de Montbéliard. 956 hab.

S.-HIPPOLYTE, Gard, ch.-l. de cant., arr. du Vigan. 4,203 hab.

S.-JAMES, Manche, ch.-l. de cant., arr. d'Avranches. 3,230 hab.

S.-JEAN-D'ANGELY, Char.-Inf., ch.-l. d'arr. 7,633 hab.

S.-JEAN-BRÉVELAY, Morbihan, ch.-l. de cant., arr. de Ploërmel. 2,204 hab.

S.-JEAN-DE-BOURNAY, Isère, ch.-l. de cant., arr. de Vienne. 3,473 h.

S.-JEAN-DE-DAYE, Manche, ch.-l. de cant., arr. de Saint-Lô. 204 h.

S.-JEAN-DE-LOSNE, Côte-d'Or, ch.-l. de cant., arr. de Beaune. 1,835 h.

S.-JEAN-DE-LUZ, Basses-Pyrén., ch.-l. de cant., arr. de Bayonne. 2,831 hab.

S.-JEAN-DE-MAURIENNE, Savoie, ch.-l. d'arr. 3,088 hab.

S.-JEAN-DE-MONTS, Vendée, ch.-l. de cant., arr. des Sables-d'Olonne. 4,016 hab.

S.-JEAN-DU-GARD, Gard, ch.-l. de cant., arr. d'Alais. 3,957 hab.

S.-JEAN-EN-ROYANS, Drôme, ch.-l. de cant., arr. de Valence. 2,741 h.

S.-JEAN-PIED-DE-PORT, B.-Pyrén., arr. de Mauléon. 1,950 hab.

S.-JEAN-SOLEYMIEUX, Lozère, ch.-l. de cant., arr. de Montbrison. 1,355 hab.

S.-JOUAN-DE-L'ISLE, Côtes-du-Nord, ch.-l. de cant., arr. de Dinan. 730 hab.

S.-JULIEN, Jura, ch.-l. de cant., arr. de Lons-le-Saulnier. 735 hab.

S.-JULIEN, Haute-Savoie, ch.-l. d'arr. 1,410 hab.

S.-JULIEN-CHAPTEUIL, Hte-Loire, ch.-l. de cant., arr. du Puy. 2,801 hab.

S.-JULIEN-DE-VOUVANTES, Loire-Inf., ch.-l. de cant., arr. de Châteaubriant. 199 hab.

S.-JULIEN-DU-SAULT, Yonne, ch.-l. de cant., arr. de Joigny. 2,234 h.

S.-JULIEN-D'ARS, Vienne, ch.-l. de cant., arr. de Poitiers. 1,205 hab.

S.-JUNIEN, Hte Vienne, ch.-l. de cant., arr. de Rochechouart. 7,288 hab.

S.-JUST-EN-CHAUSSÉE, Oise, ch.-l. de cant., arr. de Clermont. 1,743 hab.

S.-JUST-EN-CHEVALET, Loire, ch.-l. de cant., arr. de Roanne. 2,484 h.

S.-LAURENT, fleuve de l'Amér. du Nord. Cours 1,000 kil.

S.-LAURENT, golfe de l'Amér. du Nord.

S.-LAURENT-DE-CHAMOUSSET, Rhône, ch.-l. de cant., arr. de Lyon. 1,763 hab.

S.-LAURENT-DU-PONT, Ière, ch.-l. de cant., arr. de Grenoble. 1,800 hab.

S.-LAURENT-EN-GRAND-VAUX, Jura, ch.-l. de cant., arr. de Saint-Claude. 1,204 hab.

S.-LAURENT-ET-BENON, Gironde, ch.-l. de cant., arr. de Lesparre. 3,235 hab.

S.-LAURENT-SUR-GORRE, Hte-Vienne, ch.-l. de cant., arr. de Rochechouart. 2,503 hab.

S.-LÉGER-SOUS-BEUVRAY, Seine-et-Loire, ch.-l. de cant., arr. d'Autun. 1,465 hab.

S.-LÉONARD, Hte-Vienne, ch.-l. de cant., arr. de Limoges. 6,319 hab.

S.-LIZIER, Ariège, ch.-l. de cant., arr. de S.-Girons. 1,156 hab.

S.-LO, ch.-l. du dép. de la Manche, 9,693 hab.

S.-LOUP, Deux-Sèvres, ch.-l. de cant., arr. de Parthenay. 1,583 hab.

S.-LOUP, Hte-Saône, ch.-l. de cant., arr. de Lure. 2,800 hab.

S.-LYS, Hte-Garonne, ch.-l. de cant., arr. de Muret. 1,569 hab.

S.-MACAIRE, Gironde, ch.-l. de

cant., arr. de la Réole. 2,183 hab.

S.-MAIXENT, Deux-Sèvres, ch.-l. de cant., arr. de Niort. 4,147 hab.

S.-MALO, Ille-et-Vilaine, ch.-l. d'arr. Port de mer. 10,693 hab.

S.-MALO-DE-LA-LANDE, Manche, ch.-l. de cant., arr. de Coutances. 443 hab.

S.-MAMERT, Gard, ch.-l. de cant., arr. de Nimes. 640 hab.

S.-MAMET, Cantal, ch.-l. de cant., arr. d'Aurillac. 1,919 hab.

S.-MANDÉ, commune des environs de Paris, arr. de Sceaux. 4,561 hab.

S.-MARCELLIN, Isère, ch.-l. d'arr. 3,171 hab.

S.-MARIN, petite rép. enclavée dans le roy. d'Italie. 7,000 hab.

S.-MARS-LA-JAILLE, Loire-Inf., ch.-l. de cant., arr. d'Ancenis. 1,886 h.

S.-MARTIN-D'AUXIGNY, Cher, ch.-l. de cant., arr. de Bourges. 2,968 h.

S.-MARTIN-DE-LONDRES, Hérault, ch.-l. de cant., arr. de Montpellier. 1,089 hab.

S.-MARTIN-DE-RÉ, Char.-Inf., ch.-l. de cant., dans l'ile de Ré, arr. de La Rochelle. 2,419 hab.

S.-MARTIN-DE-VALAMAS, Ardèche, ch.-l. de cant., arr. de Tournon. 1,853 hab.

S.-MARTIN-DE-BRESSE, Saône-et-Loire, ch.-l. de cant., arr. de Châlon-sur-Saône. 1,871 hab.

S.-MARTORY, Garonne, ch.-l. de cant., arr. de S.-Gaudens. 1,043 hab.

S.-MATHIEU, Hte-Vienne, ch.-l. de cant., arr. de Rochechouart. 1,371 h.

S.-MAXIMIN, Var, ch.-l. de cant., arr. de Brignoles. 3,435 hab.

S.-MEEN, Ille-et-Vilaine, ch.-l. de cant., arr. de Montfort. 2,390 hab.

S.-MIHIEL, Meuse, ch.-l. de cant., arr. de Commercy. 5,403 hab.

S.-NAZAIRE, Loire-Infér., ch.-l. de cant., arr. de Savenay. 18,896 hab.

S.-NICOLAS-DE-LA-GRAVE, Tarn-et-Garonne, ch.-l. de cant., arr. de Castel-Sarrazin. 2,889 hab.

S.-NICOLAS-DE-REDON, Loire-Infér., ch.-l. de cant., arr. de Savenay. 1,944 hab.

S.-NICOLAS-DU-PELEM, Côt.-du-Nord, ch.-l. de cant. arr. de Guingamp. 2,838 hab.

S.-NICOLAS-DU-PORT, Meurthe-et-Moselle, ch.-l. de cant., arr. de Nancy. 3,868 hab.

S.-OMER, Pas-de-Calais, ch.-l. d'arr. Place forte. 21,869 hab.

S.-PALAIS, B.-Pyrén., ch.-l. de cant., arr. de Mauléon. 1,683 hab.

S.-PARDOUX, Dordogne, ch.-l. de cant., arr. de Nontron. 1,734 hab.

S.-PATERNE, Sarthe, ch.-l. de cant., arr. de Mamers. 538 hab.

S.-PAUL, B.-Alpes, ch.-l. de cant., arr. de Barcelonnette. 1,483 hab.

S.-PAUL-CAP-DE-JOUX, Tarn, ch.-l. de cant., arr. de Lavaur. 1,194 hab.

S.-PAUL-DE-FENOUILLET, Pyrén.-Orient., ch.-l. de cant., arr. de Perpignan. 2,231 hab.

S.-PAUL-TROIS-CHATEAUX, Drôme, ch.-l. de cant., arr. de Montélimart. 2,558 hab.

S.-PAULIEN, Hte-Loire, ch.-l. de cant., arr. du Puy. 2,943 hab.

S.-PÉ, Htes-Pyrén., ch.-l. de cant., arr. d'Argelès. 2,541 hab.

S.-PÉRAY, Ardèche, ch.-l. de cant., arr. de Tournon. 2,710 hab. Bons vins.

S.-PÈRE-EN-RETZ, Loire-Inf., ch.-l. de cant., arr. de Paimbœuf. 3,084 hab.

S.-PÉTERSBOURG, cap. de la Russie, à l'embouchure de la Neva. 532,341 hab.

S.-PHILBERT, Loire-Inf., ch.-l. de cant., arr. de Nantes. 3,699 hab.

S.-PIERRE-DE-CHIGNAC, Dordogne, ch.-l. de cant., arr. de Périgueux. 910 hab.

S.-PIERRE-D'OLÉRON, Char.-Inf., ch.-l. de cant., dans l'ile d'Oléron, arr. de Marennes. 5,154 hab.

S.-PIERRE-ÉGLISE, Manche, ch.-l. de cant., arr. de Cherbourg. 2,319 hab.

S.-PIERRE-LE-MOUTIER, Nièvre, ch.-l. de cant., arr. de Nevers. 1,419 hab.

S.-PIERRE-SUR-DIVES, Calvados, ch.-l. de cant., arr. de Lisieux. 2,014 hab.

S.-PIERREVILLE, Ardèche, ch.-l. de cant., arr. de Privas. 1,018 h.

S.-POIS, Manche, ch.-l. de cant., arr. de Mortain. 809 hab.

S.-POL, Pas-de-Calais, ch.-l. d'arr. 3,567 hab.

S.-POL-DE-LÉON, Finistère, ch.-l. de cant., arr. de Morlaix. 6,771 h.

S.-PONS, Hérault, ch.-l. d'arr. 6,214 hab.

S.-PORCHAIRE, Charente-Inf., ch.-l. de cant., arr. de Saintes. 1,201 h.

S.-POURCAIN, Allier, ch.-l. de cant., arr. de Gannat. 5,001 hab.

S.-QUENTIN, Aisne, ch.-l. d'arr. 32,690 hab. Ville industrieuse.

S.-RAMBERT, Ain, ch.-l. de cant., arr. de Belley. 2,531 hab.

S.-RAMBERT-SUR-LOIRE, Loire, ch.-l. de cant., arr. de Montbrison. 2,515 hab.

S.-RÉMY, B.-du-Rhône, ch.-l. de cant., arr. d'Arles. 6,315 hab.

S.-RÉMY, Puy-de-Dôme, ch.-l. de cant., arr. de Thiers. 4,996 hab.

S.-RÉMY-DE-BOUZEMONT, Marne, ch.-l. de cant., arr. de Vitry-le-François. 804 hab.

S.-RENAN, Finistère, ch.-l. de cant., arr. de Brest. 1,277 hab.

S.-ROMAIN, Seine-Inf., ch.-l. de cant., arr. du Havre. 1,755 hab.

S.-ROME-DE-TARN, Aveyron, ch.-l. de cant., arr. de Saint-Affrique. 1,653 hab.

S.-SAENS, Seine-Inf., ch.-l. de cant., arr. de Neufchâtel. 2,488 hab.

S.-SAULGE, Nièvre, ch.-l. de cant., arr. de Nevers. 2,357 hab.

S.-SAUVEUR, Yonne, ch.-l. de cant., arr. d'Auxerre. 1,731 hab.

S.-SAUVEUR, Alpes-Marit., ch.-l. de cant., arr. de Puget-Théniers. 635 h.

S.-SAUVEUR-LENDELIN, Manche, ch.-l. de cant., arr. de Coutances. 1,717 hab.

S.-SAUVEUR-LE-VICOMTE, Manche, ch.-l. de cant., arr. de Valognes. 2,754 hab.

S.-SAVIN, Gironde, ch.-l. de cant., arr. de Blaye. 2,138 hab.

S.-SAVIN, Vienne, ch.-l. de cant., arr. de Montmorillon. 1,513 hab.

S.-SAVINIEN, Char.-Inf., ch.-l. de cant., arr. de Saint-Jean-d'Angely. 3,285 hab.

S.-SÉBASTIEN, v. forte d'Espagne. 960 hab.

S.-SEINE-L'ABBAYE, Côte-d'Or, ch.-l. de cant., arr. de Dijon. 678 hab.

S.-SERNIN, Aveyron, ch.-l. de cant., arr. de S.-Affrique. 1,587 hab.

S.-SERVAN, Ille-et-Vilaine, ch.-l. de cant., arr. de Saint-Malo. 2,337 hab.

S.-SEVER, Calvados, ch.-l. de cant., arr. de Vire. 1,517 hab.

S.-SEVER, Landes, ch.-l. d'arr. 4,980 hab.

S.-SIMON, Aisne, ch.-l. de cant., arr. de Saint-Quentin. 600 hab.

S.-SULPICE-LES-CHAMPS, Creuse, ch.-l. de cant., arr. d'Aubusson. 1,154 hab.

S.-SULPICE-LES-FEUILLES, Hte-Vienne, ch.-l. de cant., arr. de Bellac. 1,888 hab.

S.-SYMPHORIEN, Gironde, ch.-l. de cant., arr. de Bazas. 2,107 hab.

S.-SYMPHORIEN-DE-LAY, Loire, ch.-l. de cant., arr. de Roanne. 4,730 hab.

S.-SYMPHORIEN-D'OZON, Isère, ch.-l. de cant., arr. de Vienne. 1,791 hab.

S.-SYMPHORIEN-SUR-COISE, Rhône, ch.-l. de cant., arr. de Lyon. 2,001 hab.

S.-THÉGONNEC, Finistère, ch.-l. de cant., arr. de Morlaix. 4,050 hab.

S.-THOMAS, île des Antilles. 14,000 hab.

S.-TRIVIER-DE-COURTES, Ain, ch.-l. de cant., arr. de Bourg. 1,433 hab.

S.-TRIVIER-SUR-MOIGNANS, Ain, ch.-l. de cant., arr. de Trévoux. 1,818 hab.

S.-TROPEZ, Var, ch.-l. de cant., arr. de Draguignan. 3,739 hab.

S.-VALÉRY-EN-CAUX, S.-Inf., ch.-l. de cant., arr. d'Yvetot. 4,694 h.

S.-VALÉRY-EN-SOMME, Somme, ch.-l. de cant., arr. d'Abbeville. 3,674 hab.

S.-VALLIER, Drôme, ch.-l. de cant., arr. de Valence. 3,371 hab.

S.-VALLIER, Alpes-Marit., ch.-l. de cant., arr. de Grasse. 539 hab.

S.-VARENT, Deux-Sèvres, ch.-l. de cant., arr. de Bressuire. 1,763 hab.

S.-VAURY, Creuse, ch.-l. de cant., arr. de Guéret. 2,600 hab.

S.-VINCENT, une des Antilles.

S.-VINCENT, cap du Portugal.

S.-VINCENT-DE-TYRASSE, Landes, ch.-l. de cant., arr. de Dax. 1,193 hab.

S.-VIVIEN, Gironde, ch.-l. de cant., arr. de Lesparre. 1,304 hab.

S.-YRIEIX, Haute-Vienne, ch.-l. d'arr. 7,825 hab.

SAINTE-CROIX, Ariège, ch.-l. de cant., arr. de Saint-Girons. 1,644 hab.

SAINTE-ÉNIMIE, Lozère, ch.-l. de cant., arr. de Florac. 1,118 hab.

SAINTE-FOY-LA-GRANDE, Gironde, ch.-l. de cant., arr. de Libourne. 4,033 hab.

SAINTE-GENEVIÈVE, Aveyron, ch.-l. de cant., arr. d'Espalion. 1,446 h.

SAINTE-HÉLÈNE, île d'Afrique, dans l'océan Atlant. Captivité de Napoléon Ier, de 1815 à 1821.

SAINTE-HERMINE, Vendée, ch.-l. de cant., arr. de Fontenay-le-Comte. 2,008 hab.

SAINTE-LIVRADE, Lot-et-Gar., ch.-l. de cant., arr. de Villeneuve. 2,904 hab.

SAINTE-MARIE-AUX-MINES, ch.-l. de cant. de l'anc. dép. du Haut-Rhin, arr. de Colmar. 12,431 hab.

SAINTE-MENEHOULD, Marne, ch.-l. d'arr. 4,330 hab.

SAINTE-MÈRE-ÉGLISE, Manche, ch.-l. de cant., arr. de Valognes. 1,513 hab.

SAINTE-SÉVÈRE, Indre, ch.-l. de cant., arr. de la Châtre. 1,065 hab.

SAINTE-SUZANNE. Mayenne, ch.-l. de cant., arr. de Laval. 1,741 h.

SAINTES, Char.-Inf., ch.-l. d'arr. 11,670 hab.

SAINTES-MARIES, B.-du-Rhône, ch.-l. de cant., arr. d'Arles. 1,006 hab.

SAINTES (LES), groupe d'îles dans les Antilles françaises.

SAINTONGE, anc. pr. de France.

SAIS, anc. v. de la basse Égypte.

SAISSAC, Aude, ch.-l. de cant., arr. de Carcassonne. 1,565 hab.

SALAMANQUE, v. d'Espagne. 13,686 hab.

SALAMINE, île de l'anc. Grèce.

SALAMINE, anc. v. de l'île de Chypre.

SALARS, Aveyron, ch.-l. de cant., arr. de Rodez. 1,344 hab.

SALBRIS, Loir-et-Cher, ch.-l. de cant., arr. de Romorantin. 1,741 hab.

SALÉ (LAC), dans l'Amér. du Nord.

SALENCY, village de l'Oise.

SALENTE, anc. v. de la Grande-Grèce.

SALERNE, v. du roy. d'Italie. 12,000 hab.

SALERNES, Var, ch.-l. de cant., arr. de Draguignan. 3,250 hab.

SALERS, Cantal, ch.-l. de cant., arr. de Mauriac. 1,090 hab.

SALICE, Corse, ch.-l. de cant., arr. d'Ajaccio. 380 hab.

SALIES, Hte-Garonne, ch.-l. de cant., arr. de Saint-Gaudens. 790 hab.

SALIGNAC, Dordogne, ch.-l. de cant., arr. de Sarlat. 1,360 hab.

SALINS, Jura, ch.-l. de cant., arr. de Poligny. 6,306 hab.

SALLES-CURAN, Aveyron, ch.-l. de cant., arr. de Milhau. 2,495 hab.

SALLES-SUR-L'HERS, Aude, ch.-l. de cant., arr. de Castelnaudary. 1,215 hab.

SALON, B.-du-Rhône, ch.-l. de cant., arr. d'Aix. 6,550 hab.

SALONIQUE, v. de la Turquie. 33,000 hab.

SALUCES, v. du roy. d'Italie. 14,500 hab.

SALVAGNAC, Tarn, ch.-l. de cant., arr. de Gaillac. 1,890 hab.

SALVETAT (LA), Hérault, ch.-l. de cant., arr. de Saint-Pons. 3,896 h.

SALVETAT-PEYRALÈS (LA), Aveyron, ch.-l. de cant., arr. de Rodez. 3,069 hab.

SALVIAC, Lot, ch.-l. de cant., arr. de Gourdon. 2,255 hab.

SALZBOURG, v. d'Autriche. 17,000 hab.

SAMARIE, v. de la Palestine.

SAMARCANDE, v. de la Tartarie. 10,000 hab.

SAMATAN, Gers, ch.-l. de cant., arr. de Lombez. 2,135 hab.

SAMBRE, r. de France et de Belgique, se jette dans la Meuse, à Namur.

SAMER, Pas-de-Calais, ch.-l. de cant., arr. de Boulogne. 1,989 hab.

SAMNIUM, contrée de l'anc. Italie.

SAMOENS, Hte-Savoie, ch.-l. de cant., arr. de Monneville. 3,005 hab.

SAMOS, île de la mer Égée. Auj. Samo.

SAN-FRANCISCO, v. de Californie. 50,000 hab.

SAN-LORENZO, Corse, ch.-l. de cant., arr. de Corte. 545 hab.

SAN-MARTINO, Corse, ch.-l. de cant., arr. de Bastia. 857 hab.

SAN-NICOLAO, Corse, ch.-l. de cant., arr. de Bastia. 588 hab.

SAN-SALVADOR, v. du Guatémala. 40,000 hab.

SANCERGUES, Cher, ch.-l. de cant., arr. de Sancerre. 1,167 hab.

SANCERRE, Cher, ch.-l. d'arr. 3,707 hab.

SANCOINS, Cher, ch.-l. de cant., arr. de Saint-Amand. 3,450 hab.

SANDWICH (ILES), dans l'océan Austral.

SANS-SOUCI, château royal de Prusse, près de Potsdam.

SANTA-CRUZ, v. et port de l'île de Ténériffe. 8,600 hab.

SANTA-FÉ, nom d'une ville du Mexique, et d'une autre de la confédération de Rio de la Plata.

SANTA-LUCIA-DI-TALLANO, Corse, ch.-l. de cant., arr. de Sartène. 1,003 hab.

SANTA-MARIA-SICHÉ, Corse, ch.-l. de cant., arr. d'Ajaccio. 607 hab.

SANTANDER, v. et port d'Espag.

SANTIAGO ou **S.-JACQUES DE COMPOSTELLE,** v. d'Espagne. 22,751 hab.

SANTIAGO, cap. du Chili. 65,000 h.

SANTO-PIETRO, Corse, ch.-l. de cant., arr. de Bastia. 1,230 hab.

SAONE, r. de France, qui sort du dép. des Vosges et se jette dans le Rhône, à Lyon, après un cours de 450 k.

SAONE (DÉP. DE LA HAUTE-), ch.-l. Vesoul. 317,606 hab. Cour d'appel et archevêché de Besançon. Formé d'une partie de la Franche-Comté.

SAONE-ET-LOIRE (DÉP. DE LA), ch.-l. Macon. 600,006 hab. Cour d'appel de Dijon; évêché à Autun. Formé d'une partie de l'anc. Bourgogne.

SARAGOSSE, v. d'Espag. 45,000 h.

SARAMON, Gers, ch.-l. de cant., arr. d'Auch. 1,300 hab.

SARDAIGNE, grande île de la Méditerranée. 492,000 hab.

SARDES, cap. de l'anc. Lydie.

SARID'OREINO, Corse, ch.-l. de cant., arr. d'Ajaccio. 919 hab.

SARLAT, Dordogne, ch.-l. d'arr. 6,824 hab.

SARRABLE, ch.-l. de cant. de l'anc. dép. de la Moselle, arr. de Sarreguemines. 3,119 hab.

SARRE, r. de France, qui sort du dép. des Vosges, et se jette dans la Moselle, en Prusse.

SARREBOURG, Meurthe-et-Mos. ch.-l. de cant., arr. de Nancy. 3,075 h.

SARREGUEMINES, ch.-l. d'arr. de l'anc. dép. de la Moselle. 6,075 h.

SARRELOUIS, v. de la Prusse rhénane. 7,000 hab.

SARROLA-CARCOPINO, Corse, ch.-l. de cant., arr. d'Ajaccio. 949 hab.

SARTÈNE, Corse, ch.-l. d'arr. 4,084 hab.

SARTHE, r. de France, qui sort du dép. de l'Orne et se jette dans la Mayenne.

SARTHE (DÉP. DE LA), ch.-l. Le Mans. 463,613 hab. Cour d'appel d'Angers ; évêché au Mans. Formé du bas Maine et du haut Anjou.

SARTILLY, Manche, ch.-l. de cant., arr. d'Avranches. 1,309 hab.

SARZEAU, Morbihan, ch.-l. de cant., arr. de Vannes. 5,950 hab.

SASSENAGE, Isère, ch.-l. de cant., arr. de Grenoble. 1,708 hab.

SATILLIEU, Ardèche, ch.-l. de cant., arr. de Tournon. 2,310 hab.

SAUGUES, Hte-Loire, ch.-l. de cant., arr. du Puy. 3,849 hab.

SAUJON, Char.-Infér., ch.-l. de cant., arr. de Saintes. 2,957 hab.

SAULIEU, Côte-d'Or, ch.-l. de cant., arr. de Semur, 2,745 hab.

SAULT, Vaucluse, ch.-l. de cant., arr. de Carpentras. 2,636 hab.

SAULX, Hte-Saône, ch.-l. de cant., arr. de Lure. 4,075 hab.

SAULXURE, Vosges, ch.-l. de cant., arr. de Remiremont. 3,744 hab.

SAULZAIS, Cher, ch.-l. de cant., arr. de Saint-Amand. 955 hab.

SAUMUR, Maine-et-Loire, ch.-l. d'arr. 16,663 hab. Ecole de cavalerie.

SAUTERNES, village de la Gironde, renommé pour ses vins blancs.

SAUVE, Gard, ch.-l. de cant., arr. du Vigan. 2,350 hab.

SAUVETERRE, Aveyron, ch.-l. de cant., arr. de Rodez. 1,895 hab.

SAUVETERRE, Gironde, ch.-l. de cant., arr. de La Réole. 850 hab.

SAUXILLANGES, Puy-de-Dôme, ch.-l. de cant., arr. d'Issoire. 2,035 h.

SAUZÉ-VAUSSAIS, Deux-Sèvres, ch.-l. de cant., arr. de Melle. 1,860 h.

SAVANNAH, r. et v. des Etats-Unis.

SAVENAY, Loire-Inf., ch.-l. d'arr. 3,879 hab.

SAVERDUN, Ariège, ch.-l. de cant., arr. de Pamiers. 4,205 hab.

SAVERNE, ch.-l. d'arr. de l'anc. dép. du Bas-Rhin. 5,489 hab.

SAVIGNAC - LES - ÉGLISES , Dordogne, arr. de Périgueux. 1,955 h.

SAVIGNY, Loir-et-Cher, ch.-l. de cant., arr. de Vendôme. 2,965 hab.

SAVINES, Htes-Alpes, ch.-l. de cant., arr. d'Embrun. 1,096 hab.

SAVOIE (DÉP. DE LA), ch.-l. Chambéry. 271,663 hab. Cour d'appel et évêché à Chambéry. Formé d'une partie de l'anc. Savoie.

SAVOIE (DÉP. DE LA Hte-), ch.-l. Annecy. 273,768 hab. Cour d'appel de Chambéry ; évêché à Annecy. Formé d'une portion de l'anc. Savoie.

SAVONE, v. et port du roy. d'Italie. 20,000 hab.

SAXE (ROY. DE), Etat de l'Allemagne. 2,039,675 hab. Cap. Dresde.

SAXE-ALTEMBOURG, Etat de l'Allemagne. 153,000 hab. Cap. Altembourg.

SAXE-COBOURG-GOTHA, Etat de l'Allemagne. 150,411 hab. Cap. Cobourg.

SAXE-MEININGEN-HILDBURGHAUSEN, Etat de l'Allemagne. 166,640 hab. Cap. Meiningen.

SAXE - WEIMAR - EISENACH (GRAND-DUCHÉ DE), Etat de l'Allemagne. 264,500 hab. Cap. Weimar.

SCAER, Finistère, ch.-l. de cant., arr. de Quimperlé. 4,471 hab.

SCAMANDRE, fl. de l'anc. Troade.

SCANDINAVIE, nom de la Suède et de la Norvège.

SCARPE, r. de France, qui sort du dép. du Pas-de-Calais et se jette dans l'Escaut.

SCEAUX, Seine, ch.-l. d'arr. 2,578 h.

SCEY-SUR-SAONE, Hte-Saône, ch.-l. de cant., arr. de Vesoul. 1,743 h.

SCHAFFOUSE, v. de Suisse. 7,800 hab.

SCHELESTADT. V. SCHLESTADT.

SCHILTIGHEIM, ch.-l. de cant. de l'anc. dép. du Bas-Rhin, arr. de Strasbourg. 4,265 hab.

SCHIRAZ, v. de la Prusse. 30,000 h.

SCHIRMECK, Vosges, ch.-l. de cant., arr. de Saint-Dié. 1,376 hab.

SCHLESTADT, ch.-l. d'arr. de l'anc. dép. du Bas-Rhin. 10,040 hab.

SCHŒNBRUNN, vill. d'Autriche. Superbe château impérial.

SCHWITZ, v. de Suisse. 5,500 hab.

SCUTARI. v. de la Turquie d'Europe. 20,000 hab.

SCUTARI, v. de la Turquie d'Asie. 30,000 hab.

SCYROS, île de l'Archipel. 2,000 hab.

SÉBASTOPOL, port considérable de la Crimée, dans la mer Noire. Les Français et les Anglais s'en emparèrent en 1855.

SECLIN, Nord, ch.-l. de cant., arr. de Lille. 3,980 hab.

SECONDIGNY, Deux-Sèvres, ch.-l. de cant., arr. de Parthenay. 1,975 hab.

SEDAN, Ardennes, ch.-l. d'arr. 15,500 hab. Draps estimés. Bataille de 1870.

SÉDERON, Drôme, ch.-l. de cant., arr. de Nyons. 710 hab.

SÉELAND, île dans la mer Baltique. Ch.-l. Copenhague.

SÉES ou SÉEZ, Orne, ch.-l. de cant., arr. d'Alençon. Evêché. 5,005 h.

SÉGESTE, v. de l'anc. Sicile.

SEGONZAC, Charente, ch.-l. de cant., arr. de Cognac. 2,977 hab.

SÉGOVIE, v. d'Espagne. 13,000 h.

SEGRÉ, Maine-et-Loire, ch.-l. d'arr. 2,851 hab.

SEICHES, Maine-et-Loire, ch.-l. de cant., arr. de Baugé. 1,590 hab.

SEIGNELAY, Yonne, ch.-l. de cant., arr. d'Auxerre. 1,520 hab.

SEILHAC, Corrèze, ch.-l. de cant., arr. de Tulle. 1,848 hab.

SEINE, r. de France, qui sort du dép. de la Côte-d'Or et se jette dans la Manche, après un cours de 800 kil.

SEINE (DÉP. DE LA). ch.-l. Paris, sur la Seine. 2,150,916 hab. Cour d'appel et archevéché à Paris. Formé d'une partie de l'Ile-de-France.

SEINE-INFÉR. (DÉP. DE LA), ch.-l. Rouen. 792,758 hab. Cour d'appel et archevéché à Rouen. Formé d'une partie de la Normandie.

SEINE-ET-MARNE (DÉP. DE), ch.-l. Melun. 354,400 hab. Coûr d'appel de Paris; évêché à Meaux. Formé d'une partie de la Champagne et de l'Ile-de-France.

SEINE-ET-OISE (DÉP. DE), ch.-l. Versailles. 723,728 hab. Cour d'appel de Paris ; évêché à Versailles. Formé d'une partie de l'Ile-de-France.

SEL (LE), Ille-et-Vilaine, ch.-l. de cant., arr. de Redon. 720 hab.

SELLES-SUR-CHER, Loir-et-Cher, ch.-l. de cant., arr. de Romorantin. 4,780 hab.

SELLIÈRES, Jura, ch.-l. de cant., arr. de Lons-le-Saunier. 1,800 hab.

SELOMMES, Loir-et-Cher, ch.-l. de cant., arr. de Vendôme. 874 hab.

SELONGEY. Côte-d'Or, ch.-l. de cant., arr. de Dijon. 1,511 hab.

SELTZ. ch.-l. de cant. de l'anc. dép. du Bas-Rhin, arr. de Wissembourg. 1,934 hab.

SEMUR, Côte-d'Or, ch.-l. d'arr. 3,892 hab.

SEMUR-EN-BRIONNAIS, Saône-et-Loire, ch.-l. de cant., arr. de Charolles. 1,625 hab.

SÉNÉGAL. fleuve d'Afrique, qui se jette dans l'océan Atlantique.

SÉNÉGAL, colonie française en Afrique. Cap. Saint-Louis.

SÉNÉGAMBIE, contrée de l'Afrique occidentale. 12,000,000 d'hab.

SENEZ, Basses-Alpes, ch.-l. de cant., arr. de Castellane. 800 hab.

SENLIS, Oise, ch.-l. d'arr. 5,869 h.

SENNAAR, v. de la Nubie. 10,000 h.

SENNECY-LE-GRAND. Saône-et-Loire, ch.-l. de cant., arr. de Châlon-sur-Saône. 2,740 hab.

SÉNONAIS, petit pays de l'anc. France. Cap. Sens.

SENONCHES, Eure-et-Loir, ch.-l. de cant., arr. de Dreux. 2,081 hab.

SENONES, Vosges, ch.-l. de cant., arr. de Saint-Dié. 2,604 hab.

SENS, Yonne, ch.-l. d'arr., archevéché. 11,001 hab.

SEPTIMANIE, partie mérid. de la Gaule.

SERGINES, Yonne, ch.-l. de cant., arr. de Sens. 1,319 hab.

SÉRINGAPATAM, v. de l'Inde anglaise. 32,000 hab.

SERMANO. Corse, ch.-l. de cant., arr. de Corte. 285 hab.

SERRA, Corse, ch.-l. de cant., arr. de Sartène. 630 hab.

SARRAGGIO, Corse, ch.-l. de cant., arr. de Corte. 1,100 hab.

SERRES, Hautes-Alpes, ch.-l. de cant., arr. de Gap. 1,101 hab.

SERRIÈRES, Ardèche, ch.-l. de cant., arr. de Tournon. 1,740 hab.

SERVERETTE, Lozère, ch.-l. de cant., arr. de Marvejols. 850 hab.

SERVIAN, Hérault, ch.-l. de cant., arr. de Béziers. 2,387 hab.

SERVIE, pays d'Europe, au sud de la Hongrie.

SÉTUBAL, v. du Portug. 15,000 h.

SEURRE, Côte-d'Or, ch.-l. de cant., arr. de Beaune. 2,788 hab.

SÉVÉRAC-LE-CHATEAU. Aveyron, ch.-l. de cant., arr. de Millau. 2,788 hab.

SÉVILLE. v. d'Espagne. 110,000 h.

SÈVRE-NANTAISE, r. de France, qui se jette dans la Loire.

SÈVRE-NIORTAISE, r. de France, qui se jette dans l'océan Atl.

SÈVRES (DÉP. DES DEUX-), ch.-l. Niort. 333,155 hab. Cour d'appel et évéché à Poitiers. Formé d'une partie du Poitou, de l'Aunis et de l'Angoumois.

SÈVRES, Seine-et-Oise, ch.-l. de cant., manufacture de porcelaine, arr. de Versailles. 6,754 hab.

SEYCHELLES (ILES) ou SÉCHELLES, îles de l'océan Indien. 10,000 hab.

SEYCHES, Lot-et-Garonne, ch.-l. de cant., arr. de Marmande. 1,361 h.

SEYNE, B.-Alpes, ch.-l. de cant., arr. de Digne. 2,511 hab.

SEYSSEL, Ain, ch.-l. de cant., mines d'asphalte, arr. de Belley. 1,234 h.

SÉZANNE, Marne, ch.-l. de cant., arr. d'Epernay. 4,389 hab.

SHANG-HAI, v. de Chine. 200,000 hab.

SHETLAND (ILES), au nord de l'Ecosse.

SIAM (ROY. DE), vaste Etat de l'Indo-Chine. Cap. Bankok.

SIBÉRIE, vaste région au nord de l'Asie.

SICHEM, anc. v. de la Palestine.

SICILE, île dans la Méditerranée. Cap. Palerme.

SICYONE, v. de l'anc. Grèce.

SIDON, v. de l'anc. Phénicie.

SIENNE, v. de Toscane. 21,476 h.

SIERCK, Meurthe-et-Moselle, ch.-l. de cant., arr. de Thionville. 2,390 hab.

SIERRA-LEONE, côte de la Guinée occidentale.

SIGEAN, Aude, ch.-l. de cant., arr. de Narbonne. 3,436 hab.

SIGNY-L'ABBAYE, Ardennes, ch.-l. de cant., arr. de Mézières. 2,963 h.

SIGNY-LE-PETIT, Ardennes, ch.-l. de cant., arr. de Rocroi. 2,138 h.

SIGOULÈS, Dordogne, ch.-l. de cant., arr. de Bergerac. 698 hab.

SILÉSIE, pays d'Europe, partagé entre la Prusse et l'Autriche.

SILISTRIE, v. de la Turquie.

SILLÉ-LE-GUILLAUME, Sarthe, ch.-l. de cant., arr. du Mans. 2,170 h.

SILO, v. de Palestine.

SIMOIS, riv. de l'anc. Troade.

SIMPLON, mont. des Alpes.

SINAI, mont. de l'Arabie, où Dieu donna sa loi à Moïse.

SIND, anc. Indus, fl. de l'Indoustan.

SINGAPOUR, v. de l'Inde. 35,000 h.

SINNAMARI, r. de la Guyane française, et bourg à l'embouchure de cette rivière.

SINOPE, v. et port de la Turquie d'Asie.

SION, colline de Jérusalem, la ville même.

SISSONNE, Aisne, ch.-l. de cant. 1,455 hab.

SISTERON, B.-Alpes, ch.-l. d'arr. 4,210 hab.

SIZUN, Finistère, ch.-l. de cant. 3,875 hab.

SLAVONIE, anc. roy. le long de la Baltique.

SLESVIG ou SCHLESWIG (DUCHÉ DE), possession de la Prusse. 15,000 hab.

SMOLENSK, v. de la Russie d'Europe. 14,000 hab.

SMYRNE, v. et port de la Turquie d'Asie. 120,000 hab.

SOCCIA, Corse, ch.-l. de cant. 786 h.

SOCOTORA, île de la mer des Indes.

SODOME, anc. v. de la Palestine.

SOGDIANE, anc. contrée de l'Asie.

SOISSONS, Aisne, ch.-l. d'arr. Evéché. 11,099 hab.

SOLESME, Nord, ch.-l. de cant. 6,230 hab.

SOLEURE, v. de Suisse. 5,350 h.

SOLFERINO, vill. d'Italie. Vict. des Français sur les Autrichiens en 1859.

SOLIGNAC, Hte-Loire, ch.-l. de cant., arr. du Puy. 1,087 hab.

SOLLIÈS-PONT, Var, ch.-l. de cant. 2,793 hab.

SOLOGNE, pays inculte de l'Orléanais.

SOLRE-LE-CHATEAU, Nord, ch.-l. de cant., arr. d'Avesnes. 3,008 h.

SOMBERNON, Côte-d'Or, ch.-l. de cant., arr. de Dijon. 830 hab.

SOMME, r. de France, qui se jette dans la Manche.

SOMME (DÉP. DE LA), ch.-l. Amiens. 572,640. Cour d'appel et évéché à Amiens. Formé d'une partie du gouv. de la Picardie et d'une port. de l'Artois.

SOMMIÈRES, Gard, ch.-l. de cant., arr. de Nîmes. 4,010 hab.

SOMPUIS, Marne, ch.-l. de cant., arr. de Vitry-le-François. 485 hab.

SONDE (ILES DE LA), arch. de la Malaisie. 17,000,000 d'hab.

SONDE (DÉT. DE LA), entre les dét. de Java et de Sumatra.

SONGEONS, Oise, ch.-l. de cant., arr. de Beauvais. 1,240 hab.

SOPHIA, v. de la Turquie. 40,000 h.

SORE, Landes, ch.-l. de cant., arr. de Mont-de-Marsan. 2,005 hab.

SORNAC, Corrèze, ch.-l. de cant., arr. d'Ussel. 1,650 hab.

SOUABE, pays au S.-O. de l'Allemagne.

SOUDAN, partie centrale de l'Afrique.

SOUILLAC, Lot, ch.-l. de cant., arr. de Gourdon. 3,120 hab.

VALENCE, Gers, ch.-l. de cant., arr. de Condom. 1,645 hab.

VALENCE, Tarn, ch.-l. de cant., arr. d'Albi. 1,305 hab.

VALENCE, Tarn-et-Garon., ch.-l. de cant., arr. de Moissac. 3,540 hab.

VALENCIENNES, Nord, ch.-l. d'arr. 24,344 hab. V. forte. Fabrique de dentelles.

VALENSOLE, B.-Alpes, ch.-l. de cant., arr. de Digne. 3,021 hab.

VALENTINOIS, anc. pays de France.

VALETTE (LA), Charente, ch.-l. de cant., arr. d'Angoulême. 929 hab.

VALGORGE, Ardèche, ch.-l. de cant., arr. de Largentière. 1,230 hab.

VALLADOLID, v. d'Esp. 25,000 h.

VALLERAUGUE, Gard, ch.-l. de cant., arr. du Vigan. 4,030 hab.

VALLET, Loire-Infér., ch.-l. de cant., arr. de Nantes. 6,480 hab.

VALLON, Ardèche, ch.-l. de cant., arr. de Largentière. 2,640 hab.

VALMONT, Seine-Inf., ch.-l. de cant., arr. d'Yvetot. 1,025 hab.

VALMY, village de la Marne. Vict. de Dumouriez et Kellermann sur les Prussiens, en 1792.

VALOGNES, Manche, ch.-l. de cant., arr. de Saint-Lô. 5,810 hab.

VALOIS, pays de l'anc. France. Ch.-l. Crépy.

VALPARAISO, v. du Chili. 40,000 hab.

VALRÉAS, Vaucluse, ch.-l. de cant., arr. d'Orange. 4,900 hab.

VALTELINE, petit pays de l'Italie septentrionale.

VANIKORO, île de la Polynésie.

VANNES, ch.-l. du Morbihan. Évêché. 14,560 hab.

VANS (LES), Ardèche, ch.-l. de cant., arr. de Largentière. 2,810 hab.

VAOUR, Tarn, ch.-l. de cant., arr. de Gaillac. 595 hab.

VAR, r. de France, qui se jette dans la Méditerranée.

VAR (DÉP. DU), ch.-l. Draguignan. 308,500 hab. Cour d'appel d'Aix; évêché à Fréjus. Formé de la Basse-Provence.

VARADES, Loire-Infér., ch.-l. de cant., arr. d'Ancenis 3,570 hab.

VARENNES, Hte-Marne, ch.-l. de cant., arr. de Langres. 1,295 hab.

VARENNES - EN - ARGONNE, Meuse, ch.-l. de cant., arr. de Verdun. 1,155 hab.

VARENNES - SUR - ALLIER, Allier, ch.-l. de cant., arr. de la Palisse. 2,455 hab.

VARILHES, Ariége, ch.-l. de cant., arr. de Pamiers. 2,005 hab.

VARNA, v. sur la mer Noire. 18,000 hab.

VARSOVIE, anc. cap. de la Pologne, sur la Vistule. 162,597 hab.

VARZY, Nièvre, ch.-l. de cant. 3,073 hab.

VASSY, Hte-Marne, ch.-l. d'arr. 3,105 hab.

VATAN, Indre, ch.-l. de cant., arr. d'Issoudun. 3,050 hab.

VAUBECOURT, Meuse, ch.-l. de cant., arr. de Bar-le-Duc. 1,095 hab.

VAUCLUSE, fontaine immortalisée par Pétrarque, près d'Avignon.

VAUCLUSE (DÉP. DE), ch.-l. Avignon. 266,091 hab. Cour d'appel de Nimes; archevêché à Avignon.

VAUCOULEURS, Meuse, ch.-l. de cant., arr. de Commercy. 2,720 hab. Patrie de Jeanne Darc.

VAUD, canton de la Suisse. Ch.-l. Lausanne.

VAUGUERAY, Rhône, ch.-l. de cant., arr. de Lyon. 2,065 hab.

VAUVERT, Gard, ch.-l. de cant., arr. de Nimes. 4,755 hab.

VAUVILLERS, Hte-Saône, ch.-l. de cant., arr. de Lure. 1,310 hab.

VAVINCOURT, Meuse, ch.-l. de cant., arr. de Bar-le-Duc. 690 hab.

VAYRAC, Lot, ch.-l. de cant., arr. de Gourdon. 1,960 hab.

VÉIES, anc. v. d'Etrurie, prise par Camille en 395 av. J.-C.

VELAY, ch.-l. de cant., anc. pays de France. Ch.-l. Le Puy.

VÉLINES, Dordogne, ch.-l. de cant., arr. de Bergerac. 855 hab.

VENCE, Alpes-Marit., ch.-l. de cant., arr. de Grasse. 2,755 hab.

VENDÉE, r. de France, qui sort du dép. des Deux-Sèvres, et se jette dans la Sèvre niortaise.

VENDÉE (DÉP. DE LA), ch.-l. La Roche-sur-Yon (précédemment Napoléon-Vendée). 404,473 hab. Cour d'appel de Poitiers; évêché à Luçon. Formé de l'anc. Poitou.

VENDEUVRE, Aube, ch.-l. de cant. 2,110 hab.

VENDOME, Loir-et-Cher, ch.-l. d'arr. 9,938 hab.

VÉNÉTIE, partie de l'Italie.

VÉNÉZUÉLA, rép. de l'Amér. du Sud. Cap. Caracas.

VENISE, v. d'Italie. 120,786 hab.

VENISE (GOLFE DE), dans l'Adriatique.

VERA-CRUZ, v. du Mexiq. 8,500 h.

VERCEIL, v. forte d'Italie.

VERCEL, Doubs, ch.-l. de cant., arr. de Baume. 1,190 hab.

VERDUN, Meuse, ch.-l. d'arr. Évêché. 78,680 hab.

VERDUN-SUR-DOUBS, Saône-et-Loire, ch.-l. de cant., arr. de Chal.-sur-Saône. 1,092 hab.

VERDUN - SUR - GARONNE, Tarn-et-Gar., ch.-l. de cant., arr. de Châlon-sur-Saône. 1,910 hab.

VERSEIL, Hte-Garonne, ch.-l. de cant., arr. de Toulouse. 2,370 hab.

VERGT, Dordogne, ch.-l. de cant., arr. de Périgueux. 1,790 hab.

VERMAND, Aisne, ch.-l. de cant., arr. de Saint-Quentin. 1,345 hab.

VERMANDOIS, petit pays de l'anc. France. Ch.-l. Saint-Quentin.

VERMENTON, Yonne, ch.-l. de cant., arr. d'Auxerre. 2,510 hab.

VERMONT, l'un des États-Unis de l'Amérique du Nord.

VERNEUIL, Eure, ch.-l. de cant., arr. d'Evreux. 3,700 hab.

VERNON, Eure, ch.-l. de cant., arr. d'Evreux. 7,410 hab.

VERNOUX, Ardèche, ch.-l. de cant., arr. de Tournon. 3,200 hab.

VERNY, anc. dép. de la Moselle, ch.-l. de cant., arr. de Metz. 550 hab.

VÉRONE, v. d'Italie. 60,000 hab.

VERPILLIÈRE (LA), Isère, ch.-l. de cant., arr. de Vienne. 1,230 h.

VERSAILLES, ch.-l. de Seine-et-Oise. Evêché. Château et parc magnifiques. 188,846 hab.

VERTAIZON, Puy-de-Dôme, ch.-l. de cant., arr. de Clermont. 2,295 hab.

VERTEILLAC, Dordogne, ch.-l. de cant., arr. de Riberac. 1,190 hab.

VERTOU, Loire-Infér., ch.-l. de cant., arr. de Saintes. 6,315 hab.

VERTUS, Marne, ch.-l. de cant., arr. de Châlons-sur-Marne. 2,470 hab.

VERVIERS, v. de Belgique. 24,000 hab.

VERVINS, Aisne, ch.-l. d'arr. 2,734 hab.

VERZY, Marne, ch.-l. de cant., arr. de Reims. 1,030 hab.

VESCOVATO, Corse, ch.-l. de cant., arr. de Bastia. 1,155 hab.

VESOUL, ch.-l. de la Hte-Saône. 7,614 hab.

VÉSUVE, volcan à 8 k. de Naples.

VEXIN, pays de l'anc. France. Ch.-l. Pontoise et Gisors.

VEYNES, Hautes-Alpes, ch.-l. de cant., arr. de Gap. 1,590 hab.

VEYRE-MONTON, Puy-de-D., ch.-l. de cant., arr. de Clermont. 2,600 h.

VÉZELAY, Yonne, ch.-l. de cant., arr. d'Avallon. 1,148 hab.

VEZELISE, Meurthe-et-Moselle, ch.-l. de cant., arr. de Nancy. 1,515 hab.

VÉZENOBRE, Gard, ch.-l. de cant., arr. d'Alais. 1,120 hab.

VEZINS, Aveyron, ch.-l. de cant., arr. de Millau. 1,260 hab.

VEZZANI, Corse, ch.-l. de cant., arr. de Corte. 1,090 hab.

VIBRAYE, Sarthe, ch.-l. de cant., arr. de Saint-Calais. 2,940 hab.

VIC-EN-BIGORRE, Htes-Pyr., ch.-l. de cant., arr. de Tarbes. 3,650 h.

VIC-FÉZENSAC, Gers, ch.-l. de cant., arr. d'Auch. 4,111 hab.

VIC-LE-COMTE, Puy-de-Dôme, ch.-l. de cant., arr. de Clermont. 2,894 hab.

VIC-SUR-AISNE, Aisne, ch.-l. de cant., arr. de Soissons. 908 hab.

VIC-SUR-CÈRE, Cantal, ch.-l. de cant., arr. d'Aurillac. 1,863 hab.

VIC-SUR-SEUILLES, anc. dép. de la Meurthe, ch.-l. de cant., arr. de Château-Salins. 2,489 hab.

VICDESSOS, Ariège, ch.-l. de cant., arr. de Foix. 950 hab.

VICENCE, v. d'Italie. 36,000 hab.

VICHY, v. de France (Allier), renommée pour ses eaux thermales. 3,740 hab.

VICO, Corse, ch.-l. de cant., arr. d'Ajaccio. 2,030 hab.

VIEILLE-AURE, Htes-Pyrén., ch.-l. de cant., arr. de Bagnères. 383 h.

VIELMUR, Tarn, ch.-l. de cant., arr. de Castres. 1,185 hab.

VIENNE, cap. de l'Autriche. 471,443 hab.

VIENNE, Isère, ch.-l. d'ar. 24,807 h.

VIENNE, r. de France, qui sort de la Corrèze et se jette dans la Loire.

VIENNE (DÉP. DE LA), ch.-l. Poitiers. 324,527 hab. Cour d'appel et évêché à Poitiers. Formé du haut Poitou et de quelques parties du Berri et de la Touraine.

VIERZON, Cher, ch.-l. de cant., arr. de Bourges. 7,700 hab.

VIF, Isère, ch.-l. de cant., arr. de Grenoble. 2,415 hab.

VIGAN (LE), Gard, ch.-l. d'arr. 5,104 hab.

VIGEOIS, Corrèze, ch.-l. de cant., arr. de Brive. 2,520 hab.

VIGNEULLES, Meuse, ch.-l. de cant., arr. de Commercy. 1,010 hab.

VIGNORY, Hte-Marne, ch.-l. de cant., arr. de Chaumont. 640 hab.

VIGY, anc. dép. de la Moselle, ch.-l. de cant., arr. de Metz. 825 hab.

VIHIERS, Maine-et-Loire, ch.-l. de cant., arr. de Saumur. 1,765 hab.

VILAINE, r. de France, qui se jette, réunie à l'Ille, dans l'océan Atl.

VILLAFRANCA, v. d'Italie. Traité entre Napoléon III et l'empereur d'Autriche en 1859.

VILLAINES-LA-JUHEL, Mayen-

ne, ch.-l. de cant., arr. de Mayenne.
2,705 hab.

VILLAMBLARD, Dordogne, ch.-l.
de cant., arr. de Bergerac. 1,348 hab.

VILLANDRAUT, Gironde, ch.-l.
de cant., arr. de Bazas. 800 hab.

VILLARD-DE-LANS , Isère ,
ch.-l. de cant., arr. de Grenoble. 2,045 h.

VILLÉ, anc. dép. du B.-Rhin, ch.-l.
de cant., arr. de Schlestadt. 1,155 hab.

VILLEBRUMIER. Tarn-et-Gar.,
ch.-l. de cant., arr. de Montauban. 975 h.

VILLEDIEU, Manche, ch.-l. de
cant., arr. d'Avranches. 3,790 hab.

VILLEDIEU (LA), Vienne, ch.-l.
de cant., arr. de Poitiers. 425 hab.

VILLE-EN-TARDENOIS, Marne,
ch.-l. de cant., arr. de Reims. 500 hab.

VILLEFAGNAN, Charente, ch.-l.
de cant., arr. de Ruffec. 1,505 hab.

VILLEFORT, Lozère, ch.-l. de
cant., arr. de Mende. 1,540 hab.

VILLEFRANCHE, Rhône, ch.-l.
d'arr. 11,650 hab.

VILLEFRANCHE, Hte-Garonne,
ch.-l. d'arr. 2,865 hab.

VILLEFRANCHE, Aveyron, ch.-l.
d'arr. 10,170 hab.

VILLEFRANCHE , Tarn, ch.-l.
de cant., arr. d'Albi. 1,615 hab.

VILLEFRANCHE. Alpes-Marit.,
ch.-l. de cant., arr. de Nice. 2,900 hab.

**VILLEFRANCHE - DE - BEL-
VÈS.** Dordogne, ch.-l. de cant., arr.
de Sarlat. 1,869 hab.

VILLEFRANCHE-LONCHAPT,
Dordogne, ch.-l. de cant., arr. de Bergerac. 865 hab.

**VILLEFRANCHE-DE-ROUER-
GUE,** Aveyron, ch.-l. d'arr. 9,719 h.

VILLEFRANCHE-SUR-SAONE,
Rhône, ch.-l. d'arr. 12,469 hab.

VILLEJUIF, Seine, ch.-l. de cant.,
arr. de Sceaux. 1,815 hab.

VILLEMUR, Hte-Gar., ch.-l. de
cant., arr. de Toulouse. 5,305 hab.

VILLENAUVE, Aube, ch.-l. de
cant., arr. de Nogent-sur-Seine. 2,510 h.

VILLENEUVE, Aveyron, ch.-l. de
cant., arr. de Villefranche. 3,235 hab.

VILLENEUVE, Landes, ch.-l. de
cant., arr. de Mont-de-Marsan. 2,060 h.

VILLENEUVE-D'AGENT, Lot-
et-Garonne, ch.-l. d'arr. 13,800 hab.

VILLENEUVE-DE-BERG, Ar-
dèche, ch.-l. de cant., arr. de Privas.
2,550 hab.

**VILLENEUVE - L'ARCHEVÊ-
QUE,** Yonne, ch.-l. de cant., arr. de
Sens. 1,843 hab.

VILLENEUVE-LÈS-AVIGNON.
Gard, ch.-l. de cant., arr. d'Uzès. 3,057
hab.

VILLENEUVE-SUR-YONNE,

Yonne, ch.-l. de cant., arr. de Joigny.
4,951 hab.

VILLERÉAL, Lot-et-Gar., ch.-l.
de cant., arr. de Villeneuve. 1,720 h.

VILLERS-BOCAGE, Calvados,
ch.-l. de cant., arr. de Caen. 1,155 h.

VILLERS-BOCAGE, Somme,
ch.-l. de cant., arr. d'Amiens. 1,394 h.

VILLERS-COTTERETS, Aisne,
ch.-l. de cant., arr. de Soissons. 3,401 h.

VILLERS-FARLAY, Jura, ch.-l.
de cant., arr. de Poligny. 863 hab.

VILLERSEXEL, Hte-Saône, ch.-l.
de cant., arr. de Lure. 1,580 hab.

VILLE-SUR-TOURBE, Marne,
ch.-l. de cant., arr. de Ste-Menehould.
580 hab.

VILLEURBANNE. Rhône, ch.-l.
de cant., arr. de Lyon. 6,663 hab.

VILLIERS-SAINT-GEORGES,
Seine-et-Marne, ch.-l. de cant., arr. de
Provins. 998 hab.

VILNA ou WILNA, v. de Russie.
52,286 hab.

VIMOUTIERS, Orne, ch.-l. de
cant., arr. d'Argentan. 3,700 hab.

VIMY, Pas-de-Calais, ch.-l. de
cant., arr. d'Arras. 1,280 hab.

VINAY, Isère, ch.-l. de cant., arr.
de Saint-Marcellin. 3,218 hab.

VINÇA, Pyrén.-Orient., ch.-l. de
cant., arr. de Prades. 1,983 hab.

VINCENNES, Seine, ch.-l. de
cant., arr. de Sceaux. 14,573 hab.

VIRE, Calvados, ch.-l. d'ar. 6,863 h.

VIRGINIE, un des États de l'Union
américaine. Cap. Richmond.

VIRIEU, Isère, ch.-l. de cant., arr.
de la Tour-du-Pin. 1,120 hab.

VIRIEU-LE-GRAND, Ain, ch.-l.
de cant., arr. de Belley. 910 hab.

VISO, mont. des Alpes.

VISTULE, fleuve de Pologne et de
Prusse, qui se jette dans la Baltique.

VITERBE, v. d'Italie. 15,000 hab.

VITRÉ, Ille-et-Vilaine, ch.-l. d'ar.
8,900 hab.

VITREY, Hte-Saône, ch.-l. de cant.,
arr. de Vesoul. 906 hab.

VITRY-EN-ARTOIS, Pas-de-C.,
ch.-l. de cant., arr. d'Arras. 2,500 h.

VITRY-LE-BRULÉ, v. de la
Marne, brulée en 1144 par Louis-le-Jeune

VITRY-LE-FRANÇOIS, Marne,
ch.-l. d'arr. 7,800 hab.

VITTEAUX, Côte-d'Or, ch.-l. de
cant., arr. de Semur. 1,686 hab.

VITTEL, Vosges, ch.-l. de cant.,
arr. de Mirecourt. 1,305 hab.

VIVARAIS, petit pays de l'anc. Fr.

VIVEROLS, Puy-de-Dôme, ch.-l.
de cant., arr. d'Ambert. 1,185 hab.

VIVIERS, Ardèche, ch.-l. de cant.,
arr. de Privas. 2,700 hab.

VIVONE, Vienne, ch.-l. de cant., arr. de Poitiers. 2,619 hab.

VIZILLE, Isère, ch.-l. de cant., arr. de Grenoble. 3,545 hab.

VOID, Meuse, ch.-l. de cant., arr. de Commercy. 1,400 hab.

VOIRON, Isère, ch.-l. de cant., arr. de Grenoble. 9,840 hab.

VOITEUR, Jura, ch.-l. de cant., arr. de Lons-le-Saulnier. 1,155 hab.

VOLGA, fleuve de Russie, qui se jette dans la mer Caspienne.

VOLHYNIE, gouv. de la Russie d'Europe.

VOLMUNSTER, anc. dép. de la Moselle, ch.-l. de cant., arr. de Sarreguemines. 1,090 hab.

VOLONNE, B.-Alpes, ch.-l. de cant., arr. de Sisteron. 1,055 hab.

VOREY, Haute-Loire, ch.-l. de cant., arr. du Puy. 2,319 hab.

VORONÉJE, v. de Russie. 44,000 h

VOSGES, mont. de France.

VOSGES (DÉP. DES), ch.-l. Epinal. 418,998 hab. Cour d'appel de Nancy, évêché à Saint-Dié. Formé de la partie méridionale de la Lorraine.

VOUNEUIL-SUR-VIENNE, Vienne, ch.-l. de cant., arr. de Châtellerault. 1,450 hab.

VOUVRAY, Indre-et-Loire, ch.-l. de cant., arr. de Tours. 2,440 hab.

VOUZIERS, Ardennes, ch.-l. de cant., arr. de Mézières. 3,155 hab.

VOVES, Eure-et-Loir, ch.-l. de cant., arr. de Chartres. 1,405 hab.

WAGRAM, v. d'Autriche. Vict. de Napoléon, en 1809.

WASHINGTON, cap. de Etats-Unis 30,000 hab.

WASSELONNE, anc. dép. du B.-Rhin, ch.-l. de cant., arr. de Strasbourg. 4,308 hab.

WASSIGNY, Aisne, ch.-l. de cant., arr. de Vervins. 1,379 hab.

WATERLOO, village de Belgique où Napoléon fut vaincu en 1815.

WEIMAR, v. d'Allemagne, cap. du grand duché de Saxe-Weimar. 12,000 h.

WÉSER, fleuve d'Allemagne, qui se jette dans la mer du Nord.

WESTPHALIE, contrée d'Allemagne. Cap. Munster.

WIESBADEN, v. de Prusse. Eaux thermales. 15,000 hab.

WIGT (ILE DE), dans la Manche, à l'Angleterre. 35,000 hab.

WINDSOR, bourg d'Angleterre, résidence d'été des souverains.

WINTZENHEIM, anc. H.-Rhin, ch.-l. de cant., arr. de Colmar. 1,105 h.,

WOERTH, anc. B.-Rhin, ch.-l. de cant., arr. de Wissembourg. 1,150 hab. Bataille de 1870.

WOOLWICH, v. d'Angleterre, sur la Tamise. 28,000 hab.

WORMHOUDT, Nord, ch.-l. de cant., arr. de Dunkerque, 3,810 hab.

WORMS, v. du g. duché de Hesse-Darmstadt. 8,400 hab. Diverses diètes.

WURTEMBERG (ROY. DE), un des Etats de l'Allemagne. 1,600,720 hab. Cap. Stuttgard.

WURTZBOURG, v. de Bavière. 27,000 hab.

X Y Z

XÉRÈS, v. d'Espagne, en Andalousie. Vins renommés. 32,000 hab.

YANAON, v. de l'Indoustan. Comptoir français. 7,000 hab.

YARMOUTH, v. et port d'Anglet.

YÉDO, cap. du Japon. 1,600,000 h.

YERVILLE, Savoie, ch.-l. de cant., arr. de Chambéry. 2,935 hab.

YONNE, r. de France, affluent de la Seine.

YONNE (DÉP. DE L'), ch.-l. Auxerre. 372,580 hab. Cour d'appel de Paris; archevêché à Sens. Formé aux dépens de la Bourgogne, de la Champagne et de l'Orléanais.

YORK, v. d'Angleterre. 28,000 h.

YPRES, v. de Belgique. 17,000 h.

YSSIGNEAUX, Haute-Loire, ch.-l. de cant., arr. du Puy. 7,960 hab.

YUCATAN, presqu'île du Mexique. 88,996 hab.

YVERDUN, v. du cant. de Vaud (Suisse).

YVETOT, Seine-Inf., ch.-l. d'arr. 8,900 hab.

ZAMA, v. d'Afrique. Défaite d'Annibal par Scipion l'Afric., en 202 av. J.-C.

ZAMBÈZE, fleuve d'Afrique.

ZANGUEBAR, contrée de l'Afriq.

ZANTE, une des îles ioniennes. 39,000 hab.

ZÉLANDE (NOUVELLE-), groupe d'îles de l'Océanie.

ZEMBLE (NOUVELLE-), nom donné à deux îles de l'océan Glacial arctique.

ZICAVO, Corse, ch.-l. de cant., arr. d'Ajaccio. 1,443 hab.

ZUG, cant., v. et lac de la Suisse.

ZURICH, cant., v. et lac de la Suisse.

ZUYDERZÉE, golfe de Hollande.

MÉGÉRE, l'une des trois Furies.

MÉLÉAGRE, un des héros demi-dieux de l'antiquité païenne, fils d'Énée et d'Althée.

MÉLICERTE, fils d'Athamas et d'Ino ; fuyant les fureurs de son père, il se précipita dans la mer.

MELPOMÈNE, une des neuf Muses ; présidait à la tragédie.

MEMNON, fils de Tithon et de l'Aurore ; alla au secours de Troie.

MÉNADE, surnom des bacchantes qui, dans les fêtes de Bacchus, se livraient à des excès de fureur.

MERCURE, fils de Jupiter et de Maia, dieu de l'éloquence, des voyageurs, du commerce et des voleurs.

MIDAS, roi de Phrygie ; avait reçu de Bacchus le pouvoir de changer en or tout ce qu'il touchait.   [de la sagesse.

MINERVE, fille de Jupiter, déesse

MINOS, un des juges des Enfers.

MINOTAURE, monstre moitié homme, moitié taureau, qui se nourrissait de chair humaine. Ce fut Thésée qui le tua dans le labyrinthe de Crète.

MNÉMOSYNE, déesse de la mémoire.

MOLOCH, divinité des Phéniciens et des Carthaginois ; on lui sacrifiait des victimes humaines.

MOMUS, fils de la Nuit, dieu de la santé et de la folie.

MUSES, au nombre de neuf, filles de Jupiter et de Mnémosyne.

N

NAIADE, nymphe des fontaines et des rivières.

NAPÉE, chacune des nymphes des forêts et des montagnes.

NARCISSE, fils du fleuve Céphise et de la nymphe Liriope ; s'éprit de sa propre image, et, ne pouvant la saisir, mourut de désespoir.

NÉMÉSIS, fille de l'Océan et de la Nuit, était la déesse de la vengeance et des représailles.

NEPTUNE, frère de Jupiter ; dieu des mers.

NÉRÉE, dieu marin, fils de l'Océan et de Téthys, père des Néréides.

NÉRÉIDE, chacune des nymphes de la mer.

NESSUS, centaure, voulut enlever Déjanire, et Hercule le perça d'une flèche empoisonnée.

NIOBÉ, fille de Tantale.

NYMPHES, divinités qui habitaient les fontaines, les fleuves, les bois, etc

O

ODIN, dieu des Scandinaves.

OLYMPE, montagne de la Grèce, résidence des dieux.

OMPHALE, reine de Lydie, épousa Hercule.

ORÉADES, nymphes des montagnes.

ORPHÉE, poète et musicien, descendit aux Enfers pour en retirer sa femme Eurydice.

OSIRIS, dieu égyptien

P

PALÉMON, dieu marin qui présidait aux ports.

PALÈS, déesse des bergers.

PALLAS, surnom de Minerve considérée comme présidant à la guerre.

PAN, fils de Jupiter, dieu des campagnes, des bergers et des troupeaux.

PANDORE, nom de la première femme formée par Vulcain ; Jupiter lui donna une boîte qui renfermait tous les maux.

PARNASSE, montagne de la Grèce qui était consacrée aux Muses.

PARQUES, les trois déesses des Enfers, nommées Clotho, Lachésis et Atropos, qui filaient et coupaient le fil de la vie des hommes.

PARTHÉNON, temple de Minerve à Athènes.

PÉNATES, dieux protecteurs des villes et des empires.

PÉGASE, cheval ailé qui d'un coup de pied fit jaillir la fontaine Hippocrène, où les poètes venaient puiser l'inspiration.

PHAÉTON, fils d'Apollon, voulut un jour diriger le char du Soleil et fut précipité dans l'Eridan (le Pô).

PHÉBÉ. (*Voy.* **DIANE**).

PHÉBUS. (*Voy.* **APOLLON**).

PHILÉMON, époux de Baucis.

PHILOMÈLE, fille de Pandion, fut changée en rossignol.

PHLEGÉTON, un des fleuves des Enfers.

PIÉRIDES, filles de Piérus, roi de Macédoine ; disputèrent le prix du chant aux Muses et furent changées en pies.

PINDE, montagne de Grèce consacrée aux Muses.

PLÉIADES, nom des sept filles d'Atlas ; elles furent changées en étoiles et placées dans le ciel.

PLUTON, dieu des Enfers, frère de Jupiter et de Neptune.

PLUTUS, dieu de la richesse et des mines de métaux précieux.

POLLUX, fils de Jupiter et de Léda, frère de Castor.

POLYMNIE, muse qui présidait à l'ode.

POMONE, déesse des fruits.

PRIAPE, dieu des jardins, fils de Bacchus et de Vénus.

PROMÉTHÉE, fils de Japet, forma l'homme du limon de la terre, déroba le feu du ciel pour l'animer, et fut attaché sur le Caucase.

PROSERPINE, déesse des Enfers, fille de Cérès.

PROTÉE, dieu marin qui changeait de forme à volonté.

PSYCHÉ, jeune fille que l'Amour épousa.

PYTHON, serpent monstrueux tué par Apollon sur le mont Parnasse.

R

RHADAMANTE, juge des Enfers.
RHÉE, la même que Cybèle.

S

SATURNE, père de Jupiter, de Neptune et de Pluton ; dieu du temps.

SCYLLA, célèbre écueil en face de celui de **CHARYBDE** (v. ce mot), à l'entrée du détroit de Sicile.

SÉMÉLÉ, mère de Bacchus.

SÉRAPIS, dieu de l'anc. Egypte.

SILÈNE, père nourricier de Bacchus.

SIRÈNES, monstres moitié filles et moitié poissons.

SISYPHE, fut condamné à rouler dans le Tartare un rocher jusqu'au sommet d'une montagne, d'où il retombait toujours.

STYX, fleuve des Enfers.

SYLPHE, SYLPHIDE, nom donné aux prétendus génies de l'air.

SYLVAIN, dieu des forês et des

champs, qui avait des oreilles et des jambes de bouc.

T

TANTALE, roi de Phrygie, condamné à souffrir perpétuellement dans le Tartare le supplice de la faim et de la soif.

TERRE (LA), épousa Uranus, et de cette alliance naquirent Titan et Saturne ou le Temps.

TARTARE, partie des Enfers où étaient punis les coupables.

TÉNARE, l'Enfer des païens.

TERME, dieu gardien des propriétés.

TERPSICHORE, muse de la danse.

TÉTHYS, déesse de la mer, épouse de l'Océan.

TEUTATÈS, dieu des Gaulois.

THALIE, muse de la Comédie.

THALIE, une des trois Grâces.

THÉMIS, déesse de la justice.

THÉTIS, nymphe, mère d'Achille.

TIPHON, géant à cent têtes.

TISIPHONE, une des trois Furies.

TITANS (LES), fils de Titan et de la Terre, furent foudroyés par Jupiter.

TRITONS, monstres marins, nés de Neptune et d'Amphitrite.

TYPHON, dieu du mal chez les anciens Egyptiens.

U V

URANIE, l'une des neuf Muses ; présidait à l'astronomie.

VÉNUS, déesse de la beauté.

VERTUMNE, dieu des fruits et des saisons.

VESTA, déesse du feu.

VICHNOU, dieu des Indiens.

VULCAIN, dieu du feu, fils de Jupiter et de Junon.

VOCABULAIRE MYTHOLOGIQUE.

A

ACHÉRON, fleuve des Enfers.

ACTÉON, chasseur changé en cerf par Diane.

ADONIS, fils de Cynire et de Myrra. Il était d'une beauté parfaite.

AGLAÉ, la plus jeune des trois Grâces.

ALCMÈNE, mère d'Hercule.

ALECTO, une des trois Furies.

AMALTHÉE, chèvre qui fut la nourrice de Jupiter.

AMMON, nom de Jupiter dans la Lybie.

AMPHITRITE, déesse de l'Océan, épousa Neptune, dont elle eut un fils nommé Triton.

ANDROMÈDE, fille de Céphée, sauvée par Persée de la vengeance de Junon.

ANTÉE, géant, fils de la Terre, qu'Hercule étouffa dans ses bras.

ANTINOUS, favori de l'empereur Adrien, qui, après sa mort, le fit mettre au rang des dieux.

APOLLON, dieu de la poésie et des arts, du jour et du soleil, et en cette qualité nommé aussi Phébus ; était fils de Jupiter et de Latone.

ARÉTHUSE, nymphe changée en fontaine.

ARGUS, prince phrygien qui avait cent yeux ; il fut tué par Mercure.

ARIANE, fille de Minos, donna à Thésée le fil à l'aide duquel il put sortir du labyrinthe; fut abandonnée par lui dans l'île de Naxos.

ARISTÉE, fils d'Apollon, apprit aux hommes à élever les abeilles.

ASTRÉE, déesse de la justice.

ATLAS, roi de Mauritanie, changé en montagne et condamné à porter le ciel sur ses épaules.

ATROPOS, celle des trois Parques qui coupait le fil de la vie.

AURORE, fille d'Apollon, épousa Céphale.

AVERNE, lac de l'Italie méridionale ; était regardé comme l'entrée des Enfers.

B

BACCHUS, dieu du vin, fils de Jupiter et de Sémélé.

BAUCIS, femme de Philémon.

BELLÉROPHON, héros des temps mythologiques, tua la Chimère.

BELLONE, déesse de la guerre.

BRIARÉE, géant à cent bras.

C

CALLIOPE, muse de la poésie épique et de l'éloquence.

CALYPSO, nymphe qui retint Ulysse pendant sept ans dans l'île d'Ogygie.

CASTOR, frère jumeau de Pollux.

CERBÈRE, chien à trois têtes, gardien des Enfers.

CÉRÈS, déesse de l'agriculture, fille de Saturne et de Cybèle ; mère de Proserpine et de Plutus.

CHAMPS-ÉLYSÉES, partie des Enfers où étaient placés ceux qui avaient bien vécu.

CHAOS (LE), père du Destin ; le plus ancien des dieux.

CHARON ou **CARON,** nocher des Enfers.

CHARYBDE, fille de Neptune, changée en un gouffre situé dans le détroit de Sicile. (*Voy.* SCYLLA.)

CIRCÉ, célèbre magicienne.

CLIO, muse de l'histoire.

COCYTE, fleuve des Enfers.

COMUS, dieu qui présidait aux plaisirs de la table.

CUPIDON, dieu de l'amour, fils de Vénus, ainsi que l'Hymen.

CYBÈLE, sœur de Saturne, et son épouse; elle présidait à la terre.

CYCLOPES, géants qui n'avaient qu'un œil au milieu du front.

D

DANAÉ, fille d'Acrisius, enfermée dans une tour d'airain où Jupiter pénétra sous la forme d'une pluie d'or.

DANAIDES, nom des cinquante filles de Danaüs qui, pour avoir tué leurs époux la nuit même de leurs noces, furent condamnées, dans le Tartare, à remplir un tonneau sans fond.

DAPHNÉ, nymphe qui fut changée en laurier.

DAPHNIS, berger sicilien.

DÉDALE, architecte et mécanicien grec, constructeur du labyrinthe de Crète.

DÉJANIRE, femme d'Hercule.

DESTIN (LE), placé par les païens au-dessus de tous les dieux.

DIANE, déesse de la chasse, fille de Latone, sœur d'Apollon.

DODONE, ville d'Épire avec un

temple de Jupiter près d'une forêt de chênes qui rendaient des oracles.

DRYADES, nymphes des campagnes.

E

EAQUE, l'un des trois juges des Enfers.

ÉCHO, nymphe que Junon condamna à ne pouvoir répéter que les derniers mots de ceux qui l'interrogeaient, et qui fut changée en rocher.

ÉGÉRIE, nymphe qui fut l'inspiratrice du roi législateur Numa.

ENCELADE, géant à cent bras foudroyé par Jupiter.

ENDYMION, berger de Carie, condamné par Jupiter à un sommeil de cinquante années.

ÉOLE, dieu des vents.

ÉPIMÉTHÉE, frère de Prométhée, épousa Pandore.

ÉRATO, muse de la poésie lyrique.

ÉRÈBE, nom par lequel on désigne quelquefois les Enfers, ou l'un des fleuves.

ESCULAPE, dieu de la médecine, fils d'Apollon.

EUPHROSYNE, une des trois Grâces.

EURYDICE, femme d'Orphée.

EUTERPE, muse qui présidait aux instruments.

F

FAUNE, dieu champêtre.

FLORE, déesse des fleurs.

FURIES, divinités infernales chargées de tourmenter dans les Enfers les âmes des criminels. Elles étaient trois : Tisiphone, Alecto et Mégère.

G

GALATÉE, nymphe aimée de Polyphème.

GANYMÈDE, échanson des dieux.

GÉNIE, fils du ciel et de la nature. Les empires, les villes, etc., avaient leur génie.   [par Hercule.

GÉRYON, géant à trois têtes, tué

GORGONES, monstres de la Fable, au nombre de trois : Méduse, Euryale et Sthéno.

GRACES (LES), déesses au nombre de trois : Aglaé, Euphrosyne et Thalie.

H

HAMADRYADES, nymphes des forêts.

HARPIES, monstres fils de Neptune et d'Amphitrite. Elles étaient trois.

HARPOCRATE, dieu du silence.

HÉBÉ, déesse de la jeunesse.

HÉCATE, un des noms de Diane, honorée à la fois dans le ciel, sur la terre et dans les enfers.

HÉLICON, montagne de Grèce consacrée aux Muses.

HERCULE, fils de Jupiter et d'Alcmène, accomplit douze travaux célèbres.

HÉSIONE, fille de Laomédon, fut exposée à un monstre marin envoyé par Neptune. Hercule la délivra et lui fit épouser Télamon.

HESPÉRIDES (JARDIN DES), gardé par un dragon, contenait des pommes d'or qui furent enlevées par Hercule.

HIPPOCRÈNE, fontaine que le pied de Pégase avait fait jaillir.

HYPERMNESTRE, une des Danaïdes.

I

IRIS, messagère de Junon.

ISIS, déesse des Egyptiens, sœur et femme d'Osiris.

IXION, roi des Lapithes ; osa aimer Junon, et fut précipité dans le Tartare.

J

JANUS, roi des temps fabuleux dans une partie de l'Italie : il recueillit Saturne chassé du ciel.   [Jupiter.

JUNON, fille de Saturne, épouse de

JUPITER ou **JUPIN,** père et maître des dieux chez les Grecs et les Romains ; fils de Saturne.

L

LACHÉSIS, une des trois Parques.

LARES, dieux domestiques, protecteurs des maisons et gardiens des familles.

LATONE, mère d'Apollon et de Diane.

LÉTHÉ, fleuve des Enfers, dont les eaux faisaient oublier le passé.

LUCINE, déesse qui présidait à la naissance des enfants.

LYCAON, roi d'Arcadie, métamorphosé en loup par Jupiter.

M

MANES, âmes des morts considérées comme divinités infernales.

MARS, dieu de la guerre, fils de Jupiter et de Junon.

MÉDÉE, célèbre magicienne.

MÉDUSE, l'une des trois Gorgones.

SOUILLY, Meuse, ch.-l. de cant., arr. de Verdun. 905 hab.

SOULAINES, Aube, ch.-l. de cant., arr. de Bar-sur-Aube. 830 hab.

SOULTZ, anc. dép. du Haut-Rhin, ch.-l. de cant., arr. de Colmar. 3,990 h.

SOULZ-SOUS-FORÉTS, anc. dép. du Bas-Rhin, ch.-l. de cant., arr. de Wissembourg. 1,740 hab.

SOURDEVAL, Manche, ch.-l. de cant., arr. de Mortain. 4,055 hab.

SOURNIA, Pyrén.-Orient., ch.-l. de cant., arr. de Prades. 961 hab.

SOUSTONS, Landes, ch.-l. de cant., arr. de Dax. 3,581 hab.

SOUTERRAINE (LA), Creuse, ch.-l. de cant., arr. de Guéret. 4,029 h.

SOUTHAMPTON, v. d'Angleterre. 34,091 hab.

SOUVIGNY, Allier, ch.-l. de cant., arr. de Moulins. 2,805 hab.

SPA, v. de Belgique. Eaux minérales. 1,900 hab.

SPARTE, v. fam. de la Grèce anc.

SPINCOURT, Meuse, ch.-l. de cant., arr. de Montmédy. 505 hab.

SPIRE, v. de la Bavière rhénane. 11,000 hab.

SPITZBERG, groupe d'îles de l'océan Glacial arctique.

SPOLÈTE, v. du roy. d'Italie. 7,000 hab.

SPORADES, îles dans l'Archipel.

SPRÉE, riv. d'Allemagne et de Prusse.

STAMBOUL. Voy. **CONSTANTINOPLE.**

STEENVOORDE, Nord, ch.-l. de cant., arr. d'Hazebrouck. 3,990 hab.

STEINKERQUE, v. de Belgique. Vict. du maréchal de Luxembourg sur Guillaume III, en 1692.

STENAY, Meuse, ch.-l. de cant., arr. de Montmédy. 2,819 hab.

STETTIN, v. de la Prusse. 48,000 h.

STOCKHOLM, cap. de la Suède. 93,000 hab.

STRALSUND, v. des Etats prussiens. 20,000 hab.

STRASBOURG, ch.-l. de l'anc. dép. du Bas-Rhin. 84,167 hab.

STUTTGARD, v. d'Allemagne. 46,000 hab.

STYMPHALE, lac de l'anc. Arcadie.

STYRIE, pays d'Aut. Ch.-l. Gratz.

SUÈDE, roy. d'Europe. Cap. Stockholm.

SUIPPES, Meuse, ch.-l. de cant., arr. de Châlons. 2,205 hab.

SULLY-SUR-LOIRE, Loiret, ch.-l. de cant., arr. de Gien. 2,530 hab.

SUMATRA, île de la sonde. 6 millions d'hab.

SUMBAVA, île de la Sonde. 50,000 hab.

SUMÈNE, Gard, ch.-l. de cant. 2,830 hab.

SUND, détroit de la mer Baltique.

SUNDERLAND, v. d'Angleterre. 70,000 hab.

SUPÉRIEUR (LAC), entre les Etats-Unis et le Canada.

SURATE, v. de l'Indoust. 180,000 h.

SURESNE, commune du dép. de la Seine. 4,515 hab.

SURGERES, Char.-Infér., ch.-l. de cant., arr. de Rochefort. 3,200 hab.

SURINAM, r. de la Guyane.

SUSE, v. de l'anc. Asie.

SUSSEX, comté d'Angleterre dans l'Australie. Ancien lieu de déportation.

SUZE (LA), Sarthe, ch.-l. de cant., arr. du Mans. 2,370 hab.

SYBARIS, anc. v. d'Italie célèbre par la mollesse de ses habitants.

SYDNEY, v. angl. de l'Australie.

SYRACUSE, v. de Sicile. 16,800 h.

SYRIE, pays d'Asie.

T

TABAGO, une des petites Antilles.

TAFNA, petite rivière d'Algérie, célèbre par le traité conclu entre le général Bugeaud et l'émir Abd-el-Kader.

TAGANROK, v. de la Russie. 20,000 hab.

TAGE (LE), fleuve d'Espagne, qui se jette dans l'océan Atlantique. Cours de 760 kil.

TAILLEBOURG, vill. de la Char.-Inf. Vict. de saint Louis sur les Anglais.

TAIN, Drôme, ch.-l. de cant., arr. de Valence. 2,780 hab.

TAITI, TAHITI ou **OTAHITI**, groupe d'îles de la Polynésie. 40.000 h

TALLARD, Htes-Alpes, ch.-l. de cant., arr. de Gap. 1,105 hab.

TALMONT, Vendée, ch.-l. de cant., arr. des Sables-d'Olonne. 980 hab.

TAMISE, fl. d'Angl. Cours de 400 k.

TANARO, r. d'Italie.

TANGER, v. du Maroc. 9,500 hab.

TANNAY, Nièvre, ch.-l. de cant., arr. de Clamecy. 1,395 hab.

TARARE, Rhône, ch.-l. de cant., arr. de Villefranche. 14,500 hab.

TARASCON, B.-du-Rhône, ch.-l. de cant., arr. d'Arles. 13,480 hab.

TARASCON-SUR-ARIÈGE, Ariège, ch.-l. de cant., arr. de Foix. 13,480 hab.

TARBES, ch.-l. du dép. des Htes-Pyrénées. 15,658 hab. Evêché.

TARDENOIS, anc. petit pays de France. Cap. La Fère.

TARDETS-SORHOLUS, Basses-

Pyrénées, ch.-l. de cant., arr. de Mauléon. 1,050 hab.

TARENTE, v. d'Italie. 14,000 h.

TARGON, Gironde, ch.-l. de cant., arr. de la Réole. 1,075 hab.

TARN, r. de France, qui sort du mont Lozère et se jette dans la Garonne. Cours de 350 kil.

TARN (DÉP. DU), ch.-l. Albi. 355,513 hab. Cour d'appel de Toulouse, archevéché à Albi. Formé de l'Albigeois et du haut Languedoc.

TARN-ET-GARONNE, ch.-l. Montauban. 228,969 hab. Cour d'appel de Toulouse ; évêché à Montauban. Formé du Quercy, de l'Agénois, du Rouergue, etc.

TARRAGONE, v. d'Espagne. 11,000 hab.

TARSE, anc. v. de l'Asie-Mineure.

TARTAS, Landes, ch.-l. de cant., arr. de Saint-Sever. 3,085 hab.

TAULÉ, Finistère, ch.-l. de cant., arr. de Morlaix. 2,890 hab.

TAURIDE, pays comprenant la Crimée. Cap. Sébastopol.

TAURIS, v. de Perse. 140,000 h.

TAURUS (MONT), en Asie.

TAUVES, Puy-de-Dôme, ch.-l. de cant., arr. d'Issoire. 2,490 hab.

TAVERNES, Var, ch.-l. de cant., arr. de Brignoles. 1,190 hab.

TCHAD ou **OUANGARA**, lac d'Afrique.

TCHERNAIA, r. de Crimée.

TÉHÉRAN, cap. de la Perse. 140,000 hab.

TEILLEUL (LE), Manche, ch.-l. de cant., arr. de Mortain. 2,420 hab.

TEMESVAR, v. de Hongrie. 25,000 hab.

TENCE, Hte-Loire, ch.-l. de cant., arr. d'Yssengeaux. 5,540 hab.

TÉNÉDOS, île de l'Archipel. 7,000 hab.

TÉNÉRIFFE, la plus grande des îles Canaries.

TENNESSEE, Etat de l'Union amér.

TÉOS, v. de l'Asie-Mineure.

TERRASSON, Dordogne, ch.-l. de cant., arr. de Sarlat. 3,235 hab.

TERRE-NEUVE, grande île de l'Amérique du Nord. 75,000 hab.

TESSIN, r. et cant. de la Suisse.

TESSY-SUR-VIRE, Manche, ch.-l. de cant., arr. de S.-Lô. 1,615 h.

TESTE (LA), Gironde, ch.-l. de cant., arr. de Bordeaux. 3,600 hab.

TÉTOUAN, v. du Maroc. 15,000 h.

TEXAS, Etat de l'Union amér.

TEXEL, île du Zuyderzée. 6,000 h.

THABOR (MONT), où N.-S. fut transfiguré. Vict. de Bonaparte, en 1799.

THANN, ch.-l. de cant. de l'anc.

dép. du Haut-Rhin, arr. de Belfort. 8,855 hab.

THÉBAIDE, contrée de l'Egypte méridionale. Cap. Thèbes.

THÈBES, v. importante de l'anc. Egypte.

THÈBES, v. de l'anc. Grèce. Patrie de Pindare et d'Epaminondas.

THEIL (LE), Orne, ch.-l. de cant., arr. de Mortagne. 865 hab.

THEISS, r. de Hongrie.

THÉNEZAY, Deux-Sèvres, ch.-l. de cant., arr. de Parthenay. 2,283 hab.

THENON, Dordogne, ch.-l. de cant. 1,874 hab.

THERMOPYLES, défilé de la Grèce, où Léonidas périt avec 300 Spartiates.

THÉROUANNE, v. du Pas-de-Calais.

THESSALIE, contrée de l'anc. Grèce.

THESSALONIQUE, cap. de la Macédoine sous les Romains.

THÈSE, B.-Pyrén., ch.-l. de cant., arr. de Pau. 470 hab.

THIAUCOURT, Meurthe-et-Mos., ch.-l. de cant., arr. de Toul. 1,611 hab.

THIBERVILLE, Eure, ch.-l. de cant., arr. de Bernay. 1,360 hab.

THIBET ou **TIBET**, région de l'Asie centrale.

THIÉBLEMONT, Marne, ch.-l. de cant., arr. de Vitry-le-François. 429 hab.

THIÉRACHE, anc. pays de France compris dans le dép. de l'Aisne.

THIONVILLE, anc. dép. de la Moselle, ch.-l. d'arr. 7,810 hab. Place forte sur la Moselle.

THIRON-GARDAIS, Eure-et-Loir, arr. de Nogent-le-Rotrou. 610 h.

THIVIERS, Dordogne, ch.-l. de cant., arr. de Nontron. 2,700 hab.

THIZY, Rhône, ch.-l. de cant., arr. de Villefranche. 760 hab.

THOISSEY, Ain, ch.-l. de cant., arr. de Trévoux. 1,660 hab.

THONON, Hte-Savoie, ch.-l. d'arr. 5,530 hab.

THOUARCÉ, Maine-et-Loire, ch.-l. de cant., arr. d'Angers. 1,733 hab.

THOUARS, Deux-Sèvres, ch.-l. de cant., arr. de Bressuire. 2,569 hab.

THRACE, anc. contrée du nord de la Grèce.

THUEYTS, Ardèche, ch.-l. de cant., arr. de Largentière. 2,900 hab.

THUIR, Pyrén.-Orient., ch.-l. de cant., arr. de Perpignan. 2,385 hab.

THURGOVIE, cant. de la Suisse.

THURINGE, anc. roy. de la Germanie.

TIBÉRIADE (LAC DE) ou de

GÉNÉSARETH, ou MER DE GA-LILÉE, ville de Palestine, en Galilée, fondée l'an 17.

TIBRE, fl. d'Italie, passe à Rome.

TIBUR, v. de l'anc. Italie.

TIFLIS, v. de la Géorgie. 26,000 h.

TIGRE, fl. de la Turquie d'Asie.

TILLY-SUR-SEULLES, Calva-dos, ch.-l. de cant., arr. de Caen. 1,176 hab.

TILSITT, v. de Prusse. Traité de 1807, entre Napoléon et l'empire de Russie. 14,000 hab.

TIMOR, île de la Sonde.

TINCHEBRAY, Orne, ch.-l. de cant., arr. de Domfront. 4,365 hab.

TINTÉNIAC, Ille-et-Vilaine, ch.-l. de cant., arr. de Saint-Malo. 2,176 hab.

TIVOLI, v. des anc. Etats de l'Eglise. 6,800 hab.

TLEMCEN, v. d'Algérie. 13,000 h.

TOBOLSK, v. de la Sibérie. 25,000 hab.

TOKAY, bourg de Hongrie. Excel-lents vins.

TOLBIAC, v. de l'anc. Gaule. Vict. de Clovis sur les Allemands en 495.

TOLÈDE, v. d'Espagne. 13,500 h.

TOMBOUCTOU, v. et roy. d'A-frique.

TONKIN, pays de la Cochinchine.

TONKIN (GOLFE DU), entre la Chine et l'Annam.

TONNAY-BOUTONNE, Char.-Infér., ch.-l. de cant., arr. de Saint-Jean-d'Angély. 1,238 hab.

TONNAY-CHARENTE, Char.-Infér., ch.-l. de cant., arr. de Roche-fort. 3,763 hab.

TONNEINS, Lot-et-Garonne ch.-l. de cant., arr. de Marmande. 8,007 hab.

TONNERRE, Yonne, ch.-l. d'arr. Vins estimés. 3,429 hab.

TORIGNI, Manche, ch.-l. de cant., arr. de Saint-Lô. 2,680 hab.

TORNÉA, fleuve de Suède, qui se jette dans le golfe de Botnie.

TORTONE, v. du roy. d'Italie. 10,300 hab.

TORTOSE, v. forte d'Espagne. 16,000 hab.

TOSCANE, contrée de l'Italie cent.

TOTES, Seine-Inf., ch.-l. de cant., arr. de Dieppe. 810 hab.

TOUCY, Yonne, ch.-l. de cant., arr. d'Auxerre. 2,840 hab.

TOUL, Meurthe-et-Moselle, ch.-l. de cant., arr. de Nancy. 7,600 hab.

TOULA, v. de Russie. 54,626 hab.

TOULON, Var, ch.-l. d'arr. 84,000 hab. Grand port militaire.

TOULON-SUR-ARROUX, Saône-et-Loire, ch.-l. de cant., arr. de Cha-rolles. 1,899 hab.

TOULOUSE, ch.-l. de cant. du dép. de la Hte-Garonne. 113,000 hab.

TOURAINE, anc. prov. de France. Cap. Tours.

TOURCOING, Nord, ch.-l. de cant., arr. de Lille. 33,400 hab.

TOURNAN, S.-et-Marne, ch.-l. de cant., arr. de Melun. 1,870 hab.

TOURNAY, v. de Belgique. 30,000 hab.

TOURNAY, Htes-Pyrén., ch.-l. de cant., arr. de Tarbes. 1,357 hab.

TOURNON, Ardèche, ch.-l. d'arr. 5,500 hab.

TOURNON-D'AGÉNAIS, Lot-et-Garonne, ch.-l. de cant., arr. de Ville-neuve-d'Agen. 4,570 hab.

TOURNON-St.-MARTIN, Indre, ch.-l. de cant., arr. du Blanc. 1,513 h.

TOURNUS, Saône-et-Loire, ch.-l. de cant., arr. de Màcon. 5,640 hab.

TOUROUVRE, Orne, ch.-l. de cant., arr. de Mortagne. 1,933 hab.

TOURS, ch.-l. du dép. de l'Indre-et-Loire, sur la Loire. Archevêché. 38,055 hab.

TOURTERON, Ardennes, ch.-l. de cant., arr. de Vouziers. 584 hab.

TOUVET (LE), Isère, ch.-l. de cant., arr. de Grenoble. 1,625 hab.

TRAFALGAR, cap d'Espagne, sur les côtes de l'Andalousie.

TRAMAYES, S.-et-Loire, ch.-l. de cant., arr. de Màcon. 2,190 hab.

TRANQUEBAR, v. de l'Indous-tan. 26,000 hab.

TRANSYLVANIE, grand gouv. de l'emp. d'Autric. Cap. Klausembourg.

TRAPANI, v. et port de Sicile. 24,726 hab.

TRASIMÈNE (LAC), auj. de PÉROUSE. Vict. d'Annibal sur les Romains, 217 av. J.-C.

TRAS-OS-MONTÈS, prov. du Portugal. Ch.-l. Bragance.

TREBBIA ou TRÉBIE, r. d'Ita-lie. Vict. d'Annibal, 218 av. J.-C.

TRÉBIZONDE, v. de la Turquie d'Asie. 15,000 hab.

TREFFORT, Ain, ch.-l. de cant., arr. de Bourg. 1,020 hab.

TRÉGUIER, Côtes-du-Nord, ch.-l. de cant., arr. de Lannion. 3,643 hab.

TREIGNAC, Corrèze, ch.-l. de cant., arr. de Tulle. 3,120 hab.

TREMBLADE (LA), Char.-Inf., ch.-l. de cant., arr. de Marennes. 3,040 hab.

TRENTE, v. d'Autriche. Concile œcuménique de 1545 à 1563.

TRÉPORT (LE), petit port de France, dans la Seine-Inférieure.

TRETS, B.-du-Rhône, ch.-l. de cant., arr. d'Aix. 2,910 hab.

TRÉVES, v. de la Prusse rhénane. 17.000 hab.

TRÈVES, Gard, ch.-l. de cant., arr. du Vigan. 520 hab.

TRÉVIÈRES, Calvados, ch.-l. de cant., arr. de Bayeux. 1,160 hab.

TRÉVISE, v. d'Italie. 18,000 hab.

TRÉVOUX, Ain, ch.-l. d'arr. 2,735 hab.

TRIE, Htes-Pyrén., ch.-l. de cant., arr. de Tarbes. 1.680 hab.

TRIESTE, v. forte des Etats autrichiens, dans l'Illyrie; port sur le golfe de Trieste. 71,000 hab.

TRINITÉ (LA), Morbihan, ch.-l. de cant., arr. de Ploërmel. 1,280 hab.

TRINITÉ (LA), île principale des Antilles anglaises.

TRIPOLI, v. d'Afrique. 25,000 h. Ch.-l. de la régence du même nom.

TROARN, Calvados, ch.-l. de cant. 883 hab.

TROIE, v. de l'Asie-Mineure, soutint contre la Grèce un siège qui se termina en 1270 av. J.-C.

TROIS-MOUTIERS, Vienne, ch.-l. de cant., arr. de Loudun. 1,253 h.

TROUVILLE, petit port sur la Manche (Calvados), arr. de Pont-l'Evêque. Bains de mer fréquentés. 5.694 hab.

TROYES, Aube, ch.-l. du dép. Evêché. 35,678 hab.

TRUCHTERSHEIM, anc. dép. du Bas-Rhin, ch.-l. de cant., arr. de Strasbourg. 695 hab.

TRUN, Orne, ch.-l. de cant., arr. d'Argentan. 1,625 hab.

TUCHAN, Aude, ch.-l. de cant., arr. de Carcassonne. 1.135 hab.

TUFFÉ, Sarthe, ch.-l. de cant., arr. de Mamers. 1,805 hab.

TULLE, ch.-l. du dép. de la Corrèze. Evêché. 12.606 hab.

TULLINS, Isère, ch.-l. de cant., arr. de Saint-Marcellin. 4.560 hab.

TUNIS, v. d'Afrique. 120,000 hab. Ch.-l. de la régence du même nom.

TURIN, v. du roy. d'Ital. 150,000 h.

TURKESTAN ou **TARTARIE INDÉPENDANTE,** région de l'Asie. 9,000,000 d'hab.

TURKESTAN CHINOIS ou **PETITE-BOUKHARIE,** prov. de l'empire chinois. 1,500,000 hab.

TURQUIE, vaste Etat qui s'étend en Europe, en Asie et en Afrique. 35.000,000 d'hab. Cap. Constantinople.

TURQUIE D'ASIE, partie asiatique de l'Empire ottoman.

TURRIERS, B.-Alpes, ch.-l. de cant., arr. de Sisteron. 620 hab.

TUSCULUM, v. de l'anc. Italie.

TYR, v. de l'anc. Phénicie.

TYROL, gouv. de la métropole autrich. 900,000 hab. Cap. Inspruck.

TYRRHÉNIENNE (MER), entre l'Italie, la Corse, la Sard. et la Sicile.

U

UDINE, v. d'Italie. 22,000 hab.

UKRAINE, contrée de la Russie d'Europe.

ULLOA (S.-JEAN D'), l'un des forts qui défendent l'entrée de la Vera-Cruz (Mexique).

ULM, v. du roy. de Wurtemberg, prise par Napoléon en 1815.

UMÉRAPOURA, anc. cap. de l'empire birman.

UNTERWALD, cant. de la Suisse.

UPSAL, v. de Suède. 6,000 hab.

UR, v. de la Chaldée, patrie d'Abraham.

URAGUAY. Voy. **URUGUAY.**

URBIN, v. des anc. Etats de l'Eglise.

URI, cant. de la Suisse. Ch.-l. Altorf.

URUGUAY, r. de l'Amér. du Sud.

URUGUAY ou **URAGUAY,** petit Etat de l'Am. du Sud. Cap. Montévidéo.

USSEL, Corrèze, ch.-l. de cant. 3,875 hab.

USTARITS, B.-Pyrén., ch.-l. de cant., arr. de Bayonne. 2,270 hab.

UTIQUE, anc. v. d'Afrique.

UTRECHT, v. du roy. de Hollande. 40,000 hab.

UZEL, Côtes-du-Nord, ch.-l. de cant., arr. de Loudéac. 1,705 hab.

UZERCHE, Corrèze, ch.-l. de cant., arr. de Tulle. 3,180 hab.

UZÈS, Gard, ch.-l. d'arr., arr. de Nimes. 6,240 hab.

V

VABRE, Tarn, ch.-l. de cant., arr. de Castres. 2,435 hab.

VAILLY, Cher, ch.-l. de cant., arr. de Sancerre. 920 hab.

VAILLY, Aisne, ch.-l. de cant., arr. de Soissons. 1,720 hab.

VAISON, Vaucluse, ch.-l. de cant., arr. d'Orange. 3,405 hab.

VALACHIE ou **VALAQUIE,** prov. de la Turquie d'Europe. Cap. Bukharest.

VALAIS, cant. de la Suisse. 90,000 h.

VALBONNAIS, Isère, ch.-l. de cant., arr. de Grenoble. 1,310 hab.

VALDÉRIES, Tarn, ch.-l. de cant., arr. d'Albi. 1,125 hab.

VALENCEY, Indre, ch.-l. de cant., arr. de Châteauroux. 3,599 hab.

VALENCE, v. d'Espagne. 68,000 h.

VALENCE, ch.-l. du dép. de la Drôme. 18,700 hab.

DICTIONNAIRE HISTORIQUE

DICTIONNAIRE HISTORIQUE.

A

AARON, frère de Moïse. 1574-1452 av. J.-C.

ABADIE, théol. protestant. 1654-1727.

ABADIE (Paul), archit. français, né à Bordeaux en 1793.

ABADIE (Antoine et Michel), voyageurs français, nés à Dublin, l'un en 1810, l'autre en 1815. Excursions dans l'Abyssinie.

ABADITES, dynastie de rois maures, descendant d'Abad Ier, qui régna à Séville de 1015 à 1041.

ABBASSIDES, dynastie de califes musulmans qui remplaça celle des Ommiades, de 750 à 1258 de l'ère chrét.

ABBATUCCI (Pierre), général fr. 1726-1796. — Charles, son fils, général, né en 1771, tué à Huningue en 1796.

ABBATUCCI (Jacques), ancien ministre de la justice, mort en 1857.

ABBON, moine auteur. 8??-923.

ABBON, abbé de Fleury. 930-1004.

ABDALLAH, père de Mahomet, mort en 570. — Nom de plusieurs chefs arabes.

ABD-EL-KADER, célèbre émir arabe, né en 1807. Fait prisonnier en 1848, il fut rendu à la liberté par Louis-Napoléon.

ABDERAME, chef des Sarrasins d'Espagne; vaincu à la bataille de Poitiers, en 732. — Nom de quatre califes de la race des Ommiades, en Espagne.

ABDIAS, le 4e des douze prophètes, vivait, croit-on, vers 600 ans av. J.-C.

ABDOLONYME, élevé au trône de Sidon, en 332 av. J.-C.

ABEL, second fils d'Adam, tué par Caïn.

ABEL DE PUJOL, peintre français, né en 1785, élève de David.

ABÉLARD ou **ABAILARD**, moine, philosophe, théologien, l'une des plus vastes intelligences du moyen âge. 1079-1142

ABENCÉRAGES, tribu maure de Grenade.

ABIA ou **ABIAM**, roi impie de Juda, de 9?? à 9??.

ABIGAIL, femme de David.

ABIMÉLECH, juge d'Israël. 13??-12??.

ABIRON, lévite qui, s'étant révolté contre Moïse, fut englouti dans les flammes.

ABIU, lévite, fils d'Aaron, fut dévoré par le feu du ciel.

ABLANCOURT (Perrot d'), littérateur fr. 1606-1664.

ABNER, général de Saül, fut assassiné par Joab, jaloux de ses succès.

ABORIGÈNES, nom par lequel on désigne les habitants originaires ou primitifs d'une région.

ABOU-BEKR, beau-père de Mahomet, 1er des califes, m. en 634.

ABOUL-ABBAS, 1er calife de la famille des Abbassides, m. en 754.

ABOVILLE, ... commandant en chef l'artillerie de l'armée du Nord. 1730-1810.

ABRAHAM, patriarche, père du peuple juif, vivait 2,000 ans av. J.-C.

ABRANTES. Junot s'étant emparé, en 1807, de la ville d'Abrantes en Portugal. Napoléon lui conféra le titre de duc d'Abrantes.

ABRANTES (duchesse d'), femme du général Junot. 1784-1838. A laissé des mémoires curieux.

ABRIAL (comte), ministre de la justice après le 18 brumaire. 17??-18??.

ABSALON, fils de David, tué par Joab. 1060 av. J.-C.

ABSYRTE, fils d'Aétès roi de Colchide, et frère de Médée.

ABZAC (vicomte d'), agriculteur français, né le 1er janvier 1800

ACADÉMUS, Athénien. ... jardins, fréquentés par les ... furent l'origine de la célèbre Académie, où enseignait Platon.

ACHAB, roi d'Israël. 917-889 av. J.-C.

ACHARD (baron), général français, né en 1778.

ACHARD, chimiste qui exploita le premier en Silésie, 1787, la découverte faite par Margraff, en 1747, du sucre de betteraves.

ACHATE, le fidèle compagnon d'Énée.

ACHAZ, roi de Juda, m. 723 av. J.-C.

ACHÉENNE (ligue), confédération des villes du Péloponèse. 284-146 av. J.-C.

ACHILLE, héros grec, tué par Pâris au siège de Troie, qui avait eu ... 1270 av. J.-C.

ACHILLÉE, usurpateur sous Dioclétien, m. en 297. Il fut dévoré par d...

ACHMET Ier, sultan, de 1603 à 16...

ACHMET II, sultan, de 1691 à 1695.

ACHMET III, sultan, de 1703 à 1730, donna asile à Charles XII, après la bataille de Pultawa.

ACRISIUS, roi d'Argos, arrière petit-fils de Danaüs.

ACUNHA. Le Portugais d'Acunha découvrit, en 1506, un groupe d'îles dans l'océan Atlantique, dont la principale porte son nom.

ACUSILAUS, histor. grec antérieur à la guerre médique.

ADAD, nom de plusieurs rois d'Hébreu et de Syrie, qui furent en guerre avec les Juifs.

ADALBÉRON, évêque de Reims, se déclara pour Hugues Capet et le fit proclamer roi en 988.

ADAM, père du premier homme.

ADAM (Adolphe), compositeur de musique célèbre, 1803-1856.

ADAM (Vincent), peintre et lithographe, m. en 1847.

ADAM-BILLAUT, chansonnier et menuisier de Nevers, surnommé maître Adam, m. en 1662.

ADANSON, célèbre botaniste français, 1727-1806.

ADDISON Joseph, écrivain anglais, 1672-1719.

ADÉLAÏDE (SAINTE), femme de l'empereur Othon le Grand, m. en 999.

ADÉLAÏDE (MADAME), sœur du roi Louis-Philippe Ier, morte en 1847.

ADÉMARD ou **ADHÉMAR**, moine chroniqueur français, 988-1030.

ADHERBAL, général carthaginois, vaincu par les Romains à Drépan, pendant la 1re guerre punique, 249 av. J.-C. — **ADHERBAL**, roi de Numidie, mis à mort par Jugurtha, en 112 av. J.-C.

ADOLPHE DE NASSAU, empereur d'Allemagne, 1292-1298.

ADONAÏ, nom donné à Dieu par les Hébreux.

ADONIAS, 4e fils du roi David.

ADONISÉDEC, roi vaincu par Josué.

ADRAMELECH, divinité des Assyriens et des Samaritains.

ADRASTE, roi d'Argos, entreprit l'expédition des Sept Chefs, dans laquelle il perdit la vie avec ses enfants.

ADRETS (BARON DES), chef protestant, célèbre par sa cruauté, mourut en ... 1513-1586.

ADRIEN, empereur romain, 76-138.

ADRIEN Ier, pape, de 772 à 795.

ADRIEN II, pape, de 867 à 872.

ADRIEN III, pape, de 884 à 885.

ADRIEN IV, pape, de 1154 à 1159.

ADRIEN V, pape, 1276.

ADRIEN VI, pape, de 1522 à 1523.

ÆGIDIUS, gouverneur romain, roi des Francs, m. en 464.

AÉTIUS, général romain, vainqueur d'Attila, assassiné en 454, par l'ordre de Valentinien.

AFFRE (DENIS-AUGUSTE), archevêque de Paris, tué accidentellement, le 25 juin 1848, sur les barricades, où, par un dévouement sublime, il était allé porter des paroles de paix.

AGAMEMNON, roi de Mycènes et chef des héros grecs qui assiégèrent Troie.

AGAPET (SAINT), pape, 535-536.

AGAR, esclave d'Abraham et mère d'Ismaël.

AGATHE (SAINTE), vierge et martyre à Palerme, 251 av. J.-C.

AGATHOCLE, tyran de Sicile, né vers 361 av. J.-C.

AGATHON (SAINT), pape, de 678 à 682.

AGATHON, poète dramatique d'Athènes, m. vers 400 av. J.-C.

AGÉNOR, roi de Phénicie, vers 1500 av. J.-C.

AGÉSILAS, roi de Sparte, m. en 361 av. J.-C.

AGGÉE, l'un des douze petits prophètes, vers 520 av. J.-C.

AGIDES (DYNASTIE DES), régnait à Sparte concurremment avec celle des Proclides.

AGILULPHE, duc de Turin, roi de Lombardie, 591-615.

AGIS, roi de Sparte, IIIe siècle av. J.-C.

AGNÈS (SAINTE), vierge et martyre en 303.

AGNÈS DE MÉRANIE, seconde épouse de Philippe-Auguste, 1196, qui avait répudié pour elle Ingeburge. Ce mariage fut déclaré nul par l'Église.

AGNÈS SOREL, surnommée *Dame de beauté*, exerça une grande influence sur Charles VII, 1409-1450.

AGOBARD, archevêque de Lyon, et l'un des hommes les plus savants de son temps, 813-840.

AGRICOLA, général romain, beau-père de l'historien Tacite, m. sous Domitien.

AGRIPPA, général romain, favori d'Auguste, m. en l'an 12 av. J.-C.

AGRIPPINE, épouse de Germanicus, mère de Caligula; m. en l'an 33 de J.-C.

AGRIPPINE, mère de Néron, épouse de Claude; m. en l'an 59 de J.-C.

AGUADO (ALEX.), riche banquier espagnol, [illegible] ... 1842.

AGUESSEAU (HENRI-FRANÇOIS D'), célèbre magistrat et orateur, m. en 1751.

AIGUILLON (duc d'), ministre de Louis XV. 1720-1782.

AILLY (PIERRE D'), évêque de Cambrai, cardinal et légat du pape, m. en 1420.

AJAX, un des héros de la guerre de Troie; il était fils de Télamon.

AJAX, fils d'Oïlée, est fameux par son impiété; il alla aussi au siège de Troie.

A-KEMPIS, chanoine, m. et ver[s] 1471, qui a été longtemps l'auteur de l'Imitation, attribuée aussi à J. Gerson.

ALACOQUE (MARIE), célèbre par ses [illegible] m. en 1690.

ALAINS, peuple scythe, que les Huns [illegible] à [illegible] dans leurs [illegible], vers 375.

ALARIC [I]er, roi des Visigoths, 382-[illegible].

ALARIC II, roi des Visigoths d'Espagne [illegible].

ALBANE (L'), célèbre peintre italien 1578-1660.

ALBERONI, cardinal, ministre du roi d'Espagne Philippe V. 1664-1752.

ALBERT [I]er, duc d'Autriche et empereur [illegible], le 12[illegible].

ALBERT II, empereur d'Allemagne, de 1438 à 1439.

ALBERT LE GRAND, théol., philosophe, m. [illegible] en 1280.

ALBIGEOIS [illegible] On donnait sous ce nom, aux XIIe et XIIIe siècles, tous les hérétiques [illegible] de la France, [illegible], et la plupart, [illegible] des Manichéens.

ALBOIN, roi des Lombards, de 561 à 573.

ALBRET (MAISON D'), illustre famille [illegible] de Jeanne d'Albret, mère de Henri IV.

ALBUFÉRA [illegible] par Napoléon [I]er [illegible] général Suchet.

ALBUQUERQUE, célèbre capitaine [illegible] vice-roi des Indes portugaises, [illegible] 1453-1515.

ALCANTARA, nom d'un ordre religieux et militaire d'Espagne.

ALCÉE, poète grec, VIIe siècle av. J.-C.

ALCESTE, fille de Pélias et femme d'Admète, [illegible] la Thessalie.

ALCIBIADE, [illegible] athénien, neveu de Périclès, 450-404 av. J.-C.

ALCIDE, surnom d'Hercule [illegible] un Alcide, pour dire un homme fort.

ALCINOUS, roi des Phéaciens, qui accueillit Ulysse.

ALCUIN, savant moine du VIIIe siècle, instituteur de Charlemagne. Ir[landais] [illegible] né en [illegible] 736-804.

ALEMBERT (JEAN D'), [illegible] mathématicien, [illegible] à Paris et [illegible] d'Encyclopédie, né en 1717 [illegible] en 1783.

ALLONVILLE, général français, m. en 1809.

ALLOURY, journaliste, né en 18[illegible].

ALEXANDRA, [illegible] qu'elle fit [illegible] à mort.

ALEXANDRE LE GRAND, roi de Macédoine, [illegible] VI[illegible], son père, [illegible] 356-323 av. J.-C.

ALEXANDRE BALA, roi de Syrie, de 150 à 146 [illegible].

ALEXANDRE JANNÉE, roi des Juifs, de 104 à 78 av. J.-C.

ALEXANDRE SÉVÈRE, empereur romain, [illegible] par ses soldats, 222-235.

ALEXANDRE [I]er, empereur de Russie, de 1801 à 1825, né en 1777.

ALEXANDRE [I]er, [illegible] roi de [illegible], [illegible] le [illegible] 1801.

ALEXANDRIE, école philosophique [illegible] fondée à Alexandrie, [illegible] IIIe siècle de notre ère.

ALEXIS, nom de plusieurs empereurs de Constantinople.

ALEXIS MICHAELOWITZ, czar de Moscovie, de 1645 à 1676.

ALEXIS PÉTROWITZ, fils de Pierre le Grand, [illegible] conspira contre son père et fut [illegible].

ALFIERI (VICTOR), célèbre poète italien 1749-1803.

ALFRED LE GRAND, roi d'Angleterre [illegible] au IXe [illegible].

ALIBERT (JEAN-LOUIS), célèbre médecin, [illegible] 1766-1837.

ALIX DE CHAMPAGNE, femme de [illegible] Louis VII [illegible] m. en 1206.

ALLARD, général, 1785-1839.

ALLOBROGES, peuple de la Gaule [illegible].

ALPHONSE, nom de plusieurs rois d'Espagne [illegible] de Castille, de Léon, de [illegible], de Portugal et de [illegible].

AMADIS DES GAULES, héros d'un [illegible] de chevalerie.

AMALARIC, roi des Visigoths, 511-531.

AMALASONTE, fille de Théodoric, [illegible] reine des Ostrogoths, [illegible] m. [illegible].

AMALÉCITES, peuple vaincu plusieurs fois par Saül.

AMAN, favori d'Assuérus.

AMASIAS, 8e roi de Juda, de 831 à 803 av. J.-C.

AMASIS, roi d'Egypte, de 569 à 526 av. J.-C.

AMATE, femme du roi Latinus, dont la fille Lavinie épousa Enée.

AMAURY, roi de Jérusalem, de 1162 à 1173.

AMAZONES, peuplade fabuleuse et femmes guerrières, dans le Pont.

AMBIORIX, roi gaulois qui lutta contre César.

AMBOISE (CONSPIRATION D'), formée en 1560 par le prince de Condé; on devait enlever François II dans le château d'Amboise.

AMBOISE (GEORGES Ier), cardinal, ministre de Louis XII. 1460-1510.

AMBROISE (SAINT), Père de l'Eglise, évêque de Milan. 340-397.

AMÉDÉE, nom de douze comtes ou ducs de Savoie, dont l'un, Amédée VIII, devint pape sous le nom de Félix V.

AMÉNOPHIS, nom de plusieurs Pharaons de la 18e dynastie, qui régnaient à Thèbes.

AMÉRIC VESPUCE, navigateur florentin, explora les côtes septent. de l'Amérique du Sud; m. en 1512.

AMILCAR BARCA, gén. carthaginois, père d'Annibal, m. 228 ans av. J.-C.

AMMIEN-MARCELLIN, historien latin. 320-390.

AMMONITES, peuple qui habitait à l'est du Jourdain.

AMON, roi de Juda, fut assassiné par ses serviteurs, 641 ans av. J.-C.

AMMON, dieu adoré chez les peuples de la Libye.

AMMONITES, peuple infidèle, issu d'Ammon, fils de Loth.

AMMONIUS SACCAS, philosophe d'Alexandrie, IIIe siècle après J.-C.

AMORRHÉENS, peuple de Palestine.

AMPÈRE, savant. 1775-1836.

AMPÈRE, littérateur, fils du précédent. 1800-1864.

AMPHIARAÜS, fameux devin, etc.

AMPHICTIONS (CONSEIL DES), assemblée générale de la Grèce, composée de députés représentant les peuples ou cités de cette contrée.

AMPHICTYON, un des fils de Deucalion et de Pyrrha.

AMPHION, fils d'Antiope, femme de Lycus, roi de Thèbes.

AMPHITRYON, nom d'un prince thébain.

AMULIUS, roi d'Albe, tué par Rémus et Romulus.

AMURAT, nom de plusieurs sultans turcs.

AMYNTAS, roi de Macédoine, père de Philippe, aïeul d'Alexandre le Grand.

AMYOT, traducteur de Plutarque, grand aumônier de Charles IX et évêque d'Auxerre. 1514-1593.

ANACHARSIS, philosophe scythe, VIe siècle av. J.-C.

ANACLET (SAINT), 3e pape, m. en 91.

ANACRÉON, célèbre poète lyrique grec, 559-478 av. J.-C.

ANANIAS, un des trois jeunes Hébreux qui furent jetés dans la fournaise ardente, à Babylone.

ANASTASE. Il y a eu quatre papes de ce nom, de 398 à 1154.

ANASTASE (SAINT), évêque d'Antioche en 561.

ANASTASE Ier, LE SILENTIAIRE, empereur d'Orient, de 491 à 518.

ANAXAGORE, philosophe grec, m. en 428 av. J.-C.

ANAXIMANDRE, philosophe grec. 610-547 av. J.-C.

ANAXIMÈNE, philosophe ionien; m. vers 500 av. J.-C.

ANCELOT, poète dramat. français, académicien. 1794-1854.

ANCHISE, prince troyen, père d'Enée.

ANCRE (MARÉCHAL D'), Italien du nom de Concini, favori de Catherine de Médicis, tué par ordre de Louis XIII, en 1617.

ANCUS MARTIUS, 4e roi de Rome 640-614 av. J.-C.

ANDRÉ (SAINT), l'un des douze apôtres, frère de saint Pierre.

ANDRÉ DEL SARTO, peintre italien. 1478-1530.

ANDRÉOSSI, habile ingénieur, né à Paris, mais d'origine espagnole. 1633-1688.

ANDRIEUX, homme de lettres. 1759-1833.

ANDROCLÈS, esclave romain qui, jeté aux bêtes, fut épargné par un lion auquel il avait arraché une épine de la patte.

ANDROMAQUE, femme d'Hector, célèbre par son amour conjugal.

ANDRONIC, nom de plusieurs empereurs d'Orient.

ADRONICUS, poète dramatique latin. IIe siècle av. J.-C.

ANGÉLY (L'), fou de Louis XIII.

ANGENNES (JULIE D'), héroïne de la littérature, chantée par les poètes de l'hôtel de Rambouillet; épousa le duc de Montausier.

ANGLO-SAXONS, nom général des peuples germaniques qui envahirent la Grande-Bretagne, au VIe siècle.

ANGO, navigateur et riche armateur de Dieppe; m. en 1551.

ANICET (SAINT), pape, 157-168.

ANJOU (FRANÇOIS, DUC D'), quatrième fils de Henri II et de Catherine de Médicis; m. en 1584.

ANNE (SAINTE), épouse de saint Joachim et mère de la sainte Vierge.

ANNE DE BEAUJEU, fille de Louis XI, régente pendant la minorité de Charles VIII, 1462-1522.

ANNE BOLEYN, femme de Henri VIII d'Angleterre.

ANNE DE BRETAGNE, femme de Charles VIII, puis de Louis XII, 1476-1514.

ANNE D'AUTRICHE, femme de Louis XIII, régente pendant la minorité de Louis XIV, 1602-1666.

ANNE, reine d'Angleterre, 1702-1714.

ANNE (ORDRE DE SAINTE), ordre de chevalerie russe.

ANNIBAL, général carthaginois, vainqueur des Romains à la Trébie, à Trasimène, à Cannes, fut enfin vaincu à Zama par Scipion l'Africain, 247-183 av. J.-C.

ANQUETIL, historien français, 1723-1806.

ANSELME (SAINT), archevêque de Cantorbéry, théologien, 1033-1109.

ANSON, navigateur et amiral anglais, 1697-1762.

ANTALCIDAS, général lacédémonien connu par le traité honteux qu'il conclut avec les Perses, 387 av. J.-C.

ANTÉCHRIST, ennemi du Christ, dont l'apparition doit avoir lieu à la fin du monde.

ANTIGONE, fille d'Œdipe, modèle de piété filiale, servit de guide à son père aveugle.

ANTIOCHUS Ier, dit SOTER, roi de Syrie, de 281 à 261 av. J.-C.

ANTIOCHUS II THÉOS, roi de Syrie, de 260 à 247 av. J.-C.

ANTIOCHUS III LE GRAND, roi de Syrie, de 222 à 186 av. J.-C.

ANTIOCHUS IV EPIPHANE, roi de Syrie, de 174 à 164 av. J.-C., persécuta les Juifs et mourut dans des accès de frénésie.

ANTIOPE, reine des Amazones, donnée à Thésée par Hercule; mère d'Hippolyte.

ANTIPATER, général macédonien, gouverna la Macédoine pendant l'absence d'Alexandre le Grand.

ANTISTHÈNE, philosophe grec, chef des cyniques.

ANTOINE (SAINT), fondateur de la vie monastique, 251-356.

ANTOINE DE PADOUE (SAINT), célèbre prédicateur de l'ordre des franciscains, 1195-1231.

ANTOINE (MARC), triumvir romain; m. en l'an 30 avant J.-C.

ANTONELLI, homme d'État italien, cardinal, né en 1806.

ANTONIN LE PIEUX, empereur romain, 86-161.

ANTONIUS MUSA, médecin d'Auguste.

ANYSIS, roi d'Égypte, vers le commencement du VIIIe siècle av. J.-C.

ANYTUS, rhéteur d'Athènes, ennemi de Socrate, vers 400 av. J.-C.

APELLE, le plus illustre des peintres grecs, IVe siècle av. J.-C.

APIS, bœuf adoré par les Égyptiens.

APOLLINAIRE L'ANCIEN et **LE JEUNE**, père et fils, grammairiens et rhéteurs grecs du IVe siècle après J.-C.

APOLLINE (SAINTE), vierge et martyre, 248.

APOLLODORE, grammairien d'Athènes, 150 ans av. J.-C.

APOLLONIUS DE PERGE, géomètre grec, né vers 244 av. J.-C.

APPERT, philanthrope et écrivain français, né en 1797.

APPIEN, historien grec, né à Alexandrie au commencement du IIe siècle de J.-C.

APRIÈS, roi d'Égypte, 595-570 av. J.-C.

APULÉE, écrivain latin et philosophe platonicien, né en 126 av. J.-C.

ARAGO (FRANÇOIS), savant astronome, directeur de l'Observatoire de Paris, membre du gouvernement provisoire en 1848, 1786-1853.

ARATUS, général grec, fondateur de la ligue Achéenne, 272-213 av. J.-C.

ARBACÈS, fondateur du royaume des Mèdes, 759 av. J.-C.

ARBOGASTE, comte gaulois, général de Valentinien II, tua ce prince et proclama empereur le rhéteur Eugène. Vaincu par Théodose le Grand, il se donna la mort, 394.

ARCADIUS, empereur d'Orient, fils et successeur de Théodose le Grand, 377-408.

ARCÉSILAS, philosophe grec, 316-241 av. J.-C.

ARCHÉLAUS, roi de Macédoine, de 420 à 405 av. J.-C., protecteur des lettres et des arts.

ARCHIAS, tyran de Thèbes, égorgé dans un festin, en 378 av. J.-C.

ARCHIDAMAS, roi de Sparte, 469-427 av. J.-C.

ARCHILOQUE, poète satirique grec, VIIe siècle av. J.-C.

ARCHIMÈDE, le plus grand géomètre de l'antiquité, né à Syracuse en 287, tué par un soldat romain en 212 av. J.-C.

ARCHYTAS, philosophe pythagoricien de Tarente, 440(?) av. J.-C.

ARÉGISE, fondateur du duché de Bénévent, conquit Crotone en 596.

ARÉNA, général français, ayant conspiré contre le 1er consul, fut exécuté en 1801.

ARENBERG, comte de La Mark, ami de Mirabeau, 1753-1833.

ARÉOPAGE, tribunal d'Athènes, chargé de juger les affaires criminelles.

ARÉTÉE, célèbre médecin grec, vivait sous Néron, suivant présomptions.

ARÉTIN (Pietro l'), poète Italien, 1492-1557, mourant d'un fou rire.

ARGENSON (Marc-René de Voyer d'), 1652-1721, général de police à Paris.

SÉGUR (?) membre de l'Institut, gouverneur de la Banque de France, 1782.

ARGYLE, seigneur écossais, ami de Cromwell, prit part à la condamnation de Charles Ier, et fut décapité après la Restauration, en 1661.

ARIBERT, fils de Clotaire II, m. en 630.

ARICIE, princesse athénienne, qui épousa Hippolyte, fils de Thésée, ressuscité à la vie par les dieux.

ARION, poète et musicien grec, VIIe (?) av. J.-C.

ARIOSTE (Ludovic), célèbre poète italien, auteur du Roland furieux, 1474-1533.

ARIOVISTE, chef des Suèves, fut battu par César en Gaule, 58 av. J.-C.

ARISTARQUE, célèbre critique grec, 160 av. J.-C.

ARISTIDE, général athénien, surnommé le Juste, et ses talents militaires, av. J.-C.

ARISTIPPE, philosophe grec.

ARISTOBULE Ier, roi de Judée.

ARISTOBULE II, roi de Judée.

ARISTODÈME, roi de Sparte.

ARISTOGITON, conspira avec Harmodius contre les tyrans d'Athènes.

ARISTOMÈNE, roi de Messénie, se distingua contre les Spartiates.

ARISTOPHANE, le plus illustre poète comique de la Grèce, Ve av. J.-C.

ARIUS, prêtre d'Alexandrie, se

rendit fameux par son hérésie connue sous le nom d'arianisme; m. en 336.

ARLINCOURT (VICOMTE D'), romancier, 1789-1856.

ARMAGNACS (FACTION DES), parti célèbre sous Charles VI, qui eut pour adversaire celui des Bourguignons.

ARMINIUS, célèbre chef des Germains, vainqueur de Varus l'an 9.

ARNAULD (ANTOINE), nommé le Grand Arnauld, célèbre docteur et théologien, défenseur des jansénistes et de Port-Royal contre les membres de la Compagnie de Jésus, 1612-1694.

ARNOLD DE WINKELRIED, l'un des trois fondateurs de la liberté en Suisse; m. en 1386.

ARNOUL (SAINT), aïeul de Pépin d'Herstal, m. en 640.

ARNOULD (SOPHIE), célèbre actrice de l'Opéra de Paris, 1744-1803.

ARNOULD ou **ARNULF**, empereur d'Allemagne; m. en 899.

AROUN-AL-RASCHID, calife d'Orient, 765-809.

ARPHAXAD, fils de Sem, naquit deux ans après le déluge.

ARRIEN, historien grec du IIe siècle.

ARSACE, fondateur de la monarchie des Parthes, 255 av. J.-C., et de la dynastie des Arsacides.

ARSÈNE (SAINT), gouverneur des enfants de Théodose, 354-445.

ARSINOÉ, nom de plusieurs princesses.

ARTABAN, nom de plusieurs rois des Parthes.

ARTABAZE, roi d'Arménie, 50 av. J.-C.

ARTAPHERNE, frère de Darius Ier, fut battu à Marathon, en 490.

ARTAXERCE LONGUE-MAIN, roi de Perse, de 474 à 424 av. J.-C.

ARTAXERCE MNEMON, roi de Perse, de 404 à 362 av. J.-C.; sous la retraite des Dix-Mille.

ARTAUD, littérateur français, né en 1794.

ARTÉMISE Ire, reine d'Halicarnasse, prit part à l'expédition de **Xerxes** contre les Grecs.

ARTÉMISE II, reine d'Halicarnasse, éleva un tombeau magnifique à son époux Mausole, 379 av. J.-C.; de là est venu le nom de mausolée.

ARTEVEL (Jacques d'), brasseur de Gand, chef des Flamands révoltés, 1280-1345.

ARTHUR, chef des Bretons en 516, passe pour avoir institué les chevaliers de la Table-Ronde.

ARTHUR, duc de Bretagne,

par ordre de Jean sans-Terre, son oncle, en 1202

ARUNDEL (comte d'), [illegible] Anglais qui fit venir de Paros les marbres chroniques connus sous le nom de
marbres d'Arundel. [illegible] 1646.

ASA, roi de Juda, de 941 à 914 av.
J.-C.

ASCAGNE, fils d'Énée, roi d'Albe.

ASCLÉPIADE, [illegible]

ASDRUBAL, nom de plusieurs généraux carthaginois. — **ASDRUBAL**,
gendre d'Amilcar, et beau-frère d'Annibal, qui soumit l'Espagne et y fonda
Carthagène, 229 ans av. J.-C. — **AS
DRUBAL-BARCA**, fils d'Amilcar et
frère d'Annibal, m. en 207 av. J.-C.

ASER, l'un des douze fils de Jacob.

ASINIUS POLLIO, orateur et
personnage politique, m. l'an 4 de l'ère
chrétienne.

ASMODÉE, nom donné à un démon.

ASMONÉENS, [illegible] donné aux
Macchabées, successeurs d'Asmon, v. [illegible]
la tribu de Simon.

ASPASIE, Athénienne célèbre par
sa beauté et son esprit, amie de [illegible]
Périclès.

ASSAR-HADDON, roi de Ninive,
vainqueur de Manassé, fonda sa capitale, 707 ans av. J.-C.

ASSAS (chevalier d'), officier qui se
répandit l'Auvergne, sauva l'armée
française en se sacrifiant, en 1760.

ASSOUCY (d'), poète burlesque,
1604-1674.

ASSUÉRUS, roi de Perse, époux
d'Esther, mère de Mardochée.

ASSUR, fils de Sem, fondateur du royaume d'Assyrie.

ASTOLPHE, roi des Lombards,
battu par Pépin-le-Bref, 754.

ASTYAGE, roi des Mèdes, 560-560.

ASTYANAX, fils d'Hector et d'Andromaque, [illegible] av. J.-C.

ATALANTE, femme renommée
[illegible]

ATAULPHE, roi des Visigoths, 412-
415, vainquit les Romains et ravagea
la Gaule.

ATHALARIC, roi des Ostrogoths,
[illegible]

ATHALIE, reine de Juda, tuée
[illegible]

ATHANAGILDE, roi des Visigoths
d'Espagne, père de Brunehaut et de
Galswinthe.

ATHANASE (saint), patriarche
d'Alexandrie, un des Pères de l'Église,
m. en 373.

ATHELSTAN, roi des Anglo-
Saxons, 925-941.

ATLANTES, peuple que les anciens
plaçaient dans le nord de l'Afrique.

ATLAS, roi de Mauritanie, fils de
Japet et père des Pléiades.

ATREBATES, peuple gaulois et
ancien nom du département du Pasde-Calais.

ATRÉE, roi d'Argos, XIIIᵉ siècle
av. J.-C.

ATRIDES, descendants d'Atrée.

ATTALE, nom de plusieurs rois de
Pergame, IIIᵉ siècle av. J.-C.

ATTICUS, ami de Cicéron, 110-32
av. J.-C.

ATTILA, roi des Huns, surnommé
le *Fléau de Dieu*, vaincu par Aétius,
Mérovée et Théodoric à la bataille de
Châlons-sur-Marne, en 451.

ATWOD, [illegible]
de l'empereur [illegible]

AUBER, compositeur français, né
en 1784, m. en 1871.

AUBERT, fabuliste et poète, né
en 1731.

AUBERT-ROCHE, [illegible]
mort à Saint-Pétersbourg vers 1800.

AUBIGNÉ (d'), [illegible]
de Henri IV, [illegible]
[illegible] 1550-1630.

AUBIGNY, maréchal de France,
m. en 1544.

AUBRY-LE-COMTE, peintre,
mort en 1787.

AUBUSSON (Pierre d'), grand-
maître de l'ordre de Saint-Jean-de-Jérusalem, 1423-1503.

AUGER, littérateur français, 1772.

AUGEREAU, maréchal de France,
duc de Castiglione, 1757-1816.

AUGIAS, roi d'Élide, dont Hercule
nettoya les étables.

AUGIER (Émile), poète français,
membre de l'Académie, né en [illegible]

AUGUSTE, titre des empereurs romains, [illegible]

AUGUSTE Iᵉʳ, électeur de Saxe,
1553-1586.

AUGUSTE II, roi de Pologne, 1697.

AUGUSTE III, roi de Pologne,
1763.

AUGUSTIN (saint), Père de l'Église, évêque d'Hippone, 354-430.

AUGUSTIN (saint), le Iᵉʳ archiévêque de Cantorbéry, m. en 607.

AUGUSTULE, dernier empereur
romain d'Occident, 476.

AULU-GELLE, grammairien latin,
IIᵉ siècle.

AUMALE (duc d'), l'un des fils du
roi Louis-Philippe Iᵉʳ, né en 1822.

AURÈLE (Marc), emper. romain.
121-180.

AURÉLIEN, empereur romain en
270; assassiné en 275.

AURÉLIUS-VICTOR, historien
latin du IVᵉ siècle, vécut sous Julien et
ses successeurs.

AUSONE, poète célèbre du IVᵉ
siècle, né à Bordeaux. 300-394.

AUSONES, nom donné par les
Grecs aux anciens habitants de l'Italie,
qu'ils nommaient Ausonie.

AUTHARIS, roi des Lombards.
584-590.

AVARES, peuple barbare de la
Tartarie, de la famille des Huns. 557-
799.

AVERROÈS, phil. s. arabe, né à
Cordoue vers 1126, mort à Maroc en
1198 ou 1205.

AVITUS, emp. romain en 455, dé-
posé en 456, devint évêque de Plaisance.

AVITUS (SAINT), neveu du précédent, fut archevêque de Vienne, en
Dauphiné. 490-525.

AYMON (LES QUATRE FILS), héros
chevaleresques au temps de Charlemagne.

AYMARD (Charles), général français, né en 1773.

AZAEL, ange rebelle qui fut chassé
du ciel, selon les rabbins, par l'archange Raphaël.

AZAIS, prof. et écrivain français.
1766-1845.

B

BAAL, divinité païenne.

BAASA, IIIᵉ roi d'Israël. 942-919
av. J.-C.

BABEUF (GRACCHUS), fameux démagogue, chef d'une faction, mourut
sur l'échafaud en 1797.

BABINET, physicien français, membre de l'Institut, né en 1794, m. vers
1864.

BABRIAS, fabuliste grec, mit en
vers les fables d'Ésope, au IIᵉ ou au
IIIᵉ siècle de notre ère, mort en.

BABYLAS, évêque d'Antioche
vers 237.

BACHAUMONT (François Le
Coigneux de), poète français. 1624-1702.

BACON (François), grand chancelier d'Angleterre sous Jacques Iᵉʳ, et
l'un des plus grands philosophes des
temps modernes. 1561-1626.

BACON (Roger), savant physicien
anglais. 1214-1294.

BAFFIN, habile pilote anglais.
1584-1622.

BAGAUDES, nom donné à des
paysans révoltés qui, vers 270 de J.-C.,

se révoltèrent contre la domination
romaine.

BAGOAS, général et favori du roi
de Perse Artaxerce Ochus, m. en 336
av. J.-C.

BAIF, poète français du XVIᵉ siècle.

BAILLY, président de l'Assemblée
constituante, puis maire de Paris; m.
sur l'échafaud en 1793.

BAJAZET Iᵉʳ, soltan turc, fait
prisonnier par Tamerlan. 1389-1402.

BAJAZET II, fils et successeur de
Mahomet II, fut empoisonné par son
fils en 1482-1512.

BAKER, historien anglais. 1568-1645.

BAKER, voyageur anglais de notre
époque, a visité l'Afrique centrale.

BALAAM, faux prophète, chargé
par Balac, roi des Moabites, de mau-
dire les Israélites; un ange l'en empêcha. 1489 av. J.-C.

BALLANCHE, écrivain, membre de
l'Académie française. 1776-1847.

BALTHAZAR, dernier roi de Babylone, détrôné et tué par Cyrus. 554-
538 av. J.-C.

BALUE (La), cardinal et ministre
sous Louis XI; trahit son maître, qui
le fit enfermer pendant onze ans dans
une cage de fer. 1421-1491.

BALZAC (Guez de), l'un des écrivains qui ont le plus contribué à former
la langue française. 1594-1655.

BALZAC (Honoré de), second renommée. 1799-1850.

BANDE-NOIRE, association de
spéculateurs qui, après la révolution,
se réunirent pour acheter les châteaux,
les antiques abbayes, etc., dans le but
de les démolir et d'en vendre les maté-
riaux.

BAOUR-LORMIAN, poète français. 1770-1854.

BAPTISTE (SAINT JEAN). Voy.
JEAN (SAINT).

BARABAS, nom du malfaiteur que
les Juifs osèrent préférer à J.-C.

BARAGUEY D'HILLIERS,
comte, maréchal de France, né en 1795.

BARANTE (Baron de), hist. et
publiciste, membre de l'Institut, né en
1782.

BARBARES, nom sous lequel on
a désigné plus spécialement dans l'histoire les peuples qui, sortis de la Germanie, au commencement du Vᵉ siècle,
firent irruption dans l'empire romain.

BARBAROUX, conventionnel girondin, décapité en 1794.

BARBE (SAINTE), vierge et martyre
en 308. Patronne des artilleurs.

BARBEROUSSE, nom de deux
fameux pirates, maîtres d'Alger, dont
le dernier mourut en 1546.

BARBÉ-MARBOIS, garde des sceaux sous Louis XVIII, m. en 1837.

BARBIER (AUGUSTE), poète satirique, né en 1805.

BARBOU, célèbre famille de libraires et imprimeurs, originaire de Lyon.

BARÈRE, conventionnel 1755-1841.

BARNABÉ (SAINT), [illegible] apôtres.

BARNUM, célèbre charlatan américain, né en 1810.

BAROCHE, ancien ministre, ancien président du conseil d'État, né en 1802.

BARRAS, l'un des membres du Directoire, en 1795. 1755-1829.

BARRÈME, calculateur célèbre, m. en 1703.

BARROT, homme d'État, né en 1791.

BARROT (FERDINAND), frère du précédent, [illegible] ministre, né en 18[illegible].

BARTHÉLEMY (SAINT), [illegible] douze apôtres, [illegible] en 71.

BARTHÉLEMY (Jean), littérateur français, né en 1716.

BARTHÉLEMY (LA SAINT), massacre des protestants, le 24 août 1572, sous Charles IX.

BARUCH, un des [illegible] petits prophètes, de la tribu de Juda, prophétisant vers l'an 600 av. J.-C.

BAS-EMPIRE, nom donné à l'empire romain depuis Constantin, et à l'empire d'Orient jusqu'à sa [illegible].

BASILE LE GRAND (SAINT), Père de l'Église, évêque de Césarée, 329-379.

BASSANO, secrétaire de Napoléon Ier, ministre en 1811.

BASSOMPIERRE, maréchal de France et diplomate, 1579-1646.

BATAVES, peuple d'[illegible] germaine, habitant entre le Rhin et le Wahal.

BATHILDE (SAINTE), reine de France [illegible].

BATTEUX (abbé), littérateur français, 1713-1780.

BAUDIN, amiral, 1784-1854, qui s'empara du fort de Saint-Jean-d'Ulloa, au Mexique, en 1838.

BAUDOUIN, [illegible] frères de [illegible] Baudouin Ier et [illegible] de Godefroy de Bouillon, 1100-1118. [illegible] de neuf comtes de Flandre.

BAUDRICOURT (Robert de), gouverneur de Vaucouleurs, [illegible] d'Arc [illegible] Charles VII.

BAUSSET ([illegible] cardinal, auteur de l'Histoire de Bossuet et de celle de Fénelon, 1748-1824.

BAYARD, [illegible] le chevalier sans peur et sans reproche, 1476-1524.

BAYLE, célèbre écrivain critique français, 1647-1706.

BAZAINE, maréchal de France, né en 1811.

BÉATRIX (SAINTE), [illegible].

BEAUFORT (Henri de), [illegible] anglais, un des [illegible] de l'Académie d'Athènes, en 1447.

BEAUFORT ([illegible]), [illegible] de la Fronde, [illegible] 1616-1669.

BEAUFORT D'HAUTPOUL, [illegible] français, né en [illegible], maréchal en 186[illegible].

BEAUHARNAIS [illegible] à la Martinique, [illegible] prit part à l'Empire, [illegible] dans l'armée de [illegible], m. [illegible] en 17[illegible].

BEAUHARNAIS (EUGÈNE [illegible]), V. EUGÈNE.

BEAUJEU (ANNE DE), régente de France pendant [illegible] minorité de son frère Charles VIII, [illegible] 1522.

BEAUJON, [illegible] sous Louis XV, [illegible] un hôpital qui porte son nom, 1718-1786.

BEAULIEU, général autrichien; né en 1819.

BEAUMANOIR (JEAN DE), l'un des héros du combat des Trente, [illegible] en Bretagne en 13[illegible].

BEAUMARCHAIS ([illegible]), auteur [illegible], 1732-1799.

BEAUZÉE, grammairien, 1717-1789, membre de l'Académie française.

BECKET (Thomas), archevêque de Cantorbéry, assassiné [illegible] par les ordres de Henri II, roi d'Angleterre, 1119-1170.

BEDFORD ([illegible], régent [illegible] de Henri V [illegible] d'Angleterre [illegible] régent de France [illegible] mort en 1435.

BEDOUINS, Arabes qui [illegible] dans les déserts.

BEETHOVEN, [illegible] 1772-1827.

BEHRING, navigateur [illegible] né en 1728, [illegible] porte son nom.

BELGES, peuple [illegible] Belgique.

BÉLISAIRE, général [illegible], né en 500.

BELL, [illegible] de [illegible] en Écosse, né [illegible] en 1751.

BELLE-ISLE [illegible] maréchal [illegible] 1684-1761.

BELLÉROPHON, héros grec, fils de Glaucus.

BELLINI, n.m d'une illustre fa-...

BELLINI, ...

BELLOVESE, ... gaulois, ...

BELLOY (...), ..., archevê-...

BELLUNE ...

BELUS, chef assyrien, ...

BELUS, ...

BELZÉBUTH, ...

BELZUNCE, évêque de Mar..., ... 1720 et 1721.

BÉNIGNE (SAINT) ... 1707.

BÉNÉDICTINS, ...

BENJAMIN, ...

BENOIT, ... 1758.

BENSERADE, ... XIV. 1612-1691.

BENVENUTO CELLINI, ...

BÉRANGER, ... 17..-1857.

BERAT ...

BERCHOUX, ... 1765-18...

BÉRENGER, ...

BÉRENGER ...

BÉRENGER II, ...

BÉRÉNICE, ... fille d'Agrippa, ...

BERGERAC ... 16..-1655.

BERKELEY, ...

BERNADOTTE, ...-Jean. 17..-18...

BERNARD, ...

BERNARD DE MENTHON ...

et du petit Saint-Bernard, sur les Alpes. 923-1008.

BERNARD (SAINT), fonda l'abbaye de Clairvaux, adversaire d'Abélard, ... 1091-1153.

BERNARDIN DE SAINT-PIER-RE, célèbre écrivain français. 1737-18..

BERNIER, célèbre voyageur fran-... 1688.

BERNIS (... DE), cardinal, au-teur de poésies. 1715-1794.

BERNOUILLY, nom de plusieurs ... suisses ou holland...

BERQUIN, auteur de l'Ami des Enfants. 17..-1791.

BERRY (... de), deuxième fils de Charles X, assassiné par Louvel. 1778-1820.

BERRYER (P. N.) avocat dis-... 1757-1841

BERRYER (P. Ant.) fils du pré-..., né à Paris en 1790, mort en 18.., célèbre avocat, homme politique, grand orateur, membre de l'Académie ...

BERTHE AUX LONGS PIEDS, mère de Charlemagne.

BERTHEZÈNE (PIERRE), général français, fut gouverneur général de l'Algérie.

BERTHIER, prince de Wagram, maréchal de France. 1753-1815.

BERTHOLLET, chimiste français. 1748-1822

BERTRAND (SAINT), archidiacre de Paris et évêque du Mans. 1553-1623.

BERTRAND DE MOLLEVIL-LE, ministre de Louis XVI. 1744-1818.

BERTRAND (COMTE), général français ... resté popu-laire pour sa fidélité envers Napo-léon Ier, qu'il suivit à l'île d'Elbe et à Sainte-Hélène. 1773-1844.

BERTHOUD (...), L.D. fran-çais, mort en 180.

BERTIN DE VEAUX, général français, fils de l'un des fondateurs du *Journal des Débats*, m. en 1842.

BÉRULLE, cardinal et ministre français. 1575-1629

BERWICK (... DE), fils naturel de Jacques II, maréchal de France, tué au siège de Philisbourg, en 1734.

BESSIÈRE, duc d'Istrie, maréchal de France, ... m. en 1813.

BESSUS, ... de Darius Codo-man...

BETHSABÉE, femme d'Urie, mère de ...

BEUGNOT (CLAUDE), ministre de ... XVIII. 1761-18..

BEURET, général français, tué à ... en 18...

BÈZE (Théod. de), chef illustre de la réforme calviniste en France. 1519-1605.

BEZOUT, célèbre mathématicien. 1730-1783.

BICHAT, célèbre médecin de l'Hôtel-Dieu de Paris. 1771-1802.

BIGNON, homme politique et administrateur français, né en 1709.

BILLAUD-VARENNES, conventionnel, déporté à Cayenne; m. à Saint-Domingue en 1819.

BILLAULT, avocat et homme politique, ministre; né en 18.., m. vers 1868.

BION, poète bucolique, né à Smyrne, florissait en Sicile vers 290 av. J.-C.

BIOT, savant français, membre de l'Institut. 1776-1862.

BIRON (Armand Gontaut de), maréchal de France, m. en 1592.

BISMARK, homme d'État prussien, créé prince après la guerre de 1870-1871.

BISSON, lieutenant de vaisseau, né en 1795. Se fit sauter avec son équipage plutôt que de laisser prendre son navire par les Turcs, en 1827.

BITAUBÉ, membre de l'Institut, traducteur d'Homère. 1732-1808.

BITURIGES, peuple de l'ancienne Gaule.

BIXIO, médecin, naturaliste et homme politique français, né en 1808.

BLÉSUS, général romain, parent de Séjan, sous Tibère.

BLAIR, prédicateur et critique écossais. 1718-1800.

BLAISE (SAINT), évêque de Sébaste, en Arménie, martyrisé en 316.

BLANC (Louis), publiciste et homme politique français, né vers 1814.

BLANCHE DE CASTILLE, mère de saint Louis. 1187-1252.

BLANQUI, économiste; né en 1798, m. en 1854.

BLANQUI, homme politique français, né en 1805.

BLONDEL, célèbre trouvère du XIIe siècle, s'attacha à Richard Coeur-de-Lion.

BLUCHER, général prussien, décida de la défaite de Waterloo par son arrivée inopinée.

BOADICÉE, reine d'un peuple de la Grande-Bretagne, se révolta contre les Romains.

BOCCACE, célèbre auteur italien. 1375.

BOCCHORIS, roi d'Égypte, 702 av. J.-C.

BOCCHUS, roi de Mauritanie, allié de Jugurtha, qu'il trahit et livra aux Romains; 103 av. J.-C.

BOERG, philosophe, ministre de Théodore le Grand. 1705-24.

BOÉMOND, prince d'Antioche, fils de Robert Guiscard, m. en 1111.

BOGORIS, roi des Bulgares; m. en 8.6.

BOIELDIEU, célèbre compositeur de musique dramatique, né à Rouen. 1775-834.

BOILEAU (ÉTIENNE), prévôt de Paris. 1254-1270.

BOILEAU DESPRÉAUX, plus célèbre satirique français. 16..-1711.

BOINVILLIERS, grammairien. 1764-1830.

BOISGELIN (de), archevêque, né à Rennes. 1732-1804.

BOIS-GUILLEBERT, magistrat et économiste français, m. en 1714.

BOISROBERT (l'abbé de), l'un des premiers membres de l'Académie française. 1592-1662.

BOISSONNADE, savant helléniste. 1774-1857.

BOISSY-D'ANGLAS, conventionnel, pair de France en 1814; m. en 1826.

BOLEYN (ANNE), femme de Henri VIII d'Angleterre, eut la tête coupée en 1536.

BOLIVAR, fondateur et président de la république de Colombie, puis de celle du Haut-Pérou ou Bolivie, m. en 1830.

ROMILCAR, nom de plusieurs généraux carthaginois.

BONALD (VICOMTE DE), écrivain et philosophe. 1752-1840.

BONALD (de), cardinal et archevêque de Lyon, né en 1787.

BONAPARTE, nom d'une famille célèbre, originaire d'Italie, établie ensuite en Corse.

BONAVENTURE (SAINT), Père de l'Église, docteur séraphique, m. en 1274.

BONCHAMPS (MARQUIS DE), général vendéen. 1759-1793.

BONHEUR (ROSA, dite Rosa), femme peintre, née en 1822.

BONIFACE (SAINT), archevêque de Mayence, 680-755. — Neuf papes ont porté ce nom.

BONNECHOSE (DE), littér. français, né en 1801.

BONNECHOSE (DE), frère du précédent, archevêque de Rouen, né en 18..

BONNIVET, amiral de France, m. à la bataille de Pavie, en 1525.

BOOZ, époux de Ruth, fut le bisaïeul de David.

BORGHESE, famille romaine qui s'est toujours distinguée par son amour pour les arts.

BORGIA (César), fils naturel de Frédéric Borgia (depuis Alexandre VI), né en 1507.

BORGIA (Lucrèce), sœur du précédent.

BORN (Bertrand de), troubadour et guerrier du XIIe siècle.

BORROMÉE, illustre famille de Lombardie.

BORROMÉE (Saint Charles), cardinal et archevêque de Milan, 1538-1584.

BOSON, roi d'Arles et de Provence, m. en 888.

BOSQUET, maréchal de France, 1811-1860, se distingua particulièrement en Crimée.

BOSSUET, évêque de Meaux, orateur sacré, 1627-1704.

BOTHWELL, époux de Marie Stuart, m. en 1577.

BOTZARIS, l'un des héros de la Grèce moderne, 1789-1823.

BOUCHER, peintre français, m. en 1770.

BOUCHOTTE, ministre de la guerre sous la République, 1754-1840.

BOUCICAUT, maréchal de France, prisonnier à la bataille d'Azincourt, 1364-1421.

BOUFLERS (marquis et duc de), maréchal de France, 1737-1840.

BOUGAINVILLE (Louis-Antoine de), célèbre navigateur fr. 1729-1811.

BOUHOURS, jésuite, habile critique, 1628-1702.

BOUILLÉ (marquis de), général français, favorisa l'évasion de Louis XVI, m. à Londres en 1800.

BOUILLET, philosophe français, écrivain, né en 1798.

BOUILLON. V. GODEFROI.

BOULAINVILLIERS (comte de), historien français, 1658-1722.

BOULAY DE LA MEURTHE, homme d'État, député à la constituante, m. en 1840.

BOULAY-PATY, poète français, né en 1804.

BOURBON, nom de plusieurs familles princières et royales.

BOURBON (connétable de), porta les armes contre la France, après la brouille avec François Ier, 1489-1527.

BOURBAKI, général français.

BOURDALOUE, jésuite, un des plus célèbres orateurs de la chaire française, 1632-1704.

BOURDON, député de l'Oise à la Convention, m. en 1815.

BOURGOGNE (Louis, duc de), petit-fils de Louis XIV, élève de Fénelon et père de Louis XV, 1682-1712.

BOURGOING, diplomate, 1748-1811.

BOURGUIGNONS (faction des), parti opposé à celui des Armagnacs, sous Charles VI, 1407-1435.

BOURMONT (comte de), général sous l'Empire, abandonna Napoléon; maréchal de France sous la Restauration, 1773-1846.

BOURRIENNE, secrétaire de Napoléon et ministre d'État sous Louis XVIII, 1769-1834.

BOURSAULT, poète et financier, 1638-1701.

BOUTEVILLE (comte de Montmorency), condamné à mort en 1627, sous Richelieu, pour infraction à la loi sur le duel.

BOYER, prédicateur et poète, 1618-1698.

BRAGANCE, nom de la famille régnante de Portugal.

BRAHAMA, dieu des Indiens.

BRANCAS, ancienne famille de France.

BRANTOME, chroniqueur français, 1527-1614.

BRASIDAS, général spartiate, se distingua dans la guerre du Péloponnèse, m. en 422 av. J.-C.

BRÉA, général français assassiné par les insurgés de juin 1848.

BRÉBEUF, poète fr. 1618-1661.

BRÉGUET, célèbre horloger mécanicien, 1747-1823.

BRENNUS, nom des généraux gaulois; l'un d'eux fut défait par Camille, en 390 av. J.-C.

BRICE (saint), disciple de saint Martin, m. en 444.

BRIDAINE (le père), célèbre prédicateur missionnaire, 1701-1767.

BRIEUC (saint), m. en 502.

BRIGITTE (sainte), 1302-1373.

BRILLAT-SAVARIN, auteur de la Physiologie du goût, 1755-1826.

BRINVILLIERS (marquise de), célèbre empoisonneuse, exécutée à Paris en 1676.

BRISSAC, nom d'une famille noble qui a fourni plusieurs maréchaux de France.

BRISSON, magistrat français, sous Henri III, 1531-1591.

BRITANNICUS, fils de l'empereur Claude et de Messaline, empoisonné par Néron, 55 av. J.-C.

BRIZEUX, poète breton, 1808-1858.

BROGLIE, nom d'une famille noble, qui a fourni à la France des maréchaux, des généraux et des ministres.

BROUSSAIS, médecin français, 1772-1838.

BROUSSEL, conseiller au Parlement de Paris; joua un rôle important pendant la Fronde. 1648-1651.

BRUAT, amiral, 1796-1855, gouv. des établissements de l'Océanie.

BRUCE (ROBERT), roi d'Écosse, arracha sa patrie à la domination anglaise. 1314.

BRUMOY, savant jésuite. 1688-1742.

BRUNE, maréchal de l'Empire, né en 1763, assassiné à Avignon en 1815.

BRUNEHAUT, femme de Sigebert, roi d'Austrasie; m. en 613.

BRUNEL, ingénieur français, 1769-1849. On lui doit le tunnel creusé sous la Tamise.

BRUNO (SAINT), fondateur de l'ordre des Chartreux, m. en 1101.

BRUNSWICK (duc de), chef des armées coalisées contre la France en 1792.

BRUTUS (Lucius Junius), chassa les Tarquins de Rome et y établit la République, dont il fut le premier consul, en 509 av. J.-C.

BRUTUS (Marcus Junius), l'un des meurtriers de César; m. en 42 av. J.-C.

BUCÉPHALE, nom du cheval d'Alexandre.

BUCKINGHAM (duc de), favori de Jacques Ier et de Charles Ier, rois d'Angleterre; m. en 1628.

BUFFON, célèbre naturaliste français, un de nos grands écrivains. 1707-1788.

BUGEAUD (duc d'Isly), gouverneur général de l'Algérie, maréchal de France. 1784-1849.

BULGARES, peuple ancien, sur les bords du Volga.

BURGER, poète allemand. 1748-1794.

BURGONDES, peuple de l'anc. Germanie.

BURKE, célèbre orateur anglais, ennemi de la Révolution française. 1730-1797.

BURNOUF, prof. et philologue. 1775-1844.

BURRHUS, préfet du prétoire et gouverneur de Néron; m. en 62.

BUSIRIS, roi d'Égypte, vers le XVIIe siècle av. J.-C.

BUSSY D'AMBOISE, fanatique qui prit une grande part aux massacres de la Saint-Barthélemy, sous Charles IX.

BUSSY-LE-CLERC, un des chefs de la faction des Seize pendant la Ligue.

BUSSY-RABUTIN, écrivain bel-esprit. 1618-1693.

BYRON, célèbre poète anglais. 1788-1824.

C

CABANIS, célèbre médecin français, ami de Mirabeau. 1757-1808.

CABOCHIENS, faction populaire qui parut à Paris un moment sous Charles VI.

CADMUS, Phénicien qui fonda Thèbes en Grèce, XVIe siècle av. J.-C.

CADOUDAL (GEORGES), chef vendéen, exécuté en 1804.

CAFFARELLI, général français, tué à Saint-Jean-d'Acre, en 1799.

CAGLIOSTRO (JOSEPH-BALSAMO, comte de), savant alchimiste italien. 1743-1795.

CAILLIÉ, voyageur franç. 1799-1838.

CAÏN, premier fils d'Adam et d'Ève, tua son frère Abel.

CAÏPHE, grand-prêtre juif qui fit condamner J.-C. à mort.

CALATRAVA, ordre religieux et militaire d'Espagne, institué en 1158.

CALCHAS, devin, accompagna les Grecs au siège de Troie.

CALDÉRON, poète espagnol. 1600-1687.

CALIGULA, empereur romain, de 37 à 41; se rendit célèbre par sa cruauté et sa folie.

CALIXTE. Trois papes ont porté ce nom, de 118 à 1458.

CALLICRATIDAS, général spartiate, tué aux Arginuses, en 406 av. J.-C.

CALLIMAQUE, poète grec du VIe siècle av. J.-C.

CALLISTHÈNE, philosophe grec, disciple d'Aristote; av. J.-C.

CALLOT, graveur et peintre. 1593-1635.

CALONNE (de), ministre sous Louis XVI. 1734-1802.

CALVIN (JEAN), célèbre réformateur, chef des calvinistes; né à Noyon, m. à Genève en 1564.

CAMBACÉRÈS, jurisconsulte, second consul de la République, archichancelier de l'Empire français; m. en 1824.

CAMBRONNE, illustre général français; m. en 1842.

CAMBYSE, fils et successeur de Cyrus, roi de Perse, m. en 523 av. J.-C.

CAMILLE (Furius), prit Véies et sauva Rome des Gaulois; m. en 365.

CAMISARDS, calvinistes des Cévennes, révoltés sous Louis XIV.

CAMOENS (LE), célèbre poète portugais, m. à l'hôpital en 1579.

CAMPAN (MADAME DE), lectrice de Marie-Antoinette, créa, sous Napoléon, le pensionnat d'Écouen; mourut à Mantes sous Louis XVIII; m. en 1822.

CAMPISTRON, [poète] dramat[ique], [membre] de l'Ac[adémie] française, 1656-1723.

CANOVA, célèbre sculpteur italien, 1775-1822.

CANUT, nom de plusieurs rois de Danemark, d'Angleterre et de Suède.

CANROBERT, maréchal de France, né en 1809.

CAPÉTIENS, troisième race des rois de France.

CAPITON, célèbre [jurisconsulte] romain, sous Auguste et Tibère.

CAPO D'ISTRIA, président de la république grecque en 1827, assassiné en 1831.

CAPRARA, [cardinal] arch[evêque] de M[ilan], fit [recevoir] le Pie VII en France, 1801.

CARACALLA, empereur romain, de 211 à 217.

CARAÏBES, peuples [sauvages qui habitaient] les petites Antilles.

CARANUS, fonda le royaume de Macédoine, [814] av. J.-C.

CARBON, tribun romain, m. en 119 av. J.-C. — Cn[eius], m. en 82 av. J.-C.

CARCEL, invent. des lampes à pompe [dites] Carcel.

CARIBERT, fils aîné de Clotaire Ier, roi de Paris, de 561 à 567.

CARLISTES, [nom donné en France] aux partisans de Charles X, et en [Espagne] aux partisans de don Carlos à l'Espagne.

CARLOMAN, frère de Pépin le Bref...

CARLOMAN, frère de Charlemagne, [m. en] 771.

CARLOMAN, frère de Louis III, av[ec] [lequel il régna de 879 à 884].

CARLOS, nom de plusieurs princes espagnols.

CARLOVINGIENS, deuxième race des rois de France.

CARMEL, [montagne de Syrie], [où résidèrent] des [prophètes], [ordre] fondé par Henri IV en 1608.

CARNÉADE, philosophe grec, 215-129 av. J.-C.

CARNOT, savant [français], m. en 1823. [Ce fut] [l'un des] plus [célèbres] [organisateurs] de la [révolution] française, [membre du Directoire].

CARRACHE (les trois), nom de trois peintres italiens: Louis, 1555-1619 — Augustin, 1558-1602 — Annibal, 1560-1609.

CARREL, Armand, publiciste, [victime] d'un duel politique, 1800-1836.

CARRIER, conventionnel, [députe] en 1794. [Ce fut lui qui] [commanda] les [noyades de Nantes].

CARTIER (Jacques), navigateur fr[ançais], [découvrit le Canada] en 1534.

CARTOUCHE, chef d'une bande de voleurs, [supplicié] en 1721.

CASANOVA, peintre de batailles et de paysages, 1727-1805.

CASIMIR, nom de cinq rois de Pologne, de 1034 à 1667.

CASSANDRE, général macédonien, [régna de] 311 à 301 av. J.-C.

CASSINI, célèbre astronome italien, fut attiré à Paris par Colbert et y [mourut] en 1712. Son fils et ses petits-[fils furent aussi] très célèbres.

CASSIODORE, écrivain latin, 468-562.

CASSIOPÉE, reine d'Éthiopie.

CASSIUS, partisan, l'un des meurtriers de César, se tua 42 ans av. J.-C.

CASTELLANE, maréchal de France, 1788-1862.

CASTLEREAGH, homme d'État anglais, se tua dans un accès de démence, en 1822.

CATHELINEAU, chef vendéen, 1759-1793.

CATHERINE (SAINTE), vierge et martyre, vers l'an 312.

CATHERINE D'ARAGON, femme de Henri VIII, roi d'Angleterre, 1483-1536.

CATHERINE DE MÉDICIS, femme de Henri II, eut une grande part au massacre de la Saint-Barthélemy, 1519-1589.

CATILINA, patricien romain, célèbre par la conjuration dont il fut le chef, mourut les armes à la main, en 63 av. J.-C.

CATINAT, célèbre maréchal de France sous Louis XIV; m. en 1712.

CATON L'ANCIEN ou **LE CENSEUR**, Romain célèbre par l'austérité de ses principes, 234-145 av. J.-C.

CATON D'UTIQUE, défenseur de la liberté contre César, se tua après la défaite de [Pharsale], en 46 av. J.-C.

CATULLE, poète latin, né vers l'an 87 av. J.-C.

CAUCHON (PIERRE), évêque de Beauvais, m. en 1443; présida le tribunal qui condamna Jeanne d'Arc au bûcher, en 1431.

CAUCHY, célèbre mathématicien français, 1789-1857.

CAULAINCOURT ou **CAULINCOURT**, duc de Vicence, général et [diplomate] français, 1773-1827.

CAUMONT duc de LA FORCE, maréchal de France, 1558-1652.

CAUMONT (Armand-Nompar), fils du précédent, maréchal de France, m. en 1675.

CAUS (SALOMON DE), ingénieur fr., [fit connaître les propriétés motrices de] [la vapeur], [m. en Bretagne en] 1630.

CAUSSIDIÈRE, homme politique, [préfet de police en 1848], 1808-1861.

CAUSSIN DE PERCEVAL, orientaliste français. 1759-1835.

CAVAIGNAC, chef du pouvoir exécutif en 1848, réprima l'insurrection de juin. 1802-1857.

CAVALIER JEAN, chef des calvinistes des Cévennes. 1679-1740.

CAVOUR COMTE DE, célèbre homme d'État italien. 1810-1861.

CAYLUS MARQUISE DE, petite-nièce de madame de Maintenon, a écrit des *Souvenirs* sur la cour de Louis XIV. 1673-1729.

CAYX, hist. français, recteur de l'Académie de Paris, né en 1793.

CAZALES, membre de l'Assemblée constituante, mort en 1805.

CAZOTTE, écrivain français, mort sur l'échafaud en 1792.

CÉCILE SAINTE, vierge et martyre romaine, vers 230.

CÉCILLE, marin français, sénateur, né en 1787.

CÉCROPS, roi de l'Attique, au XVIᵉ siècle av. J.-C.

CÉLESTIN. Cinq papes ont porté ce nom, de 422 à 1294.

CELLAMARE, ambassadeur en France à la cour de Louis XIV, qui conspira contre le Régent et fut reconduit aux frontières en 1718.

CELLINI. V. BENVENUTO.

CELTES, peuple ancien de la Gaule.

CÉNOMANS ancien peuple de la Gaule transalpine.

CENT ANS Guerre de, entre l'Angleterre et la France, de 1337 à 1453.

CENT GARDES, cavaliers d'élite, gardes d'honneur de Napoléon III.

CENT JOURS durée de cette période du règne de Napoléon du 20 mars au 28 juin 1815.

CENT SUISSES, compagnie d'élite, recrutée en Suisse, affectée à la garde du roi sous l'ancienne monarchie.

CERVANTES, écrivain espagnol, auteur de *Don Quichotte*, mort en 1616.

CÉSAIRE SAINT, évêque d'Arles. 470-542.

CÉSAR JULES, célèbre général romain et dictateur, après avoir vaincu ses rivaux à Pharsale, se fit élire dictateur perpétuel, assassiné au sénat à Rome en 44 av. J.-C.

CÉSARS les 12, nom sous lequel on désigne Jules César et les onze premiers empereurs romains.

CÉTHÉGUS MARCUS, conspirateur romain, complice de Catilina, mis à mort en 63 av. J.-C.

CHABANNES ANTOINE DE, gouverneur de Paris sous Charles VIII. 1485.

CHABOT PHILIPPE DE, amiral sous François Iᵉʳ, mort en 1543.

CHABRIAS, général athénien, mort en 358 av. J.-C.

CHALAIS COMTE DE, favori de Louis XIII, accusé de conspiration par Richelieu, exécuté en 1626.

CHALDÉENS les, anc. peuple de la Babylonie.

CHAM, second fils de Noé.

CHAMBORD Mᵗˢ DE, fils du duc de Berry, connu d'abord sous le titre de comte de Bordeaux.

CHAMILLARD, ministre sous Louis XIV, mort en 1721.

CHAMILLY, maréchal de France. 1637-1715.

CHAMPIGNY B. DE, duc de Cadore, ambassadeur et ministre de Napoléon Iᵉʳ. 1756-1834.

CHAMPEAUX GUILLAUME DE, théologien et philosophe, né en 1121.

CHAMPIONNET, général français, qui s'empara du roy. de Naples. 1762-1800.

CHAMPLAIN, voyageur français, né en 1567, fondateur de Québec, au Canada.

CHAMPMESLÉ, célèbre tragédienne, morte en 1698.

CHAMPOLLION, célèbre archéologue français qui parvint à déchiffrer les hiéroglyphes. 1790-1832.

CHANAAN, fils de Cham.

CHANDOS, capitaine anglais, qui prit Du Guesclin prisonnier au combat d'Auray, tué au combat de Lussac.

CHANGARNIER, général français, né en 1793.

CHANTAL BARONNE DE, fondatrice de l'ordre de la Visitation, née en 1572, morte en 1641.

CHAPELAIN, poète français, critiqué par Boileau. 1595-1674.

CHAPELLE, poète français. 1626-1686.

CHAPPE, inventeur du télégraphe. 1763-1805.

CHAPTAL, célèbre chimiste, mort en 1832.

CHARETTE, chef vendéen, fusillé à Nantes en 1796.

CHARLES-MARTEL, roi des Français, illustre par sa victoire remportée sur les Sarrasins à Poitiers. 689-741.

CHARLEMAGNE, roi des Français, né en 742, couronné empereur d'Occident en 800, mort en 814.

CHARLES II dit le Chauve, roi de France, fils de Louis le Débonnaire.

CHARLES III dit le Gros, roi d'Espagne, empoisonné par Charles III, en 1771.

CHARLES BORROMÉE (SAINT). V. BORROMÉE.

CHARLET, dessinateur français. 1792-1846.

CHARNER, amiral français, né en 1797.

CHARRON (PIERRE), moraliste français. 1541-1603.

CHARTIER (ALAIN), un des plus anciens poètes français. 1386-1449.

CHARTREUSE (GRANDE), fameux monastère dans le département de l'Isère.

CHASSEPOT, inventeur d'un fusil qui se charge par la culasse, adopté dans l'armée française.

CHATEAUBRIAND (VICOMTE DE), illustre écrivain français. 1768-1848.

CHATEL (JEAN), fanatique, tenta d'assassiner Henri IV; fut écartelé en 1594.

CHATEL (ANDRÉ), fondateur de l'église dite Catholique française, et il se nomma évêque primat. 1795-1857.

CHATELAIN, géographe français, né en 1817.

CHATRE (CLAUDE DE LA), maréchal de France. 1536-1614.

CHATTERTON, poète anglais, s'empoisonna en 1770.

CHAUCER, poète anglais; m. en 1400.

CHAULIEU, poète fr. 1639-1720.

CHAUMETTE, procureur de la Commune de Paris en 1793, décapité en 1794.

CHAUVEAU LAGARDE, avocat, défendit Marie-Antoinette devant le tribunal révolutionnaire. 1765-1841.

CHAUVIN, nom d'un pioupiou, d'un vaudeville de Scribe: Le Soldat laboureur, personnifie un fanatique de la gloire militaire.

CHEMINAIS, prédicateur célèbre. 1652-1689.

CHÉNEDOLLÉ, poète français; né en 1833.

CHÉNIER (ANDRÉ), célèbre poète français; fut décapité en 1794.

CHÉNIER (MARIE-JOSEPH), frère du précédent, littérateur; m. en 1811.

CHÉOPS, ancien roi d'Égypte, se fit élever une grande pyramide; son règne est placé vers 4000 av. J.-C.

CHÉRI (Gilbert-Marie Gizos, dit), compositeur de musique théâtrale française. 1824-1854.

CHÉRUBIN, ange.

CHÉRUBINI, compositeur et musicien de musique, né à Florence, m. à Paris en 1842.

CHÉRUEL, historien français, né à Rouen en 1809.

CHÉRUSQUES, peuple de la Germanie, qui habitait entre le Weser et l'Elbe.

CHESTERFIELD (COMTE DE), lord d'Angleterre, homme d'État. 1694-1773.

CHEVALLET (LE), philologue fr. 1812-1858

CHEVÉRUS (LÉFÉBURE DE), arch. de Bordeaux et cardinal. 1768-1836.

CHEVREUSE, nom d'une illustre famille de France.

CHILDEBERT. Il y a eu trois princes de ce nom sous les Mérovingiens.

CHILDEBRAND, fils de Pepin le Gros et frère de Charles Martel.

CHILDÉRIC. Tous princes ont porté ce nom sous les Mérovingiens.

CHILPÉRIC Ier, roi de Neustrie, assassiné en 575.

CHILPÉRIC II, roi de France, 715-720.

CHINALADAN ou **SARAC**, roi de Ninive, méprisable par sa mollesse. 677-625 av. J.-C.

CHODORLAHOMOR, roi des Élamites du temps d'Abraham.

CHOISEUL (DUC DE), ministre de Louis XV. 1719-1785.

CHOSROES Ier, le Grand, roi de Perse. 531-579.

CHOSROES II, roi de Perse. 590-628.

CHORON, fonda en 1817, à Paris, une école spéciale de chant.

CHOUANS. On appelait ainsi en Bretagne, 1793, les partisans de la cause royale.

CHRIST, le Messie.

CHRISTIAN. Plusieurs rois de Danemark ont porté ce nom, de 1448 à 1848.

CHRISTINE DE FRANCE, fille de Henri IV, épousa Amédée II de Savoie. 1606-1663.

CHRISTINE DE PISAN, femme célèbre par ses poésies, née à Venise vers 1363, vécut en France.

CHRISTINE DE SUÈDE, reine de Suède, m. en 1689.

CHRISTOPHE. Il y a eu trois princes de ce nom en Danemark. Le troisième régna sur le Danemark, la Suède et la Norwège, de 1320 à 1333.

CHRISTOPHE (SAINT), martyr, m. en 240.

CHRISTOPHE COLOMB. V. COLOMB.

CHRYSIPPE, philosophe grec, né en Cilicie vers 280 av. J.-C.

CHRYSOSTOME (SAINT JEAN), l'un des Pères de l'Église, né à Antioche. 344-398.

CICÉRON, grand orateur romain;

fut successivement préteur, édile et consul; assassiné par l'ordre d'Antoine, en 43 av. J.-C.

CID (LE), illustre guerrier espagnol; héros d'une des tragédies de Corneille; m. en 1099.

CIMAROSA, célèbre compositeur italien. 1754-1801.

CIMBRES, un des peuples barbares qui envahirent l'Europe au IIe siècle av. J.-C.

CIMMÉRIENS, ancien peuple des bords du Pont-Euxin.

CIMON, général athénien, fils de Miltiade; m. en 449 av. J.-C.

CINCINNATUS, Romain célèbre par la simplicité et l'austérité de ses mœurs; fut deux fois dictateur; Ve siècle av. J.-C.

CINÉAS, ministre et conseiller du roi Pyrrhus.

CINNA, petit-fils de Pompée, fut traité avec clémence par Auguste.

CINQ-MARS, favori de Louis XIII, mort sur l'échafaud pour avoir conspiré contre Richelieu. 1620-1642.

CITEAUX, village de la Côte-d'Or, où Robert de Molesme fonda, en 1098, une communauté religieuse devenue célèbre.

CLAIRAUT, savant géomètre. 1713-1765

CLARENCE (DUC DE), frère d'Édouard IV, roi d'Angleterre, condamné à mort par celui-ci, se fit noyer dans un tonneau de Malvoisie, en 1478.

CLARKE, philosophe anglais; m. en 1729.

CLAUDE, empereur romain, de 41 à 54.

CLAUDE II, empereur romain, de 168 à 270.

CLAUDE DE FRANCE, fille de Louis XII, épouse de François Ier. 1499-1524.

CLAUDE LORRAIN. V. LORRAIN.

CLAUDIEN, poète latin du IVe siècle.

CLAUDIUS, décemvir romain en 451 av. J.-C.

CLAUSEL, maréchal de France. 1772-1842

CLAVIÈRE, ministre des finances sous Louis XVI. 1735-1793.

CLÉANTHE, philosophe stoïcien, ... av. J.-C.

CLÉARQUE, ... combattit à Cunaxa et fut assassiné par Tissapherne. 401 av. J.-C.

CLÉBER, ... 507 av. J.-C.

CLÉMENT. Quatorze papes ont porté ce nom.

CLÉMENT D'ALEXANDRIE (SAINT), docteur de l'Église; m. en 217.

CLÉMENT (JACQUES), assassin de Henri III, en 1589.

CLÉOBULE, l'un des sept sages de la Grèce, VIe siècle av. J.-C.

CLÉOMÈNE, fils de Léonidas, roi de Sparte. 238-219 av. J.-C.

CLÉOPATRE, reine d'Égypte, se fit piquer par un aspic et mourut. 30 ans av. J.-C.

CLERMONT-TONNERRE, nom d'une famille illustre de France.

CLÉRY, valet de chambre de Louis XVI, le servit au Temple, et ... une relation de sa captivité; m. en 1809.

CLET, pape et martyr. 83.

CLISSON (OLIVIER DE), connétable de France; m. en 1407.

CLITUS, général macédonien, favori d'Alexandre le Grand, qui le tua dans une orgie. 326 av. J.-C.

CLODION LE CHEVELU, successeur de Pharamond. 427 à 448.

CLODOMIR, fils de Clovis et de Clotilde, roi d'Orléans; m. en 524.

CLOTAIRE. Quatre rois ont porté ce nom sous les Mérovingiens.

CLOTILDE (SAINTE), épouse de Clovis; m. en 545.

CLOUD (SAINT), ou **CLODOALD**, petit-fils de Clovis, ... vie monastique, et se retira dans un lieu près de Paris, qui prit son nom.

CLOVIS. Ce nom a été porté par trois rois mérovingiens.

CLYTEMNESTRE, femme d'Agamemnon.

COCHIN, nom de trois graveurs célèbres des XVIIe et XVIIIe siècles.

COCHIN, fondateur de l'hôpital Cochin. 1727-1783.

COCLÈS (HORATIUS), défendit seul contre une armée un pont de Rome, en 507 av. J.-C.

CODRUS, dernier roi d'Athènes, 1100 à 1132 av. J.-C.

CŒUR (JACQUES), né à Bourges en 1400, devint argentier de Charles VII, fut condamné injustement et banni; m. en 1456.

COLARDEAU, poète français; m. en 1776.

COLBERT, ministre sous Louis XIV; m. en 1683.

COIGNY (DUC DE), maréchal de France. 1737-1821.

COLIGNY, général de Louis XII, péri ... de la Saint-Barthélemy, 23 août 1572.

COLLATIN (Tarquin), consul romain, mari de Lucrèce.

COLLIN D'HARLEVILLE, auteur dramatique français, 1755-1806.

COLLOT-D'HERBOIS, conventionnel, déporté à la Guyane en 1795.

COLOMB (Christophe), célèbre navigateur génois qui découvrit l'Amérique en 1492.

COLONNA, illustre famille romaine, qui a donné des papes, des cardinaux, etc.

COLUMELLE, auteur latin du 1er siècle.

COMBALOT, prédicateur français, né en 1798.

COMITÉ DE SALUT PUBLIC, créé en 1793, eut pendant près d'un an une puissance illimitée, fut aboli en 1795.

COMMINES (Philippe de), historien, diplomate et ministre de Louis XI, m. en 1509.

COMMODE, empereur romain, fils de Marc-Aurèle, règne et fut assassiné en 192.

COMNÈNE, nom de plusieurs empereurs à Constantinople, de 1057 à 1185.

CONCINI, né à Florence, favori de Louis XIII, devint maréchal d'Ancre, assassiné en 1617.

CONDÉ (Henri Ier, prince de), oncle de Henri IV, chef des calvinistes, né en 1560.

CONDÉ (Louis II, prince de), dit le **GRAND CONDÉ**, vainqueur à Rocroy, à Fribourg, à Nordlingen et à Lens, 1621-1686.

CONDILLAC, célèbre philosophe, chef des sensualistes, 1715-1780.

CONDORCET, philosophe et mathématicien, membre de la Convention, né en 1743.

CONFUCIUS, célèbre philosophe chinois, législateur d'une religion suivie encore aujourd'hui, 551 av. J.-C.

CONON, général athénien, m. en 393 av. J.-C.

CONRAD, quatre princes, rois ou empereurs d'Allemagne.

CONRADIN, fils de Conrad IV, m. en 1268.

CONSTANCE-CHLORE, empereur romain, de 305 à 306.

CONSTANCE, fils de Constantin, empereur d'Orient en 337, seul empereur en 353, m. en 361.

CONSTANCE, seconde femme de Robert le Pieux.

CONSTANT Ier, empereur romain, de 337 à 350.

CONSTANT II, empereur romain, de 641 à 668.

CONSTANTIN Ier, dit **LE GRAND**, empereur en 306, transporta le siège de l'empire à Byzance, qui prit le nom de Constantinople. Il y a eu treize princes de ce nom qui ont été empereurs d'Orient; le dernier défendit sa capitale, au prix de sa vie, contre les Turcs, 1453.

CONSTANTIN, pape, de 708 à 715.

CONTI, illustre famille française, branche cadette de la maison de Bourbon.

COOK, célèbre navigateur anglais, tué par les sauvages de l'île d'Owihhée, en 1779.

COOPER (Fenimore), célèbre romancier américain, m. en 1851.

COPERNIC, célèbre astronome prussien, m. en 1543.

COPRONYME, nom donné à Constantin VI, emp. de Constantinople.

CORBULON, général romain sous Claude et Néron, se tua l'an 67.

CORDAY (Charlotte), jeune fille qui poignarda Marat, exécutée en 1793.

CORDELIERS (le club des), fondé par Danton et Marat, pendant la première révolution.

CORDOVA, amiral espagnol, 1716-1793.

CORIOLAN, célèbre général romain, m. en 488 av. J.-C.

CORMENIN (vicomte de), publiciste et jurisconsulte français, membre de l'Institut, m. en 1798.

CORNEILLE (Pierre), le père de la tragédie française, 1606-1684.

CORNEILLE (Thomas), frère du précédent, auteur dramatique, 1625-1709.

CORNELIUS NEPOS, historien latin.

CORPS LÉGISLATIF, assemblée créée en France par la constitution de l'an VIII, sanctionna les lois. La Chambre des Députés fut de nouveau remplacée par un Corps législatif.

CORRÈGE (le), célèbre peintre italien, 1494-1534.

CORTES (les), assemblées nationales ou législatives en Espagne et en Portugal.

CORTEZ (Fernand), capitaine espagnol, conquérant du Mexique, m. en 1547.

CORVETTO, ministre de Louis XVIII, 1758-1822.

CORVIN (Mathias), roi de Hongrie, m. en 1490.

CORVISART (baron), médecin de Napoléon Ier, 1755-1821.

COSME (Saint), médecin, patron des chirurgiens, m. en 303.

COSSÉ (duc de Brissac), remit Paris à Henri IV, m. en 1611.

COTEREAUX, aventuriers, qui, à différentes époques, exercèrent le brigandage. On les appelait aussi *Brabançons*, *Malandrins*, *Ribauds*, *Routiers*.

COTIN (L'abbé), prédicateur et poète français; m. en 1682.

COTTON, jésuite célèbre, confesseur de Henri IV. 1564-1624.

COURIER (Paul-Louis), érudit, publiciste, tué par son garde-chasse en 1825.

COUSIN (Jean), peintre et sculpteur français; m. en 1590.

COUSTON, nom de trois célèbres sculpteurs français, de 1658 à 1777.

COUTHON, conventionnel, décapité en 1794.

COYPEL, peintre franç. 1628-1767.

COYSEVOX, sculpteur français; m. en 1720.

COYTHIER, médecin de Louis XI.

CRANAÜS, riche Athénien qui succéda à Cécrops, vers 1500 av. J.-C.

CRANMER (Thomas), archev. de Cantorbéry, prononça le divorce de Henri VIII, fut brûlé vif. 1556.

CRAPONNE (Adam de), ingénieur français. 1519-1559.

CRASSUS, triumvir avec Pompée et César, fut assassiné en 53 av. J.-C.

CRASSUS, orateur romain. 95 av. J.-C.

CRATÈS, philos. grec, disciple de Diogène. IV° siècle av. J.-C.

CRÉBILLON, poète français; m. en 1762.

CRÉPIN et **CRÉPINIEN** (SAINTS), frères et martyrs. 287.

CRÉQUI (Charles de), maréchal de France, m. en 1638.

CRÉON, prince thébain. XIII° siècle av. J.-C.

CRÉSUS, roi de Lydie, célèbre par ses richesses. VI° siècle av. J.-C.

CREVIER, hist. franç., a terminé l'hist. romaine de Rollin. 1693-1765.

CRILLON, célèbre capitaine, ami et compagnon d'armes de Henri IV. 1541-1615.

CRIMÉE (Guerre de), entreprise contre les Russes par les Français, les Anglais et les Turcs. 1854-1855.

CRISPUS, fils de l'emp. Constantin le Grand, fut nommé César en 317 et remporta une victoire sur Licinius.

CRITIAS, le plus célèbre des trente tyrans d'Athènes. 404 av. J.-C.

CROISADES, nom donné aux huit expéditions des chrétiens en Orient contre les infidèles. La dernière eut lieu en 1270. Il y eut aussi la *Croisade contre les Albigeois*, dans le midi de la France. 1208.

CROMWELL (Olivier), protec-

---

teur de la République en Angleterre. 1599-1658.

CROY, illustre famille de France.

CRUSSOL, ducs d'Uzès, maréchal de France, m. en 1584.

CTÉSIPHON, fameux architecte grec. 350 av. J.-C.

CUNÉGONDE (SAINTE), impératrice, m. en 1040.

CURTIUS DENTATUS, consul romain. III° siècle av. J.-C.

CURTIUS, Romain célèbre par son dévouement. IV° siècle av. J.-C.

CUSTINE (comte de), général français; m. sur l'échafaud en 1793.

CUSTINE (marquis de), voyageur. 1793-1857.

CUVIER, célèbre naturaliste, considéré comme créateur de la paléontologie. 1769-1832.

CYAXARE Ier et **CYAXARE II**, rois de Médie. VII° et VI° siècle av. J.-C.

CYNÉGIRE, frère du poète Eschyle, s'illustra à la journée de Marathon.

CYPRIEN (SAINT), Père de l'Église latine, évêque de Carthage, martyr. v. 258.

CYRIAQUE (SAINT), patriarche de Constantinople, de 596 à 606.

CYRILLE (SAINT), Père de l'Église grecque. 315-386.

CYRILLE (SAINT), patriarche d'Alexandrie; m. en 444.

CYRUS, roi des Mèdes. VI° siècle av. J.-C.

CYRUS LE JEUNE, fils de Darius Nothus, tué à la bataille de Cunaxa, en 401 av. J.-C.

CZARTORYSKI, illustre famille polonaise.

D

DACES, peuple qui habitait sur les rives du Danube.

DACIER, érudit fr. 1651-1722.

DACIER (Madame), femme du précédent, traduisit l'Iliade et l'Odyssée; m. en 1720.

DAGOBERT, plusieurs princes portèrent ce nom parmi les Mérovingiens.

DAGON, dieu des Philistins.

DAGUERRE, inventa le daguerréotype; m. en 1851.

DAGUESSEAU, magistrat franç. 1668-1751.

DALAYRAC, compositeur franç. 1753-1809.

DALILA, femme qui trahit Samson.

DALLOZ, jurisconsulte français. 1797-1857.

DALTON, célèbre chimiste anglais. 1768-1844.

DAMASCÈNE (SAINT JEAN), célèbre prédicateur. 676-760.

DAMASE Ier (SAINT), pape, de 366 à 384.

DAMASE II, pape en 1048.

DAMBRAY, ministre de la justice sous Louis XVIII. 1760-1829.

DAMIEN (SAINT), m. en 303.

DAMIENS, frappa Louis XV d'un coup de couteau ; écartelé en 1757.

DAMIRON, philos. français, membre de l'Institut, né en 1794.

DAMOCLÈS, courtisan de Denys le Tyran.

DAMON et PYTHIAS, amis célèbres de l'antiquité ; vivaient du temps de Denys de Syracuse.

DOMPIERRE (MARQUIS DE), général français, tué sous les murs de Valenciennes, en 1793.

DAMRÉMONT, général fr., tué sous les murs de Constantine, en 1837.

DANAÜS, roi d'Egypte, s'empara du royaume d'Argos vers 1572 av. J.-C.

DANCOURT, auteur dramatique français. 1661-1725.

DANDOLO, doge de Venise, de 1192 à 1204, se distingua à la prise de Constantinople. — **DANDOLO** (JEAN), m. en 1289. — **DANDOLO** (FRANÇOIS), m. en 1339. — **DANDOLO** (ANDRÉ), m. en 1354.

DANGEAU (MARQUIS DE), courtisan spirituel ; m. en 1720.

DANIEL, l'un des quatre grands prophètes. VIIe siècle av. J.-C.

DANIEL (GABRIEL, dit LE PÈRE), jésuite, auteur d'une hist. de France.

DANTE ALIGHIERI, poète italien, auteur de la *Divine Comédie.* 1265-1321.

DANTON, conventionnel, décapité en 1794.

DARBOY, archevêque de Paris, né en 1813, périt parmi les otages de la Commune, en 1871.

DARCET, chimiste français. 1725-1801.

DARDANUS, fondateur de Troie.

DARIUS. Trois princes portèrent ce nom en Perse. Le dernier, **DARIUS CODOMAN,** fut vaincu par Alexandre, et assassiné par Bessus. 230 av. J.-C.

DARNLEY (HENRI STUART, LORD), fut le second époux de Marie Stuart, reine d'Ecosse ; périt dans son palais, victime du comte de Botwell. 1567.

DARU, homme politique français, membre de l'Institut, né en 1807.

DATIS, général de Darius Ier, fut vaincu par Miltiade à Marathon. 490 av. J.-C.

DAUBENTON, naturaliste, collaborateur de Buffon. 1716-1799.

DAUMESNIL (LE BARON DE, dit LA JAMBE DE BOIS), général français, gouverneur du château de Vincennes, après avoir perdu une jambe à Wagram, m. en 1832.

DAUNOU, littérateur, membre de l'Institut. 1761-1840.

DAVID, roi des Juifs et prophète, succéda à Saül ; m. en 1004 av. J.-C.

DAVID, nom de deux rois d'Ecosse, de 1124 à 1371.

DAVID D'ANGERS, célèbre statuaire, auteur du fronton du Panthéon.

DAVILA, hist. italien. 1576-1631.

DAVIS, célèbre navigat. anglais, découvrit le détroit de Davis, et périt dans une expédition aux Indes, en 1605.

DAVOUST, maréchal de France, prince d'Eckmuhl ; m. en 1823.

DAVY, chimiste anglais, inventa la lampe de sûreté pour les mineurs ; m. en 1829.

DÉBORA, prophétesse et juge, gouverna les Hébreux de 1396 à 1356 av. J.-C.

DEBRAUX, chansonnier français. 1798-1831.

DEBRAY, hist. de Louis VIII. XIIe siècle.

DEBROSSE, architecte célèbre, à qui on doit le palais du Luxembourg, m. en 1620.

DE BROSSES (LE PRÉSIDENT), écrivain français. 1709-1777.

DECAMPS, peintre français. 1803-1860.

DECAZES, ministre de Louis XVIII. 1780-1860.

DÉCEMBRE (LE DEUX), coup d'Etat de Louis-Napoléon Bonaparte, président de la République française. 1851.

DÉCIUS ou **DÈCE,** emp. romain, de 249 à 251, ordonna la 1re persécution contre les chrétiens.

DEFAUCONPRET, littérateur fr., traducteur des romans de Walter Scott et de Cooper. 1767-1843.

DE FOÉ (DANIEL), célèbre romancier anglais, auteur de *Robinson Crusoé.* 1663-1731.

DÉJOCES, roi des Mèdes, fonda Ecbatane. VIIe siècle av. J.-C.

DELACROIX, célèbre peintre fr. 1792-1863.

DELAMBRE, astronome français. 1749-1822.

DELAVIGNE (CASIMIR), poète lyrique et dramatique, né au Havre, en 1793, m. en 1843.

DELILLE (L'ABBÉ), poète français, traduct. de Virgile et de Milton. 1738-1813.

DELORME (PHILIBERT), archit. fr., éleva les Tuileries. 1518-1577.

DELORME (MARION), femme célèbre par sa beauté. 1612-1706.

DELPECH, savant chirurgien fr., assassiné en 1832.

DELUC, savant physicien français, né à Genève. 1727-1827.

DELVAU, litt. français. 1825-1867.

DÉMÉTRIUS. Ce nom fut porté par plusieurs rois de Macédoine et de Syrie.

DÉMÉTRIUS DE PHALÈRE, orateur athénien, homme d'État et historien. 345-283 av. J.-C.

DEMIDOFF, puissante famille russe.

DÉMOCRITE, philosophe grec du Ve siècle av. J.-C.

DÉMOSTHÈNE, le plus illustre des orateurs athéniens. 385-322 av. J.-C.

DEMOUSTIER, littérateur fr., auteur des *Lettres à Émilie*. 1760-1801.

DENIS L'ARÉOPAGITE (SAINT), évêque d'Athènes, martyr en 95.

DENIS (SAINT), pape, de 259 à 269.

DENON, diplomate, voyageur, artiste, directeur gén. des musées sous le 1er empire. 1747-1825.

DENYS L'ANCIEN, tyran de Syracuse, de 405 à 368.

DENYS LE JEUNE, fils et successeur du précédent, en 368, chassé de Syracuse, il devint maître d'école à Corinthe.

DENYS D'HALICARNASSE, hist. grec, contemporain d'Auguste.

DERBY, chef du parti tory, premier ministre anglais. 1799-1869.

DESAIX, général français, tué à Marengo. 1800.

DESAUGIERS, auteur dram. et chansonnier français. 1772-1827.

DESAULT, chirurgien français. 1744-1795.

DESCARTES (RENÉ), célèbre philosophe fr., physicien, géomètre. 1596-1650.

DESÈZE, un des défenseurs de Louis XVI. 1750-1828.

DESFONTAINES (L'ABBÉ), litt. français, 1685-1745. — RENÉ, célèbre botaniste français. 1752-1833.

DESGENETTES, célèbre médecin français. 1762-1837.

DESHOULIÈRES (MADAME), femme poète. 1633-1694.

DESMARETS DE SAINT-SORLIN, poète français. 1596-1676.

DESMOULINS (CAMILLE), conventionnel, décapité avec Danton. 1762-1794.

DESNOYERS (LOUIS), journaliste et litt. français. 1805-1868.

DESTOUCHES, auteur dram. fr. 1680-1754.

DESPAUTÈRE, grammairien latin, né en Brabant. 1461-1530.

DESPÉRIERS, écrivain français, m. en 1544.

DESPORTES (L'ABBÉ), poète fr. 1546-1606.

DESPRÉAUX. Voy. **BOILEAU**.

DESSAIX, général français, surnommé le *Bayard de la Savoie*. 1764-1825.

DESTOUCHES, auteur dram. fr. 1680-1754.

DEUCALION, ancien roi de Thessalie.

DÉVERIA, peintre fr. 1800-1857.

DIANE DE POITIERS, duchesse de Valentinois, fut toute-puissante sous François Ier et Henri II; m. en 1566.

DIANE DE FRANCE, fille de Henri II; m. en 1619.

DIAZ (BARTHÉLEMY), navigateur portugais; m. en 1500.

DICKENS, célèbre romancier anglais, né en 1812.

DIDEROT, philosophe célèbre du XVIIIe siècle. 1763-1784.

DIDIER, dernier roi des Lombards, détrôné par Charlemagne; m. en 774.

DIDIER (SAINT), évêque de Langres, m. en 264.

DIDIUS JULIANUS, empereur romain. 133-193.

DIDON, reine de Carthage, avait fondé cette ville avec une colonie de Phéniciens, en 866 av. J.-C.

DIEU, l'Être suprême.

DINA, fille de Jacob et de Lia.

DIOCLÉTIEN, empereur romain en 284; m. en 313.

DIODORE DE SICILE, historien grec, contemporain de César.

DIOGÈNE LE CYNIQUE, philosophe cynique; m. en 323 av. J.-C.

DIOGÈNE LAERCE, écrivain grec du IIIe siècle.

DIOMÈDE, héros grec qui se distingua au siège de Troie.

DION DE SYRACUSE, disciple de Platon, tyran de Syracuse; m. en 358 av. J.-C.

DION CASSIUS, hist. grec, né vers l'an 155 av. J.-C.

DION (CHRYSOSTOME), célèbre rhét. grec, sous Commode, Pertinax et Alexandre-Sévère. IIe siècle.

DIRECTOIRE (LE), conseil de cinq membres qui eut le pouvoir exécutif de 1795 à 1799. Il fut renversé par Bonaparte, le 18 brumaire.

DIX (CONSEIL DES), conseil suprême

... né à Athènes après le renversement des trente tyrans. — T. journal secret de la république de Venise, chargé de veiller à la sûreté de l'État; créé en 1501.

DIX MILLE (RETRAITE DES), retour en Grèce de dix mille Grecs, conduits par Xénophon, en 401 av. J.-C.

DOCTRINE CHRÉTIENNE (FILLES DE LA), congrégation établie en 1702, à Avignon, par César de Bus, pour l'instruction des enfants.

DOCTRINE CHRÉTIENNE (FRÈRES DE LA), religieux laïques institués à Paris, en 1680, pour enseigner gratuitement aux enfants les principes de la religion et leur donner l'instruction primaire.

DODE DE LA BRUNERIE, maréchal de France, 1775-1851.

DOLABELLA, gendre de Cicéron.

DOLET, imprimeur français, brûlé comme athée en 1546.

DOLOMIEU, savant fr. 1750-1801.

DOMAT, savant jurisconsulte, 1625-1696.

DOMBASLE (MATHIEU DE), agronome français, 1777-1843.

DOMBROWSKI, général polonais, 1755-1818.

DOMINIQUE (SAINT), fondateur de l'ordre des Dominicains, m. en 1221.

DOMITIEN, empereur romain, de 81 à 96; persécuta les chrétiens.

DONALD, nom de plusieurs rois d'Écosse de 216 à 1098.

DONAT, évêque schismatique de ..., m. en 305.

DONAT, évêque schismatique de Carthage, m. en 316.

DONATO, sculpteur florentin, 1374-1466.

DONIZETTI, célèbre compositeur italien, 1797-1848.

DORAT, poète français, protégé par Charles IX.

DORAT, poète fr. 1734-1780.

DORIA (ANDRÉ), amiral génois qui commanda tour à tour les flottes de François Ier et de Charles-Quint.

DORIENS (LES), Hellènes descendants de Dorus, s'emparèrent de la Grèce, quelques-unes de leurs colonies s'établirent dans l'Asie-Mineure.

DORMANS, cardinal, garde des sceaux et chancelier de France sous Jean et Charles V, m. en 1373.

DOROTHÉE (SAINTE), vierge et martyre en 311.

DORSET (COMTE DE), grand trésorier d'Angleterre, 1536-1608.

DOUCET (CAMILLE), auteur dramatique français, membre de l'Institut, né en 1812.

DOUGLAS, ancienne et puissante famille d'Écosse.

DOUGLAS, homme politique américain, n. 1812-1861.

DOW, peintre hollandais, 1613-1680.

DOYÈRE, naturaliste franç. 1811-1863.

DRACON, archonte et législateur d'Athènes, dont les lois étaient très sévères; m. en 623 av. J.-C.

DRAKE (FRANCIS), célèbre marin anglais, 1545-1595.

DREUX (IL COMTE DE), fils de Louis le Gros.

DREUX BRÉZÉ (MARQUIS DE), grand-maître des cérémonies sous Louis XVI; m. en 1829.

DROUET, conventionnel, 1763-1824. Maître de poste à Sainte-Menehould, il reconnut Louis XVI fuyant avec sa famille, et le fit arrêter à Varennes, le 21 juin 1791.

DROUET D'ERLON, maréchal de France, 1765-1844, gouverneur de l'Algérie en 1834.

DROUOT, général fr. m. en 1847.

DROUYN DE L'HUYS, diplomate français, ancien ministre, né en 1805.

DROZ, habile mécanicien suisse. 1721-1790.

DROZ, philos. et hist. français. 1773-1850.

DRUSES, peuple de Syrie.

DRUSUS, tribun du peuple à Rome, en 121 av. J.-C., antagoniste de C. Gracchus.

DRYDEN, poète anglais. 1631-1701.

DU BELLAY (JEAN), cardinal, homme d'État; m. en 1560.

DU BELLAY (JOACHIM), poète fr.; m. en 1560.

DU BIEZ, maréchal de France, m. en 1551.

DUBOIS (CARDINAL), ministre sous la Régence, 1656-1723.

DUBOIS (LE BARON ANTOINE), prof. à la Faculté de médecine de Paris, fondateur de la maison de santé qui porte son nom. 1756-1837.

DUBOIS DE CRANCÉ, ministre de la guerre sous le Directoire. 1747-1814.

DUBOURG (ANNE), conseiller au Parlement de Paris, fut pendu comme hérétique. 1559.

DUBUFE, peintre fr. 1790-1864.

DUCANGE (CHARLES), érudit fr.; m. en 1688.

DUCASSE, lieutenant général des armées navales sous Louis XIV. 1650-1715.

DUCERCEAU (LE PÈRE), jésuite, ... 1670-1730.

DUCHATEL. V. TANNEGUY.

DUCHESNOY (MADEMOISELLE), célèbre tragédienne française; m. en 1835.

DUCIS, poète tragique; m. en 1816.

DUCLOS, littérateur et moraliste fr.; m. en 1772.

DUCOS (LE COMTE ROGER), conventionnel, membre du conseil des Anciens et du Directoire; fut proclamé 3e consul. 1767-1816.

DUCOS, ministre de la marine après le coup d'Etat du 2 décembre. 1801-1855.

DU DEFFANT (MARQUISE), femme écrivain française, ... au mouvement litt. du XVIIIe siècle.

DUFRÉNAY (MADEMOISELLE), femme célèbre par sa beauté. 1792-1857.

DUFRESNOY (MADAME), femme poète; m. en 1825.

DUGALD-STEWART, philosophe écossais. 1753-1828.

DUGAZON (LOUISE-ROSALIE), actrice célèbre. 1755-1821.

DUGOMMIER, général français; m. en 1794.

DUGUAY-TROUIN, célèbre marin; m. en 1736.

DUGUESCLIN, connétable sous Charles V; m. en 1380.

DU HAILLAN, historiographe de Charles IX et de Henri III. 1535-1610

DUHAMEL, ... savant fr., 1624-1706. -- Ingénieur fr. 1700-1782

DUILIUS, consul romain qui remporta la première victoire navale sur les Carthaginois, 260 ans av. J.-C.

DULAURE, conventionnel, membre du conseil des Cinq-Cents et du Corps législatif 1755-1835.

DULONG, physicien et chimiste français. 1785-1838.

DUMARSAIS, gram. et philosophe français. 1676-1756.

DUMAS (LE COMTE), général fr.; m. en 1837.

DUMAS (MATHIEU), général fr. 1752-1837.

DUMAS, célèbre chimiste et homme d'Etat français, né en 1800.

DUMAS (ALEXANDRE), célèbre romancier français. 1803-1870.

DUMONT-D'URVILLE, célèbre navigateur français, péri dans la catastrophe du chemin de fer de Versailles, en 1842

DUMONT, célèbre sculpteur fr. 1701-1844

DUMOULIN, jurisconsulte. 1500-1566.

DUMOURIEZ, général français; gagna les batailles de Valmy et de Jemmapes, puis passa dans les rangs des ennemis de la France; m. en 1823.

DUNCAN Ier, roi d'Ecosse.

DUNCAN II, usurpa la couronne, fut massacré en 10..

DUNOIS, capitaine sous Charles VII; m. en 1468.

DUPANLOUP, prélat français, né en 1802.

DUPATY, président au parlement de Bordeaux, auteur de Lettres sur l'Italie; m. en 1804.

DUPERRÉ, amiral français, contribua à la prise d'Alger avec le maréchal Bourmont. 1775-1846.

DUPERRON, cardinal, archevêque de Sens, 1556-1618, contribua à rétablir la paix entre le Saint-Siège et Henri IV.

DUPETIT-THOUARS, marin français, ... , tué à Aboukir, en 1798.

DUPHOT, général fr. 1770-1798.

DUPIN, ... , président de la chambre des députés sous Louis-Philippe Ier, mort premier procureur général à la Cour de cassation. 1783-1865.

DUPLEIX, gouverneur des Indes, m. en 1763.

DUPONT DE L'ETANG, général français, ministre de la guerre en 1814. 1765-1840.

DUPONT de l'Eure, homme politique, député de 1817 à 1848, fut membre du gouvernement provisoire de 1848. 1765-1855.

DUPRAT (ANTOINE), chancelier de France sous François Ier, cardinal et légat du pape; m. en 1535.

DUPUIS, savant et membre du conseil des Cinq-Cents, membre de l'Institut. 1742-1809.

DUPUYTREN, célèbre chirurgien fr.; m. en 1835.

DUQUESNE, marin célèbre français, né à Dieppe; m. en 1688.

DURAS, maréchal de France, servit sous Louis XIV et sous Louis... 1625-1704.

DURER (ALBERT), artiste célèbre, se distingua dans la gravure et la peinture; m. en 1528.

DUROC, duc de Frioul, maréchal du palais de Napoléon Ier, ministre ..., tué d'un boulet à Wurtchen, en 1813.

DURRIEU (BARON), général français. 1775-1862.

DU SOMMERARD, savant antiquaire français. 1779-1842.

DUSSAULX, litt. français. 1728-1799.

DUVAL (AMAURY), litt. et historien français. 1760-1838.

DUVERNAY, célèbre anatomiste français. 1648-1730.

DUVERNOY, naturaliste français. 1777-1855.

DUVIVIER, général fr., tué en combattant l'insurrection de juin 1848.

DYCK (ANTOINE VAN), célèbre peintre flamand. 1599-1641. — PHILIPPE, peintre hollandais. 1680-1753.

E

EBBON, évêque de Reims, m. en 851.

EBLÉ, gén. français. 1758-1812.

EBROIN, maire du palais de Neustrie sous Clotaire III; mourut assassiné en 681.

EBURONS, peuple de la Gaule-Belgique, à l'E. de la Meuse et à l'O. du Rhin.

EDGARD, dit *le Pacifique*, roi d'Angleterre, m. en 975.

EDGARD, roi d'Écosse, m. en 1107.

EDGEWORTH, ingénieur anglais. 1744-1817.

EDME (SAINT), archev. de Cantorbery, m. en 1242.

EDMOND (SAINT), roi d'Estanglie, m. en 870.

EDMOND Ier, roi d'Angleterre. 941-946.

EDMOND II, *Côte de Fer*, m. en 917.

EDMOND, comte de Kent, m. en 1329.

EDOM, surnom donné à Ésaü.

EDOMITES ou **IDUMÉENS**, peuple qui habitait entre la Palestine et l'Arabie.

ÉDOUARD. Six rois d'Angleterre ont porté ce nom de 941 à 1553.

ÉDOUARD, prince de Galles, dit *le Prince Noir*, fut grand ennemi de la France. 1330-1376.

ÉDOUARD DE LANCASTRE, assassiné en 1471.

EDRED, roi saxon de l'Angleterre, vainquit Malcolm, roi d'Écosse. 946-955.

ÉDUENS, peuple de l'anc. Gaule.

EDWY, roi d'Angleterre. 955-957.

EFFIAT (MARQUIS D'), maréchal de France, père du fameux *Cinq-Mars*. 1581-1632.

EGBERT, premier roi d'Angleterre, réunit sept principautés anglo-saxonnes en un seul royaume. 827-836.

ÉGÉE, roi d'Athènes, père de Thésée; se précipita dans l'Archipel, à qui l'on donna le nom de mer Égée. 1361-1323 av. J.-C.

EGGER, helléniste français, membre de l'Institut, né en 1813.

ÉGIDIUS, général romain dans la Gaule, de 461 à 464.

ÉGINHARD, chancelier du IXe

siècle, secrétaire de Charlemagne; m. en 839.

ÉGISTHE, fils de Tyeste, tua Agamemnon et fut tué par Oreste.

EGMONT (COMTE D'), né dans les Pays-Bas, s'illustra dans les armées de Charles-Quint; décapité en 1568.

ÉLAM, fils de Sem.

ÉLAMITES, descendants d'Elam, qui peuplèrent une partie de la Perse.

ELBÉE (GIGOT D'), général vendéen; fusillé en 1794.

ÉLÉAZAR, noms de trois des personnages de l'histoire des Juifs.

ÉLECTRE, fille d'Agamemnon et de Clytemnestre, sœur d'Oreste.

ÉLÉONORE D'AQUITAINE, épousa Louis le Jeune, puis Henri Plantagenet.

ÉLÉONORE DE CASTILLE, femme de Charles III, roi de Navarre, m. en 1416.

ÉLÉONORE D'AUTRICHE, sœur de Charles-Quint, épousa François Ier. 1530.

ÉLEUTHÈRE (SAINT), pape, m. en 192.

ÉLIE, prophète juif au temps d'Achab et de Jézabel.

ÉLIEN, écrivain grec du IIIe siècle.

ÉLIÉZER, serviteur d'Abraham.

ÉLISABETH (SAINTE), mère de saint Jean-Baptiste.

ÉLISABETH (SAINTE), reine de Hongrie. 1207-1231.

ÉLISABETH, reine d'Angleterre, fit périr Marie Stuart sur l'échafaud. 1558-1603.

ÉLISABETH (MADAME), sœur de Louis XVI, m. sur l'échafaud en 1794.

ÉLISÉE, prophète juif.

ÉLOI (SAINT), orfèvre et trésorier de Clotaire II et de Dagobert, puis évêque de Noyon; m. en 639.

ELZÉVIR, nom d'une famille illustre d'imprimeurs au XVIe et au XVIIe siècle.

ÉMERY, surintendant des finances sous Louis XIV, m. en 1650.

ÉMIGRÉS (LES), nom donné aux nobles et aux prêtres qui quittèrent la France pendant la 1re révolution, et se réunirent à Coblentz.

ÉMILE (PAUL), consul romain, tué à la bataille de Cannes, en 216 av. J.-C.

ÉMILIEN, empereur romain; m. assassiné en 253.

EMPÉDOCLE, philosophe d'Agrigente, Ve siècle av. J.-C.

EMPIRE ROMAIN, appelé aussi **HAUT-EMPIRE**, constitué par Auguste, 29 av. J.-C.

EMPIRE D'OCCIDENT, formé du démembrement de l'empire romain, prit fin en 476, sous Romulus Augustule.

EMPIRE D'ORIENT, appelé successivement **BAS EMPIRE, EMPIRE DE CONSTANTINOPLE, EMPIRE GREC,** formé aussi du démembrement de l'empire romain, fut détruit en 1453 par Mahomet II.

EMPIRE (LE SAINT-), dit *second empire d'Occident*, fut formé en 800 par Charlemagne, et finit en 1191, à la mort de Louis IV dit l'*Enfant*, le dernier des Carlovingiens.

EMPIRE D'ALLEMAGNE, constitué par Othon le Grand en 962, disparut à l'abdication de l'empereur François II, en 1806.

EMPIRE FRANÇAIS, fondé en 1804 par Bonaparte, 1er consul, qui prit le nom de Napoléon Ier, et régna jusqu'à son abdication, en 1814 et 1815. — En 1852, l'empire fut rétabli, et Louis-Napoléon, président de la République, fut proclamé empereur des Français sous le nom de Napoléon III. Chute du second empire le 4 septembre 1870.

ÉNÉE, prince troyen, le héros de l'*Énéide* de Virgile.

ENFANTIN (LE PÈRE), fondat. en France du saint-simonisme.

ENGELMANNS, artiste français, 1788-1839, importa la lithographie en France, en 1816.

ENGHIEN (DUC D'), fils du prince de Condé, fusillé dans les fossés de Vincennes, en 1804.

ENNIUS, ancien poète latin.

ÉNOCH ou **HÉNOCH,** fils de Caïn. 1720 av. J.-C.

ÉNOCH, patriarche, père de Mathusalem. 4342-3977 av. J.-C.

ENTRECASTEAUX, navigateur français, m. en 1794.

ÉOLE, fils d'Hellen, a donné son nom aux Éoliens; vivait au XVIIe siècle av. J.-C.

ÉPAMINONDAS, général thébain, vainqueur à Leuctres et à Mantinée, où il fut blessé mortellement, en 363 av. J.-C.

ÉPÉE (ABBÉ DE L'), fondateur de l'Institut des sourds-muets de Paris; m. en 1789.

ÉPERNON (DUC D'), un des seigneurs de la cour de Henri III. 1554-1642.

ÉPERONS (JOURNÉE DES), surnom donné aux défaites de *Courtrai*, 1302, et de *Guinegate*, 1513, dans lesquelles les Français furent mis en fuite.

ÉPICTÈTE, philosophe stoïcien sous Marc-Aurèle.

ÉPICURE, philosophe grec, chef d'une école qui faisait consister le souverain bien dans le plaisir, et le plaisir dans la modération en toutes choses, m. en 270 av. J.-C.

ÉPIGONES, nom donné aux fils des héros qui périrent devant Thèbes. 1312 av. J.-C.

ÉPIMÉNIDE, philosophe crétois, VIe siècle av. J.-C.

ÉPINAY (MADAME D'), rassembla autour d'elle les littérateurs les plus distingués. 1725-1784.

ÉPONINE, femme romaine célèbre qui voulut partager le sort de son époux, Sabinus, condamné à mort, comme rebelle, par les Romains. 78 ans av. J.-C.

ÉPRÉMESNIL (D'), conseiller au parlement de Paris, député de la noblesse aux États généraux, décapité en 1794.

ÈQUES (LES), ancien peuple d'Italie, dans le Latium.

ÉRASISTRATE, célèbre médecin grec, IIIe siècle av. J.-C.

ÉRASME, savant hollandais, m. en 1536.

ÉRATOSTHÈNE, philosophe célèbre de l'école d'Alexandrie, IIIe siècle av. J.-C.

ÉRECHTHÉE, roi d'Athènes; m. 1397 ans av. J.-C.

ÉRIC, nom de plusieurs rois de Suède et de Danemark.

ÉROSTRATE, habitant d'Éphèse, qui, pour se rendre célèbre, incendia le temple de Diane.

ÉSAÜ, fils aîné de Jacob.

ESCHINE, célèbre orateur d'Athènes, m. en 314 av. J.-C.

ESCHYLE, père de la tragédie grecque, m. en 456 av. J.-C.

ESCOBAR, jésuite espagnol, fameux casuiste.

ESMÉNARD, poète fr. 1770-1811.

ÉSOPE, fabuliste grec, mis à mort par les Delphiens, 560 ans av. J.-C.

ESPARTERO (DUC DE LA VICTOIRE), général et homme politique espagnol, né en 1792.

ESPINASSE, général français, 1815-1859, tué pendant la campagne d'Italie.

ESQUIMAUX, peuple du Groënland.

ESQUIROL, célèbre médecin fr. 1772-1840.

ESSEX (COMTE D'), favori d'Élisabeth, conspira contre la reine, et fut décapité en 1601.

ESTAING (COMTE D'), amiral de France en 1792, m. sur l'échafaud en 1794.

ESTE (MAISON D'), une des plus anc. d'Italie, issue des ducs de Toscane.

ESTHER, nièce du juif Mardochée, épousa A[ssuérus].

ESTIENNE, illustre famille d'imprimeurs et [...] érudits français. Les plus célèbres de cette famille furent Robert Estienne, 1503-1559, et [son] fils Henri, 1528-1598.

ESTOILE (Pierre de l'), auteur d'un journal précieux sous Henri III et Henri IV, 1546-1611.

ESTRÉES, famille française, [...] par [...] 1580 [jusqu'en] 1770, a donné à la France plusieurs amiraux et généraux distingués.

ÉTAMPES [...] bel [...] érigé en duché par François Ier, 1508-1570.

ÉTATS-GÉNÉRAUX (Les), assemblée politique [...] des trois ordres : la noblesse, le clergé et le tiers état, qui cessa ses séances le [...] 1789.

ÉTÉOCLE, fils d'Œdipe et de Jocaste [...]

ETHELRED, deux rois d'Angleterre [...] de 865 à 1015.

ÉTIENNE (Saint), premier martyr, lapidé en l'an 33.

ÉTIENNE. Neuf papes ont porté ce nom, de 253 à 1058.

ÉTIENNE, quatre princes de Hongrie [...] de 997 à 1272.

EUCHER (Saint), évêque de Lyon, Ve siècle.

EUCLIDE, célèbre géomètre grec, VIe siècle, 320 av. J.-C.

EUDES, comte de Paris, défendit Paris contre l'invasion des Normands.

EUDES, nom de plusieurs ducs de Bourgogne, XIe et XIIe siècles.

EUDES, [...] Magnus [...] rien [...] Étude [...] instruments de physique [...] savant [...]

EUDOXE, astronome grec, mort vers 350 av. J.-C.

EUDOXIE, femme d'Arcadius, empereur d'Orient, morte en 404.

EUGÈNE, [...] pape [...] de [...]

EUGÈNE DE BEAUHARNAIS, [...] vice-roi d'Italie, 1781-1824.

EUGÈNE (Saint), évêque de Carthage [...]

EUGÈNE, [...]

EUGÈNE DE SAVOIE-CARIGNAN, [...] célèbre [...] 1663-1736.

EUGÉNIE (L. M. E. de Montijo), [ou] née en 1826, épousa Napoléon III, le 30 janvier 1853.

EULALIE (Sainte), vierge et martyre, morte 308.

EULER, célèbre géomètre et physicien suisse, 1707-1783.

EUMÉE, gardien des troupeaux de Laërte, aida Ulysse à rentrer en possession d'Ithaque.

EUMÈNE, un des lieutenants d'Alexandre, roi de Cappadoce et de Paphlagonie, tué en 315 av. J.-C.

EUMÈNE, nom de deux rois de Pergame, de 198 à 157 av. J.-C.

EUNUS, esclave romain, se plaça à la tête de 60,000 de ses compagnons et défit plusieurs généraux romains, fait prisonnier par Porsenna, il fut mis en croix, 136 av. J.-C.

EUPHÉMIE (Sainte), vierge et martyre, m. en 307.

EUPHRASIE (Sainte), religieuse [...] de la Thébaïde, m. en 410.

EURIC, nom de plusieurs rois des Visigoths.

EURIPIDE, célèbre poëte tragique, m. en 407.

EURYALE, jeune Troyen, compagnon d'Énée, pénétra avec Nisus dans le camp ennemi et y trouva la mort.

EURYBIADE, général spartiate, commandait à Salamine avec Thémistocle.

EURYDICE, épouse d'Orphée.

EURYSTHÉE, roi d'Argos, était frère d'Hercule, il prit Corinthe en [...] 1307 av. J.-C.

EURYSTHÈNE et PROCLÈS, furent les premiers rois de Sparte, 1180 av. J.-C.

EUSÈBE (Saint), pape, en 310.

EUSÈBE, évêque de Césarée, le père de l'histoire ecclésiastique; m. en [...]

EUSTACHE (Saint), martyr en 130.

EUTROPE, historien latin du IVe [siècle].

EUTYCHÈS, hérésiarque grec du Ve [siècle].

ÉVANDRE, prince arcadien qui s'établit dans le Latium, 1300 av. J.-C.

EVANS, inventeur américain des machines à haute pression, 1755-1811.

ÈVE, la mère du genre humain.

ÉVILMÉRODAC, roi de Babylone, [...]

EXMOUTH (lord), célèbre amiral anglais, 1757-1833.

EYK (Jean Van), dit JEAN DE BRUGES, peintre flamand. On lui attribue l'invention de la peinture à l'huile, 1370-1441.

ÉZÉCHIAS, roi de Juda, m. en 693 av. J.-C.

ÉZÉCHIEL, l'un des premiers grands prophètes, vivait au VIe siècle av. J.-C.

F

FABERT, maréchal de France, m. en 1662.

FABIEN (SAINT), pape, mis à mort par ordre de Dèce, en 250.

FABIENS, famille romaine des Fabius, dont 306 membres périrent en combattant seuls contre les Véiens, en 477 av. J.-C.

FABIUS CUNCTATOR, ou LE **TEMPORISATEUR,** dictateur romain après la défaite de Trasimène.

FABIUS PICTOR, peintre et historien latin, m. 310 av. J.-C.

FABIUS RULLIANUS, maître de la cavalerie, consul et dictateur romain, 330 av. J.-C.

FABRE D'ÉGLANTINE, poète dramatique français, membre de la Convention; m. sur l'échafaud en 1794.

FABRICIUS, général romain, deux fois consul, m. pauvre en 278 av. J.-C.

FAGON, premier médecin de Louis XIV, fut directeur du Jardin des Plantes. 1638-1718.

FAHRENHEIT, de Dantzik, célèbre physicien, inventeur d'un thermomètre. 1686-1740.

FAILLY (DE), général français, né vers 1808.

FALLOUX (VICOMTE DE), homme politique, membre de l'Académie française, né en 1811.

FAINÉANTS, nom donné aux derniers rois de la dynastie mérovingienne. 673-752.

FAIRFAX (THOMAS, LORD), gén. anglais, 1611-1671, combattit Charles Ier, après la mort de Cromwell, concourut à la restaurat. de Charles II.

FALCONET, statuaire français. 1716-1791.

FALIERO ou **FALIERI,** doge de Venise, conspira [illegible] la ruine des patriciens, décapité en 1355.

FALISQUES, habitants de Faléries. Les Romains eurent beaucoup de peine à les réduire. Ils se rendirent à Camille.

FAMILLE (PACTE DE), nom donné au traité conclu en 1761, entre Louis XV, Charles III d'Espagne, Ferdinand IV des Deux-Siciles, et Ferdinand, duc de Parme, pour prévenir, en unissant leurs forces, la supériorité de la marine anglaise.

FAMINE (PACTE DE), nom donné à l'odieux monopole des grains qui eut lieu de 1729 à 1789.

FARNÈSE, illustre famille italienne.

FATIME, fille de Mahomet, mariée à Ali, [illegible] 623 [illegible] J.-C.

FATIMITES, dynastie musulmane.

FAURIEL, critique et historien, m. en 1844.

FAUST, célèbre nécromancien du XVe siècle, dont Gœthe a fait le héros d'une de ses pièces.

FAUSTA, femme de Constantin le Grand; m. en 377.

FAUSTINE, nom de deux impératrices romaines, l'une femme d'Antonin le Pieux, l'autre de Marc-Aurèle.

FAVART, auteur dramatique [illegible] 1710-1792.

FÉDÉRATION (FÊTE DE LA), [illegible] à Paris, le 14 juillet 17[illegible], [illegible] Champ-de-Mars, pour anniversaire de la prise de la Bastille.

FÉDOR Ier, czar de Russie, 1581-1598.

FÉDOR II, Alexiewitch, 1676-1682.

FÉLIBIEN, [illegible] français. 1619-1695.

FÉLICITÉ (SAINTE), martyre, IIe siècle.

FÉLIX. Il y a eu cinq papes de ce nom, de 269 à 1451.

FÉNELON, [illegible], archevêque de Cambrai, m. en 1715.

FERDINAND. [illegible] l'Allemagne, de 1556 à 1657, [illegible] beaucoup de rois de Castille, d'Espagne, de Naples, etc., ont porté ce nom.

FERNANDEZ (JEAN), [illegible] portugais, découvrit en 1446 l'embouchure du Sénégal [illegible].

FERNEL (JEAN), [illegible] mathématicien français. 1497-1558.

FERRAND, [illegible] de l'Assemblée [illegible] [illegible] 1806.

FESCH, oncle de Napoléon Ier, cardinal, président du concile de Paris, m. 1839.

FEUILLADE (VICOMTE D'AUBUSSON, DUC DE LA), maréchal de France, [illegible] 1691.

FEUILLADE (LOUIS DE LA), [illegible] maréchal de France, ambassadeur à Rome. 1725.

FEUILLET (OCTAVE), [illegible], membre de l'Académie, [illegible] 1812.

FEUQUIÈRES (MARQUIS DE), gén. français. 1590-1640.

FEUTRIER, prédicateur célèbre, évêque de Beauvais, ministre des affaires ecclésiastiques sous Charles X. 1785-1830.

FIACRE (SAINT), patron des jardiniers, [illegible] m. en 670.

FIESCHI, attenta à la vie de Louis-Philippe, exécuté à Paris en 1836.

FIRMIN (SAINT), évêque d'Amiens

martyrisé en 287. — Évêque d'Uzès, m. en 558.

FIRMONT (L'ABBÉ DE), confesseur de Louis XVI, qu'il assista sur l'échafaud. 1745-1807.

FISCHER, évêque de Rochester, condamné à mort par Henri VIII, parce qu'il s'était opposé à son mariage. 1535.

FITZ-JAMES (DUC DE), maréchal de France. 1712-1787.

FLACCUS (VALÉRIUS), poète romain, m. en 88.

FLAMEL (NICOLAS), passa pour sorcier et alchimiste; m. en 1413.

FLAMINIUS, consul et général romain en 197 av. J.-C.

FLAMINIUS NEPOS, général et consul romain, m. 217 ans av. J.-C.

FLANDRIN, peintre. 1809-1864.

FLAVIEN (SAINT), patriarche d'Antioche; m. en 404.

FLAVIUS, tribun du peuple, auteur du *droit flavien.* IIIe siècle av. J.-C.

FLÉCHIER, orateur sacré, *évêque de Nîmes;* m. en 1710.

FLESSELLES (JACQUES DE), prévôt des marchands de Paris, fut décapité. 1721-1789.

FLEURY (L'ABBÉ), confesseur de Louis XV. m. en 1723.

FLEURY (CARDINAL DE), évêque de Fréjus, ministre de Louis XV; m. en 1743.

FLORAUX (JEUX), institution littéraire établie à Toulouse en 1323, restaurée en 1694 par Clémence Isaure.

FLORIAN, célèbre fabuliste et romancier français; m. en 1794.

FLORUS, historien latin, contemporain de Trajan.

FLOURENS, physiologiste français. 1794-1868.

FOIX (GASTON DE), neveu de Louis XII, tué en remportant les victoires à Ravenne, en 1512.

FONTAINE, architecte français. 1762-1853.

FONTANES (DE), président du Corps législatif, grand maître de l'Université; m. en 1821.

FONTENELLE, neveu de Corneille, membre de l'Académie française, de l'Académie des sciences; mort en 1757, à l'âge de 100 ans.

FORBIN (COMTE DE), célèbre marin français, contemporain de Jean Bart, avec qui il devint la terreur des Anglais et des Hollandais. 1656-1733.

FOREST, peintre français. 1636-1712.

FOREY, maréchal de France, né en 1804.

FORMOSE, pape, de 891 à 896.

FORTOUL, littérateur, ministre, né en 1811.

FORTUNAT (SAINT), évêque de Poitiers, l'un des meilleurs poètes de son temps. 609.

FOUCHÉ (JOSEPH), duc d'Otrante, ministre de la police; m. en 1829.

FOULD (ACHILLE), homme politique et financier, ministre d'État, membre de l'Institut, né en 1800

FOULQUES, curé de Neuilly-sur-Marne, prêcha la quatrième croisade en 1198. — **FOULQUES** fut le nom de plusieurs comtes d'Anjou.

FOUQUET (NICOLAS), surintendant des finances sous Louis XIV; m. à Pignerol, en 1680.

FOUQUIER-TINVILLE, accusateur public près le tribunal révolutionnaire; m. sur l'échafaud en 1795.

FOURCROY, célèbre chimiste fr.; m. en 1809.

FOURIER, savant français, secrétaire perpétuel de l'Académie des sciences; m. en 1830.

FOURIER (CHARLES), économiste français; m. en 1837.

FOY, général français, orateur politique; m. en 1825.

FOX (GEORGE), fondateur de la secte des *quakers.*

FOX (CH. JACQUES), célèbre ministre et orateur anglais opposé au ministre Pitt. 1748-1806.

FRA DIAVOLO (MICHEL PEZZA), dit, célèbre brigand, chef des insurgés calabrais, lors de l'avénement de Joseph Bonaparte, fut pendu à Naples. 1816.

FRAGONARD, peintre français. 1732-1806.

FRANÇOIS D'ASSISE (SAINT), fondateur de l'ordre des Franciscains; m. en 1226

FRANÇOIS DE PAULE (SAINT), l'apôtre des Indes; m. en 1552.

FRANÇOIS DE SALES (SAINT), évêque de Genève; m. en 1622.

FRANÇOIS-XAVIER (SAINT), disciple de Loyola, célèbre missionnaires dans les Indes, mourut en Chine. 1506-1552.

FRANÇOIS RÉGIS (SAINT), se distingua par sa charité lors de la peste de Toulouse, en 1632. 1597-1640.

FRANÇOIS Ier, roi de France, de 1494 à 1547.

FRANÇOIS II, roi de France, de 1559 à 1560.

FRANÇOIS. Un certain nombre de princes ont porté ce nom en Navarre, en Bretagne, en Allemagne, en Italie.

FRANÇOIS DE NEUFCHATEAU, président de l'Assemblée législative, membre du Directoire; m. en 1828.

FRANÇOIS-JOSEPH Ier, empereur d'Autriche, roi de Hongrie et de Bohême, né en 1830.

FRANÇOISE DE RIMINI, Italienne célèbre par sa beauté. XVIe siècle.

FRANCS, peuplade de la Germanie qui envahit au Ve siècle l'anc. Gaule.

FRANKLIN, homme d'État, publiciste, un des fondateurs de l'indépendance américaine; m. en 1790.

FRAYSSINOUS (L'ABBÉ DENIS DE), évêque d'Hermopolis, membre de l'Académie française, grand maître de l'Université, ministre des affaires ecclésiastiques. 1765-1842.

FRÉDÉGAIRE, chroniqueur célèbre; m. vers 660.

FRÉDÉGONDE, femme de Chilpéric Ier, m. en 597.

FRÉDÉRIC, nom commun à plusieurs souverains en Allemagne, en Saxe, en Suède, en Danemark, en Sicile et à Naples.

FRÉDÉRIC-GUILLAUME Ier, roi de Prusse, a pris, pendant la guerre de 1870-71, le titre d'empereur d'Allemagne, né en 1797.

FRÉRET, érudit fr.; m. en 1749.

FRÉRON, critique célèbre, ennemi de Voltaire; m. en 1802.

FRISONS, peuplade germanique qui habitait entre le Rhin, la mer du Nord et l'Ems.

FROISSART, chroniqueur français, m. en 1410.

FRONDE (GUERRE DE LA), guerre civile sous la minorité de Louis XIV. 1648-1653.

FRONTIN, écrivain latin, m. vers 106.

FUENTÈS, célèbre général espagnol; m. en 1643.

FULBERT (SAINT), évêque de Chartres, m. en 1020.

FULGENCE (SAINT), évêque. 468-533.

FULTON, célèbre mécanicien des États-Unis, inventeur des bateaux à vapeur; m. en 1815.

FURST, travailla avec Tell et Melchtal à fonder la liberté en Suisse; m. en 1317.

FUST (JEAN), orfèvre de Mayence, contribua avec Guttenberg à l'invention de l'imprimerie, vers 1455.

G

GABRIEL, archange qui annonça à la sainte Vierge la venue prochaine du Sauveur.

GABRIELLI (CATHERINE), célèbre cantatrice italienne. 1730-1796.

GAÉTAN (SAINT), fondateur de l'ordre des Théatins. 1480-1547.

GAIL, laborieux helléniste franç. 1755-1829.

GAILLARD, litt. fr. 1726-1806.

GALBA, emp. romain, de 68 à 69.

GALGACUS, chef des Calédoniens, vaincu par Agricola, m. en 84.

GALIEN, illustre médecin grec, de 131 à 201.

GALIGAI (ÉLÉONORE), épouse du maréchal d'Ancre, fut brûlée comme sorcière en 1617.

GALILÉE, célèbre physicien, mathématicien, astronome, né à Pise; m. en 1642.

GALL, célèbre médecin, inventa la phrénologie, m. en 1828.

GALL (SAINT), évêque de Constance, m. en 645.

GALLIEN, empereur romain, de 260 à 268.

GALLUS (CORNELIUS), poète, ami d'Auguste et de Virgile.

GALLUS, empereur romain, assassiné par un soldat. 251-253.

GALSUINTHE, sœur de Brunehaut, épousa le roi Chilpéric Ier, m. en 568. Elle fut tuée par ordre de son mari, qui voulait épouser Frédégonde.

GALVANI, célèbre physicien et médecin italien; m. en 1798.

GAMA (VASCO DE), célèbre navigateur portugais, qui doubla, le premier, le cap de Bonne-Espérance; m. en 1524.

GANNAL, pharmacien militaire, inventa un procédé d'embaumement. 1791-1852.

GARAT, litt., remplaça Danton au ministère de la justice; m. en 1833.

GARCIAS ou **GARCIE**, nom de plusieurs rois de Navarre et de plusieurs comtes de Castille.

GARGANTUA, personnage de l'œuvre de Rabelais.

GARNIER, poète dramatique; m. en 1601.

GARNIER-PAGÈS, homme politique français, membre du gouvernement provisoire en 1848, m. en 1863.

GARRICK, célèbre acteur anglais; m. en 1779.

GASPARIN, comte, général français, 1758-1793. — AGÉNOR, célèbre agronome, 1787-1862.

GASSENDI, mathématicien et philosophe célèbre; m. en 1655.

GASSION, maréchal de France, m. au siège de Lens, en 1647.

GASTON DE FOIX. V. FOIX.

GATIEN (SAINT), évêque de Tours, martyr sous Valérien. IIIe siècle.

GAUDIN (DUC DE GAETE), ministre des finances sous Napoléon 1er. 1756-1841.

GAUTHIER (L'ABBÉ), célèbre par sa méthode pour l'instruction des enfants; m. en 1818.

GAUME, théologien et littérateur français; né en 1802.

GAVARNI SULPICE-PAUL CHEVALIER, dit, célèbre dessinateur et caricaturiste français, né en 1801.

GAY (DELPHINE), célèbre femme de lettres, mère de M. Émile de Girardin. 1804 à 1855.

GAY-LUSSAC, célèbre chimiste fr.; m. en 1850.

GÉDÉON, vainquit les Moabites et les Madianites d'Israël. 1350-1300 av. J.-C.

GÉLASE (saint), pape, de 492 à 496.

GÉLIMER, dernier roi des Vandales, vaincu par Bélisaire en 534.

GÉLON, roi de Syracuse, de 485 à 477 av. J.-C.

GENEVIÈVE (SAINTE), patronne de Paris; m. en 512.

GENEVIÈVE DE BRABANT, héroïne d'une légende populaire. VIIIe siècle.

GENGIS-KHAN, conquérant mongol, fonda un vaste empire de la mer Caspienne à la mer de Chine; m. en 1227.

GENLIS (MADAME DE), fut chargée de l'éducation des princes de la famille d'Orléans; m. en 1831.

GENOUDE, écrivain politique fr.; m. en 1849.

GENSÉRIC, roi des Vandales; m. en 477.

GENTIL-BERNARD, poète français. 1710-1775.

GEOFFROY St-HILAIRE, célèbre naturaliste fr. 1772 à 1844.

GEOFFROY, célèbre critique fr.; m. en 1814.

GEOFFROY, nom porté par quatre comtes d'Anjou et Geoffroy, duc de Bretagne et Geoffroy, fils de Henri II.

GEORGE COMTE DE SAINT, officier militaire russe, élevé en 1700 par Charles II.

GEORGE. Quatre princes, en Angleterre, ont porté ce nom, de 1714 à 1830.

GEORGE (SAINT), martyr sous Dioclétien; IIIe siècle.

GÉPIDES, peuple goth.

GÉRARD, fondateur et grand-maître de l'ordre hospitalier de Saint-Jean de Jérusalem; m. 1118-1121.

GÉRARD (LE BARON), peintre français. 1770-1837.

GÉRARD ... 1773-1854, prit la citadelle d'Anvers en 1832, fut pair de France, ministre de la guerre.

GERBERT. V. SYLVESTRE II.

GÉRICAULT JEAN, peintre français célèbre; m. en 1824.

GERMAIN (SAINT), évêque d'Auxerre; m. en 448.

GERMAIN (SAINT), évêque de Paris; m. en 576.

GERMAINS, dénomination générale de tous les peuples de la Germanie.

GERMANICUS, général romain, empoisonné par Pison en l'an 19.

GERSON (JEAN CHARLIER), chancelier de l'Université, théologien, un des grands docteurs de son siècle. 1363-1429.

GERTRUDE (SAINTE), fille de Pepin de Landen, fonda le monastère de Nivelle. 626-659.

GÉRUZEZ, litt. fr., secrétaire de la Faculté des Lettres de Paris; né en 1799.

GERVAIS (SAINT), martyr; fin du 1er siècle.

GESLER, gouv. de la Suisse, causa par sa cruauté, 1307, l'insurrection qui amena l'indépendance de cette contrée.

GESNER, poète et paysagiste suisse. 1730-1788.

GÉTA, fils de Septime Sévère, fut assassiné par son frère Caracalla. 212.

GÈTES, ancien peuple de l'Europe barbare, dans la Scythie.

GÉTULES, peuple de la Gétulie, contrée de l'Afrique, au S. de l'Atlas.

GIBBON, savant historien anglais. 1737-1794.

GIBELINS, nom donné aux partisans de la maison impériale de Souabe, opposés aux Guelfes.

GILBERT, poète satirique fr.; m. en 1780.

GILLES (SAINT), fond. d'un monastère dans le Languedoc. VIe siècle.

GILON, chroniqueur fr.; m. en 1503.

GINGUENÉ, litt. français, homme d'État. 1748-1815.

GIRARD (L'ABBÉ), grammairien français. 1677-1748.

GIRARDIN (MADAME DE). Voy. GAY (DELPHINE).

GIRARDON, sculpteur français. 1628-1715.

GÉRAUD, sculpteur fr. 1752-1850.

GIRAULT-DUVIVIER, savant grammairien de Paris; m. en 1832.

GIRODET, peintre célèbre fr.; m. en 1824.

GIRONDINS, célèbre parti politique pendant la révolution de 1789.

GISELLE, fille de Charles le Simple, épousa à Rollon, chef des Normands. 911.

GLADSTONE, homme d'État anglais, né en 1809.

GLOCESTER (COMTES ET DUCS DE), titres portés par plusieurs personnages d'Angleterre.

GLUCK, célèbre compositeur allemand, m. en 1787.

GLYCÉRIUS, empereur d'Occident, se fit évêque. 475.

GOBELINS (LES), célèbre manuf. de tapis, à Paris; appartient à l'État.

GOBERT (BARON, fondateur d'un prix à décerner aux meilleurs ouvrages sur l'histoire de France; m. en 1833.

GODARD (SAINT), évêque de Rouen. IVe siècle.

GODEFROY DE BOUILLON, duc de Lorraine, chef de la première croisade; m. en 1100.

GODÉGISELE, roi des Bourguignons, m. en 507.

GODWIN, ministre anglais sous Édouard le confesseur, père de Harold. m. en 1054.

GOETHE, le plus célèbre des poètes de l'Allemagne, m. en 1832.

GOLDONI, célèbre poète comique italien, m. en 1793.

GOLDSMITH, littérateur anglais; m. en 1774.

GOLIATH, géant philistin, tué par David.

GONDEBAUD, roi des Bourguignons; m. en 516

GONDEMAR, fils de Gondebaud, roi de Bourgogne, fut détrôné par les rois francs, m. en 534.

GONDÉRIC, roi des Vandales, de 406 à 427.

GONDI (PIERRE DE, cardinal de Retz. *Voy.* **RETZ.**

GONDICAIRE, roi des Bourguignons, m. en 436

GONTRAN, roi de Bourgogne, m. en 593.

GONZAGUE (res, anc. et illustre famille italienne. FERDINAND DE GONZAGUE fut un des plus grands généraux de Charles-Quint. 1557

GONZALES (EMMANUEL), littér. français, né en 1815.

GONZALVE DE CORDOUE, dit LE GRAND, illustre gén. espagnol. m. en 1515.

GORDIEN. Trois emp. romains ont porté ce nom. 237-244.

GORGIAS, célèbre sophiste grec, m. en 380 av. J.-C.

GORTSCHAKOFF, gén. russe, se distingua dans la guerre de Crimée, né en 1790.

GOSSELIN, évêque de Paris, repoussa les Normands, sous Charles le Gros. 884.

GOSSEC, compositeur de musique français. 1733-1829.

GOTHS, peuple germanique.

GOUDCHAUX, homme politique et financier français, ancien ministre, né en 1797.

GOUJON (JEAN), célèbre sculpteur français, tué pendant la nuit de la Saint-Barthélemy. 1572.

GOUNOD, compositeur français, né en 1818.

GOURGAUD, gén. d'artillerie, se signala à Iéna, à Austerlitz, etc. 1783-1852.

GOUSSET, prélat et cardinal fr., né en 1792; archevêque de Besançon.

GOUVION-SAINT-CYR, maréchal de France, ministre de la guerre. 1764-1830.

GOYON (COMTE DE), général français, né en 1802.

GOZLAN (LÉON), romancier et aut. dramatique français. 1806-1866.

GRACCHUS. Il y eut Tiberius et Caius Gracchus, tous deux tribuns et orateurs célèbres à Rome. Les deux frères furent tués, l'un en 133, l'autre en 121 av. J.-C.

GRACQUES (LES). *Voy.* **GRACCHUS.**

GRAFFIGNY (MADAME DE), femme auteur. 1694-1758.

GRAILLY (de ..., captal de Buch, fut vaincu par Duguesclin à Cocherel; m. en 1477.

GRAMMONT, illustre famille française, originaire de Navarre.

GRAMMONT, gén. français, né en 17..

GRAMONT (MARQUIS DE), homme politique français, né en 1805.

GRAMONT, ancienne famille de la basse Navarre.

GRANDIER (URBAIN), curé de Loudun, accusé de sortilège et brûlé vif en 1634.

GRANDVILLE, peintre et célèbre caricaturiste français. 1804-1847.

GRANGENEUVE, conventionnel, l'un des Girondins, monta sur l'échafaud. 1750-1793.

GRATIEN, empereur romain, de 375 à 383.

GRAY. poète anglais; m. en 1771.

GRÉGOIRE DE NAZIANZE (SAINT), l'un des Pères de l'Église grecque; m. en 389.

GRÉGOIRE DE NYSSE (SAINT), l'un des Pères de l'Église grecque, m. en 400.

GRÉGOIRE DE TOURS (SAINT), contemporain de Frédégonde, auteur d'une *Histoire ecclésiastique des Francs*; m. en 593.

GRÉGOIRE. S [Les] papes ont porté ce nom, de 500 à 1846. L'un d'eux, Grégoire VII, fut célèbre par ses luttes contre l'empereur d'Allemagne. 1073-1085.

GRÉGOIRE (HENRI), prêtre fr., membre de la Convention; m. en 1831.

GRÉGORY, savant mathématicien écossais, inventeur du télescope. 1636-1675.

GRESSET, poète fr.; m. en 1777.

GRÉTRY, célèbre compositeur de musique, né à Liège. 1741-1813.

GREUZE, célèbre peintre français. 1725-1805.

GRÉVY, membre de l'Assemblée nationale, dont il a été le président; né en 1807.

GREY (JEANNE), arrière petite-fille de Henri VII d'Angleterre, fut décapitée en 1554.

GRIGNON (COMTESSE DE), fille de madame de Sévigné, et à qui celle-ci écrivit ses lettres si renommées. 1648-1705.

GRIMALDI, peintre, graveur et architecte italien... 1606-1680.

GRIMM, écrivain litt. et critique; m. en ... 1807.

GRIMOALD, maire du palais; m. en ...

GRIMOARD (COMTE DE), général fr., né à Verceil en 1750, m. en 1815.

GRISI, célèbre cantatrice, née en Italie en 1808.

GRISIER, maître d'armes français, né en 1791.

GRIVEL, marin français, créé sénateur en 1808, né en 1778.

GROS (ANTOINE), célèbre peintre d'histoire français, membre de l'Institut, m. en 1835.

GROS, ambassadeur français, né ... 1793.

GROS, prélat français, né en 1794, ... 1857.

GROSLEY, litt. fr. 1718-1785.

GROTIUS, historien, publiciste et ... hollandais; m. en 1645.

GROUCHY (MARQUIS DE), maréchal de France... en 1847.

GUADET, l'un des girondins, mourut sur l'échafaud en 1794.

GUATIMOZIN, dernier des empereurs du Mexique, fut pendu en 1524 par les Espagnols.

GUÉBRIANT (COMTE DE), maréchal de France; m. en 1643.

GUELFES, partisans des papes en Italie, par opposition aux Gibelins, partisans de l'empereur. La querelle dura de 1070 à 1405.

GUÉNÉE (L'ABBÉ), philos. et litt. français. 1717-1803.

GUÉRARD, professeur et grammairien français, né en 1808.

GUÉRICKE (OTTO DE), célèbre physicien saxon, m. en 1686.

GUÉRILLA, nom espagnol des corps francs, des partisans.

GUÉROULT, humaniste. 1744-1821.

GUEYDON, marin français, contre-amiral, né en 1809.

GUIBERT, anti-pape renvoyé en 1540.

GUILLAUME. Nom de beaucoup de princes en Normandie, en Angleterre, en Suisse, en Hollande, en Aquitaine.

GUILLAUME BRAS DE FER, battit les Normands dans la Pouille et la Calabre, en 1042.

GUILLAUME DE TYR, archevêque de Tyr, publia l'*Histoire des croisades*. XIIe siècle.

GUILLAUME DE LORRIS, poète français, auteur du *Roman de la Rose*; m. en 1260.

GUILLOTIN, médecin français, inventeur de la guillotine; m. en 1814.

GUISCART (ROBERT), duc de Pouille, délivra le pape Grégoire VII, bloqué à Rome; m. en 1085.

GUISE (FRANÇOIS DE LORRAINE, DUC DE), reprit Calais aux Anglais, fut tué par Poltrot, en 1563.

GUISE (HENRI, DUC DE), assassiné à Blois par l'ordre de Henri III, en 1588.

GUIZOT, célèbre historien et homme d'État, né en 1787.

GUIZOT (MADAME PAULINE DE MEULAN), femme de beaucoup d'esprit, épousa M. Guizot en 1812.

GUSTAVE, nom de plusieurs rois de Suède.

GUSTAVE VASA, roi de Suède, en 1523. Quatre princes ont régné sous ce nom en Suède, jusqu'en 1837.

GUTTEMBERG (JEAN), inventeur de l'imprimerie; m. en 1468.

GUYON (MADAME), femme d'un mysticisme exalté, m. en 1717.

GUYOT DE PROVINS, poète français, XIIIe siècle.

GUYTON DE MORVEAU, célèbre chimiste français; m. en 1816.

GYGÈS, roi de Lydie après le meurtre de Candaule. 708 à 670 av. J.-C.

GYLIPPE, général spartiate. 314 av. J.-C.

GYULAY (COMTE), général autrichien... contre les Français, en Italie, en 1859. Né en 1799.

H

HABSBOURG (MAISON DE), ancienne famille d'Allemagne qui a fourni presque tous les empereurs, de 1438 à 1745.

HACHETTE (JEANNE), se distingua à la défense de Beauvais contre Charles le Téméraire, en 1472.

HACHETTE, célèbre éditeur français, m. en 1866.

HALÉVY, célèbre compositeur de musique. 1799-1866.

HALIFAX (COMTE D'), homme d'État et poète anglais. 1661-1715.

HALLEY, astronome anglais; m. en 1742.

HAMELIN, amiral fr. 1768-1839.

HAMELIN, neveu du précédent, amiral et ministre de la marine. 1776-1864.

HAMILTON, écrivain irlandais, m. en 1720.

HANNON. Plusieurs généraux carthaginois ont porté ce nom. Le plus célèbre fut vaincu par le consul Lutatius aux îles Égates, en 242.

HAQUIN, nom porté par sept rois de Norwège.

HARALD, nom commun à plusieurs rois de Danemark et de Norwège.

HARCOURT, ancienne et illustre famille d'origine normande. — Henri **D'HARCOURT**, maréchal de France. 1654-1718.

HARDOUIN DE PÉRÉ, savant jésuite; m. en 1729.

HARDI-CANUT, dernier roi de la dynastie danoise en Anglet., m. en 1042.

HARDY, poète tragique. 1616-1720.

HARLAY (ACHILLE DE), président du parlement de Paris; m. en 1616.

HARLEY, comte d'Oxford, grand chancelier d'Angleterre sous la reine Anne. 1661-1724.

HARMODIUS, Athénien qui conspira avec Aristogiton contre Hipparque et Hippias.

HARO (DON LOUIS DE), ministre espagnol, conclut avec Mazarin le traité des Pyrénées; m. en 1661.

HAROLD Ier, roi d'Angleterre, fils de Canut le Grand. 1036-1039.

HAROLD II. (né à ...) trans. 1066.

HAROUN-AL-RASCHID, célèbre calife de Bagdad, m. en 809.

HARVEY, célèbre médecin anglais. 1578-1658.

HASSTING, pirate normand. 815-891.

HAUSMANN, ... considérablement Paris; né en 1809.

HAUTPOUL (MARQUIS DE), gén. français. 1754-1807.

HAUTPOUL (MARQUIS DE), gén. français, ..., ... ministre de ... en 1789. — **HAUTPOUL** (BEAUFORT D'). V. **BEAUFORT**.

HACY (L'ABBÉ), ... m. en 1822.

HAVIN, publiciste fr., né en 1792.

HAXO, gén. et ingénieur militaire fr. 1774-1828.

HAYDN, célèbre compositeur de musique; m. en 1809.

HÉBERT, fameux démagogue; m. sur l'échafaud, en 1794.

HÉBREUX, nom primitif des Juifs, qui prirent ensuite celui d'Israélites.

HECTOR, le plus vaillant des soldats troyens, fils de Priam, et époux d'Andromaque.

HÉCUBE, femme de Priam, et mère d'Hector.

HEGEL, célèbre philosophe allemand. 1770-1831.

HÉGÉSIPPE, le plus anc. hist. ecclésiastique, de l'an 100 à l'an 180.

HEINE (HENRI), poète et littér. allemand. 1800-1856.

HEINSIUS, savant commentateur des classiques grecs et latins. 1580-1655.

HEEREN, savant hist. allemand. 1760-1842.

HÉLÈNE (SAINTE), mère de l'empereur Constantin, m. en 327.

HÉLÉNUS, devin, fils de Priam.

HÉLI, grand-prêtre des Israélites. 1152 av. J.-C.

HÉLIODORE, général syrien, qui, étant entré dans le temple de Jérusalem pour le piller, fut miraculeusement frappé de verges. 176 av. J.-C.

HÉLIOGABALE, empereur romain, de 217 à 222.

HELLÉ, fils d'Athamas, roi de Thèbes.

HELLÈNES, anc. habitants de la Grèce.

HELLER, littér. flamand, né en 1813.

HÉLOISE, épouse d'Abélard; m. en 1164.

HELVÉTIUS, philosophe du XVIIIe siècle, auteur du livre de l'*Esprit*, m. en 1771.

HÉNAULT, président au parlement de Paris, m. en 1770.

HENRI, nom commun à un grand nombre de princes et de souverains en Allemagne, dans l'Orient, en France, en Castille et en Portugal.

HENRIETTE DE FRANCE, fille de Henri IV, épouse Charles Ier d'Angleterre, m. en 1669.

HENRIETTE D'ANGLETER-

RE, fille de la précédente, épousa Philippe d'Orléans, frère de Louis XIV; m. en 1670.

HENRION DE PANGEY, ministre de la justice, jurisconsulte français. 1743-1829

HENRIOT, célèbre demagogue, commandant de la garde nat. de Paris en 1793. 1761-1794.

HENRIQUINQUISTES, nom donné aux légitimistes de France, pour qui la couronne appartient de droit au comte de Chambord, Henri V.

HÉPHESTION, favori d'Alexandre le Grand, m. en 324 av. J.-C.

HÉRACLIDES, descendants d'Hercule.

HÉRACLITE D'ÉPHÈSE, philosophe grec, florissait vers 500 av. J.-C.

HÉRACLIUS I, emp. d'Orient, de 610 à 641.

HÉRACLIUS II, fils du précédent, régna avec son père pendant trois mois et demi.

HÉRAULT DE SÉCHELLES, conventionnel, monta sur l'échafaud en 1794.

HERBELOT, orientaliste. 1625-1695.

HERMANDAD (LA SAINTE), confrérie judiciaire en Espagne, chargée jadis d'exécuter les jugements de l'Inquisition.

HERMANGARDE, femme de Charlemagne, était fille de Didier, roi des Lombards.

HERMIONE, fille de Ménélas et d'Hélène, épouse Pyrrhus et le fit tuer par Oreste, qu'elle prit pour époux.

HÉRODE, roi de Judée, de l'an 39 av. J.-C. à l'an 1 après J.-C., ordonna le massacre des Innocents.

HÉRODIEN, historien grec, né à Alexandrie, remplit des fonctions importantes, IIIᵉ siècle av. J.-C.

HÉRODOTE, historien grec, regardé comme le plus véridique des historiens de l'antiquité, m. en 408 av. J.-C.

HÉROLD, célèbre compositeur français. 1791-1833.

HÉRON, savant physicien et mécanicien d'Alexandrie, 120 av. J.-C.

HERSCHELL, célèbre astronome, m. en 1822.

HERSENT, peintre d'hist. et de genre. 1777-1860.

HERCULES, peuple de l'ancienne Germanie.

HESHAM, nom porté par plusieurs califes de Cordoue.

HÉSIODE, ancien poète de Grèce, IXᵉ siècle av. J.-C.

HETZEL, général, 1752-1815.

HEYNE, célèbre archéologue et érudit allemand. 1792-1812.

HIEMPSAL, roi de Numidie, fut assassiné par Jugurtha. 119 av. J.-C.

HIÉRON, nom de deux rois de Syracuse, de 478 à 215 av. J.-C.

HILAIRE (SAINT), évêque de Poitiers, m. en 367.

HILARION (SAINT), pape, de 461 à 467.

HILDEBRAND. *Voy.* **GRÉGOIRE VII**.

HIMILCON, gén. carthaginois, fut repoussé de Syracuse par Denys, et se laissa mourir, 398 av. J.-C.

HINCMAR, archevêque de Reims; m. en 882.

HIPPARQUE, fils de Pisistrate, gouverna Athènes conjointement avec son frère Hippias, fut assassiné en 514 av. J.-C.

HIPPARQUE, célèbre astronome grec, IIᵉ siècle av. J.-C.

HIPPIAS, fils de Pisistrate. *Voy.* **HIPPARQUE**.

HIPPOCRATE, célèbre médecin grec, 460-350 av. J.-C.

HIPPOLYTE, fils de Thésée.

HIRAM, roi de Tyr, de 1023 à 985 av. J.-C.

HIRAM, architecte tyrien chargé par Salomon de construire le temple de Jérusalem.

HIRTIUS, lieutenant de César.

HOBBES (THOMAS), phil. anglais. 1588-1679.

HOCHE, illustre général français, pacificateur de la Vendée, m. en 1797.

HOCQUINCOURT (CH. DE MONCHY), maréchal de France. 1599-1658.

HOFFMANN, romancier et littérateur allemand. 1776-1822.

HOHENLOHE, famille princière allemande.

HOHENSTAUFFEN, illustre famille d'Allemagne.

HOHENZOLLERN, famille régnante de Prusse.

HOLBACH (BARON), phil. allemand. 1723-1789.

HOLBEIN, célèbre peintre suisse. 1498-1554.

HOLOPHERNE, général de Nabuchodonosor, tué par Judith, en 659 av. J.-C.

HOMÈRE, célèbre poète grec, auteur de l'Iliade et de l'Odyssée, vivait vers 900 av. J.-C.

HONORAT (SAINT), évêque d'Arles, m. vers 429.

HONORIUS, saint, archidiacre, m. vers 653.

HONORIUS, nom de deux rois de ce nom, de 423 à 1234.

HORACE, célèbre poète latin, 65 av. J.-C.

HORACES, nom des trois guerriers qui combattirent contre les trois Curiaces.

HORATIUS COCLÈS. V. COCLÈS.

HORTENSE BEAUHARNAIS, épousa Louis Bonaparte et fut reine de Hollande, mère de Napoléon III, m. en 1837.

HORTENSIUS, célèbre orateur romain, rival de Cicéron, puis son ami; m. en 40 av. J.-C.

HOUCHARD, général, né en 1740 1793.

HOWARD (CATHERINE), cinquième femme de Henri VIII d'Angleterre, mourut sur l'échafaud, 1542.

HUBERT (SAINT), évêque de Liège, patron des chasseurs, 674-730.

HÜBNER (BARON de), diplomate allemand, [illegible] ambassadeur d'Autriche à Paris, sous Napoléon III, né en 1811.

HUDSON, célèbre navigateur anglais qui découvrit le détroit et la baie d'Hudson, en 1610.

HUET, évêque d'Avranches; m. en 1721.

HUGO, général, né 1773 1828.

HUGO (Victor), fils du précédent, poète français, chef de l'école romantique, né en 1802.

HUGUES LE GRAND, comte de Paris, duc de France, père de Hugues Capet, m. en 956.

HUGUES CAPET, fils du précédent, roi de France, m. en 987, chef de la dynastie des Capétiens.

HULIN, général, né en 1758 1841.

HUMBERT, dauphin de Vienne, vendit le Dauphiné à Philippe de Valois, en 1343.

HUMBOLDT, célèbre naturaliste et savant allemand, m. en 1858.

HUME, philosophe et historien anglais, m. en 1776.

HUNALD duc d'AQUITAINE, assassiné par les Lombards à Pavie, où il s'était retiré, après avoir soutenu la guerre contre Charles-Martel, puis contre Charlemagne.

HUNS, peuple barbare des bords de la mer Caspienne.

HUNIADE, célèbre guerrier hongrois, m. en 1456.

HURONS, peuple indigène de l'Amérique du Nord.

HUSS (JEAN), réformateur de Bohème, brûlé vif en 1415.

HUYGHENS, célèbre mathématicien et astronome hollandais, m. en 1695.

HYDE DE NEUVILLE (BARON), homme politique français, amb. ministre, né en 1776.

HYPÉRIDE, orateur athénien, contemporain et émule de Démosthène.

HYRCAN, nom de deux pontifes des Juifs, de 136 à 30 av. J.-C.

I

IARBAS, roi des Gétules.

IAROSLAV, grand-duc de Russie, [illegible]

IBÈRES, peuple ancien répandu dans l'Ibérie, ancienne Espagne.

IBRAHIM, empereur [illegible], successeur d'Amurat IV, 1640-1648.

IBRAHIM-BEY, chef des Mamlouks, s'empara, en 1775, [illegible] du [illegible].

IBRAHIM PACHA, fils du viceroi d'Égypte Méhémet-Ali, m. en 1848.

IBYCUS, poète grec, fl. [illegible] 540 av. J.-C.

ICARE, fils de Dédale.

ICONOCLASTES, c'est-à-dire briseurs d'images, nom de religieux qui parurent en Orient vers 485.

IDA, fille de Dardanus, roi des Scythes.

IDOMÉNÉE, petit-fils de Minos, roi de Crète, l'un des héros du siège de Troie.

IDUMÉENS ou **EDOMITES,** ancien peuple de l'Arabie, descendant des enfants d'Ésaü.

IGNACE DE LOYOLA, fondateur de l'ordre des jésuites, m. en 1556.

IGOR I, grand-duc de Russie, m. en 945.

IGOR II, grand-prince de Russie, m. en 1202.

ILOTES, nom donné par les Spartiates à une classe qui tenait le milieu entre les hommes libres et les esclaves.

INACHUS, Phénicien, fondateur du royaume d'Argos, 1800 ans av. J.-C.

INCAS, nom des princes qui régnèrent au Pérou jusqu'à la conquête du Pérou par les Espagnols, en 1523.

INEZ DE CASTRO, femme de don Pèdre Ier de Portugal.

INGELBURGE, femme de Philippe-Auguste, m. en 1236.

INQUISITION, institution qui avait pour but de rechercher et de punir les hérétiques, établie vers 1204.

INNOCENT, nom de treize papes, de 402 à 1724.

IPHICRATE, général athénien, au IVe siècle av. J.-C.

IPHIGÉNIE, fille de Clytemnestre et d'Agamemnon.

IRÈNE, impératrice de Constantinople, [illegible].

IRÉNÉE (SAINT), évêque de Lyon, martyr, vers 202.

IRMINSUL., idole des anc. Saxons.

ISAAC. fils d'Abraham.

ISAAC Iᵉʳ COMNÈNE, empereur d'Orient; m. en 1059.

ISAAC II L'ANGE, empereur d'Orient, de 1185 à 1204.

ISABEAU DE BAVIÈRE, épouse du roi Charles VI de France; m. en 1435.

ISABELLE (SAINTE), sœur de saint Louis. 1224-1270. — **DE CASTIL-LE**, reine d'Espagne 1451-1504.

ISABEY, peintre fr., né en 1767.

ISABEY, peintre français, fils du précédent, né en 1804.

ISAIE, le premier des quatre grands prophètes juifs; m. en 684 av. J.-C.

ISAURE CLÉMENCE, dame célèbre de Toulouse, où elle institua, en 1490, les jeux floraux; m. en 1513.

ISBOSETH, fils de Saül.

ISCARIOTE, surnom de Judas le traître.

ISIDORE DE SÉVILLE (SAINT), célèbre archevêque. 570-636.

ISIS, divinité égyptienne, femme d'Osiris.

ISMAEL, fils d'Abraham et d'Agar; m. en 2153 av. J.-C.

ISMAÉLITES, descendants d'Ismael.

ISMAEL-PACHA, second des trois fils d'Ibrahim, né au Caire en 1830, m. en 1864.

ISOCRATE, célèbre orateur athénien. m. en 436 av. J.-C.

ISMÈNE, fille d'Œdipe et de Jocaste.

ISNARD, conventionnel, membre du comité de Salut public. 1755-1830.

ISOCRATE, célèbre orateur et rhéteur athénien. 450-338 av. J.-C.

ISRAEL., surnom de Jacob. — Surnom du peuple hébreu.

ISRAÉLITES, les Juifs.

ISACHAR. fils de Jacob.

ISTHMIQUES (JEUX), un des quatre jeux solennels que célébrait la Grèce dans l'antiquité.

ITALUS, fils de Télégone, passa en Italie après la prise de Troie, et donna son nom à ce pays.

ITURBIDE, général mexicain, se fit proclamer empereur du Mexique en 1822, m. en 1824.

IVAN., nom de plusieurs czars, de 1440 à 1584.

J

JACOB, patriarche, fils d'Isaac et de Rébecca; m. en 2089 av. J.-C.

JACOB., chef des Pastoureaux.

JACOBI, poète allemand. 1740-

1814. — Son frère, philosophe. 1748-1819. — CHARLES-GUSTAVE, grand mathématicien prussien. 1804-1851.

JACOBINS (CLUB DES), société politique qui tenait ses séances, en 1790, dans l'ancien couvent des Jacobins à Paris.

JACOTOT ou **JACQUOTOT**, célèbre instituteur français. 1770-1840.

JACQUARD, inventeur d'un métier pour le tissage; m. en 1834.

JACQUEMINOT, gen. français, anc. pair et député, né en 1787.

JACQUEMONT. voyageur et naturaliste français. 1801-1832.

JACQUERIE (LA), association de paysans révoltés qui se forma en 1358. Son nom lui vint de *Jacques Bonhomme*, que l'on donnait au peuple.

JACQUES (SAINT), de Compostelle, dit le *Majeur*.

JACQUES. Beaucoup de princes portèrent ce nom en Aragon, en Écosse, en Angleterre.

JADDUS, grand-prêtre juif, alla à la rencontre d'Alexandre et empêcha la ruine de Jérusalem.

JAGELLONS, famille lithuanienne qui parvint au trône de Pologne en 1386, dans la personne de Wladislas V.

JAHEL., femme juive qui tua Sisara, général de Jabin, roi d'Asor.

JAIR, de Galaad, fut juge des Hébreux. 1283-1261 av. J.-C.

JAMES, nom anglais de Jacques. — Un des plus féconds écrivains de l'Angleterre, né en 1801.

JANET, litt. fr., né en 1823.

JANIN, célèbre critique, membre de l'Acad. franç., né en 1804, m. en 1874.

JANSÉNIUS, évêque d'Ypres, donna son nom au *jansénisme*, m. en 1638.

JANUS. le plus anc. des rois du Latium. 1451 av. J.-C.

JANVIER (SAINT), évêque de Bénévent, martyr en 305.

JAPHET. un des fils de Noé, s'établit en Europe.

JARNAC (SEIGNEUR DE), se battit en duel avec la Chataigneraie, 1547, et le vainquit en le frappant inopinément au jarret: de là l'expression *coup de Jarnac*, pour dire un coup donné par trahison.

JASMIN. poète-coiffeur du Languedoc. 1798-1864.

JASON. chef des Argonautes qui allèrent conquérir la Toison d'Or.

JAUBERT, orientaliste français. 1779-1847.

JAUCOURT (CHEVALIER DE), érudit et littér. fr. 1704-1773.

JAUFFRET. fabul., fondat. d'une institution célèbre à Paris, 1770-1840.

JEAN-BAPTISTE (SAINT), précurseur de J.-C., décapité l'an 32.

JEAN L'ÉVANGÉLISTE (SAINT), l'un des douze apôtres, disciple chéri du Sauveur.

JEAN. Il y a encore SAINT **JEAN DAMASCÈNE**, m. en 760. — SAINT **JEAN DE MATHA**. 1161-1213; — SAINT **JEAN DE DIEU**. 1495-1550; — SAINT **JEAN DE LA CROIX**. 1542-1591.

JEAN, nom de papes, empereurs, rois. Parmi ces derniers, **JEAN-SANS-TERRE**, frère de Richard Cœur-de-Lion. 1166-1216; — **JEAN-SANS-PEUR**, assassiné en 1419.

BART (JEAN), célèbre marin de Dunkerque. 1650-1702.

JEAN BON SAINT-ANDRÉ, conventionnel. 1749-1813.

JEAN DE MEUNG, poète fr., m. en 1318.

JEAN SCOT ÉRIGÈNE. V. SCOT.

JEANDRON, peintre français, né en 1809.

JEANNE, nom de princesses, entre autres: **JEANNE DE NAVARRE**. 1272-1305; — **JEANNE DE PENTHIÈVRE**, à la même époque; — **JEANNE DE FLANDRE**, au XIIIᵉ siècle. — **JEANNE D'ALBRET**. 1531-1572, — **JEANNE LA FOLLE**. 1482-1555; — la papesse **JEANNE**, élue pape en 856, sous le nom de Jean VIII.

JEANNE D'ARC, jeune bergère née à Domremy, en 1409; délivra Orléans assiégé par les Anglais; fut brûlée vive à Rouen, en 1431.

JÉBUSÉENS, peuple de la terre de Chanaan.

JÉCHONIAS ou **JOACHIM II**, roi de Juda. 597 av. J.-C.

JEFFERSON (THOMAS), 3ᵉ président des États-Unis. 1743-1826.

JEFFREYS, grand chancelier d'Angleterre sous Charles II et Jacques II, m. en 1689.

JÉHOVAH, nom donné à Dieu chez les Israélites.

JÉHU, roi d'Israel. 876 à 848 av. J.-C.

JENNER, célèbre médecin anglais, découvrit la vaccine, m. en 1823.

JEPHTÉ, délivra les Hébreux du joug des Ammonites; juge, de 1243 à 1237 av. J.-C.

JÉRÉMIE, l'un des quatre grands prophètes; m. vers 600 av. J.-C.

JÉROBOAM Iᵉʳ, roi d'Israel; m. en 943 av. J.-C.

JÉROBOAM II, roi d'Israël; m. en 876 av. J.-C

JÉROME (SAINT), docteur de l'Église latine; m. en 420.

JÉROME (JÉROME-NAPOLÉON BONAPARTE, prince français, ex-roi de Westphalie, né en 1784.

JÉROME DE PRAGUE, disciple et ami de Jean Hass, brûlé vif à Constance. 1416.

JÉSUS-CHRIST, nom du Fils de Dieu, naquit de la Vierge Marie, l'an du monde 4004 ou 4000.

JÉTHRO, beau-père de Moïse.

JEUX FLORAUX. V. FLORAUX.

JÉZABEL, femme d'Achab, reine d'Israel, dévorée par les chiens en 876 av. J.-C.

JOAB, neveu et général de David, m. en 1014 av. J.-C.

JOACHAZ, roi d'Israel, fils et successeur de Jéhu.

JOACHIM ou **ELIACIM**, roi de Juda. VIIᵉ siècle av. J.-C.

JOACHIM SAINT, époux de sainte Anne, et père de la Vierge Marie.

JOAD ou **JOIADA**, grand-prêtre des juifs, éleva secrètement le jeune Joas.

JOAS, roi de Juda, élevé secrètement par Joad.

JOATHAN, roi de Juda. 752-737 av. J.-C.

JOB, patriarche, célèbre par sa patience et sa résignation. XVIIIᵉ siècle av. J.-C.

JOBERT (DE LAMBALLE), chirurgien français. 1799-1867.

JOCASTE, femme de Laius, roi de Thèbes.

JOCONDE (LA), portrait célèbre par Léonard de Vinci.

JODELLE, auteur dramatique, ami de Ronsard; m. en 1573.

JOEL, l'un des petits prophètes. VIᵉ siècle av. J.-C.

JOHANNOT (ALFRED). 1800-1837. — TONY, peintres, dessinateurs et graveurs français. 1803-1852.

JOHN BULL (JEAN TAUREAU), sobriquet comique du peuple anglais.

JOHNSON (SAMUEL), célèbre écrivain anglais. 1709-1784.

JOINVILLE (LE SIRE DE), sénéchal de Champagne, ami et conseiller de saint Louis; m. en 1317.

JOMARD, géog. et archéol. français. 1777-1862.

JONAS, l'un des douze petits prophètes, vers 800 av. J.-C.

JONATHAN, nom biblique.

JONATHAS, fils de Saül, périt à la bataille de Gelboa, en 1055 av. J.-C.

JONES (PAUL), célèbre navigateur des États-Unis. 1747-1792.

JORAM, roi de Juda, m. en 887

av. J.-C.; — roi d'Israël, m. en 876 av. J.-C.

JORDAENS, célèbre peintre flamand, 1594-1678.

JORDAN (CAMILLE), membre du conseil des Cinq-Cents, puis député; publiciste, 1771-1821.

JORNANDES, hist. des Goths, écrivain latin, né Goth, VIe siècle.

JOSABETH, femme du grand-prêtre Joad.

JOSAPHAT, roi de Juda; m. 880 av. J.-C.

JOSEPH, fils de Jacob et de Rachel; m. en 2003 av. J.-C.

JOSEPH (SAINT), fut l'époux de la Vierge Marie.

JOSEPH D'ARIMATHIE, obtint de Pilate la permission d'ensevelir J.-C.

JOSEPH. Il y a eu deux empereurs d'Allemagne de ce nom, de 1705 à 1790.

JOSÈPHE, hist. juif; m. l'an 95.

JOSÉPHINE (L'IMPÉRATRICE), veuve du vicomte de Beauharnais, épousa Napoléon Ier, 1763-1814.

JOSIAS, roi de Juda, 639-608 av. J.-C.

JOSSE (SAINT), ermite, né de la famille royale de Bretagne, m. en 668.

JOSSE (MONSIEUR), personnage d'une comédie de Molière.

JOSSELIN DE COURTENAY, l'un des rois de la première croisade, m. en 1131.

JOSUÉ, successeur de Moïse, introduisit les Juifs dans la terre promise, m. en 1553 av. J.-C.

JOUBERT, moraliste français; m. en 1824.

JOUFFROY (MARQUIS DE), véritable inventeur de la navigation à vapeur; m. en 1832.

JOUFFROY, sculpteur français, membre de l'Institut, né en 1806.

JOURDAIN, philos. et litt. français, né en 1807.

JOURDAN, maréchal de France; m. en 1833.

JOURDAN-JOUVE, dit Coupe-[illegible], commissaire [illegible], mourut [illegible] en 1794.

JOUVENCY (LE PÈRE), savant jésuite, écrivain d'un grand mérite, m. en 1719.

JOUY (DE), littérateur, 1764-1846.

JOVIEN, empereur romain en 333 [sic].

JOYEUSE (ANNE DU), perdit contre Henri de Navarre la bataille de Coutras où il périt en 1587.

JUAN D'AUTRICHE, fils naturel de Charles-Quint, l'un des plus grands capitaines de [illegible], m. en 1578.

JUAN FERNANDEZ, Espagnol,

découvrit, au XVIe siècle, dans le voisinage du Chili, un îlot qui porte son nom.

JUAREZ, président de la république du Mexique, né dans les premières années du XIXe siècle, appartient à la race indienne.

JUBA, nom de deux rois de Mauritanie, dont le premier mourut 46 ans av. J.-C.

JUDA, l'un des fils de Jacob; m. en 587 av. J.-C.

JUDAS ISCARIOTE, celui des disciples de J.-C. qui vendit et livra son maître aux Juifs.

JUDAS MACHABÉE. *Voy.* **MACHABÉE**.

JUDE, l'un des douze apôtres, frère de saint Jacques le Mineur.

JUDICAEL, roi de la Bretagne armorique, m. en 658.

JUDITH, héroïne juive qui trancha la tête du général Holopherne pour sauver Béthulie. 659 av. J.-C.

JUDITH DE BAVIÈRE, 2e femme de Louis le Débonnaire et mère de Charles le Chauve; m. en 843.

JUGURTHA, roi de Numidie, de 119 à 106 av. J.-C.

JUIFS, peuple de l'Asie que l'on désigne sous le nom de *peuple de Dieu*, *Hébreux* et *Israélites*.

JUILLET 1830 (JOURNÉES DES 27, 28 et 29). Insurrection qui renversa Charles X et éleva au trône la maison d'Orléans.

JULES. Trois papes ont porté ce nom, de 337 à 1556.

JULES CÉSAR. V. **CÉSAR**.

JULIE, fille de Jules César, épousa Pompée.

JULIE, fille d'Auguste, épousa successivement Pompée, Marcellus, Agrippa et Tibère; m. 14 ans av. J.-C.

JULIE DONNA, épouse de Septime-Sévère, mère de Caracalla et de Geta; m. en 218.

JULIE (SAINTE), d'une famille illustre de Carthage; martyre en 439.

JULIEN L'APOSTAT, empereur romain de 361 à 363, fit de vains efforts pour rétablir le paganisme.

JULIEN (PIERRE), statuaire fr. 1731-1804.

JULIENNE (SAINTE), vierge et martyre; m. en 308.

JUNIUS, nom romain.

JUNOT (duc d'ABRANTÈS), général fr.; m. en 1813.

JURIEN LAGRAVIÈRE, vice-amiral français; m. en 1812.

JUSSIEU, célèbre botaniste fr.; m. en 1777.

JUST ou **JUSTIN** (SAINT), martyr, m. en 117.

JUSTE (SAINT), grand archevêque de Lyon. 1er siècle.

JUSTE LIPSE, savant hollandais, m. en 1606.

JUSTIN, historien latin, vécut au IIe siècle.

JUSTIN, nom de deux empereurs d'Orient, de 518 à 578.

JUSTINIEN, nom de deux empereurs d'Orient, de 527 à 711.

JUSUF, gén. fr., né à l'île d'Elbe, en 1805, se distingua en Afrique.

JUVÉNAL, poète satirique latin; m. en 123.

JUVÉNAL DES URSINS, chancelier de France sous Louis XI; m. en 1472.

K

KABILES ou **KABYLES**, peuples de la Kabylie, en Afrique.

KADJARS, dynastie turcomane qui occupe le trône de Perse depuis 1794.

KALMOUKS, peuple de la race mongole, habite en grande partie l'empire chinois.

KANARIS, intrépide marin grec, 1792-1860, se distingua contre les Turcs.

KANE, voyageur américain. Expédition au pôle nord, m. en 1857.

KANT, célèbre philosophe allemand, m. en 1804.

KARR, litt. fr., né en 1808.

KAUNITZ (PRINCE DE), grand homme d'État autrichien 1711-1794.

KELLER, litter. allemand, né en 1781; — graveur allemand, né en 1845; — poète suisse, né en 1819.

KELLERMANN DUC DE VALMY, maréchal de France; m. en 1820.

KENNETH, nom de trois rois d'Écosse.

KEPLER, célèbre astronome allemand; m. en 1631.

KÉRALIO, littér. français, né à Rennes, 1731-1793.

KÉRATRY, homme politique et écrivain, 1769-1859.

KÉRAUDREN, médecin français, membre de l'Académie de médecine, 1769-1858.

KERDREL (AUDREN DE), ancien représentant du peuple, né en 1815.

KERDREL, député à l'Assemblée législative en 1849.

KERGORLAY (Louis), se mêla à l'affaire de la Corse-Arienne, en 1832. — Son fils le comte Florian de, est membre de l'Assemblée nationale.

KERGUELEN (DE), navigateur français, découvrit la terre qui porte son nom, 1734-1797.

KÉROUAN (MAHÉ DE), ancienne famille de Bretagne, qui remonte au commencement du XIIIe siècle.

KHALED, gén. de Mahomet, qui conquit la Syrie, m. en 642.

KIRCHER, savant jésuite allemand, 1602-1680.

KISSELEF (COMTE DE), général et diplomate russe, né en 1778.

KLÉBER, illustre général français, assassiné au Caire, en 1800.

KLEIN, peintre et graveur allemand, né en 1792.

KLEIN (CHARLES DE), compositeur allemand, né en 1794.

KLODWIG, nom allemand de Clovis.

KLOPSTOCK, poète allemand; m. en 1803.

KNOLLES (ROBERT), gén. anglais d'Édouard III, 1317-1406.

KNOX, un des principaux chefs de la réforme en Écosse; m. en 1572.

KOCHLIN, grand manufacturier français, 1770-1854.

KOHL, voyageur et écrivain allemand, né en 1808.

KORAÏTCHITES, tribu arabe, célèbre au temps de Mahomet.

KOSCIUSKO, gentilhomme polonais, lutta pour l'indépendance de son pays, et mourut en exil, en 1815.

KOSSUTH, chef de la révolution hongroise de 1848.

KOTZEBUE, écrivain allemand, assassiné en 1819.

KOULOUGLIS, descendants des Algériens et des Turcs.

KOURDES ou **KURDES**, peuple de l'Asie occidentale.

KREUTZER, violoniste et compositeur français, 1766-1831.

KUHLMANN, chimiste français. Nombreux travaux sur l'industrie, né en 1803.

KYMRIS ou **CIMBRES**, barbares d'origine scythique.

L

LA BALUE. V. BALUE.

LABARRE, compositeur et harpiste français, né en 1805.

LABÉDOYÈRE, général français, fusillé en 1815.

LA BOÉTIE, écrivain français, ami de Montaigne, m. en 1563.

LABORDE, écrivain, académicien et voyageur français, membre de l'Institut, né en 1807.

LABORDE (VICOMTE DE), peintre français, né en 1811.

LABOULAYE, jurisconsulte français, membre de l'Institut, né en 1811.

LA BOURDONNAIS (FRANÇOIS MAHÉ DE), gouverneur de l'île de France, m. en 1753.

LA BOURDONNAYE (COMTE DE), ministre de l'intérieur sous Charles X. 1767-1839.

LA BROSSE (GUY DE), médecin de Louis XIII; m. en 1641.

LA BROSSE (PIERRE DE), barbier de Louis IX; pendu en 1276.

LA BRUYÈRE, célèbre moraliste fr., auteur des Caractères, m. en 1696.

LACHAUD, célèbre avocat français, né en 1818.

LACAILLE, astronome français, né en 1713, alla en 1750 au cap de Bonne-Espérance pour observer le ciel austral.

LA CALPRENÈDE, romancier fr.; m. en 1663.

LACÉDÉMON, roi de Sparte, XVIᵉ siècle av. J.-C.

LACÉPÈDE, naturaliste français, continuateur de Buffon; m. en 1825.

LA CERDA (Louis DE), fut amiral de France en 1341. Son frère Charles devint connétable de France en 1354.

LA CHAISE (LE PÈRE), confesseur de Louis XIV; m. en 1709.

LA CHALOTAIS, procureur général du parlement de Rennes, pour la suppression des jésuites; m. en 1785.

LA CHAPELLE, auteur dramat. français, 1655-1723.

LA CHÂTRE (COMTE DE), maréchal de France, vers 1626.

LA CHAUSSÉE, auteur dramatique fr.; m. en 1754.

LA CONDAMINE, savant fr., un de ceux qui mesurèrent les degrés du méridien sous l'équateur; m. en 1774.

LACORDAIRE (LE PÈRE), dominicain, célèbre prédicateur français, 1802-1861.

LACRETELLE, nom de deux littérateurs; l'un m. en 1824, l'autre en 1855.

LACROIX, mathém. franç. 1765-1843.

LACROSSE (BARON DE), ministre, né en 1796.

LACTANCE, écrivain latin; m. en 325.

LADISLAS, nom de plusieurs rois de Hongrie et de Pologne.

LAERTE, roi d'Ithaque, père d'Ulysse.

LÆTITIA, mère de Napoléon Iᵉʳ; m. en 1836.

LA FARE, poète français, ami de [illegible]; m. en 1712.

LA FAYE, poète fr., né en 1609.

LA FAYETTE (MARQUIS DE), prit une part active à la révolution d'Amérique, à celle de 1789 et à celle de 1830; m. en 1834.

LA FERRIÈRE, jurisconsulte fr., membre de l'Institut, né en 1798.

LAFFITTE, ministre sous Louis-Philippe Iᵉʳ. 1767-1844.

LA FONTAINE, le premier des fabulistes, né à Château-Thierry; m. en 1695.

LA FORCE, maréchal de France. 1558-1652.

LA GALISSONNIÈRE, amiral français; m. en 1756.

LAGRANGE, célèbre géomètre et mathématicien fr.; m. en 1813.

LA GRANGE, gén. fr., né en 1783.

LAGRANGE-CHANCEL, poète tragique français, 1736-1818.

LAGRENÉE ou **LAGRENÉ**, diplomate français, né en 1800.

LAGRENÉE, peintre, 1724-1805.

LA GUÉRONNIÈRE (VICOMTE DE), publiciste et homme politique fr., né en 1816.

LA HARPE, littérateur et critique fr.; m. en 1803.

LA HIRE, capitaine fameux sous Charles VII; m. en 1442.

LAÏUS, roi de Thèbes, père d'Œdipe.

LALANDE, illustre astronome fr.; m. en 1807.

LALLY-TOLLENDAL, gouverneur général des établissements français dans l'Inde; exécuté en 1766, puis réhabilité.

LAMARQUE, gén. fr.; m. en 1832.

LAMARTINE (ALPHONSE DE), illustre poète français, membre du gouvernement provisoire de 1848.

LAMARTINIÈRE, compilateur et géographe fr., 1662-1756.

LAMBALLE (PRINCESSE DE), amie de cœur de la reine Marie-Antoinette, victime des massacres de septemb. 1792.

LAMBERT, théologien français, né en 1791.

LAMÉ-FLEURY, officier et litt. français, né en 1797.

LAMECH, nom de deux patriarches, dont l'un fut le père de Noé.

LAMENNAIS, l'un des grands prosateurs de notre siècle, m. en 1854.

LAMETH, nom de trois frères qui jouèrent un rôle important aux premières de la révolution de 1789.

LAMETTRIE, médecin français et écrivain matérialiste; m. en 1751.

LAMOIGNON, premier président du parlement de Paris; m. en 1677.

LAMOIGNON (CHRÉTIEN DE), Malesherbes, de 1750 à 1768, père de l'illustre Malesherbes.

LAMONNOYE, littér. français, né en 1641, m. en 1728.

LAMORICIERE, célèbre gén. fr., se distingua en Afrique. 1806-1865.

LAMOTTE-HOUDAN, littérateur et fabuliste fr., m. en 1657.

LA MOTTE-PIQUET, marin célèbre, lieutenant général des armées navales de France; m. en 1791.

LAMOTHEROUGE, général fr., né en 1802.

LANCASTRE (MAISON DE), célèbre par sa rivalité avec la maison d'York. Cette rivalité se termina par le mariage de Henri VII, duc de Lancastre, avec l'héritière de la maison d'York. 1486.

LANCELOT, écrivain français, religieux de Port-Royal; m. en 1695.

LANDRY, maire du palais de Neustrie, gouverna avec l'Édebonde sous la minorité de Clotaire II. 593.

LANDRY (SAINT), évêque de Paris vers 650; fonda l'Hôtel-Dieu.

LANDSTURM, levée en masse de tous les hommes en état de porter les armes.

LANDWEHR, nom donné en Prusse à la partie de la population armée pour servir d'auxiliaire aux troupes de ligne.

LANFRANC, théologien célèbre, devint archevêque de Cantorbéry; m. en 1089.

LANGLOIS, peintre, dessinateur, graveur et architecte, 1777-1837.

LANJUINAIS (LE COMTE), président de la Constituante en 1795, membre du conseil des Cinq-Cents, sénateur, pair de France; m. en 1829.

LANNES (DUC DE MONTEBELLO), maréchal de France; m. en 1809.

LA NOUE, dit *Bras de fer*, fameux capitaine calviniste, blessé mort au rallentissement siège de Lamballe, en 1591, en guerroyant contre le duc de Mercœur.

LAOCOON, fils de Priam et d'Hécube, fut étouffé avec ses deux enfants par un serpent.

LAOMÉDON, roi de Troie, père de Priam, fut tué par Hercule.

LA PALICE (JACQUES DE), maréchal de France, tué à la bataille de Pavie, en 1525.

LA PÉROUSE, navigateur français, périt dans son naufrage, à Vanikoro (Océanie), en 1785.

LA PÉROUSE, gén. franc., petit-fils de ce navigateur; né en 1814.

LAPITHES, ancien peuple de Thessalie.

LAPLACE (MARQUIS DE), savant géomètre; m. en 1827.

LA PRADE, poète français, membre de l'Académie française; né en 1812.

LA RENAUDIE, chef protestant, dirigea la conjuration d'Amboise; il périt d'un coup de feu au moment de l'exécution. 1560.

LA REYNIE, premier lieutenant de police à Paris; m. en 1709.

LA RÉVEILLÈRE-LEPEAUX, député à l'Assemblée constituante, puis membre du Directoire. 1753-1824.

LA ROCHEFOUCAULD (DUC DE), moraliste français, auteur du livre des *Maximes*; m. en 1680.

LA ROCHEFOUCAULD-LIAN-COURT, philanthrope éclairé, m. en 1827.

LA ROCHEFOUCAULD-DOU-DEAUVILLE, philanthrope et ministre sous Charles X; m. en 1864.

LA ROCHEJACQUELEIN (HENRI DE), célèbre chef vendéen, tué au combat de Nouaillé, en 1794.

LARREY (BARON), célèbre chirurgien des armées françaises sous la République et l'Empire. 1766-1842.

LAROMIGUIÈRE, professeur de philosophie; né en 1756.

LA RUE, poète; 1643-1725.

LA BOUCHÈRE LENOURRY (BARON), contre-amiral; m. en 1813.

LA SABLIÈRE (Mme DE), femme de beaucoup d'esprit, protectrice de La Fontaine; m. en 1693.

LA SALLE (DE), prêtre, fondateur de l'institut des Frères des écoles chrétiennes; m. en 1719.

LASALLE, général; né 1676-1787.

LASCARIS, empereur d'Orient; m. en 1206.

LASCARIS, savant grec; m. en 1535.

LAS-CASAS, célèbre prêtre espagnol, défenseur des Indiens, qui s'éleva contre l'oppression des conquérants; m. en 1566.

LAS CASES (COMTE DE), accompagna Napoléon à Sainte-Hélène et rédigea le *Mémorial de Sainte-Hélène*; m. en 1842.

LASSAIGNE, chimiste; 1800-1858.

LASTEYRIE, agronome, membre de l'Institut. 1810-1871.

LATINUS, ancien roi d'Italie, vers 1300 av. J.-C.

LATOUCHE, écrivain. 1785-1851.

LA TOUR D'AUVERGNE, surnommé le premier grenadier de France, tué au combat de Neubourg, en 1800.

LA TOUR-DU-PIN, un des chefs de la contre-révolution dans le Dauphiné. 1552-1619.

LA TOUR-MAUBOURG, gén. fr., ministre sous Louis XVIII. 1756-1831.

LA TRÉMOILLE ou **LA TRÉMOUILLE** (LE DE), célèbre capitaine français, fut tué à Pavie, en 1525.

LATUDE, prisonnier pendant 35 ans à la Bastille. 1725-1805.

LAURENT (SAINT), diacre, martyr en 1258.

LAURISTON (MARQUIS DE), gén. français, né en 1790.

LAUTREC (VICOMTE DE), maréchal de France; m. en 1528.

LAUZUN (DUC DE), seigneur de la cour de Louis XIV; m. en 1723.

LA VALETTE (G. PARISOT DE), grand-maître de Malte; m. en 1568.

LA VALLÉE, hist. fr., né en 1804.

LA VALLIÈRE (MADEMOISELLE DE), vécut longtemps à la cour de Louis XIV, et finit ses jours aux Carmélites; m. en 1682.

LAVATER, inventeur de la physiognomonie, ou art de juger les caractères par les traits du visage; m. en 1801.

LAVERGNE, litt. et économiste fr., membre de l'Institut, né en 1809.

LAVINIE, fille de Latinus, épouse d'Énée.

LA VILLEMARQUÉ (VICOMTE DE), érudit breton, membre de l'Institut, né en 1812.

LAVOISIER, célèbre chimiste de Paris; m. sur l'échafaud en 1795.

LAWOESTINE (WOLCHES DE), gén. français, petit-fils de madame de Genlis; né en 1783.

LAW, Écossais fameux, organisa sous la Régence un système qui se trouva faux, amenant une effroyable banqueroute; m. en 1729.

LAZARISTES, ordre régulier de la société, congrégation instituée en 1624 par saint Vincent de Paul, pour remplacer la société des ...

LE BARBIER DE TINAN, vice-amiral fr., né en 1804.

LE BAS, conventionnel, mort en 1776.

— **LE BAS**, architecte, et fils du précéd., membre de l'Institut, né en 1794.

LEBON, conventionnel, né en 1765.

— **LEBON**, inventeur de l'éclairage au gaz; m. en 1744.

LE BRIGANT, avocat, oncle, aïeul de La Tour d'Auvergne, qui s'enrôla à 50 ans, pour sauver un de ses fils de la conscription.

LE BŒUF, maréchal de France, né en 1809.

LE BRETON, gén. fr., né en 1804.

LEBRUN, célèbre peintre, l'un des fondateurs de l'Académie de peinture; m. en 1690.

LEBRUN, poète fr.; m. en 1807.

LEBRUN, membre du conseil des Cinq-Cents, fut élu troisième consul; m. en 1834.

LECLERC, gén. français, épousa la princesse Pauline, sœur de Napoléon Ier. 1772-1802.

LECOMTE (MATHIEU), membre de la Convention, du conseil des Cinq-Cents et du conseil des Anciens, né en 1827.

LECOUVREUR (ADRIENNE), tragédienne fameuse de la Comédie française. 1690-1730.

LE DAIM (OLIVIER), favori et barbier de Louis XI; m. en 1484.

LEFEBVRE (DUC DE DANTZIG), maréchal de France; m. en 1820.

LEFEBVRE-DESNOUETTES, gén. de cavalerie. 1773-1822.

LE FÉBURE DE FOURCY, mathématicien fr., né en 1785.

LE FLO, gén. français, ambassadeur, né en 1804.

LE FRANC DE POMPIGNAN, poète lyrique fr.; m. en 1784.

LEGER (SAINT), évêque d'Autun, fut victime de la tyrannie d'Ébroïn. 678.

LEGENDRE, célèbre géomètre fr. 1752-1824.

LEGRAS (LOUISE DE MARILLAC, DAME), fonda, avec saint Vincent de Paul, l'institution des *Sœurs de Charité*. 1591-1662.

LE GOUVÉ, poète fr.; m. en 1812.

LEIBNITZ, philosophe et mathématicien; m. en 1716.

LEKAIN, célèbre acteur tragique de la Comédie française. 1728-1778.

LE MAISTRE DE SACY, écrivain français, traducteur de la Bible. 1613-1684.

LE MAOUT, orientaliste français, né vers 1812.

LEMIERRE, poète dramatique fr., m. en 1793.

LENCLOS (NINON DE), femme célèbre du XVIIe siècle. 1617-1706.

LENTULUS, branche de la famille romaine des Cornelius qui fournit plusieurs consuls à la république.

LENOIR, magistrat. 1732-1807.

LENOIR, dessinateur habile et savant archéologue, né en 1801.

LENOTRE, architecte célèbre; m. en 1700.

LENORMANT, archéol. et hist. français; m. en 1812.

LÉON. Ce nom a été porté par douze papes, et par six empereurs d'Orient.

LÉONARD (SAINT), se convertit avec Clovis après la bataille de Tolbiac.

LÉONARD DE VINCI, peintre célèbre de l'école florentine, ami de François Ier; m. en 1519.

LÉONIDAS, roi de Sparte, le héros des Thermopyles, où il périt, en ... av. J.-C.

LÉOPOLD. Deux empereurs d'Allemagne ont porté ce nom, de 1640 à 1792.

LÉOPOLD Ier, roi des Belges, né en 1790; épousa une des filles du roi Louis-Philippe Ier; m. en 1865.

LÉOPOLD II, roi des Belges, né en 1835.

LE PAYS, poète et prosateur. 1634-1789.

LE PAYS DE BOURJOLY, jur. français, né en 1750.

L'ÉPÉE (ABBÉ DE). V. ÉPÉE.

LEPÈRE, architecte français éleva en 1805 la colonne de la place Vendôme; m. en 1844.

LÉPIDUS, triumvir avec Antoine et Octave; m. l'an 13 av. J. C.

LERMINIER, litt. fr., né en 1803.

LEROY, chanoine de Rouen, un des aut. de la *Satire Ménippée*. 1533.

LEROY D'ETIOLLES, l'un des inventeurs de la lithotritie. 1798-1860.

LEROUX (PIERRE), philosophe et économiste français, né en 1733.

LE SAGE, célèbre prosateur, m. en 1747.

LE SAINT, voyageur français, m. au centre de l'Afrique, en 1868.

LESCOT (PIERRE), architecte français, éleva la façade du vieux Louvre, et la fontaine des Innocents; mort en 1571.

LESCUN, dit LE MARÉCHAL DE Foix, s'illustra aux batailles de la Bicoque et de Pavie; m. en 1525.

LESCURE, général vendéen, blessé mortellement à Cholet; m. en 1793.

LESDIGUIÈRES (DUC DE), maréchal de France; m. en 1626.

LESSEPS (FERDINAND DE), diplomate français, à qui l'on doit, en grande partie, le percement de l'isthme de Suez, né en 1805.

LESSING, littérateur allemand, m. en 1781.

LESUEUR, peintre surnommé le *Raphaël français*; m. en 1655.

LESURQUES, condamné à mort par suite d'une méprise, fut exécuté en 1685.

LETELLIER (MICHEL), ministre de Louis XIV, père de Louvois; m. en 1685.

LETELLIER ou TELLIER, jésuite, confesseur de Louis XIV. 1643-1719.

LETRONNE, géographe, archéologue et érudit; m. en 1848.

LEUCIPPE, philos. grec Ve siècle av. J.-C.

LE VAILLANT, voyageur et naturaliste français. 1753-1824.

LE VAYER, écrivain et philosophe. 1588-1672. Membre de l'Académie française.

LE VERRIER, astronome franç., né en 1811; découvrit la planète Neptune.

LÉVI, troisième fils de Jacob.

LÉVIS (GASTON DE), maréchal de France en 1783.

LHOMOND, grammairien; m. en 1794.

L'HOPITAL (MICHEL DE), magistrat ... et écrivain; m. en 1573.

LIBANIUS, ... sous Julien l'Apostat. 314 (?).

LICINIUS, emp. romain ... m. en 324.

LIGNE (PRINCE DE), général belge au service de l'Autriche; m. en 1814.

LIGUE. On désigne particulièrement sous le nom de Ligue ... *type* la Ligue ... ayant pour chef H. de Guise, 1576, ...

LINCOLN (ABRAHAM), président des États-Unis, assassiné en 1865.

LINNÉ, célèbre naturaliste suédois; m. en 1778.

LIONNE (DE), ministre de Louis XIV. 1611-1671.

LIPPE (MAISON DE), famille princière d'Allemagne.

LISTZ, célèbre pianiste hongrois, né en 1811.

LITTRÉ, publiciste et philologue fr., membre de l'Institut, né en 1801.

LIVIE, épouse de Tibère, qu'elle empoisonna; mourut dans un ... 33.

LIVINGSTONE, voyageur anglais. Excursions dans le centre de l'Afrique; m. en 1873.

LOBAU (COMTE DE), maréchal de France; m. en 1838.

LOCKE, philosophe et publiciste anglais. 1632-1704.

LOISEL, ... 1536-1617.

LOMBARDS, peuple d'origine germanique ou scandinave, qui envahit l'Italie en 568.

LOMÉNIE, ministre de Louis XVI. 1727-1794.

LOMÉNIE, litt. fr., né en 1818.

LONGIN, ... grec, né vers 210.

LONGUEVILLE ... sœur du grand Condé, joua un rôle important dans la Fronde; m. en 1679.

LOPE DE VÉGA, célèbre poète espagnol; m. en 1635.

LORIQUET, jésuite, écrivain. 1767-1845.

LORRAIN (CLAUDE GELÉE), célèbre peintre fr., m. en 1680.

LORRAINE (CARDINAL DE), l'un des Guises, et l'un des chefs de la Ligue. 1527-1574.

LOTH, neveu d'Abraham, père des Ammonites et des Moabites.

LOTHAIRE. Ce nom a été porté par deux princes mérovingiens.

LOTHAIRE, roi de France, fils de Louis d'Outremer; m. en 986.

LOUIS. Nom de dix-huit rois de France, de 814 à 1824, et de plusieurs empereurs d'Allemagne; d'autres princes l'ont également porté à Naples, en Bavière, en Hongrie, en Espagne.

LOUIS-PHILIPPE, roi des Français, de 1830 à 1848, m. en exil en 1850.

LOUIS DE FRANCE, grand dauphin, fils de Bossuet; m. en 1711.

LOUIS, dauphin, père de Louis XVI, Louis XVIII et Charles X; m. en 1765.

LOUIS BONAPARTE, épousa la reine Hortense, fut roi de Hollande; m. en 1846. C'est le père de Napoléon III.

LOUIS (LE BARON), homme d'État; m. en 1837.

LOUISE DE SAVOIE, mère de François Ier; m. en 1532.

LOUISE DE LORRAINE, épouse de Henri III de France; m. en 1601.

LOUP (SAINT), évêque de Troyes; m. en 478.

LOUVEL, ouvrier sellier, assassin du duc de Berry; m. sur l'échafaud en 1820.

LOUVERTURE (TOUSSAINT), commandant de Saint-Domingue, m. en France, au fort de Joux, en 1803.

LOUVET, hist. né en 1570-1646.

LOUVOIS (MARQUIS DE), ministre de la guerre sous Louis XIV; m. en 1691.

LOWE (Sir HUDSON), geôlier de Napoléon à Sainte-Hélène; m. en 1844.

LOWENDAHL (COMTE DE), maréchal de France, 1700-1755.

LUC (SAINT), l'un des 4 évangélistes.

LUCAIN, poète latin, se tua dans un bain, en 62.

LUCAS, économiste fr., membre de l'Institut, né en 1803.

LUCAS, sculpteur fr., né en 1807.

LUCE. Trois papes ont porté ce nom, de 253 à 1185.

LUCE DE LANCIVAL, poète fr., m. en 1810.

LUCIE (SAINTE), vierge et martyre en 304.

LUCIEN, écrivain grec du IIe siècle.

LUCIFER, nom que l'Écriture sainte donne au chef des démons.

LUCILIUS, satirique romain, ami de Scipion l'Africain.

LUCKNER, bavarois de naissance, devint maréchal de France, fut décapité en 1794.

LUCRÈCE, Romaine célèbre par sa vertu, sa beauté et l'héroïsme de sa mort, 509 av. J.-C.

LUCRÈCE, poète latin, se tua 51 ans av. J.-C.

LUCULLUS, illustre général romain, célèbre par son luxe; m. en 49 av. J.-C.

LUDLOW, l'un des juges de Charles Ier, 1620-1693.

LUDOVIC LE MORE, duc de Milan, vaincu par Louis XII, périt en prison, en 1510.

LUITPRAND, roi des Lombards, secourut Charles Martel contre les Sarrasins, en 739.

LULLE (RAYMOND), savant rhétoricien et cabaliste espagnol, 1235-1315.

LULLI, célèbre musicien et compositeur du siècle de Louis XIV; m. en 1687.

LUSIGNAN (GUY DE), dernier roi de Jérusalem; m. en 1187.

LUTHER, fondateur de la religion réformée; excommunié en 1520 par le pape Léon X.

LUXEMBOURG (DUC DE), maréchal de France; m. en 1695.

LUYNES (DUC DE), favori de Louis XIII; m. en 1621.

LYCURGUE, législateur de Sparte, 884 av. J.-C.

LYCURGUE, orateur athénien, 408-325 av. J.-C.

LYSANDRE, général lacédémonien; m. en 404 av. J.-C.

LYSIAS, orateur grec; m. en 380 av. J.-C.

LYSIMAQUE, capitaine d'Alexandre, devint roi de Macédoine; m. en 282 av. J.-C.

LYSIPPE, statuaire grec, vers 350 av. J.-C.

LYSISTRATE, statuaire grec, frère ou beau-frère de Lysippe.

M

MABILLON, l'un des Bénédictins les plus savants de la congrégation de Saint-Maur; m. en 1707.

MABLY, historien fr., frère utérin de Condillac, 1709-1785.

MAC-ADAM, ingénieur anglais, inventeur du système de routes par empierrement qui porte son nom; m. en 1836.

MACAIRE (SAINT), solitaire de la Thébaïde, 300-390.

MACAIRE (SAINT), solitaire de la Nitrie; m. en 394.

MACAULAY (BARON), hist. anglais, 1800-1859.

MACBETH, s'empara du trône

d'Ecosse occupé par Duncan, et fut renversé par Malcolm. 1047.

MAC-CARTHY, célèbre géographe fr., d'origine irlandaise. 1785-1835.

MACDONALD, duc de Tarente, maréchal de France; m. en 1840.

MACCHABÉE (Mathathias), chef des Hébreux, releva les autels du vrai Dieu. 167 [illegible] J.-C.

MACCHABÉES (les), nom de sept frères qui souffrirent le martyre avec leur mère, en 164 av. J.-C.

MACÉDONIUS, patriarche de Constantinople, de 341 à 360.

MACKAU, amiral fr., né en 1788.

MACHIAVEL, publiciste et historien de Florence; m. en 1530.

MACHINE INFERNALE, dirigée contre Bonaparte, premier consul, le 24 décembre 1800, et contre Louis-Philippe, par Fieschi, le 28 juillet 1835.

MAC-MAHON, maréchal de France, créé duc de Magenta en 1859; président de la République française; né en 1808.

MACRIEN, l'un des trente tyrans proclamés empereurs pendant la captivité de Valérien, en 260.

MACRIN, empereur romain, m. en 218.

MACROBE, philosophe et grammairien latin, Ve siècle.

MACRON, préfet du prétoire qui tua Tibère, m. en 38.

MADELEINE (SAINTE MARIE), pécheresse convertie à la vue des miracles de J.-C.

MADIANITES, peuple idolâtre de l'antiquité, sous lequel les Hébreux subirent sept années de servitude.

MAFFEI, poète et littér. italien. 1675-1755.

MAGELLAN, célèbre navigateur portugais, découvrit le détroit qui porte son nom; m. en 1521.

MAGENDIE, célèbre mathématicien fr. m. en 1855.

MAGIN, professeur français, auteur de divers ouvrages, né en 1805.

MAGLOIRE (SAINT), évêque, m. en 575.

MAGNAN, maréchal de France, nommé sous Napoléon III, m. en 1865.

MAGNE (Pierre), homme d'État français, ministre, né en 1805.

MAGNENCE, usurpateur, empereur d'Occident. 350-353.

MAGNUS, nom de plusieurs rois de Norvège.

MAGON, nom de plusieurs généraux carthaginois.

MAHERBAL, nom de deux généraux carthaginois.

MAHMOUD, nom de deux sultans des Turcs ottomans, morts, l'un en 1754, l'autre en 1839.

MAHOMET, fondateur de la religion musulmane; m. en 632.

MAHOMET, nom de sept empereurs de Turquie, de 1413 à 1693.

MAHRATTES, peuple de l'Inde.

MAREL, homme politique français, né en 179[illegible].

MAILLARD (Jean), prévôt de Paris, [illegible] Étienne Marcel, en 1358, [illegible] prédicateur sous Louis XI, m. en 1502.

MAILLEBOIS, maréchal, fils de Colbert, maréchal de France. 1741.

MAILLOTINS, nom donné aux Parisiens insurgés sous Charles VI.

MAINE (duc du), fils légitimé de Louis XIV. 1670-1736.

MAINE DE BIRAN, métaphysicien français. 1766-1824.

MAINFROI, fils naturel de l'empereur Frédéric II, roi des Deux-Siciles. 1231-1266.

MAINTENON (Françoise d'Aubigné, marquise de), veuve de Scarron, épousa secrètement Louis XIV; m. en 1719.

MAIRET (JEAN), poète tragique français. 1686.

MAISON, grand maréchal de France, expédition de Grèce. 1771-1840.

MAISTRE (Joseph de), écrivain fr. 1754-1821. — XAVIER DE, son frère, né en 1763, m. 1852.

MAJORIEN, empereur d'Occident, m. en 461.

MALAGUTI, chimiste français, d'origine italienne, né en 1802.

MALANDRINS, troupes de bandits sous les rois Jean et Charles V.

MALCHUS, serviteur du grand-prêtre, auquel saint Pierre coupa l'oreille droite.

MALCOLM, nom de plusieurs rois de l'ancienne Écosse.

MALEBRANCHE, cartésien et métaphysicien français. 1637-1715.

MALEK-CHAH, sultan seldjoucide de la Perse, surnommé le Grand sultan, m. en 1093.

MALEK-ADEL, sultan d'Egypte et de Damas, [illegible] plusieurs [illegible] 1218.

MALESHERBES (Chrétien Guillaume de LAMOIGNON de), magistrat intègre, défenseur de Louis XVI, m. sur l'échafaud en 1794.

MALET, général français, conspira contre Napoléon Ier, faillit s'emparer de Paris, et fut fusillé en 1812.

MALFILATRE, poète fr. 1733-1766, on croit qu'il mourut de faim.

MALGAIGNE, médecin fr., membre de l'Acad. de méd., né en 1806.

MALHERBE, poète français, m. en 1628.

MALIBRAN, célèbre cantatrice, née en 1808, morte à Londres en 1845.

MALLEFILLE, litt. et aut. dr., m. en 1868.

MALLET, hist. ..., 1730-1807.

MALLET-DU-PAN, publiciste suisse-genevois, 1749-1800.

MALLIUS (Marius), ...

MALMESBURY (3e comte de), ... pair d'Angleterre, né en 1807.

MALOUET, ministre de la marine, 1740-1814.

MALTE-BRUN, savant géographe, m. en 1826.

MALTHUS, économiste anglais; m. en 1834.

MAME, imprimeur célèbre, à Tours, ... 1841.

MAMERCUS, consul romain, vers 475 av. J.-C.

MAMERT (saint), archevêque de Vienne en Dauphiné; m. en 477.

MAMMON, dieu de la richesse chez les Syriens.

MANAHEM, roi d'Israël, 765-754 av. J.-C.

MANASSÉ, fils aîné de Joseph, ...

MANASSÈS, roi de Juda, 694-640 av. J.-C.

MANCINI, nom de cinq nièces du cardinal Mazarin.

MANCO CAPAC, fonda l'empire du Pérou, fut chef de la race des Incas, 1025.

MANDANE, mère de Cyrus.

MANDCHOUX, peuple tartare de la Mandchourie, dans l'Asie ...

MANDRIN, fameux bandit, 1725-1755.

MANICHÉE ou **MANÈS**, fondateur de la secte des manichéens, en P... m. en 274.

MANLIUS ..., tribun romain, 1er ... av. J.-C. — (Marius), ...

MANLIUS TORQUATUS, nom de deux Romains vainqueurs, s. IVe et Ve ... av. J.-C.

MANIN, ... vénitien, 1804-1857.

MANLIUS CAPITOLINUS, consul romain, ... au Capitole assiégé par les Gaulois, ... 384 av. J.-C.

MANGEL, poète portugais, né en 1734.

MANSARD, arch. fr., m. en 1666.

MANSARD-HARDOUIN, archi-
tecte français, construisit le dôme des Invalides, le palais et la chapelle de Versailles, la place Vendôme, etc.; m. en 1708.

MANSFIELD, gén. allemand, célèbre par ses guerres contre l'Autriche, 1580-1626.

MANUCE, famille de grands imprimeurs vénitiens, 1449-1597.

MANUEL COMNÈNE, empereur grec, m. en 1125.

MANUEL PALÉOLOGUE, emp. grec, m. en 1425.

MANUEL, Jacques, procureur de la commune de Paris et conventionnel, 1751-1793. — (J.-Ant.), éloquent orateur, député en 1818, 1775-1827.

MANTEUFFEL (BARON DE), homme d'État prussien, né en 1805.

MARAT, célèbre démagogue, assassiné par Charlotte Corday en 1793.

MARBEUF (marquis de), gén. fr., 1725-1786.

MARC (SAINT), un des quatre évangélistes.

MARC-ANTOINE. V. **ANTOINE.**

MARC-AURÈLE, le plus vertueux des empereurs romains; m. en 180.

MARCEAU, général français, tué à l'âge de 27 ans, en 1796.

MARCEL (SAINT), évêque de Paris; m. en 410.

MARCEL, Étienne, prévôt des marchands, fut tué par Jean Maillard au moment où il allait livrer Paris à Charles le Mauvais, en 1358.

MARCELLIN, ..., de 295 à 304, ... sous D...

MARCELLUS (Claudius), célèbre général romain, cinq fois consul; m. en 212 av. J.-C.

MARCHANGY, litt., auteur de la Gaule ..., 1782-1826.

MARCHE (Olivier de la), chroniqueur ..., 1425-1502.

MARCIEN, emp. d'Orient, époux de Pulchérie, ... en 457.

MARCIUS, ... romain.

MARCOMANS, anc. peuple de la Germanie.

MARCO-POLO, célèbre voyageur vénitien, 1252-1323.

MARCOMBR, nom de plusieurs chefs des Francs.

MARCOUL (SAINT), religieux ascète; m. en 558.

MARCUS, ... romain.

MARDOCHÉE, oncle d'Esther.

MARDONIUS, gén. persan, gendre de Darius; m. en 479 av. J.-C.

MARESCOT, gén. du génie et pair de France, 1758-1832.

MARET, duc de Bassano, ministre de Napoléon Ier. 1763-1832.

MARGUERITE, nom de plusieurs reines et princesses dans divers états.

MARIE (SAINTE), la sainte Vierge, mère de J.-C.

MARIE, nom porté par plusieurs reines et princesses en France, en Allemagne, à Naples, en Angleterre, en Écosse.

MARIE-AMÉLIE, reine des Français, épouse de Louis-Philippe 1er, née en 1782.

MARIE - CHRISTINE, reine douairière d'Espagne, ... 1806.

MARIE DE FRANCE, femme poète du XIIIe siècle.

MARIE, célèbre avocat, membre du gouv. provisoire de 1848; m. en 1870.

MARIGNY (ENGUERRAUD DE), premier ministre de Philippe le Bel, né vers 1260, pendu sous Louis le Hutin, en 1315.

MARIETTE, voyageur et égyptologue français, né en 1821.

MARILLAC (MICHEL DE), surintendant des finances et garde des sceaux. 1563-1632.

MARIN (SAINT), ermite du IVe siècle.

MARIN ou **MARINI** (LE CAVALIER), poète italien. 1569-1625.

MARION DELORME, femme célèbre par sa beauté; m. en 1706.

MARIOTTE (L'ABBÉ), célèbre physicien français, inventeur d'une loi sur les gaz. 1620-1684.

MARISTES, membre d'une association fondée en 1818, pour donner à la jeunesse une éducation chrétienne.

MARIUS (CAIUS), général romain, fut sept fois consul; adversaire de Sylla; m. en 86 av. J.-C.

MARIVAUX, écriv. fr.; travailla surtout pour le théâtre. 1688-1763.

MARLBOROUGH (JOHN CHURCHILL, DUC DE), célèbre général anglais, vainqueur à Hochstedt, à Ramillies et à Malplaquet; m. en 1722.

MARMIER (DUC DE), anc. député français, né vers 1810.

MARMIER, voyageur et littér. français, né en 1809.

MARMONT (DUC DE RAGUSE), maréchal de France. 1774-1852.

MARMONTEL, litt. fr.; m. en 1799.

MAROCHETTI (BARON), sculpteur français, né à Turin, en 1805.

MARONITES, peuplade de Syrie et secte religieuse dont le fondateur fut Jean Maron, au VIIe siècle.

MAROT (CLÉMENT), célèbre poète français; m. en 1544.

MARRAST (ARMAND), publiciste, maire de Paris, membre du gouv. provisoire de 1848, président de l'Assemblée constituante. 1...-1852.

MARSES, anc. peuple de l'Italie, dans le Samnium.

MARSH, chim. anglais. 1789-1846.

MARSIN (COMTE DE), maréchal de France. 1656-1706.

MARTAINVILLE, publiciste et litt. français. 1777-1830.

MARTHE (SAINTE), sœur de Lazare et de Marie-Madeleine.

MARTIAL, poète latin; m. en 105.

MARTIAL (SAINT), premier évêque de Limoges, IIe siècle.

MARTIAL D'AUVERGNE, poète et litt. français. 1440-1508.

MARTIN (SAINT), évêque de Tours; m. en 397.

MARTIN, Plusieurs papes ont porté ce nom.

MARTIN (AIMÉ), litt. fr. 1780-1847.

MARTIN (HENRI), hist. français, né en 1810.

MARTIGNAC (B. GAYE..., homme d'État, né vers 1776-1832.

MARTINEZ, nom de deux peintres espagnols, morts, l'un en 1667, l'autre en 1785.

MARTINEZ DE ROSA, homme d'État et auteur dramatique espagnol. 1780-1862.

MARTIUS, prénom romain.

MASANIELLO, pêcheur napolitain; se mit à la tête d'une insurrection en 1647; assassiné par les émissaires du gouvernement.

MASCARON, prédicateur franç. 1634-1703.

MASSAGÈTES, nom d'un peuple de l'Asie, à l'est de la mer Caspienne.

MASSÉNA (PRINCE D'ESSLING), maréchal de France; m. en 1817.

MASSILLON, illustre prédicateur fr.; m. en 1742.

MASSINISSA, roi de Numidie, allié des Romains; m. en 149 av. J.-C.

MASSON, ... fut évêque d'Alger ....-1703.

MATATHIAS, père des Machabées.

MATHAN, prêtre de Baal et ministre d'Athalie; m. en 876 av. J.-C.

MATHIAS (SAINT), disciple de J.-C.

MATHIAS CORVIN, roi de Hongrie. 1443-1490.

MATHIEU (SAINT), l'un des évangélistes.

MATHIEU (PIERRE), hist. et poète français. 1563-1621.

MATHIEU DE DOMBASLE, agronome. 1775-1843.

MATHIEU PARIS, bénédictin et ... 1195-1259.

MATHIEU, ... maréchal français, né en 1796; archevêque de B..., a...

MATHIEU, astronome, membre de l'Institut, né en 1783.

MATHILDE (SAINTE), épouse de Henri Ier l'Oiseleur, m. en 968.

MATHILDE, reine d'Angleterre; m. en 1167.

MATHILDE BONAPARTE, princesse française, fille de l'ex-roi Jérôme, née en 1820.

MATHURIN (SAINT), prêtre du Ve siècle.

MATIGNON, maréchal de France. 1525-1597.

MATHUSALEM, le plus vieux patriarche, grand-père de Noé, vécut 969 ans.

MAUCROIX, poète et litt. fr., ami de La Fontaine. 1619-1708.

MAUPEOU, chancelier de France; m. en 1792.

MAUPERTUIS (DE), géomètre et astronome français. 1759.

MAUREPAS, ministre sous Louis XV et Louis XVI, m. en 1781.

MAURES, habitants de l'ancienne Mauritanie.

MAURICE (SAINT), chef de la légion thébaine, martyr en 286.

MAURICE, empereur d'Orient. 539-602.

MAURICE DE NASSAU. Voy. NASSAU.

MAURICE DE SAXE. V. SAXE.

MAURY (LE CARDINAL), orat. fr., député du clergé aux États généraux. 1746-1817.

MAUSOLE, roi de Carie, à qui la reine Artémise, sa femme, fit élever un tombeau, depuis m. en 353 av. J.-C.

MAXENCE, empereur romain, m. en 312.

MAXIME, empereur romain. 237.

MAXIME (SAINT), évêque de Turin, Ve siècle. Deux autres saints de ce nom.

MAXIME VALÈRE. V. VALÈRE.

MAXIME DE TYR, philos. grec. IIe siècle.

MAXIME PUPIEN, emp. romain avec Balbin, m. en 238.

MAXIMIEN HERCULE, emp. r. collègue de Dioclétien, m. en 310.

MAXIMILIEN Ier, emp. d'Allemagne. 1459-1519.

MAXIMILIEN, archiduc d'Autriche, emp. du Mexique, fusillé à Queretaro en 1867.

MAXIMIN, empereur romain, Goth d'origine, 147-238.

MAXIMIN (SAINT), évêque de Trèves, m. en 350.

MAYENNE (CH. DE LORRAINE, DUC DE), chef de la Ligue, puis lieutenant général du royaume. 1554-1611.

MAYER (CHRIST.), astronome allemand. 1723-1762.

MAYNARD, poète et l'un des premiers membres de l'Acad. fr. 1582-1646.

MAZANIELLO. Voy. MASANIELLO.

MAZARIN, cardinal, ministre pendant la minorité de Louis XIV; m. en 1661.

MAZEPPA, hetman des Cosaques; m. en 1709.

MAZZINI (JOSEPH), homme politique italien, né à Gènes en 1808.

MECKLEMBOURG (MAISON GRAND-DUCALE DE), comprend les branches de Mecklembourg-Schwérin et de Mecklembourg-Strélitz.

MÉCÈNE, favori d'Auguste, protecteur des lettres, m. en l'an 8 av. J.-C.

MÉCHAIN, astron. fr. 1744-1805.

MÉDARD (SAINT), évêque de Noyon; m. en 545.

MÈDES, peuple anc. de l'Asie.

MÉDÉRIC (SAINT). V. MERRY.

MÉDICIS, illustre famille qui régna sur Florence, au XIVe et au XVe siècle.

MÉDICIS (CATHERINE DE), reine de France. V. CATHERINE.

MÉDON, fils de Codrus et premier archonte d'Athènes. 1132 av. J.-C.

MÉGACLÈS, archonte athénien, 508 av. J.-C., réprima la conspiration de Cylon.

MÉHÉMET ou MÉHÉMED, nom musulman de Mahomet ou Mohamed.

MÉHÉMET-ALI, célèbre vice-roi d'Égypte. 1769-1849.

MÉHUL, célèbre compositeur fr.; m. en 1817.

MEILLERAIE (DUC DE LA), maréchal de France, épousa, en 1661, une nièce de Mazarin.

MÉLA (POMPONIUS), géog. rom. du Ier siècle.

MÉLANIE (SAINTE), dame et religieuse romaine. 345-410.

MÉLAS, général autrichien, perdit la bataille de Marengo, en 1800, m. en 1810.

MELCHISÉDECH, roi de Salem, prêtre du Très-Haut, vivait au temps d'Abraham.

MELCHTAL, l'un des trois fondateurs de la liberté en Suisse. 1307.

MELESVILLE (DUVEYRIER, dit), auteur dramatique; m. en 1865.

MÉLÈTUS, complice d'Anytus dans l'accusation de Socrate. 401.

MELLINET, gén. fr. né en 1800.

MEMNON (DE RHODES), gén. des Perses, fut le plus redoutable adversaire d'Alexandre. 333 av. J.-C.

MÉNAGE, philologue franç. 1613-1692.

MÉNANDRE, poète comique grec, disciple de Théophraste; m. en 342 av. J.-C.

MENDANA, navigateur espagnol, 1541-1597, découvrit les îles qui portent son nom.

MENDOZA (Diego de), général, diplomate, hist. et poète espagnol, 1503-1575.

MÉNÉCÉE, fils de Créon, prince thébain.

MÉNÉDÈME, phil. grec, III* siècle av. J.-C.

MÉNÉLAS, roi de Sparte, frère d'Agamemnon; époux d'Hélène, dont l'enlèvement causa la guerre de Troie.

MÉNÉNIUS AGRIPPA, consul à Rome, en 503 av. J.-C.

MÉNÈS, premier roi d'Égypte, 2450 ans av. J.-C., bâtit Memphis.

MÉNIPPE, phil. cynique de l'anc. Grèce.

MÉNIPPÉE (Satire), composée en faveur de Henri IV contre la Ligue.

MENOU (baron de), gén. franç., successeur de Kléber en Égypte, 1750-1810.

MENTOR, ami d'Ulysse, et à qui ce prince confia l'éducation de son fils Télémaque.

MENZIKOFF ou **MENSCHIKOFF,** gén. et ministre du tzar Pierre le Grand, 1674-1729.

MENTSCHIKOFF, amiral russe, né en 1789.

MÉRANIE (Agnès de), femme de Philippe-Auguste.

MERCATOR, géogr. et physicien danois, m. en 1587. — (Gérard), grand géogr. belge, 1512-1594.

MERCIER, litt. franç., auteur du *Tableau de Paris,* 1740-1814.

MERCŒUR (duc de), l'un des plus grands capitaines de son siècle, chef des ligueurs après l'assassinat du duc de Guise, fit sa soumission à Henri IV, en 1598.

MERCY (baron de), gén. bavarois et allemand, m. en 1645. Se distingua dans la *Guerre de Trente ans.*

MÉRÉ (chev. de), litt. et bel esprit f. 1610-1685

MÉRÉ (Poltrot de). *V.* **POLTROT.**

MÉRIADEC, saint breton; m. en 60?.

MÉRIMÉE, litt. fr., membre de l'Acad. française, né en 1803.

MERLIN L'ENCHANTEUR, né au V* siècle, joue un rôle important dans les romans de chevalerie.

MERLIN (comte), dit de *Douai,* 1754-1838, membre de la Convention.

MERLIN, dit de *Thionville,* fou-queux démocrate, membre de la Convention, 1762-1833.

MÉRODE (comtes de), illustre famille belge qui fait remonter son origine à sainte Élisabeth de Hongrie.

MÉROPE, femme de Cresphonte, roi de Messène.

MÉROVÉE, roi de France de 448 à 457, donna son nom à la première race de nos rois.

MÉRY, poète et romancier franç.; m. en 1866.

MERRY ou **MÉDÉRIC** (saint), né au VII* siècle.

MERWAN I,** chef de commande, 9* successeur de M....., 684 à 685.

MESLIN, gén. franç., député, né en 1785.

MESMER, médecin allemand, auteur de la doctrine du magnétisme animal, m. en 1815.

MESMES (de), nom d'une famille de magistrats français, qui apparaît sous Charles IX.

MESMIN (saint), abbé de Mici, près d'Orléans.

MESNARD, magistrat fr., membre de l'Institut, né en 1792.

MESNIER, litt. fr., né en 1811.

MESSALA, nom d'une famille romaine.

MESSALINE, épouse de l'empereur Claude, fut mise à mort en 48.

MESSIE, le Christ promis de Dieu dans l'Ancien Testament.

MÉTASTASE, célèbre poète italien, 1698-1784.

MÉTELLUS, consul romain, 251 av. J.-C. Il y a eu aussi **MÉTELLUS LE MACÉDONIQUE, MÉTELLUS LE NUMIDIQUE, MÉTELLUS SCIPION.**

MÉTIUS (Jacques), Hollandais, inventeur du télescope a réfraction, en 1609.

MÉTIUS et SUFFÉTIUS, dictateur d'Albe, en 663 av. J.-C.

METTERNICH (prince de), homme d'État autrichien, né en 1773. — Son fils, Hermann, né en 1821, a représenté l'Autriche près de la France sous Napoléon III.

MEUNG (Jean de), poète fr., né en 1260; m. vers 1318.

MEURICE (Froment), artiste orfèvre français, né en 1802.

MEYERBEER, grand et célèbre composit. de musique, 1794-1864.

MÉZERAY, hist. fr., m. en 1683.

MICHAUD, litt. franç., l'un des fondateurs de la *Biographie universelle* qui porte son nom; m. en 1839.

MICHEL, Huit empereurs d'Orient portent ce nom.

MICHEL (saint), archange.

MICHEL (ORDRE DE SAINT), créé par Louis XI en 1469, fut aboli en 1830.

MICHEL-ANGE ou **BUONAROTTI**, grand et célèbre peintre, sculpteur et architecte italien. 1474-1564.

MICHELET, hist. fr., membre de l'Institut. 1798-1874.

MICIPSA, fils de Massinissa, roi de Numidie, régna sous la protection des Romains; m. en 119 av. J.-C.

MIECZISLAS, premier prince chrétien de Pologne; m. en 991.

MIGNARD (NICOLAS et PIERRE), tous deux peintres célèbres, morts, l'un en 1668, l'autre en 1695.

MIGNET, hist. franç., membre de l'Acad. franç., secrétaire perpétuel de l'Acad. des sciences morales et politiques, né en 1796.

MIGNON, peintre de fleurs allemand. 1640-1679.

MIGUEL, ex-roi de Portugal, né en 1802.

MILLEVOYE, poète élégiaque fr. 1782-1816.

MILON DE CROTONE, célèbre athlète grec; vivait au VIe siècle av. J.-C.

MILON, tribun romain qui tua Clodius, et qui défendit Cicéron; m. 48 av. J.-C.

MILLOT (L'ABBÉ), hist. français. 1726-1785.

MILTIADE, gén. athénien, vainqueur à Marathon, 490 av. J.-C.

MILTON, poète anglais, auteur du *Paradis perdu*; m. en 1674.

MINA, chef de partisans et général espagnol. 1784-1836.

MINUTIUS RUFUS, consul en 221 av. J.-C.

MINUTIUS FÉLIX, apologiste chrétien, au IIIe siècle.

MINIÉ, officier fr., a grandement contribué au perfectionnement des armes portatives; né vers 1805.

MIOLLIS, gén. fr. 1758-1828.

MIRABEAU (comte de), l'orateur le plus éminent de la Révolution; m. en 1791.

MIRAMION (MADAME DE), fonda la communauté des filles de *Miramione*.

MIRANDA (François de), gén. péruvien, servit la France sous Dumouriez. 1750-1816.

MIRBEL (CHARLES DE), botaniste fr. 1776-1854.

MIREPOIX (DUC DE), maréchal de France; m. en 1757.

MIRMIDON. V. MYRMIDON.

MIROMÉNIL (HUE DE), garde des sceaux et ministre de Louis XVI. 1725-1796.

MIRON, nom de deux prévôts des

marchands de Paris : FRANÇOIS, m. en 1609; ROBERT, son frère, m. en 1641.

MISRAIM, fils de Cham, qui alla habiter l'Égypte.

MISSI DOMINICI (m. latin), envoyés du maître, commissaires royaux qui, sous les rois de la deuxième race, étaient envoyés dans les provinces avec des pouvoirs très étendus.

MITHRAS, divinité des anciens Perses.

MITHRIDATE, l'ennemi implacable des Romains, roi de Pont; m. en 65 av. J.-C.

MIZAEL, l'un des rois jeunes juifs jetés dans la fournaise.

MOAB, fils de Loth.

MOABITES, peuple arabe, au sud-est de la Palestine.

MOEGNARD, litt. et homme politique fr., né en 1804.

MOERIS, roi d'Égypte. XVIIIe siècle av. J.-C. Lac fameux creusé par ce roi.

MOHAMMED, même nom que *Mahomet*.

MOHICANS, tribu de Peaux-Rouges. Amérique du Nord.

MOHL, orientaliste fr., membre de l'Institut, né à Stuttgart, en 1800.

MOÏSE, chef et législateur du peuple hébreu; m. en 1585 av. J.-C.

MOLAY (JACQUES DE), dernier grand-maître des Templiers; brûlé vif en 1314.

MOLÉ (MATHIEU), premier président au parlement de Paris; m. en 1656.

MOLIÈRE (J.-B. POQUELIN, dit), le premier des auteurs comiques fr.; m. en 1673.

MOLINA, jésuite espagnol, écrivit un ouvrage qui fut vivement attaqué. 1535-1601.

MOLITOR (COMTE), maréchal de France. 1770-1849.

MOLLIEN (COMTE), ministre du trésor, de 1806 à 1814.

MOLOCH, divinité des Phéniciens et des Carthaginois.

MOLTKE (COMTE DE), gén. prussien, eut part à la guerre de 1870-1871.

MONACO (MAISON PRINCIÈRE DE), dynastie des Grimaldi.

MONCEY, maréchal de France; m. en 1842.

MONGE, mathématicien célèbre, le principal fondateur de l'École polytechnique; m. en 1818.

MONGOLS (EMPIRE DES), ou du **GRAND MOGOL**, fondé en Asie par Baber, en 1505.

MONIER DE LA SIZERANNE, député, né en 1796.

MONNIER, litt. et artiste franç., né en 1799.

MONIME, femme de Mithridate VII, qui la fit tuer afin qu'elle ne tombât pas au pouvoir de son ennemi vainqueur.

MONIQUE (SAINTE), mère de saint Augustin; m. en 384.

MONK, fameux gén. anglais qui rétablit Charles II sur le trône d'Angleterre. 1608-1679.

MONMOUTH (DUC DE), fils naturel de Charles II; décapité en 1685.

MONNY DE MORNAY, agronome fr., né en 1804.

MONROË (JAMES), président de la république des États-Unis. 1758-1831.

MONSIGNY, compositeur de musique franç. 1729-1817.

MONSTRELET (ENGUERRAND DE), chroniqueur fr. 1390-1453.

MONTAIGNE (MICHEL DE), phil. fr., écrivain célèbre; m. en 1592.

MONTAIGU (GILLES DE), chancelier de France et arch. de Rouen; m. en 1318.

MONTALEMBERT, célèbre ingénieur fr. 1766-1800.

MONTALEMBERT (COMTE DE), publiciste et homme politique français; m. en 1860.

MONTALIVET (COMTE DE), ministre sous Napoléon Ier. 1766-1823.

MONTALIVET (COMTE DE), homme d'État, anc. ministre, membre de l'Institut, né en 1801.

MONTCALM (MARQUIS DE), gén. franç., blessé à mort sous les murs de Québec, en 1759.

MONTEBELLO. V. LANNES.

MONTEBELLO (DUC DE), diplom. franç., anc. pair et ministre, fils du maréchal Lannes, m. en 1874.

MONTECUCULLI, général autrichien. 1608-1681.

MONTÉGUT, litt. français, né à Limoges, en 1826.

MONTEIL (ALEXIS DE), hist. fr. 1769-1850.

MONTEMOLIN (CARLOS, COMTE DE), fils du prétendant don Carlos (Charles V). 1788-1862.

MONTESPAN (MARQUISE DE), femme célèbre de la cour de Louis XIV. 1641-1707.

MONTESQUIEU, illustre écrivain fr. m. en 1755.

MONTESQUIOU (L'ABBÉ DE), homme d'État; m. en 1832.

MONTESQUIOU D'ARTAGNAN, maréchal de France. 1645-1725.

MONTESQUIOU-FEZENSAC, gén. franç. 1741-1798.

MONTEZUMA, roi du Mexique, prisonnier de Cortez et blessé dans une insurrection, se laissa mourir de faim **en 1520.**

MONTFAUCON (BERNARD DE), savant bénédictin fr. 1655-1741.

MONTFERRAT, nom d'une famille italienne, dont les principaux membres s'illustrèrent dans les Croisades.

MONTFORT (SIMON, COMTE DE), chef de la croisade contre les Albigeois, tué au siège de Toulouse, en 1218.

MONTGOLFIER (LES FRÈRES), inventèrent en 1783 les aérostats, qui furent appelés *montgolfières.*

MONTGOMMERY (GABRIEL DE), capitaine des gardes de Henri II, fut condamné à mort en 1574.

MONTHOLON (COMTE DE), gén. franç., aide-de-camp de Napoléon Ier, partagea sa captivité à Sainte-Hélène, 1783-1853.

MONTHYON ou **MONTYON** (BARON DE), célèbre philanthrope fr., fonda le prix de vertu et laissa sa fortune aux hospices. 1733-1820.

MONTLAUR (COMTE DE), litt. fr., né en 1815.

MONTLUC (BLAISE DE), maréchal de France; m. en 1577.

MONTMORENCY, illustre famille de France qui a produit trois connétables et un amiral; le dernier, sous Louis XIII, fut condamné à mort comme rebelle, en 1632.

MONTPENSIER (DUCHESSE DE), fille du duc de Guise. 1552-1596. *Marie Louise d'Orléans*, dite *Mademoiselle*, entra dans la Fronde. 1627-1693.

MONTPENSIER (DUC DE), né en 1824, cinquième fils du roi Louis-Philippe, a épousé la sœur de l'ex-reine Isabelle d'Espagne.

MONTROSE (DUC DE), gén. angl. 1612-1650.

MONTYON. V. MONTHYON.

MOORE, gén. angl., servit dans la guerre d'Amérique, né en 1761.

MORAND (LE COMTE), gén. franç., aide-de-camp de Napoléon Ier. 1771-1835.

MORES ou **MAURES**, habitants de la Mauritanie, dans les États barbaresques.

MOREAU, général de la République, servit contre sa patrie, périt devant Dresde, en 1813.

MORGANE LA FÉE, élève de l'enchanteur Merlin.

MORMONS, sectaires américains, qui tirent leur nom d'un prétendu prophète juif.

MORNAY (SEIGNEUR DU PLESSIS), chef des calvinistes pendant près de 50 ans, servit Henri IV. 1549-1623.

MORNY (COMTE DE), homme politique fr., né en 1811.

MORSE, Américain, invent. d'un système de télégraphie dont il eut, dit-on, l'idée en 1832.

MORTEMART (DUC DE), gén. fr., sénateur, né en 1787. — (MARQUIS DE), député fr., né en 1805.

MORTIER (DUC DE TRÉVISE), maréchal de France, 1768-1835, t. aux côtés de Louis-Philippe par la machine infernale de Fieschi.

MORTIMER (COMTE DE), homme de guerre anglais, 1287-1330.

MORUS (THOMAS), grand chancelier de Henri VIII; eut la tête tranchée en 1535.

MOSCOWA. V. NEY.

MOSCHUS, poète bucolique grec, vivait 190 av. J.-C.

MOUCHY (DUC DE), anc. député, a épousé, sous le règne de Napoléon III, la princesse Anna Murat.

MOURAD-BEY, l'un des chefs des Mameluks qui résistèrent aux Français en Égypte; se rendit maître de la Haute-Égypte. 1750-1800.

MOZART, célèbre compositeur allemand. 1756-1791.

MUCIUS SCÆVOLA, jeune Romain qui voulut tuer Porsenna, et tua par méprise, son secrétaire; il se brûla la main pour se punir de cette erreur.

MULLER, orientaliste allemand, fils du poète Guillaume Muller; né en 1823. Il y a encore de ce nom un publiciste, un physicien, un peintre et un peintre sur porcelaine, tous Allemands.

MUMMIUS, détruisit Corinthe; c'était en 146 av. J.-C.

MUNZER ou MUNTZER, célèbre chef des anabaptistes, fut mis à mort. 1525.

MURAT (JOACHIM), gén. fr., roi de Naples, épousa Caroline Bonaparte, sœur de Napoléon Iᵉʳ. Chassé de son trône, il voulut le reconquérir et fut fusillé, le 13 octobre 1815.

MURENA (LUCIUS LICINIUS), q. un romain dont le fils accusé, accusé de brigue par Caton, fut défendu par Cicéron.

MURGER (HENRI), litt. français; m. en 1859.

MURILLO, célèbre peintre espagnol, né en 1682.

MURRAY, frère aîné de Marie Stuart, mis vers 1564, fut le plus cruel ennemi de sa sœur.

MUSSET (ALFRED DE), poète et littérateur français, m. en 1857.

MUSTAPHA Iᵉʳ, sultan ottoman, détrôné en 1623. — Il y a eu trois autres sultans de ce nom, le plus récent en 1807.

MUY (COMTE DE), maréchal de France, ministre de la guerre sous Louis XVI. 1711-1775.

MYCÉRINUS, roi d'Égypte, fils de Chéops, construisit la troisième des grandes pyramides. On le place dix générations avant la guerre de Troie.

MYRMIDONS, anc. peuple de la Grèce.

MYRON, célèbre sculpteur grec. 422 av. J.-C.

MYSON, l'un des sept sages de la Grèce, fut contemporain de Solon.

N

NABIS, tyran de Sparte; m. 192 av. J.-C.

NABONASSAR, roi de Babylone, 748-734 av. J.-C., donna son nom à une ère célèbre en Orient.

NABOPOLASSAR, fondateur du 2ᵉ empire de Babylone. 644 av. J.-C.

NABUCHODONOSOR Iᵉʳ, roi de Ninive; m. en 562 av. J.-C.

NABOTH, Juif que fit lapider Jézabel pour lui ravir sa vigne.

NADAB, roi d'Israël; m. en 941 av. J.-C.

NADIR-SHAH, roi de Perse, 1736-1747, célèbre par ses nombreuses conquêtes.

NANNA-SAIB, prince hindou, l'un des chefs de la révolte de l'Inde, en 1857.

NANEK, célèbre fondateur de la religion sectaire des seikhs. 1469-1539.

NANSOUTY, gén. franç. de cavalerie, 1768-1815.

NANTEUIL (ROBERT), graveur et peintre franç. 1630-1678.

NAPIER ou NÉPER, baronnet écossais, célèbre par l'invention des logarithmes. 1550-1617.

NAPOLÉON Iᵉʳ, né en Corse, en 1769; m. à Sainte-Hélène, en 1821, dans une dure captivité.

NAPOLÉON II, fils du précédent, m. duc de Reichstadt et colonel autrichien. 1811-1832.

NAPOLÉON III, empereur des Français, né en 1808, m. en 1873.

NARBONNE (COMTE DE), ministre de la guerre, puis aide-de-camp de Napoléon Iᵉʳ. 1755-1813.

NARSES, général de Justinien; m. en 568.

NARVAEZ (DUC DE VALENCE), gén. et homme d'État espagnol, né en 1800.

NASSAU (GUILLAUME Iᵉʳ DE), dit le **TACITURNE**, prince d'Orange, travailla à délivrer la Hollande du joug de l'Espagne, et périt assassiné, en 1584.

NASSAU (HENRI E), stathouder de Hollande, battit avec gloire contre les Espagnols, m. en 1647.

NATCHEZ, peuplade indigène des bords du Bas-Mississipi.

NATHAN, prophète juif au temps de David.

NAUDÉ (GABRIEL), médecin de Louis XIII, bibliographe. 1600-1653.

NAVAILLES (DUC DE), maréchal de France. 1619-1684.

NAVARAIS (LE), nom donné par les Lorrains à Henri IV

NAVARRE (PIERRE DE), célèbre gén. espagnol, m. en 1528.

NAZARÉENS, les premiers chrétiens, ainsi nommés par les juifs à cause de Jésus de Nazareth.

NÉARQUE, amiral d'Alexandre, qui explora la côte asiatique de l'Inde à la mer Rouge.

NÉCHAO, roi d'Égypte, vainquit Josias, roi de Juda, en 609 av. J.-C.

NECKER, ministre des finances sous Louis XVI, père de madame de Staël; m. en 1804.

NECTANEBO, nom de deux rois d'Égypte, morts, l'un en 361 av. J.-C., l'autre en 350.

NÉGRIER, gén. français, tué à Paris, dans les journées de juin 1848.

NÉHÉMIE, Juif qui rebâtit Jérusalem et le temple au retour de la grande captivité; m. 424 av. J.-C.

NÉLATON, médecin fr., membre de l'Acad. de médecine, né en 1807.

NELSON, illustre amiral anglais, gagna les batailles d'Aboukir et de Trafalgar; m. en 1805.

NEMOURS (JACQUES D'ARMAGNAC, DUC DE), condamné à mort comme rebelle sous Louis XI. 1477. — Louis, son fils, vice-roi de Naples sous Louis XII.

NEMOURS (DUC DE), prince fr., deuxième fils du roi Louis-Philippe, né en 1814.

NEMROD, grand chasseur, fondateur de Babel, vers 2230 ans av. J.-C.

NÉOPTOLÈME, roi d'Épire, fils d'Achille.

NÉPER. V. NAPIER.

NÉPOMUSCÈNE (SAINT JEAN), patron de la Bohême, m. en 1383.

NÉPOS (CORNÉLIUS), et précédent, m. en 480. **CORNÉLIUS.** Voy. **CORNÉLIUS.**

NÉPOTIANUS, neveu de Constantin, emp. à Rome pendant 28 jours; m. en 350.

NÉRÉGLISSOR, roi de Babylone, de 560 à 555 av. J.-C.

NÉRON, emp. romain, de 54 à 68, prince horriblement cruel.

NERVA, emp. romain, 94-98.

NERVAL (GÉRARD DE), litt. franç., né en 1808.

NESTOR, roi de Pylos, prit part à la guerre de Troie.

NESTORIUS, fameux hérésiarque, patriarche de Constantinople, en 428.

NEUHOF (BARON DE), célèbre aventurier, né vers 1690.

NEUVILLE (LE PÈRE DE), prédicateur fr. 1693-1774.

NEWTON, illustre math. anglais, auteur de la théorie de la gravitation universelle. 1642-1727.

NEY (MICHEL), prince de la Moskowa, maréchal de France; fusillé en 1815.

NICAISE (SAINT), évêque de Reims, martyr des Vandales. 406.

NICANOR, gén. des armées d'Antiochus Épiphane, roi de Syrie.

NICATOR, surnom de plusieurs rois de Syrie et d'Asie.

NICÉPHORE. Trois emp. d'Orient ont porté ce nom, de 802 à 1081.

NICHOLSON, physicien et chim. anglais. 1753-1815.

NICIAS, gén. athén. 413 av. J.-C.

NICODÈME, sénateur juif de la secte des Pharisiens, se déclara disciple de J.-C.

NICOLAÏTES, famille fr. de robe.

NICOLAS (SAINT), persécuté sous Dioclétien.

NICOLAS. Ce nom a été celui de cinq papes, et d'un empereur de Russie; m. en 1855.

NICOLAY, voyageur fr. 1517-1583.

NICOLE, moraliste et théologien; m. en 1695.

NICOLO (NIC. ISOUARD, dit), compositeur, né à Malte, en 1777, d'une famille française.

NICOMÈDE, nom de trois rois et de plusieurs princes de Bithynie.

NICOT, importa le tabac en France; m. en 1600.

NIEPCE (JOSEPH), l'un des inventeurs de la photographie. 1770-1833. — **NIEPCE DE SAINT-VICTOR**, chim. et off. fr. de France, inv. de procédés. 1805-1842.

NINON DE L'ENCLOS, V. LENCLOS.

NINUS, fils de Sémiramis, roi d'Assyrie, bâtit Ninive, etc.

NISYAS, fils de Nabis, roi d'Assyrie.

NISARD, litt. français, membre de l'Institut, né en 1806.

NISARD, litt. franç., frère du précédent, né en 1808.

NISUS ET EURYALE, amis parfaits dans l'Énéide.

NITOCRIS. reine de Babylone, administra pendant la démence de Nabuchodonosor II, son mari.

NIVELLE (JEAN DE), né en 1423, s'enfuit dans la Flandre, refusant de comparaître devant la justice de Louis XI, après avoir donné un soufflet à son père, ce qui lui valut le surnom injurieux de *chien*.

NOACHIDES (LES), fils et descendants de Noé.

NOAILLES, noble et ancienne famille du Limousin, féconde en hommes distingués.

NOÉ, patriarche, fils de Lamech; échappa avec sa famille au déluge universel. 2308-2258.

NOGARET GUILLAUME DE, chancelier de France sous Philippe le Bel, fut chargé par ce prince de l'arrestation du pape Boniface VIII; m. en 1314.

NOIR (LE PRINCE), Édouard, prince de Galles, fils d'Édouard III, grand capitaine. 1330-1376.

NOLASQUE SAINT PIERRE, fond. de l'ordre de la Merci. 1189-1256.

NOLLET (L'ABBÉ), physicien, né en 1700.

NOMÉNOÉ, duc et roi de Bretagne; m. en 851.

NORBERT (SAINT), fond. de l'ordre des Prémontrés. 1082-1134.

NORIAC (JULES CAYRON, dit), litt. fr., né à Limoges en 1827.

NORMANDS ou **NORMANS,** pirates du Nord qui vinrent s'établir dans la Neustrie, à laquelle ils donnèrent le nom de Normandie. 912.

NOSTRADAMUS, célèbre astrologue, médecin de Charles IX; m. en 1566.

NOURADIN ou **NOUREDDIN,** sultan de Syrie et d'Égypte, célèbre pendant les Croisades. 1118-1173.

NOURRIT Adolphe, chanteur et acteur dramat. fr. 1802-1839.

NUMA-POMPILIUS, deuxième roi de Rome; m. en 671 av. J.-C.

NUMÉRIEN, emp. romain, fils de Carus. 284.

NUMIDES, ancien peuple de l'Afrique, entre la Mauritanie et les possessions de Carthage.

NUMITOR, roi d'Albe, grand-père de Romulus et de Rémus.

O

OBERKAMPF, créateur de la manufacture des toiles peintes de Jouy. 1738-1815.

OBERLIN, savant litt. 1735-1806.

OBOTRITES, tribu slave de la Germanie.

OCHOSIAS, roi d'Israël, impie comme son père Achab; m. en 887 av. J.-C.

OCHOSIAS, roi d'Israël, père de Joas; m. en 876 av. J.-C.

O'CONNELL, dit *le Grand agitateur,* célèbre catholique irlandais, sollicita la dissolution de l'union de l'Irlande et de l'Angleterre; m. en 1847.

O'CONNOR, chef du parti chartiste en Angleterre, né en 1795.

OCTAVE, nom porté par Auguste avant son avènement au trône. *Voy.* **AUGUSTE.**

OCTAVIE, sœur d'Auguste, épouse d'Antoine.

OCTAVIE, sœur de Britannicus, épousa Néron, qui la fit mettre à mort, en 62.

ODIN, le plus grand des dieux scandinaves.

ODOACRE, roi des Hérules, détrôna Romulus-Augustule, en 476; fut tué en 493.

O'DONNEL, homme politique espagnol, né en 1808.

ŒDIPE, fils de Laïus et de Jocaste, fut roi de Thèbes; se creva les yeux.

ŒNOTRUS, le plus jeune des fils de Lycaon, roi d'Arcadie, s'établit dans l'Italie méridionale, vers 1710 av. J.-C.

OFFENBACH, compositeur fr., né à Cologne en 1819.

OFFICE (SAINT), tribunal de l'Inquisition.

OGER ou **OGIER LE DANOIS,** paladin de Charlemagne et compagnon de Roland.

OGYGES, roi de l'Attique et de la Béotie, XIXe siècle av. J.-C.

OLAUS ou **OLAF,** chef suédois qui le premier prit le titre de roi. 1001-1026.

OLIBRIUS. V. OLYBRIUS.

OLIER, curé de Saint-Sulpice à Paris, établit à Vaugirard, en 1641, une compagnie de prêtres destinés à instruire les jeunes ecclésiastiques. 1608-1657.

OLIVARÈS (LE COMTE D'), ministre d'État sous Philippe IV. 1587-1643.

OLIVET (L'ABBÉ D'), gram. et trad. franç. 1682-1768.

OLIVIER FRANÇOIS, chancelier de France. 1497-1560.

OLLIVIER (ÉMILE), député, ministre, né en 1827.

OLYBRIUS, emp. d'Occident; m. en 472.

O'MÉARA, chirurgien irlandais, attaché à Napoléon à Sainte-Hélène. 1780-1836.

OMER-PACHA, célèbre général ottoman, né en 1806.

OMMIADES, dynastie arabe qui régna à Damas, puis en Espagne, de 661 à 1031.

ONÉSICRATE, hist. grec, suivit Alexandre en Asie.

ONÉSIME (SAINT), disciple de saint Paul, subit le martyre en 95.

ONIAS, un des quatre grands sacrificateurs des Juifs.

OPIMIUS, consul romain 121 av. J.-C., lutta contre Caius Gracchus.

OPPÈDE (BARON D'), président du parlement d'Aix, sous François Ier et Henri II.

OPPIEN, poète grec de la fin du IIe siècle de J.-C.

OPPORTUNE (SAINTE), abbesse de Montreuil, au VIIIe siècle.

ORANGE (PHILIBERT, PRINCE D'), gén. de Charles-Quint, vice-roi de Naples. 1502-1530.

ORATORIENS (LES), ordre religieux fondé en France en 1611, pour l'instruction de la jeunesse.

ORBIGNY (ALCIDE D'), voyageur, naturaliste fr. 1802-1857.

ORESTE, fils d'Agamemnon, tua sa mère Clytemnestre pour venger le meurtre de son père; ami de Pylade.

ORFILA, l'un des grands de la science, célèbre chimiste. 1787-1853.

ORIENT (Empire d'), désigne le Bas-Empire, l'Empire grec ou byzantin, empire de Constantinople.

ORIGÈNE, savant docteur de l'Église, né à Alexandrie, m. en 253.

ORLÉANS, Nom d'un grand nombre de princes français.

ORLÉANS, branche cadette de la ligne aînée de la maison de Bourbon, élevée au trône de France le 7 août 1830, déchue le 24 février 1848.

ORLOF, favori de l'imp. de Russie Catherine II. 1734-1783.

ORMESSON (LEFÈVRE D'), nom de plusieurs magistrats franç., parmi lesquels Olivier, sous Charles IX, et Louis-François, 1718-1789.

ORNANO (COMTE D'), gén. franç., sénateur, né en 1784.

ORSINI (FAMILLE), maison princière d'Italie.

ORSINI, principal auteur d'un attentat commis en 1858, contre Napoléon III.

ORTOLAN, jurisconsulte fr., né en 1802.

OSAGES, peuplade américaine (Amér. sept.).

OSCAR Ier (Oscar-François), roi de Suède et de Norvège, fils de Bernadotte, son successeur sous le nom de Charles XIV, né en 1799.

OSÉE, l'un des douze petits prophètes; m. vers 715 av. J.-C.

OSIRIS, la plus grande divinité des Égyptiens.

OSMANLIS, dynastie turque fondée en 1304 par Othman Ier.

OSSAT (CARDINAL D'), né en 1604.

OSSIAN, barde écossais ou plutôt ... du IIIe siècle.

OSQUES, anc. peuple de l'Italie.

OSTROGOTHS, fraction des Goths; devinrent maîtres de l'Italie, en 493.

OSYMANDIAS, roi d'Egypte, antérieur à Sésostris.

OTHMAN, nom de trois sultans, de 1259 à 1757.

OTHON, Quatre empereurs d'Allemagne ont régné sous ce nom, du Xe siècle à 1218.

OTHON Ier, roi de Grèce, né en 1815. A cessé de régner depuis plusieurs années.

OTHONIEL, juge d'Israël, vers 1554 av. J.-C.

OTTOCAR, roi de Bohême. 1198-1278.

OTTOMANS, branche de la nation turque.

OUDINOT (DUC DE REGGIO), maréchal de France; m. en 1847.

OUEN (SAINT), évêque de Rouen, 6.., mourut près de Clichy, au lieu où est le bourg de Saint-Ouen.

OVIDE, poète latin; m. en 18 av. J.-C.

OVIEDO Y VALDEZ, voyageur et historien espagnol, m. en 1478.

OZANAM, célèbre mathém. franç. 1640-1717.

P

PACHE, homme d'État fr., maire de Paris en 1793. 1740-1823.

PACOME (SAINT), ministre solitaire de la Thébaïde; m. en 348.

PAER, compositeur de musique italien. 1771-1839.

PAGANINI, célèbre violoniste italien; m. en 1840.

PAGERIE (Joséphine Tascher de la), première femme de Napoléon Ier, 1763-1814.

PAILLET, célèbre jurisconsulte fr. 1796-1855.

PAIXHANS, gén. franç., inventeur des canons obusiers qui portent son nom en 1844.

PAJOL, général de cavalerie en 1772-1844.

PALAFOX, s'immortalisa par sa héroïque défense de Saragosse, assiégée par les Français en 1808; m. en 1847.

PALÉOLOGUE, célèbre famille

byzantine qui parvint au trône de Constantinople dans la personne de Michel VIII, et donna huit souverains à l'empire. 1260-1354.

PALÉMON, gram. latin, ense. à Rome sous Tibère et sous Claude.

PALICE (JACQUES CHABANNES, SEIGNEUR DE LA), maréchal de France, tué à Pavie, en 1525.

PALISSY (BERNARD), célèbre potier de terre; m. en 1589.

PALMERSTON, un des principaux hommes d'État contemporains de l'Angleterre, né en 1784.

PANÆTIUS, phil. grec, stoïc. n qui vivait environ 150 av. J.-C.

PANARD, vaudevilliste et chansonnier fr. 1694-1765.

PANCKOUCKE, impr. fr., fond. du journal le *Moniteur*. 1736-1793.

PANTAGRUEL, personnage de l'œuvre de Rabelais.

PANTALÉON (SAINT), était médecin, et subit, à ce qu'on croit, le martyre à Nicomédie, sous Galère, en 303.

PANTALÉON (JACQUES), pape. V. **URBAIN IV.**

PANURGE, personnage de l'œuvre de Rabelais.

PAOLI, célèbre général corse; législateur et chef de l'île de Corse; m. en 1726.

PAPIN (DENIS), physicien fr.; m. en 1710.

PAPINIEN, célèbre jurisconsulte; m. en 212.

PAPIRIUS CURSOR, deux f. dictat. des Romains. IV° siècle av. J.-C.

PARADOL (PRÉVOST), publiciste, homme politique, membre de l'Acad. fr., m. en 1870.

PARDESSUS, jurisconsulte et hist., né en 1772.

PARÉ (AMBROISE), le père de la chirurgie fr., né en 1517.

PARIEU (DE), homme politique fr., membre de l'Institut, né en 1815.

PARIS, fils de Priam et d'Hécube, enleva Hélène, femme de Ménélas.

PARIS (FRANÇOIS DE), diacre janséniste. Son tombeau, au cimetière de Saint-Médard, fut le théâtre des convulsionnaires. 1690-1727.

PARIS, marin fr., né en 1806.

PARIS (PAULIN), érudit fr., membre de l'Institut, né en 1800.

PARME (DON PHILIPPE DE), fils de Philippe V, roi d'Espagne, régna sur les duchés de Parme, Plaisance et Guastalla.

PARME, PLAISANCE ET ÉTATS ANNEXÉS (EX-MAISON DUCALE DE). La sœur du comte de Chambord y a régné la dernière.

PARMÉNIDE, philos. grec, né à Élée vers 519 av. J.-C.

PARMÉNION, gén. macédonien, assassiné par ordre d'Alexandre.

PARMENTIER, introduisit la culture de la pomme de terre en France; m. en 1813.

PARMESAN (FRANÇOIS MAZZUOLI, dit LE), célèbre peintre italien. 1503-1540.

PARNY, poète fr. 1753-1814.

PARR (CATHERINE), reine d'Angleterre, 6° femme de Henri VIII, m. en 1548.

PARRHASIUS, célèbre peintre grec, rival de Zeuxis, né à Éphèse vers 420 av. J.-C.

PARSEVAL-DESCHÊNES, marin fr., sénateur, né en 1790.

PARTHES, anc. peuple de l'Asie.

PARTHÉNIUS, poète grec de Nicée, amené esclave à Rome vers 65 av. J.-C.

PASCAL. Trois papes portèrent ce nom, de 817 à 1118.

PASCAL (BLAISE), l'un des plus beaux génies du XVII° siècle; m. en 1662.

PASCALIS, magistrat fr., ancien député, né en 1793.

PASQUIER (ÉTIENNE), jurisconsulte et écrivain célèbre. 1529-1615.

PASQUIER, homme d'État fr., anc. ministre, membre de l'Institut, né en 1767.

PASQUIN, nom d'un savetier donne, à Rome, à un torse de statue antique de gladiateur; les mécontents attachaient à cette statue des pamphlets contre le gouvernement.

PASTORET (MARQUIS DE), homme d'État et litt. 1756-1840.

PASTORET (MARQUIS DE), homme politique fr., sénat., membre de l'Institut, né en 1791.

PASTOUREAUX (LES), troupes de vagabonds qui parcouraient la France en pillards, vers 1250.

PATERNE (SAINT), évêque, m. en 565; un autre, m. en 726.

PATIN (GUY), célèbre médecin fr. 1601-1671.

PATIN, litt., membre de l'Institut, doyen de la Faculté des lettres de Paris, né en 1793.

PATRICE (SAINT), patron de l'Irlande.

PATROCLE, ami d'Achille; tué par Hector au siège de Troie.

PATRU, avocat de Paris; m. en 1681.

PAUL (SAINT), martyrisé à Rome, en 66.

PAUL. Nom de cinq papes, de 757 à 1621.

PAUL Ier PETROWITCH, emp. de Russie, assassiné en 1801.

PAULE SAINTE, fond. de la vie monastique en Orient, m. en 542.

PAULIN (SAINT), évêque et poète 353-431.

PAULUS (JULIUS, jurisconsulte romain, IIIe siècle.

PAUSANIAS, gén. spartiate; m. en 477 av. J.-C.

PAUSANIAS, géographe et hist. grec du IIe siècle.

PAYEN, chimiste fr., membre de l'Institut, né en 1795.

PECQUET, anatomiste français, 1610-1674.

PÉDRO Dom, emp. du Brésil de 1822 à 1831, m. en 1834.

PEEL (SIR ROBERT, célèbre homme d'État anglais, 1788-1850.

PEEL (sir Robert, homme polit. anglais, né en 1822.

PÉLAGE, moine anglais, hérésiarque, m. en 432.

PÉLAGE, chef des Goths et des chrétiens, se retira dans les Asturies après l'invasion des Arabes, et fonda le royaume d'Oviedo; m. en 737.

PÉLAGE, nom de deux papes.

PÉLAGIE SAINTE, comédienne à Antioche, fit pénitence.

PÉLASGES, peuples primitifs de la Grèce et de l'Italie.

PÉLÉE, père d'Achille.

PELET DE LA LOZÈRE, COMTE, homme politique fr., anc. ministre, né en 1785.

PÉLIAS, roi d'Iolcos.

PÉLISSIER, maréchal de France, duc de Malakoff 1794-1864.

PELLETAN, célèbre chirurgien fr. 1747-1829.

PELLETAN, litt. fr., né en 1813.

PELLETIER, général français, né en 1797.

PELLETIER, anc. représentant du peuple fr., né en 1816.

PELLETIER, paysagiste fr., né vers 1810.

PELLICO (SILVIO), litt. italien, auteur de *Mes Prisons*; m. en 1854.

PELLISSIER, hist. français, né vers 1800.

PELLISSON, bel esprit du siècle de Louis XIV, m. en 1693.

PELOPIDAS, général thébain; m. en 365 av. J.-C.

PÉLOPIDES, descendants d'Pelops.

PÉLOPS, fils de Tantale, roi de Lydie.

PÈNE HENRI DE), litt. français, né en 1830.

PÉNÉLOPE, épouse d'Ulysse, fille d'Icarius, prince spartiate, et mère de Télémaque.

PENN (WILLIAM, législateur de la Pensylvanie, m. en 1718.

PENTHÉE, fils et successeur du roi de Thèbes ...

PENTHÉSILÉE, reine des Amazones, alla au secours de Troie et fut tuée par Achille.

PÉPIN DE LANDEN ou **LE VIEUX**, maire du palais en Austrasie; m. en 640.

PÉPIN D'HÉRISTAL, maire du palais en Austrasie, m. en 714.

PÉPIN LE BREF, petit-fils du précédent, maire du palais d'Austrasie; m. en 768.

PÉPIN Ier, roi d'Aquitaine, 2e fils de Louis le Débonnaire, 817-838.

PERCY (BARON DE), chirurgien en chef des armées ... 1754-1825.

PERDICCAS, un des généraux d'Alexandre, m. en 321 av. J.-C.

PERGOLÈSE, célèbre composit. de musique italien, 1710-1736.

PÉRIANDRE, l'un des sept chefs de la Grèce, 584 av. J.-C.

PÉREIRE (ÉMILE et ISAAC, banquiers franç. d'origine portugaise, nés ... premier en 1800, le second en 1806.

PÉRICLÈS, orateur et général athénien, gouverna la république, de 444 ... jusqu'à sa mort, en 429.

PÉRIER, habile mécanicien, rendit de grands services à l'industrie, 1742-1818.

PÉRIER (CASIMIR, ministre sous Louis-Philippe; m. en 1832.

PÉRIER (CASIMIR, homme politique fr., né en 1811, fils du précédent.

PÉRIGNON (MARQUIS DE), maréchal de France, 1754-1818.

PÉRIPATÉTICIENS, philosophes qui suivaient la doctrine d'Aristote; ils donnaient leurs leçons en se promenant.

PÉRON, naturaliste et voyageur fr. 1775-1810.

PERPENNA, gén. romain, assassin de Sertorius, mis à mort par Pompée, en 74 av. J.-C.

PERRAULT (CLAUDE), célèbre artiste fr., construisit la *colonnade du Louvre*, m. en 1688.

PERRAULT (CHARLES, frère du précédent, litt., composa les *Contes de Fées*, 1628-1703.

PERRIN (PIERRE, le créateur de l'opéra fr., né vers 1630, m. en 1680.

PERRIN, peintre fr. né en 1815.

PERRONET, ingénieur, direct. des ponts et chaussées, 1708-1794.

PERROT, gén. fr., né en 1791.

PERROT, géog. fr., né vers 1795.

PERSES, peuple de l'Asie.

PERSE, poète satirique latin; m. en 62.

PERSÉE, roi d'Argos, fondateur de Mycènes; m. en 1397 av. J.-C.

PERSÉE, roi de Macédoine; m. en 167 av. J.-C.

PERSIGNY (FIALIN, COMTE DE), homme polit. franç., sénat., ancien ministre; né en 1808.

PERTINAX, empereur romain; m. en 193.

PÉRUGIN (P. VANUCCI, dit LE), grand peintre d'Italie, m. en 1524.

PESCAIRE (MARQUIS DE), gén. de Charles-Quint. 1490-1525.

PESCENNIUS (C.) **NIGER**, gén. rom., tué par ses soldats, en 194.

PÉTAU, savant jésuite. 1583-1652.

PÉTHION, maire de Paris en 1793, fut dévoré par des loups dans les landes de Bordeaux.

PÉTION, président de la république d'Haïti, 1770-1818.

PETIT, géographe du roi, ingénieur, physicien. 1594-1677.

PETIT, chirurgien et anatomiste. 1674-1750.

PETIT (LE GÉNÉRAL), reçut à Fontainebleau les adieux que Napoléon adressait à toute l'armée. 1772-1856.

PETITOT, peintre de Genève. 1607-1691.

PETITOT, statuaire fr., membre de l'Institut, né en 1794.

PÉTRARQUE, l'un des créateurs de la langue italienne; m. en 1374.

PÉTRÉIUS, lieutenant du consul Antonius, en 63 av. J.-C.

PÉTROF, philos. et célèbre poète russe. 1736-1799.

PÉTRONE, écrivain latin, favori de Néron, m. en 66.

PÉTRONILLE (SAINTE), subit le martyre à Rome, où elle vivait au temps de saint Pierre.

PEYRONNET (COMTE DE), ministre de Charles X; m. en 1853.

PFEIFFER (IDA REYER, DAME), femme voyageuse. 1795-1858.

PHACÉE, roi d'Israël, de 759 à 726 av. J.-C.

PHACÉIA, roi d'Israël, régna de 759 à 758 av. J.-C.

PHALANTE, Lacédémonien, chef des Parthéniens, établit à leur tête la colonie de Tarente, vers 707 av. J.-C.

PHALARIS, tyran d'Agrigente, l'an 565 av. J.-C., faisait brûler ses victimes dans un taureau d'airain.

PHARAMOND, roi de France, de 420 à 428.

PHARAON, nom donné par la Bible aux rois de l'ancienne Égypte.

PHARISIENS, sectaires juifs qui professaient un zèle outré pour le culte extérieur.

PHARNABAZE, nom de deux rois d'Ibérie, l'un 250, l'autre 37 av. J.-C.

PHARNACE Ier, roi de Pont. 184-157 av. J.-C. — **PHARNACE II**, roi de Pont, fils de Mithridate-le-Grand, 90-47 av. J.-C.

PHÉDON, ami de Socrate.

PHÈDRE, épouse de Thésée.

PHÈDRE, fabuliste latin, affranchi d'Auguste; né vers l'an 30 av. J.-C.

PHÉRÉCRATE, poète comique d'Athènes, florissant vers 420 av. J.-C.

PHÉRÉCYDE, philos. grec, né vers l'an 600 av. J.-C.

PHIDIAS, le plus grand sculpteur de l'anc. Grèce, du temps de Périclès.

PHILÉMON, poète comique grec, né vers 320 av. J.-C.

PHILÈNES (LES), deux frères carthag. qui se dévouèrent pour leur patrie.

PHILÉTHÈRE, fond. du royaume de Pergame. 28 ans av. J.-C.

PHILIBERT ou **PHILBERT** (SAINT), fonda en 654 le monastère de Jumièges, en Neustrie.

PHILIDOR, compositeur français. 1726-1795.

PHILIPPE, roi de Macédoine, père d'Alexandre-le-Grand.

PHILIPPE. Il y a eu beaucoup de princes de ce nom, outre plusieurs saints, en Macédoine, en Allemagne, en France, en Espagne.

PHILISTINS, peuple qui fut longtemps en lutte avec les Hébreux.

PHILOCTÈTE, compagnon d'Hercule.

PHILOLAÜS DE CROTONE, phil., disciple de Pythagore. Ve siècle av. J.-C.

PHILOMÈLE, gén. phocidien, fit éclater la *Guerre sacrée*, m. en 337 av. J.-C.

PHILOMÈNE, vierge et martyre romaine. Son corps a été retrouvé à Rome en 1802.

PHILOMÉTOR, surnom donné ironiquement à Ptolémée VI, roi d'Égypte, qui n'aimait pas sa mère.

PHILON DE BYZANCE, ingénieur qui ... IIe siècle av. J.-C. — **DE LARISSE**, maître de Cicéron. Ier siècle av. J.-C.

PHILON LE JUIF, phil. platonicien, Ier siècle av. J.-C.

PHILOPATOR, surnom donné ironiquement à Ptolémée IV, roi d'Égypte, qui empoisonna son père.

PHILOPŒMEN ou **PHILOPÉMEN**, chef de la ligue achéenne, fut surnommé le *dernier des Grecs*; m. en 183 av. J.-C.

PHILOSTRATE, fameux rhéteur grec, 193 av. J.-C.

PHILOTAS, fils de Parménion, fut lapidé comme complice d'une conspiration contre Alexandre-le-Grand.

PHILOXÈNE, poète grec. 440-380.

PHOCAS, emp. d'Orient. 602-610.

PHOCION, gén. athénien, rival de Démosthènes, m. 317 av. J.-C.

PHOTIUS, patriarche de Constantinople, commença le grand schisme d'Orient, m. en 891.

PHRAATE, nom de cinq rois des Parthes. Le dernier de G. Marc-Antoine.

PHRAORTE, fils et successeur de Déjocès, roi des Mèdes; m. en 634 av. J.-C.

PHUL ou SARDANAPALE II, roi de Ninive; m. en 742 av. J.-C.

PHYSCON, surnom de Ptolémée VII, roi d'Egypte.

PIAT (SAINT), souffrit le martyre à Seclin en 286.

PIAZZI, astronome italien. 1746-1826.

PIBRAC (GUI DE), poète et magistrat fr.; m. en 1584.

PICARD JEAN, célèbre astronome franç. 1620-1682. — LOUIS BENOIT, auteur dram. fr. 1769-1828.

PIC DE LA MIRANDOLE, célèbre par sa science et sa précocité, né en 1494.

PICCINI, compositeur de musique italien, adversaire de Gluck. 1727-1800.

PICCOLOMINI, famille de Sienne qui a fourni deux papes : *Pie II*. 1458-1464. *Pie III*. 1503, et le général Octave **PICCOLOMINI.**

PICHEGRU, gén. fr., trahit le Directoire, se tua dans sa prison.

PICPUS, religieux de l'ordre de saint François.

PICTES, anc. peuple de l'Ecosse.

PIE. Nom de neuf papes, depuis 142 jusqu'aujourd'hui.

PIE IX (COMTE DE MASTAI FERRETTI), prit la tiare en 1846; né en 1792.

PIERRE (SAINT), subit le martyre à Rome avec saint Paul, en l'an 66.

PIERRE. Nom de beaucoup de princes en Aragon, en Castille, en Portugal et en Russie.

PIERRE DE DREUX ou MAUCLERC; m. en 1250.

PIERRE L'ERMITE, prêcha la 1re croisade, en 1095.

PILATE (PONCE), gouverneur de la Judée, livra J.-C. aux Juifs pour le crucifier. On croit qu'il mourut à Vienne, en Dauphiné.

PILATRE DU ROZIER, phys naturaliste et aéronaute fr. 1756-1785.

PILON (GERMAIN), célèbre sculpteur fr. 1515-1590.

PINARD, magistrat franç., ancien ministre, né en 1801.

PINEL, médecin aliéniste français 1745-1826.

PINÇON, nom de deux frères espagnols qui accompagnèrent Colomb dans son premier voyage.

PINDARE, le prince des poètes lyriques grecs, m. en 440 av. J.-C.

PINTO, aventurier portugais, vers 1510, parcourut les mers de la Chine et du Japon.

PIORRY, médecin fr., membre de l'Acad. des sciences, né en 1794.

PIPER (comte), ministre de Charles XII, roi de Suède. 1660-1716.

PIRON (ALEXIS), poète fr., fameux par son esprit. 1689-1773.

PISANI, fameux amiral vénitien 1380.

PISANO, sculpteur italien, m. en 1270. — JEAN, fils du précédent, sculpteur et architecte, m. en 1320.

PISISTRATE, tyran d'Athènes, en 528 av. J.-C.

PISON. Plusieurs Romains célèbres portèrent ce nom. L'un des derniers passe pour avoir empoisonné Germanicus, sous Tibère.

PISCATORY, homme polit. franç., né en 1799.

PITHOU (PIERRE), magistrat fr., l'un des auteurs de la *Satire Ménippée*. 1539-1596.

PITRE-CHEVALIER (François CHEVALIER, dit), litt. franç., né en 1812.

PITT (WILLIAM), fameux homme d'Etat anglais, dont la politique fut toujours hostile à la France. 1759-1806.

PITTACUS, l'un des sept Sages de la Grèce. 649-579.

PIZARRE (FRANÇOIS), Espagnol qui conquit le Pérou. 1475-1541.

PLACE, peintre français, né en 1820.

PLACE, voyageur fr., né en 1822.

PLACIDIE, sœur d'Honorius, m. en 450.

PLANCHE, helléniste franç. 1762-1853.

PLANCHE (GUSTAVE), littér. et critique fr. 1808-1857.

PLANCINE, accusée avec Pison, d'avoir empoisonné Germanicus, sous Tibère, 33.

PLANTADE, compos. 1768-1839.

PLANTAGENETS, dynastie de rois d'Angleterre, d'origine française. XIIe siècle.

PLATON, philos. grec, disciple de Socrate; né en 587 av. J.-C.

PLECTRUDE, femme de Pépin d'Héristal, gouverna le royaume après la mort de son mari. 714.

PLÉLO (COMTE DE), diplomate fr., 1699-1734, tué dans une attaque contre les Russes devant Dantzick.

PLAUTE, père de la comédie latine. 227-184 av. J.-C.

PLINE L'ANCIEN, célèbre naturaliste romain, périt dans une éruption du Vésuve, en 79.

PLINE LE JEUNE, neveu du précédent, litt. romain, m. en 115.

PLOTIN, philos. néo-platonicien. 205-270.

PLOTINE, femme de Trajan, m. en 129.

PLUQUET, savant théol. franç. 1716-1790.

PLUTARQUE, célèbre biographe grec; m. en 140.

PODIÉBRAD (GEORGE), roi de Bohême. 1420-1471.

POE (EDGARD), poète et romancier américain. 1813-1849.

POGGIO, célèbre historien italien. 1380-1459.

POILLY, grav. au burin. 1622-1693.

POINSINET, poète comique fr. 1735-1769. — **DE SIVRY**, auteur dram. et traducteur. 1733-1804.

POINSOT (LOUIS), célèbre math. franç. 1777-1859.

POINTIS (BARON DE), célèbre marin fr. 1636-1707

POIRSON, savant géographe, né en 1761, m. en 1764.

POISSON, mathém. fr.; m. en 1850.

POITEVIN, grav. fr., né en 1810.

POITIERS (DIANE DE), duchesse de Valentinois, eut une grande influence à la cour de François Ier et de Henri II. 1499-1566.

POIVRE, voyageur fr., gouv. des îles de France et de Bourbon. 1719-1786.

POL (LOUIS DE LUXEMBOURG, COMTE DE SAINT-), connétable de France, chef des Armagnacs. 1385-1419. — (COMTE DE SAINT-), connétable de France, décapité en 1475.

POLÉMON, philos. grec, disciple de Xénocrate. 340 av. J.-C.

POLIGNAC (JULES, PRINCE DE), signataire des ordonnances de juillet 1830, qui précipitèrent du trône Charles X. 1780-1847.

POLIGNAC (PRINCE DE), fils aîné du précédent, né en 1817.

POLIORCÈTE. Voy. **DÉMÉTRIUS**.

POLK (JAMES), président des États-Unis. 1815-1849.

POLLION, consul, 39 av. J.-C., protecteur de Virgile et d'Horace.

POLO (MARCO), célèbre voyageur vénitien. 1250-1323.

POLTROT DE MÉRÉ, assassina le duc François de Guise; m. en 1563.

POLUS (LE CARDINAL), né en Angleterre. 1500-1558.

POLYBE, hist. grec du IIe siècle av. J.-C.

POLYDORE, fils de Priam.

POLYCARPE (SAINT), évêque de Smyrne, subit le martyre en 69.

POLYCRATE, tyran de Samos, fut mis en croix, en 521 av. J.-C.

POLYEUCTE (SAINT), martyr d'Arménie. 250 av. J.-C.

POLYNICE, fils d'Œdipe et frère jumeau d'Étéocle. XIVe siècle av. J.-C.

POLYPHONTE, tyran de Messénie, tué par Égisthe, fils de Mérope.

POMBAL (MARQUIS DE), ministre portugais, fit bannir les Jésuites et mourut disgracié. 1782.

POMPADOUR (MARQUISE DE), exerça une grande influence sur la cour de Louis XV. 1722-1764.

POMPÉE (LE GRAND), illustre gén. romain, rival de César; assassiné en Égypte, en 48 av. J.-C.

POMPÉE-LE-JEUNE, frère du précédent, mour. en prison, à Milet. 35.

POMPÉE (TROGUE), hist. latin du Ier siècle av. J.-C.

POMPIGNAN (LEFRANC, MARQUIS DE), poète lyrique fr.; m. en 1784.

POMPONNE (MARQUIS DE), ministre de Louis XIV; m. en 1699.

PONCE DE LÉON, capitaine espagnol, découvrit la *Floride* en 1512.

PONCE-PILATE. V. **PILATE**.

PONGERVILLE (DE), litt. fr., membre de l'Acad. fr., né en 1792.

PONIATOWSKI, gén. polonais, maréchal de France, périt dans les eaux de l'Elster, en 1813.

PONIATOWSKI (PRINCE), sénateur fr., né à Rome, en 1816.

PONSARD, poète auteur dram. fr., m. en 1867.

PONSON DU TERRAIL, fameux romancier fr., m. en 1871.

PONTÉCOULANT (COMTE DE), député à la Convention, préfet, membre de la chambre des Pairs, né en 1764.

PONTMARTIN, litt. français, né en 1811.

POPE, célèb. poète angl. 1688-1744.

POPILIUS-LÆNAS, consul romain du IIe siècle av. J.-C.

POPPÉE, femme romaine, qui épousa Néron.

PORÉE (LE PÈRE), réussit dans l'enseignement et dans la prédication.

PORSENNA, roi d'Etrurie; 508 av. J.-C.

PORTALIS, plaida contre Beaumarchais et contre Mirabeau. Membre de l'Acad. fr. 1746-1807.

PORTALIS, magistrat et homme politique fr., ancien ministre, membre de l'Institut, né en 1778.

PORTIQUE (LE), nom donné à l'école, à la doctrine de Zénon. 10[illegible]-17[illegible].

PORTUGAL (MAISON ROYALE DE), dynastie de Bragance-Saxe-Cobourg-Gotha.

PORUS, roi indien; 327 av. J.-C.

POSSIDONIUS, phil. stoïcien. 138-47 av J.-C.

POSTHUMIUS, consul en 498 av. J.-C., fut en la même année dictateur, et remporta sur les Latins la victoire du lac Régille.

POTEMKIN, ministre et favori de la tsarine Catherine II. 1736-1791.

POTHIER, jurisconsulte fr.; m. en 1772.

POTHIN, gouv. l'Egypte pendant la minorité de Ptolémée XII; m. en 47 av. J.-C.

POTHIN (SAINT), évêque de Lyon et martyr. 87-117.

POTIER, célèbre magistrat franç. 1571-1635. — **DE NOVION**, premier président du Parlement. 1618-1697.

POUILLET, phys. fr., membre de l'Institut, né en 1811.

POUJOULAT, litt. fr., anc. représentant, né en 1808.

POURTALÈS, officier allemand, né à Neuchâtel, en 17[illegible], appartenant à une des plus [illegible] familles [illegible]. Cette famille compte des branches [illegible].

POUQUEVILLE, hist. français. 1770-18[illegible].

POUSCHKINE, célèbre poète russe, [illegible] 1777-1838.

POUSSIN (Nicolas), le plus célèbre peintre fr., chef d'école. 1594-1665.

POYET, chancelier de France, m. en 1548.

POZZO DI BORGO (LE COMTE), homme politique et ambassadeur, livra la Corse aux Anglais, de concert avec Paoli. 1750-1842.

PRADIER, célèbre sculpt. franç. 1784-1852.

PRADON, poète tragique dont s'est moqué Boileau. 1632-1698.

PRAGUERIE (LA), révolte de Louis XI contre Charles VII, son père. 1440.

PRAXITÈLE, fameux sculpteur grec. 360-280 av. J.-C.

PRÉCY (COMTE DE), fut l'un des commandants de la garde constitutionnelle de Louis XVI. 1742-18[illegible].

PRÉMONTRÉS (LES), religieux de l'ordre de saint Augustin, créés en 1120 par saint Norbert; la principale abbaye était à P[illegible], près de Laon.

PRESBYTÉRIENS, secte protestante [illegible] vers 1560.

PRÉTORIENS (LES), formaient la garde qui entourait les empereurs romains.

PRÉVAL (VICOMTE DE), écrivain militaire. 1772-1853.

PRÉVOST (l'abbé), romancier fr., auteur de Manon Lescaut. 1697-1763.

PRÉVOST-PARADOL. V. **PARADOL**.

PRIAM, époux d'Hécube, roi de Troie.

PRICE (RICHARD), célèbre théol. et publiciste anglais, très enthousiaste de la révolution fr. 1723-1791.

PRIE (MARQUISE DE), exerça une funeste influence sur l'esprit du Régent, sous Louis XV. 1698-1727.

PRIEUR, dit [illegible] de la Marne, siégea à la Convention. 17[illegible]-18[illegible].

PRIM (LE MARÉCHAL), membre du [illegible] gouvernement espagnol, assassiné en 1870.

PRIMATICE (LE), peintre, sculpteur et architecte italien, m. en 1570.

PROBUS, empereur romain, m. en 282.

PROCAS, roi d'Albe en Italie, père de Numitor et d'Amulius.

PROCIDA (JEAN DE), prépara les Vêpres siciliennes en 1282.

PROCLÈS, chef des Héraclides et roi de Sparte, XII[illegible] siècle [illegible].

PROCLIDES, (les) nom patronymique des descendants de Proclès.

PROCLUS, phil. de l'école d'Alexandrie, m. en 485.

PROCOPE, hist. grec, m. en 565.

PROCUSTE, ou PROCRUSTE, [illegible].

PROPERCE, poète latin, m. en 14 av. J.-C.

PROTAGORAS, sophiste grec, né en 480 av. J.-C.

PROTAIS (SAINT), martyr de Milan, [illegible] patron de saint Gervais.

PROTESTANTS, nom donné aux [illegible] sectes réformées.

PROUET, contre-amiral français [illegible].

PROTOGÈNE, peintre grec, vivait au temps des [illegible] vers 336 av. J.-C.

PROUDHON, célèbre écrivain socialiste et économiste fr.; m. en 1865.

PRUDENCE (AURELIUS CLEMENTIUS), poète latin, m. en 404.

PRUDHON, célèbre peintre franç. 1760-1832.

PRUSIAS, roi de Bithynie, chez qui Annibal s'empoisonna; m. en 148 av. J.-C.

PSAMMÉNIT, roi d'Egypte, fils et successeur de Memphis, 527 av. J.-C.

PSAMMÉTIQUE ou **PSAMMITIQUE**, roi d'Egypte; m. en 617 av. J.-C.

PSAMMIS, roi d'Egypte, fils de Néchao, 601-595 av. J.-C.

PTOLÉMÉE, Nom de quatorze rois d'Egypte, de 232 environ à 30 av. J.-C.

PTOLÉMÉE, célèbre astronome né en Egypte; II° siècle av. J.-C.

PTOLÉMÉE (CLAUDE), célèbre astron. grec et égyptien, II° siècle.

PUBLICOLA (VALERIUS), consul romain, chassa les Tarquins de Rome avec Junius Brutus, 507 av. J.-C.

PUBLIUS SYRUS, poète latin vers l'an 44 av. J.-C.

PUCELLE D'ORLÉANS (LA), surnom de Jeanne d'Arc.

PUGET, sculpteur et peintre; m. en 1694.

PULCHÉRIE, impératrice d'Orient; m. en 454.

PUPILLES DE LA GARDE, jeunes soldats élevés à la régiment sous Napoléon I⁷⁷. — **PUPILLES DE LA MARINE**, institués sous Napoléon III.

PURITAINS, nom donné, en Angleterre et en Ecosse, aux presbytériens les plus rigides, qui avaient la prétention d'expliquer seuls la parole de Dieu dans toute sa pureté.

PUTIPHAR, Egyptien, gén. des troupes de Pharaon, à l'époque de Joseph.

PUYSÉGUR (MARQUIS DE), maréchal de France; m. en 1825.

PUYSÉGUR (MARQUIS DE), maréchal de France, 1655-1743. — (COMTE DE), ministre de la guerre sous Louis XIV, 1727-1807.

PYGMALION, roi de Tyr, frère de Didon; m. en 827 av. J.-C.

PYGMÉES, peuples fabuleux d'une taille de nain, qui habitaient vers les sources du Nil.

PILADE, ami d'Oreste.

PYRAME, jeune Babylonien, fiancé à Thisbé, se tua de douleur, en apprenant la fausse nouvelle de sa mort.

PYRRHA, fille de Pandore, épouse de Deucalion.

PYRRHON, phil. grec qui doutait de tout; m. en 340 av. J.-C.

PYRRHUS, fils d'Achille.

PYRRHUS, roi d'Epire; tué en 272 av. J.-C.

PYTHAGORE, fameux phil. grec du VI° siècle av. J.-C.

PYTHÉAS, géog. et navigateur, IV° siècle av. J.-C.

PYTHIAS, phil. pythagoricien sous Denys de Syracuse.

PYTHIE, prêtresse du temple d'Apollon à Delphes.

PYTHIQUES (JEUX), institués à Delphes, en l'honneur d'Apollon.

PYTHONISSE, autre nom de la Pythie.

Q

QUADES, anc. peuples de la Germanie, au nord du Danube.

QUAKER ou **QUAKRE, ESSE**, membre d'une secte protestante en Angleterre et aux États-Unis, fondée en 1647.

QUARANTE. *Les quarante immortels*, les membres de l'Académie française. *Ironiq.*

QUATREBARBES (COMTE DE), député, fut gouv. d'Ancône, en 1860.

QUATRE-CENTS, conseil institué à Athènes pour remplacer l'Assemblée du peuple, en 411 av. J.-C.

QUATREFAGES DE BRÉAU, naturaliste fr., membre de l'Institut, né en 1810.

QUATREMÈRE DE QUINCY, savant archéol. fr. 1755-1849.

QUÉLEN (DE), archevêque de Paris; m. en 1839.

QUELLIN, peintre flamand, 1607-1678.

QUESNAY, célèbre médecin franç. 1694-1774.

QUESNEL, oratorien, célèbre controversiste; m. en 1719.

QUINAULT, poète lyrique fr.; m. en 1688.

QUINET (EDGARD), écrivain franç., anc. représentant, né en 1803.

QUINETTE, homme politique, conventionnel, 1762-1821.

QUINTE-CURCE, hist. du I⁷⁷ siècle av. J.-C., hist. d'Alexandre-le-Grand.

QUINTILIEN, célèbre rhéteur romain; m. en 120.

QUINTUS CAPITOLINUS, illustre consul romain vainqueur des Volsques, 438 av. J.-C.

QUINQUET, inventeur d'une sorte de lampe qui porte son nom. Né en 1785.

QUINZE-VINGTS (LES), hospice de Paris pour 300 aveugles, fondé en 1254 par saint Louis. L'hospice a cen-

servé de nos jours sa première des-
tination.

QUIRINUS, surnom de Romulus,
sous lequel il fut adoré après sa mort.

QUIRITES, nom des Sabins, puis
des Romains.

R

RABAN-MAUR, fameux disciple
d'Alcuin, astronome, philos., orateur et
poète, f. l'archev. de Mayence. 776-8 ..

RABELAIS, célèbre écrivain fr.,
m. en 1553.

RACAN, poète fr.; m. en 1670.

RACHEL, femme juive, fille de
Laban, épouse de Jacob.

RACHEL (RACHEL FELIX), célèbre
tragédienne fr. 1820-1858.

RACINE (JEAN), célèbre poète tragique fr.; m. en 1699.

RACINE (LOUIS), fils du précédent, auteur du poème de la *Religion*;
m. en 1763.

RADAGAISE, chef germain, fon-
dit sur l'Italie en 405.

RADAMA Ier, RADAMA II, rois
de Madagascar. 1791-1863.

RADCLIFFE (ANNE), célèbre
romancière anglaise. 1762-1823.

RADEGONDE (SAINTE), épouse
de Clotaire Ier; m. en 589.

RADET, gén. franç., 1762-1825,
enleva le pape Pie VII.

RADETZKY, fameux gén. autrichien. 1766-1858.

RADIGUET. litt. fr., né en 1818.

RADJPOUTES, peuplade de l'Hindoustan.

RAGLAN (LORD), feld-maréchal de
l'armée angl. en Crimée. 1854, m. en
1855.

RAGON, litt. fr., né en 1781, m.
en 1862.

RAGON, hist. fr., né en 1795.

RAGUSE. V. MARMONT.

RAIMOND. V. RAYMOND.

RAMBUTEAU (COMTE DE), célèbre
administrateur fr., préfet de police de
1838 à 1848. 1781-1869.

RAMEAU, célèbre compositeur de
musique fr. 1683-1764.

RAMEL, gén. fr. 1771-1815. —
JACQUES (DE NOGARET), conven-
nel, ministre des finances sous le
Directoire. 1760-1819.

RAMEY, statuaire. 1754-1838.

RAMIRE, nom de plusieurs rois
d'Aragon et d'Oviedo.

RAMSES, nom commun à plusieurs
rois d'Égypte de la 19e dynastie, du
XVe au XIIIe siècle av. J.-C.

RAMUS, philosophe et grammairien fr.; m. en 1572.

RANCÉ (L'ABBÉ DE), réformateur
de la Trappe, m. en 1700.

RANDON, maréchal de France,
ministre de la guerre sous Napoléon III,
m. en 1870.

RANGABÉ, poète, archéologue et
homme d'État grec. 1810-1855.

RAOUL, roi de France, m. en 936.

RAOUL ou **RODOLPHE** (SAINT),
archevêque de Bourges, m. 849.

RAOUL, élu roi de France, à la
mort de Robert, duc de France, fit
lui-même après la déposition de Charles le Simple, m. en 936.

RAPHAEL, archange.

RAPHAEL, le plus grand des
peintres italiens; m. en 1520.

RAPIN (LE PÈRE), jésuite, auteur
de poésies latines; m. en 1687.

RAPP, gén. fr.; m. en 1821.

RASPAIL, célèbre chimiste et
homme politique fr., né en 1794.

RATAZZI, homme d'État italien,
né en 1808.

RATISBONNE, litt. fr., né en
1827.

RAUCOURT (MADEMOISELLE), célèbre actrice fr. 1756-1815.

RAVAILLAC, assassin de Henri IV;
écartelé en 1610.

RAVAISSON, phil. fr., membre
de l'Institut, né en 1813.

RAVIGNAN, prédicateur fr., né
en 1795, m. en 1858. Célèbre par ses prè-
ches à Notre-Dame de Paris.

RAYMOND, nom de plusieurs
comtes de Toulouse, à l'époque des
croisades.

RAYMOND (SAINT), 3e général des
Dominicains. 1175-1275.

RAYNAL (L'ABBÉ), litt. fr., né à ..
1713-1796.

RAYNEVAL, diplomate franç., né
en 1815.

RAYNOUARD, poète fr.; m. en
1836.

RÉAL (COMTE), préf. de police du
premier empire. 1765-1834.

RÉAUMUR, physicien et naturaliste fr.; m. en 1757.

RÉBECCA, femme d'Isaac.

REBOUL, poète fr. anc. représentant, né en 1796.

RÉCAMIER (MADAME), femme célèbre par son esprit et sa beauté; m.
en 1849.

RÉCOLLETS (LES), ordre religieux
de saint François, fondé en 1592.

RÉDEMPTORISTES (LES), religieux d'un ordre fondé par l'évêque
Liguori dans le royaume de Naples.
1732.

REDOUTÉ, célèbre peintre de
fleurs belge. 1759-1840.

RÉGENCE (LA), temps de la minorité de Louis XV.

RÉGIS (PIERRE-SYLVAIN LEROY, dit), savant et phil. fr. 1631-1706.

REGNARD, [poète] comique fr., m. en 1709.

REGNAULD DE SAINT-JEAN-D'ANGELY (...), gén. fr., sénateur, m. en 1794.

REGNAULT, gén. fr., né en 1788.

REGNAULT, p... fr., membre de l'Institut, né en 1810.

REGNIER, célèbre [satirique] fr. 1573-1613.

REGNIER-DESMARAIS, gram. et ... 1632-1713.

REGNIER, ... trésor de la justice et de la police sous Napoléon Ier. 17..-1813.

RÉGULUS, [général] romain, mis à mort par les Carthaginois, en 255 av. J.-C.

REICHSTADT (... duc de), fils de Napoléon Ier, mort à Schoenbrunn. 1811-1832.

REID (Thomas), célèbre philos. phil[osophe] écossais m. en 1796.

REGNIER, peintre fr., né en 1811.

REILLE (comte), maréchal de France. 1775-1860.

RELIGION (GUERRES DE), guerres entre les cath. et les protestants fr., de... 1562 jusqu'à 1598.

REMBRANDT, célèbre peintre hollandais. m. en 1674.

REMI (saint), archevêque de Reims, ... m. en 5...

REMILLY, [homme politique] et ... fr., né en ...

REMUS, frère des [jumeaux], de ... trésor ... fr. Romulus.

REMUSAT, savant orientaliste fr. 17..-...

REMUSAT (COMTE DE), écrivain et homme politique fr., membre de l'Institut, ancien ministre, né en 1797.

RENAN (Ernest), philologue fr., membre ... né en 1823.

RENAISSANCE, époque de la restauration des lettres et des arts, sous François Ier.

RENAUDOT, médecin, protégé de Richelieu le 1er fondeur d'un journal français à Paris. 1584-1653.

RENAULT, gén. fr., sénateur, né en 1807.

RENDU, jurisconsulte franç., né en 1820.

RENDU, administrateur et littér. fr., né en 1824.

RENÉ D'ANJOU, dit **LE BON ROI RENÉ**, roi de Naples, m. en 1480.

RESTAURATION (LA). On désigne sous ce nom, en France, les 16 années qui s'écoulèrent depuis la chute de Napoléon jusqu'à la révolution de juillet, 1814-1830.

RESTAUT, gram. fr. 1692-1768.

RETZ (ALBERT DE GONDI, MARÉCHAL DE), servit Catherine de Médicis en France. 1522-1602.

RETZ (PAUL DE GONDI, CARDINAL DE), ... chef de parti. 1614-1679.

REVEILLIÈRE. V. **LA REVEILLIÈRE**.

RÉVOLUTION. — **LA RÉVOLUTION FRANÇAISE**, surnommée la grande révolution, 1789, qui substitue à la monarchie absolue la république démocratique. — **LA RÉVOLUTION DE 1830**, qui appela au trône de Charles X la branche cadette d'Orléans. — **LA RÉVOLUTION DE 1848**, qui força également Louis-Philippe à quitter la France et établit la république. — **LA RÉVOLUTION DU 4 SEPTEMBRE 1870**, qui déclara la déchéance de l'empire après la capitulation de Sedan et constitua le gouvernement de la défense nationale et de la république française.

REWBEL, membre du comité de Salut public et du Directoire. 1736-1840.

REY, gén. fr., anc. représentant, né en 1793.

REYBAUD, litt. fr., né en 1799.

REYBAUD, litt. fr., né en 1800.

REYNIER, gén. du génie. 1771-1814.

RHADAMISTE, détrôna son beau-père ..., roi d'Arménie; assassiné ... ap. J.-C.

RHAMSÈS. V. **RAMSÈS**.

RHEA SYLVIA, mère de Romulus et de Rémus.

RHESUS, roi de Thrace, assisté au siège de Troie.

RIANCEY (CAMUSAT DE), publiciste fr., né en 1816.

RIANZARES (... DE), mari de ... reine douairière d'Espagne, né en 1810.

RIBAUDS, sorte de ... irrégulière qui aurait été instituée par Philippe-Auguste, vers 1189, supprimée depuis ...

RIBOISSIÈRE (COMTE DE LA), phil[anthrope], fond. à Paris de l'hôpital qui porte son nom, m. en 1868.

RICARD, fameux brigueste. 1741-1803.

RICARDO, célèbre économiste anglais. 1772-1823.

RICCI, ... des Jésuites, né à ... 17..-1775.

RICCIOLI, un des plus célèbres astronomes du XVIIe siècle, naquit à Florence. 1598-1661.

RICHARD. Nom de trois rois d'Angleterre, de 1189 à 1485.

RICHARD LENOIR, célèbre industriel fr. 1765-1839.

RICHARDSON, romancier angl.; m. en 1761.

RICHELET, célèbre gram. et lexicographe fr. 1631-1698.

RICHELIEU (CARDINAL DE), ministre de Louis XIII; m. en 1642.

RICHELIEU (duc de), vécut sous Louis XIV et sous la Régence; m. en 1788.

RICHELIEU (duc de), ministre de Louis XVIII; m. en 1822.

RICHEMOND (Henri Tudor, comte de), roi d'Angleterre sous le nom de Henri VII.

RICHEMONT (Arthur de), connétable de France. 1393-1458.

RICHEPANSE, gén. fr., gouverneur de la Guyane. 1770-1802.

RICHER, jurisconsulte fr. 1775-1790.

RICIMER, général romain; m. en 472.

RICORD, médecin fr., membre de l'Académie de médecine, né en 1800.

RIEGO, chef de la révolution espagnole de 1820, né en 1785, pendu en 1823.

RIENZI, tué dans une émeute à Rome, en 1354.

RIEUX, maréchal de France sous Charles VI, défit les Anglais en Bretagne. 1407.

RIGAULT (Hippolyte), litt. fr., né en 1821.

RIGAULT DE GENOUILLY, marin français, sénateur, né en 18[illegible].

RIGNY (comte de), amiral fr., ministre sous Louis-Philippe, commanda la flotte fr. à Navarin. 1827. 1782-1835.

RIPUAIRES (Francs), peuplade franque qui habitait les bords du Rhin.

RIQUET (Pierre-Paul), célèbre ingénieur fr., construisit à ses frais le canal du Midi; m. en 1680.

RIQUIER, [illegible].

RISTORI (Adélaïde), célèbre tragédienne italienne, née en 1821.

RITTER, [illegible], né en Saxe en 1776, m. en 1810. — [illegible], né en Saxe en 1779, m. en 1859.

RIVAROL, écrivain fr., célèbre surtout par ses mots; m. en 1801.

RIVET, [illegible] du peuple, né en 1800. — Gén. fr., né en 1810.

RIZZIO (David), favori de Marie Stuart. On le vit assassiner en 1566.

ROBERT. Il y a eu Robert Ier, roi de France; Robert, duc de Bourgogne; Robert d'Artois; Robert le Diable; Robert Guiscard, etc.

ROBERT DE COURTENAY, emp. de Constantinople, m. en 1228.

ROBERT, peintre paysagiste fr., m. en 1808. — Léopold, célèbre peintre fr., m. en 1835.

ROBERT HOUDIN, prestidigitateur fr., m. en 18[illegible].

ROBERTSON, hist. écossais, m. en 1793.

ROBERVAL, savant et mathématicien fr. 1602-1675.

ROBESPIERRE, l'un des hommes [illegible] de la Révolution [illegible] décapité en 1794.

RODOAM, fils de Salomon, roi de Juda, [illegible] av. J.-C.

ROCH (SAINT), se dévoua au service [des pestiférés]. 1295-1327.

ROCHAMBEAU, commanda les troupes fr. envoyées au secours des Américains, m. en 1809.

ROUHER, né [illegible] fr., membre de l'Académie [illegible], né en 1780.

ROCHEJACQUELIN (comte de), [illegible].

ROCHEFORT (de), litt. français. 17[illegible]-1788.

ROCHEFOUCAULT, V. **LAROCHEFOUCAULT.**

ROCHEJACQUELIN, Voy. **LAROCHEJACQUELIN.**

ROCHESTER (Wilmot, comte de), [illegible]. 1648-1680.

RODERIC, dernier roi des Visigoths d'Espagne, m. en 711.

RODOGUNE, fille de Parthe, [illegible].

RODOLPHE DE HABSBOURG, emp. d'Allemagne, m. en 1291.

ROEDERER, [illegible] près de Joseph Bonaparte à Naples. 1754-1835.

ROEMER, célèbre astronome danois. 1644-1710.

ROGER Ier, fils de Tancrède de Hauteville, m. en 1101.

ROGER II, [illegible], roi de Sicile, m. en 1154.

ROGER, peintre français, né vers 1727.

ROGRON, jurisconsulte fr., né en 1793.

ROGNIAT, [illegible] français, [illegible] en 18[illegible].

ROHAN, maison noble. Cette illustre maison [illegible].

ROHAN-CHABOT (DUC DE), gén. fr., né en 1789.

ROLAND LE PALADIN, neveu de Charlemagne, mort à Roncevaux, en 778.

ROLLAND (Sévin), mourut sur l'échafaud, en 1793.

ROLLAND DE LA PLATRIÈRE, maire de quartier, se tua en 1793, en apprenant la mort de sa femme.

ROLLIN, célèbre professeur, auteur de l'Histoire des études, m. en 1741.

ROLLON, premier duc de Normandie, m. en 931.

ROMAIN DESFOSSÉS, amiral fr., commanda la flotte devant Venise, en 1859.

ROMANOF, tzar de Russie, 1613-1645, chef de la dynastie qui s'éteignit en 1762 avec Élisabeth.

ROMANTIQUES (LES), écrivains de la littér. romantique, opposés aux classiques.

ROMIEU, administrateur franç., né en 1800.

ROMULUS, 1er roi de Rome, en 753.

RONDELET, archit. fr., continua le Panthéon, commencé par Soufflot. 1743-1829.

RONSARD, poète fr.; m. en 1585.

ROQUELAURE (duc de), maréchal de France, m. en 1738.

ROQUEPLAN, littérateur, m. en 1864.

ROSA (SALVATOR), peintre italien; m. en 1673.

ROSALIE (SAINTE), née à Palerme dans le XIIe siècle.

ROSAMEL, amiral et ministre sous Louis-Philippe. 1777-1848.

ROSCELIN, philos. scolastique. Vers le milieu du XIe siècle.

ROSCIUS, célèbre acteur romain du temps de Cicéron.

ROSE (SAINTE), relig. 1586-1617.

ROSE (GUILLAUME), évêque de Senlis, un des ligueurs les plus ardents. 1512-1602.

ROSÉ, gén. fr., m. en 1812.

ROSEMONDE, femme d'Alboin, roi des Lombards; m. en 573.

ROSS, amiral et navigateur anglais, né en 1777. Expéditions au pôle nord; m. en 1856.

ROSS, navigateur anglais. Visites aux mers du pôle sud; né en 1800.

ROSSI, poète, né en 1794.

ROSSI (LE COMTE), ministre du pape Pie IX. 1787-1848.

ROSSINI (JOACHIM), célèbre compositeur de musique, né à Pesaro en 1792, m. à Paris en 1868.

ROSSO (Le), peintre florentin. 1496-1541.

ROSTOPCHIN, gén. russe célèbre, gouv. de Moscou en 1812. 1765-1826.

ROTROU, poète fr., m. en 1650.

ROTSCHILD (LE BARON JAMES DE), né en 1792 à Francfort-sur-le-Mein, m. à Paris en 1868, le plus riche banquier de l'Europe.

ROTTEMBOURG (BARON), gén. fr., né en 1769.

ROUBAUD, médecin franç., né en 1820, fonda en 1858 l'Annuaire médical qui se vend en France.

ROUCHER, poète fr.; m. en 1792.

ROUGÉ (COMTE DE), archéologue fr., membre de l'Institut, né en 1811.

ROUGET DE L'ISLE, officier du génie, auteur de la Marseillaise; m. en 1836.

ROUHER, homme politique fr., né en 1814.

ROULAND, magistrat fr., ministre, puis gouv. de la Banque de France, né en 1806.

ROUSSEAU (JEAN-BAPTISTE), célèbre poète lyrique; m. en 1741.

ROUSSEAU (JEAN-JACQUES), l'un des plus grands prosateurs, m. en 1778.

ROUSSEAU, naturaliste fr., né en 1788.

ROUSSEAU, célèbre peintre paysagiste fr. 1812-1867.

ROUSSEL, médecin phil. franç. 1742-1802.

ROUSSIN, amiral fr. 1781-1854.

ROUTIERS (LES), bandes de pillards qui ravagèrent la France au XIIe siècle et sous le règne de Charles V.

ROVIGO (DUC DE), titre donné par Napoléon au général de Savary.

ROUX-LAVERGNE, publiciste fr., né en 1802.

ROXELANE, femme de Soliman II, mère de Bajazet II et de Selim II, m. en 1557.

ROY (COMTE), ministre de Louis XVIII et de Charles X. 1765-1847.

ROYER-COLLARD, philos. et orateur politique fr., né en 1763.

ROZE, dit le chevalier Roze, se dévoua pendant la peste de Marseille, 1720, m. en 1724.

RUBEN, fils aîné de Jacob.

RUBEN, poète allemand, m. 1864.

RUBENS, célèbre peintre flamand, m. en 1640.

RUDE, célèbre sculpteur français. 1784-1855.

RUDOLPHI, naturaliste suédois. 1771-1832.

RUFIN, ministre de Théodose et d'Arcadius, célèbre par ses forfaits, m. en 395.

RUGGIERI (CÔME), célèbre astrologue de Catherine de Médicis, né à Florence, m. en 1615.

RUGIENS, peuple de race germanique.

RUISDAEL, peintre de marine hollandais. 1640-1681.

RULHIERE, hist. et poète franç. 1735-1791.

RUMIGNY (COMTE DE), gén. fr., né en 1789.

RUMILLY (GAUTHIER DE), homme polit. fr., anc. député et représentant, né en 1792.

RUOLZ (COMTE DE), chim. fr., né en 1810.

RUPERT (ROBERT, PRINCE), gén. et amiral anglais, s'occupa de physique et de chimie. 1619-1682.

RURIK, premier grand-duc de Russie; m. en 879.

RUSSEL, célèbre patriote anglais, compromis dans la conspiration de Montmouth, fut condamné à mort. 1639-1682. Sa mémoire fut réhabilitée en 1689.

RUSSEL, amiral anglais, battit la flotte fr. à la Hogue. 1692.

RUTEBŒUF, trouvère du VIIIe siècle, né à Paris sous saint Louis.

RUTH, belle-fille de Noémi, devint l'épouse de Booz.

RUTHWEN, comte de Gowrie, eut part au meurtre de Riccio; fut mis à mort en 1582.

RUTULES, peuple de l'anc. Italie.

RUYSCH, médecin anatomiste, né à la Haye en 1638.

RUYTER, amiral hollandais; m. en 1676.

S

SABINS, ancien peuple voisin de Rome.

SABINUS, chef gaulois qui souleva les Gaules contre les Romains sous Vespasien.

SABLIERE (MADAME DE LA), femme spirituelle, amie de La Fontaine; m. en 1693.

SACCHINI, compositeur, né à Naples en 1735, m. en 1786.

SACROVIR, souleva une partie de la Gaule contre Tibère, fut battu près d'Autun, et se tua.

SACY (LEMAISTRE DE), solitaire de Port-Royal, m. en 1684.

SACY, savant orientaliste. 1758-1838.

SACY (SYLVESTRE DE), journaliste, membre de l'Acad. franç., sénateur, né en 1801.

SADOC, juif célèbre, au IIIe siècle av. J.-C., chef des Saducéens.

SADOLET (Jacques), cardinal italien, homme d'État. 1477-1547.

SADUCÉENS, anc. hérétiques juifs, disciples de Sadoc, qui niaient la résurrection du corps, l'immortalité de l'âme. IIIe siècle av. J.-C.

SAID-PACHA, vice-roi d'Egypte, fils de Mehemet-Ali, né en 1822.

SAINT. (Voy. en général, à leur lettre, les mots commençant par *Saint*, et qui ne se trouveraient pas ci-dessous.)

SAINT-ALBIN, publiciste. 1773-1847.

SAINT-AMAND (GÉRARD DE), poète. 1594-1661.

SAINT-ARNAUD, maréchal de France, s'illustra en Algérie, eut le commandement des troupes de Crimée, et mourut en mer, contraint par la maladie de revenir en France. 1798-1854.

SAINT-ANDRÉ, maréchal de France, m. en 1562.

SAINT-AULAIRE (MARQUIS DE), poète et gén. fr. 1643-1742.

SAINT-EVREMOND (SEIGNEUR DE), écrivain. 1613-1703.

SAINT-GELAIS, poète, né vers 1491, m. en 1502.

SAINT-GEORGE (CHEVALIER DE), réputé par son talent pour l'escrime. 1745-1800.

SAINT-GERMAIN (COMTE DE), ministre de la guerre sous Louis XVI. 1707-1778. — Célèbre aventurier, m. en 1784.

SAINT-HILAIRE (EMILE-MARC-HILAIRE, plus connu sous le nom de MARCO DE), litt. fr., né vers 1790.

SAINT-JUST, conventionnel, membre du comité de Salut public, m. sur l'échafaud. 1767-1794.

SAINT-LAMBERT (MARQUIS DE), poète fr. 1717-1803.

SAINT-LUC (D'ESPINAY DE), grand maître de l'artillerie sous Henri IV, m. en 1597; — Fils du précédent, maréchal de France. 1560-1644.

SAINT-MARC-GIRARDIN (MARC GIRARDIN, dit), professeur et écrivain fr., ancien député, membre de l'Académie française, né en 1801.

SAINT MARTIN (CLAUDE DE), philos. spiritualiste. 1743-1803. — (JEAN-ANTOINE), savant orientaliste fr. 1771-1832.

SAINT-NICOLAS, évêque de Myre, m. en 342.

SAINT-PIERRE (EUSTACHE DE), se dévoua pour les habitants de Calais, en 1347.

SAINT-PIERRE (BERNARDIN DE), écrivain fr. 1737-1814.

SAINT-POL (COMTE DE), périt pendant sa captivité en Angleterre, sous le roi Richard III. 1555-1550.

SAINT-POL (COMTE DE), gén. fr., m. en 1810.

SAINT-PRIEST (COMTE DE), ministre de L. XVI. 1735-1821.

SAINT-RÉAL (ABBÉ DE), hist. 1639-1692.

SAINT-RÉMY, chroniqueur et héraut d'armes. 1394-1468.

SAINT-SAENS, pianiste et compositeur fr., né en 1835.

SAINT-SORLIN (DESMARETS DE). V. DESMARETS.

SAINT-SIMON (DUC DE), auteur d'intéressants *Mémoires* sur Louis XIV et sur Louis XV; m. en 1755.

SAINT-VICTOR (COMTE DE), litt. 1772-1858.

SAINT-HALDÉGONDE SEIGNEUR [illegible] et [illegible] de la révolution fr. 1758-1808.

SAINTE-AULAIRE (COMTE DE), diplomate, né en 1778, m. en 1854; membre de l'Académie française.

SAINTE-BEUVE, poète et critique fr., né en 1804.

SAINTE-CROIX (BARON DE), savant fr., [illegible] 1746-1809.

SAINTE-FOA, [illegible] français, né en [illegible].

SAINTE-HERMANDAD. On nomme ainsi, en Espagne, surtout en Castille, une association d'habitants de police chargée de veiller à la sûreté des routes. [illegible] en Castille en 1476.

SAINTE-MARTHE ([illegible] et Louis DE), [illegible] et historiographe [illegible] de Henri IV, vivant au commencement du XVII[illegible] siècle.

SAINTINE (JOSEPH-XAVIER-BONIFACE, connu sous le nom de), litté. et auteur dramat. fr., né en 1798.

SAINTRAILLES. V. XAINTRAILLES.

SAINTRÉ ([illegible] ou JEAN DE), [illegible] de Charles VI. Nombreux [illegible].

SAISSET, phil. fr., né en 1814.

SALADIN Ier, sultan ayoubite d'Égypte. 1157-1193.

SALADIN II, sultan ayoubite d'Alep. 1227-1229.

SALICETTI, conventionnel, ministre de Joseph Bonaparte et de Murat, à Naples. 1757-1809.

SALIENS, prêtres de Mars, chez les Romains.

SALIQUE (LOI), code des Francs Saliens, [illegible], suivant quelque-uns, antérieur à [illegible].

SALLES (COMTE DE), gén. franç. [illegible].

SALLES (DE LA), savant fr., né en 1750.

SALOMON, fils de David, régna de 1016 à 976 av. J.-C.

SALM (MAISON DE), maison princière d'Allemagne.

SALT, voyageur anglais, né vers 1780, m. en 1827.

SALVANDY (COMTE DE), ministre de l'instruction publique sous Louis-Philippe, membre de l'Acad. franç. 1795-1857.

SALVATOR ROSA. V. ROSA.

SAMBLANÇAY, surintendant des finances. 1445-1527. Accusé faussement de concussion, il fut pendu.

SAMNITES, peuple du Samnium, célèbre par ses luttes contre Rome. 343-290 av. J.-C.

SAMOYEDES, peuplades de la Russie, en Asie et en Europe, près de l'océan Glacial.

SAMSON, juge des Hébreux, m. 1152 av. J.-C.

SAMSON, artiste dramatique fr., né en 1793.

SAMUEL, dernier juge des Hébreux; m. en 1043 av. J.-C.

SANCERRE (LOUIS DE), connétable de France, chassa les Anglais du Poitou; né. 1342-1402.

SANCHE, nom commun à divers rois de Navarre, de Léon, de Castille, d'Aragon.

SANCHONIATON, auteur d'une histoire de la Phénicie; vivant vers le XIVe siècle av. J.-C.

SANCY (HARLAY DE), surintendant des finances sous Henri III et Henri IV. 1546-1624.

SAND (AURORE DUPIN, dame DUDEVANT, connue sous le nom de GEORGE), célèbre romancière fr., née en 1804.

SANDEAU, litt. fr., membre de l'Académie fr., né en 1811.

SANHÉDRIN, conseil suprême des Juifs.

SANNAZAR, poète italien surnommé le [illegible]. 1458-1530.

SANSON (NICOLAS), géographe fr. 1600-1667.

SANTA-ANNA ou **SANTANA**, [illegible] président et dictateur de la République mexicaine, né à Mexico, à la fin du dernier siècle.

SANTERRE, brasseur, commanda la garde nationale de Paris en 1793.

SANTEUIL, poète latin moderne, auteur de belles hymnes sacrées; m. en 1697.

SANTONES, peuple de la Gaule, [illegible] chez les *Mediolanum*, [illegible] Saintes.

SAPHO, femme grecque, célèbre [illegible] (600) av. J.-C.

SAPOR, nom de plusieurs rois de Perse.

SARA, épouse d'Abraham.

SARAZIN, sculpteur, né à Noyon en 1590.

SARCEY, litt. fr., né en 1828.

SARDANAPALE, dernier roi du 1er empire d'Assyrie; m. en 817 av. J.-C.

SARDOU, aut. dram. fr., membre de l'Académie fr., né en 1831.

SARMATES, peuple qui habitait la Sarmatie, à l'orient et au nord de l'Europe.

SARPÉDON, roi de Lycie, fut tué au siège de Troie.

SARPI (FRA PAOLO), hist. et savant vénitien. 1552-1623.

SARRASINS, nom donné dans le moyen-âge aux musulmans arabes ou maures.

SARRAZIN, poète, 1604-1654. secrétaire des commandements du prince de Conti.

SARTINE (DE), lieutenant-général de police; m. en 1801.

SARRUT, homme polit. et publiciste fr., anc. représentant, né en 1800.

SASSANIDES, dynastie de rois de Perse de 226 à 652.

SATAN, nom donné au démon dans l'Écriture sainte.

SATURNIN (SAINT), 1er évêque de Toulouse, m. en 250. — Prêtre et martyr, m. en 304.

SATURNINUS (APULÉUS), tribun du peuple, mis à mort par Marius, 99 av. J.-C.

SAUL, dernier roi des Hébreux. 1094-1058 av. J.-C.

SAULCY (CAIGNARD DE), antiquaire fr., membre de l'Institut, né en 1807.

SAULNIER, fond. de la *Revue britannique*. né en 1790.

SAUSSURE, grand naturaliste, né à Genève. 1740-1799.

SAUMAISE, critique célèbre; m. en 1638.

SAUVAGE, inventeur de l'hélice appliquée à la navigation à vapeur, m. en 1857.

SAUVAL, célèbre hist. franç. 1620-1670.

SAUVES (CHARLOTTE DE BEAUNE SAMBLANÇAY, BARONNE DE), dame d'atours de Catherine de Médicis. 1551-1617.

SAUZET, homme politique franç., anc. ministre, né en 1800.

SAVARIN (BRILLAT), écrivain 1755-1826 : la *Physiologie du goût*.

SAVARY, duc de Rovigo, général fr.; m. en 1833.

SAVIGNY, un des premiers législateurs de l'Allemagne, né en 1779.

SAVONAROLE, célèbre prédica-

SAX, industriel fr., d'origine belge, né en 1814, inventeur de l'instrument de musique appelé saxophone.

SAXE (MAURICE, ÉLECTEUR DE), servit d'abord dans les armées de Charles-Quint, puis contre lui; m. en 1553.

SAXE (MAURICE, COMTE DE), maréchal de France, l'un des plus grands capitaines de son siècle; m. en 1750.

SAXONS, peuples germains qui luttèrent longtemps contre Charlemagne.

SAY, économiste fr., membre de l'Institut, né en 1767.

SCÉVOLA. V. MUTIUS.

SCALIGER, nom de deux savants philologues; m. l'un en 1558, l'autre en 1609.

SCANDERBERG ou SCANDER-BEG (GEORGES CASTRIOT, dit), célèbre chef albanais, vainquit les Turcs. 1404-1467.

SCAPIN, personnage de la comédie italienne qu'on retrouve dans les comédies de Molière.

SCARAMOUCHE, personnage de l'anc. comédie italienne.

SCARRON, poète et écrivain fr. dans le genre burlesque, m. en 1660.

SCAURUS (MARCUS-ÆMILIUS), gén. romain, m. en 87 av. J.-C.

SCHEELE, chimiste suédois. 1742-1786.

SCHLEGEL, critique et poète, né à Hanovre en 1769, m. à Bonn en 1845.

SCHEFFER (ARY), peintre fr., m. en 1858.

SCHEFFER (HENRI), frère du précédent, peintre fr., né en 1798.

SCHÉRER, gén. fr., ministre de la guerre en 1797. 1735-1804.

SCHILLER, poète tragique et histor. allemand; m. en 1805.

SCHMID (LE CHANOINE), aut. de Contes pour les enfants; m. en 1854.

SCHMID, jurisconsulte allemand, né en 1800.

SCHMITT, compositeur allemand, né en 1789.

SCHNEIDER, industriel fr., député, ancien ministre, né en 1805.

SCHNEIDER, célèbre philologue allemand, né en 1810.

SCHOLASTIQUE (LA). On nomme ainsi la philosophie enseignée dans les écoles du moyen-âge, du IXe au XVIe siècle; unité latine de la philosophie, surtout de la dialectique, avec la théologie.

SCHOLASTIQUE (SAINTE), vierge, sœur de saint Benoît, fondatrice de ses religieuses; m. vers 543.

SCHŒFFER, associé de Fust et

de Gutemberg, perfectionna l'imprimerie; m. en 1500.

SCHOMBERG (COMTE DE), maréchal de France. 1583-1632. — CHARLES, DUC DE), fils du précédent, maréchal de France. 1601-1656. — ARMAND-FRÉDÉRIC), maréchal de France, m. en 1690.

SCHUBERT, célèbre compositeur de musique allemand. 1790-1828.

SCHULEMBERG, maréchal de France, m. en 1671.

SCHWARTZ, moine allemand auquel on attribue l'invention de la poudre à canon, m. en 1352.

SCHWARZENBERG (PRINCE DE), général allemand; m. en 1820.

SCHRAMM (BARON, puis COMTE), général, ancien ministre, sénateur, né en 1789.

SCHULTZ, économiste allemand, né en 1785.

SCIPION. On connaît principalement : **SCIPION L'AFRICAIN, SCIPION NASICA, SCIPION ÉMILIEN.**

SCOPAS, célèbre sculpteur grec, né à Paros, IV° siècle av. J.-C.

SCOT JEAN, dit ERIGÈNE), savant moine hollandais; m. en 886.

SCOT DUNS, dit LE DOCTEUR SUBTIL, théol. scolastique; m. en 1308.

SCOT WALTER), célèbre romancier anglais; m. en 1832.

SCOTS, habitants de la Scotie, ancien nom de l'Irlande, puis de l'Ecosse.

SCRIBE (EUGÈNE), aut. dram. fr., membre de l'Académie fr. 1791-1861.

SCUDÉRI, poète sans talent, se dit l'adversaire de Corneille; m. en 1667.

SCUDÉRI (MADEMOISELLE DE), sœur du précédent, composa plusieurs romans et se distingua par son esprit, m. en 1701.

SCYTHES, habitants de la Scythie, qui, chez les anciens, comprenait tous les pays du Nord et de l'Orient étrangers à la civilisation.

SÉBASTIANI LE COMTE DE), maréchal de France; m. en 1851.

SÉBASTIEN -DON, roi de Portugal. 1557-1578.

SECOND (ALBÉRIC), litt. fr., né en 1816.

SÉDAINE, poète dramatique fr.; m. en 1797.

SÉDÉCIAS, roi de Juda; m. en 587 av. J.-C.

SÉDILLOT, orientaliste fr., né en 1808.

SÉDILLOT, chirurgien militaire et membre de l'Académie de médecine, né en 1804.

SÉGALAS, médecin fr., membre de l'Acad. de médecine, né en 1792.

SÉGALAS (ANAÏS MÉNARD, DAME), femme poète fr., née en 1813.

SÉGRAIS, poète fr. 1624-1701.

SÉGUIER. Il y a eu plusieurs hommes distingués de ce nom. Le dernier, premier président de la Cour d'appel de Paris, est mort en 1848.

SÉGUIER (PIERRE), chancelier de France, protégea l'Acad. 1588-1692.

SÉGUIER (ANTOINE-LOUIS), avocat général. 1726-1792.

SÉGUR (MARQUIS DE), maréchal de France, ministre de la guerre. 1724-1801.

SÉGUR (LOUIS-PHILIPPE, COMTE DE), gén. et écrivain fr., membre de l'Inst. et. 1753-1830.

SÉGUR (PHILIPPE, COMTE DE), général et historien français, membre de l'Académie. 1780-1874.

SÉGUR D'AGUESSEAU (COMTE DE, sénateur fr., né en 1803.

SEIGNELAY, fils de Colbert, et ministre de la marine, m. en 1690.

SEIKS, peuple belliqueux de l'Indoustan septentrional.

SEIZE LES), nom donné aux seize ligueurs qui se mirent à la tête des seize quartiers de Paris sous Henri III.

SÉJAN, ministre de Tibère; étranglé en l'an 31.

SELDJOUCIDES, dynastie orientale (Turcs). Les Seldjoucides de Perse finirent en 1194.

SÉLEUCIDES, dynastie macédonienne qui tira son nom de Séleucus I°.

SÉLEUCUS. Six princes de ce nom ont régné en Syrie. Le dernier mourut en 96 av. J.-C.

SÉLIM. Il y a eu trois sultans de ce nom, jusqu'en 1808.

SEM, fils aîné de N.é.

SÉMIRAMIS, reine d'Assyrie; m. en 1874 av. J.-C.

SEMPRONIUS, nom de deux familles romaines, l'une patricienne, l'autre plébéienne.

SENEFELDER, né à Prague, inventa la lithographie. 1771-1834.

SÉNÈQUE LE RHÉTEUR, professa la rhétorique à Rome; m. en 32 av. J.-C.

SÉNÈQUE LE PHILOSOPHE, fils du précédent, précepteur de Néron; m. en 65.

SENNACHÉRIB, roi d'Assyrie, m. en 707 av. J.-C.

SÉNONES, peuple du Sénonais, dans la Gaule; et un peuple d'Italie.

SEPTANTE LES), nom donné aux soixante-douze interprètes qui traduisirent en grec l'Ancien Testament.

SEPTANS, guerre entre la Prusse et l'Angleterre d'une part, la France, l'Autriche, la Saxe et la Russie de l'autre. 1756-1763.

SEPTEMBRE (le 4, déchéance de Napoléon III après Sedan; proclamation de la République, constitution du gouv. de la Défense nationale.

SEPTEMBRISEURS, nom donné à ceux qui prirent part aux massacres de septembre en 1792, et à ceux qui les approuvèrent.

SEPTIME-SÉVÈRE, empereur romain, 146-211.

SEPTIMULEIUS, d'abord partisan, ensuite meurtrier de Caïus Gracchus.

SÉQUANAIS, SÉQUANES ou **SÉQUANIENS**, anc. peuple de la Gaule, à l'est de la Saône.

SÉRAPHIN, ange de 1er ordre.

SÉRAPIS, divinité égyptienne.

SERBES ou **SORABES**, peuple slave, qui a donné son nom à la Serbie.

SÈRES, nom donné par l'antiquité aux peuples les plus orientaux de l'Asie.

SERGIUS, patriarche de Constantinople. 605 Quatre papes ont porté ce nom, de 687 à 1012.

SERRANO, gén. et homme pol. espagnol, [illisible], depuis 1840, dans les affaires d'Espagne.

SERRES, savant naturaliste, né en 1540, traduisit Platon en français.

SERRES (OLIVIER DE), agronome fr., 1539-1619.

SERRES, né à [illisible] fr., membre de l'Institut et de l'Académie des sciences, né e. 1786.

SERTORIUS, gén. romain, fut assassiné par son lieutenant Perpenna, 73 av. J.-C.

SÉRURIER, maréchal de France; m. en 1819.

SERVAIS (SAINT), évêque, m. e. 384.

SERVAIS, célèbre violoncelliste fr., m. en 1867.

SERVAN (Joseph), ministre de la guerre, 1741-1808.

SERVANDONI, peintre et architecte italien, 1695-1766. On lui doit la façade de Paris Saint-Sulpice de Paris.

SERVIEN, diplomate fr., négocia le traité de Westphalie, 1593-1659.

SERVITES, dits aussi Serviteurs de la Vierge. Ordre religieux fondé à Florence vers 1232.

SERVIUS-TULLIUS, 6e roi de Rome, assassiné par ordre de Tarquin le Superbe, 354 av. J.-C.

SÉSAC, roi d'Egypte, pilla le temple de Jérusalem [illisible] av. J.-C.

SESMAISONS [illisible] du peuple fr., né en 1841.

SÉSOSTRIS, roi d'Egypte, [illisible] en siècle av. J.-C.

SÉTHOS, roi d'Egypte, [illisible] Seth [illisible] roi d'Assy. 4e. VIIe s. [illisible] av. J.-C.

SÉVÈRE. V. SEPTIME et **ALEXANDRE-SÉVÈRE**.

SÉVERIN (SAINT), abbé, m. [illisible] 507.

SÉVIGNÉ (MADAME DE), célèbre par ses lettres, m. en 1696.

SEXTUS EMPIRICUS, médecin et philosophe, vivait à la fin du [illisible] de notre ère.

SEYMOUR (JEANNE), femme du roi d'Angleterre Henri VIII, mère d'Edouard IV, m. en 1537. [illisible], lord Dudley, frère de la précédente, grand amiral, m. en 1549.

SEYMOUR, homme anglais, prit part aux affaires de Chine en 1856, m. en 1862.

SFORZA, illustre famille italienne. 1450 à 1535.

SHAKESPEARE, le plus grand poète dramatique anglais, m. en 1616.

SHAFTESBURY, célèbre homme politique et philosophe d'Angleterre, m. en 1801.

SHERIDAN, célèbre orateur et auteur dramatique anglais, m. en 1816.

SIBOUR, archevêque de Paris, assassiné en 1857.

SICAMBRES, ancien peuple de la Germanie.

SICARD (l'abbé), célèbre instituteur des sourds-muets français, m. en 1822.

SICHEL, [illisible] oculiste fr., m. à Paris en 1868.

SIDOINE-APOLLINAIRE, [illisible] latin et m. en 489.

SIEYÈS, [illisible] révolution fr. 1748-1836.

SIGEBERT, époux de Brunehaut, m. en 575.

SIGISMOND, Nom porté par trois rois de Pologne, 1506 à 1632.

SIGOVÈSE, [illisible].

SILANUS, préteur romain en Espagne en 200 av. J.-C. **SILANUS**, [illisible] l'an 26 av. J.-C.

SILIUS-ITALICUS, poète latin, m. en l'an 100.

SILLERY (Brulart de), chancelier de France sous Henri IV, 1544-1624.

SILVESTRE (SAINT), pape. Voy. **SYLVESTRE**.

SIMART, sculpteur, 1807-1857. On lui doit un grand prix de Rome en 1833.

SIMÉON, l'un des fils de Jacob, [illisible].

SIMÉON (SAINT, évêque de Jérusalem et martyr, m. en 107.

SIMÉON STYLITE (SAINT), anachorète qui vécut 28 ans au sommet d'une colonne, m. en 459.

SIMIANE (PAULINE DE GRIGNAN, marquise de), fille de madame de Grignan, petite-fille de madame de Sévigné, 1674-1737, fut, comme sa mère et sa grand'mère, célèbre par son esprit et sa beauté.

SIMNEL (LAMBERT), imposteur qui se fit passer pour le duc d'York, fils d'Édouard IV, vers 1487.

SIMON LE MAGICIEN, thaumaturge et hérétique, Ier siècle.

SIMON (Jules-François Simon Suisse, dit Jules), phil. fr., représentant du peuple, ancien ministre, né en 1814.

SIMON-LORIÈRE, gén. fr., né en 1785.

SIMONIDE, phil. et poète grec, remporta des prix aux jeux de la Grèce, Ve siècle av. J.-C.

SIMPLICE (SAINT), pape 468-483.

SIMPLICIUS, phil. du IVe siècle, auteur d'un traité de la religion de Phrygie.

SINCLAIR, agronome écossais du XVIIIe siècle.

SÉRAUDIN, vaudevilliste fr., né vers 1814.

SÉRIEU, latiniste aut. de l'Épitome historiae Graecae, 1760-1838.

SIREY, célèbre jurisconsulte fr. 1762-1845.

SIRICE (SAINT), pape, m. en 398.

SISMONDI (SIMONDE DE), h. l., 1773-1842.

SISYGAMBIS, mère de Darius Codoman.

SIXTE, nom porté par cinq papes, dont le plus célèbre est SIXTE-QUINT, qui releva l'autorité des clefs et rétablit la discipline dans l'Église. 1585-1590.

SLAVES, peuples qui habitaient le centre de l'Allemagne, et comprenant les Russes, les Polonais, les Bohèmes, etc.

SMALKANDE (ligue de), ligue formée par les princes protestants d'Allemagne contre Charles-Quint, et dissoute par lui.

SMERDIS, frère de Cambyse, roi de Perse.

SMERDIS, mage de la Perse, qui usurpa le trône et régna 522 av. J.-C.

SMITH (ADAM), célèbre économiste écossais. 1723-1790.

SMITH, littérateur, né en 1816.

SMITH, voyageur anglais, né en 1808.

SOBIESKI (JEAN), roi de Pologne, m. en 1696.

SOCIALE (LA GUERRE), dans l'histoire romaine, la guerre des alliés sous Marius et Sylla.

SOCIN (LÉON), doctrinaire italien qui niait la Trinité et la divinité du Christ, chef du socinianisme. 1525-1563.

SOCRATE, célèbre philosophe athénien, fut condamné à boire la ciguë, en 400 av. J.-C.

SOLIMAN, nom de plusieurs sultans.

SOLIMÈNE, peintre italien. 1657-1747.

SOLMS (MAISON DE), maison allemande fort ancienne.

SOLON, législateur d'Athènes, un des sept sages de la Grèce; m. en 559 av. J.-C.

SOMBREUIL (MADEMOISELLE DE), sauva son père des massacres de septembre.

SOMERSET (ÉDOUARD SEYMOUR, DUC DE), frère de Jeanne Seymour, femme de Henri VIII, fut décapité sous Édouard VI. 1552.

SOMMER, humaniste fr., né en 1822.

SONDERBUND (LE), ligue catholique formée en Suisse en 1847 pour résister aux ordres de la diète.

SONNINI, naturaliste fr. 1751-1812.

SONTAG (HENRIETTE), célèbre cantatrice allemande. 1805-1854.

SOPHIE (SAINTE), martyre. IIe siècle.

SOPHOCLE, célèbre tragique grec, 495-405 av. J.-C.

SOPHRONIE, l'un des douze petits prophètes.

SOPHONISBE, épouse de Massinissa, qui lui envoya du poison pour la soustraire aux Romains. 235-203 av. J.-C.

SORBIÈRE (SAMUEL), écrivain fr. 1615-1670.

SORBON (ROBERT), chapelain de saint Louis, fonda la Sorbonne. 1201-1274.

SOREL. V. AGNÈS.

SOSIGÈNE, astronome d'Alexandrie, Ier siècle av. J.-C.

SOUBISE (PRINCE DE), maréchal de France, vaincu à Rosbach.

SOUFFLOT, fameux arch. franç., auquel on doit la construction du Panthéon de Paris. 1713-1781.

SOULIÉ (FRÉDÉRIC), célèbre romancier et auteur dramatique fr. 1800-1847.

SOULIER (CHARLES-SIMON-PASCAL SOULIER DE ROCLAUX, dit CHARLES), littérateur, né en 1797.

SOULOUQUE (FAUSTIN Ier, sous le nom de), empereur nègre d'Haïti, né en 1789.

SOULT (DUC DE DALMATIE), maréchal de France; m. en 1852.

SOUMET, litt. fr.; m. en 1845.

SOURDIS (D'ESCOUBLEAU DE), cardinal, archevêque de Bordeaux. 1570-1628. — HENRI, frère du précédent, ami de Richelieu, m. en 1645

SOUTHEY, hist. angl. 1774-1843.

SOUWAROW ou **SOUVAROFF**, gén. russe; m. en 1800.

SOUZA (MADAME DE), litt. fr.; m. en 1836.

SOUVESTRE (EMILE), litt. fr., né en Bretagne. 1806-1854.

SOZOMÈNE, hist. grec du Ve siècle.

SPARTACUS, chef d'esclaves révoltés, péri l'an 71 av. J.-C.

SPEEKE, célèbre voyageur angl., chercha les sources du Nil, m. depuis peu d'années.

SPENCER (HUGUES), favori d'Edouard II d'Anglet.; décapité en 1325. — (EDMOND), poète angl. 1553-1599.

SPENSIPPE, continua les doctrines de Platon, son oncle et son maître. 348 av. J.-C.

SPINA, dominicain du XIIIe siècle, né à Pise, m. en 1313, passe pour avoir inventé les lunettes.

SPINELLI, homme polit. italien, de la famille des princes de Scalea, ministre sous François II de Naples, en 1859.

SPINOLA (AMBROISE, MARQUIS DE), gén. célèbre, né à Gênes en 1571, m. en 1630.

SPINOZA, philosophe panthéiste; m. en 1677.

SPIRE (DIÈTE DE), tenue par Charles-Quint en 1529, et dans laquelle les luthériens protestèrent contre les édits touchant la religion; de là leur nom de *protestants*.

SPONTINI, compositeur italien. 1778-1851.

SPRENGEL, savant médecin prussien. 1766-1833.

SPURZHEIM, célèbre médecin allemand, s'est beaucoup occupé de phrénologie. 1776-1834.

STAAL (MADEMOISELLE DE LAUNAY, BARONNE DE), femme auteur franç., a écrit des *Mémoires* sur le XVIIIe siècle. 1684-1750.

STACE (PAPINIUS), poète épique latin, favori de Domitien, composa la *Thébaïde*. 61-96.

STADION, diplomate, né à Mayence, qui figura aux congrès de Vienne, en 1814 et en 1815. 1763-1824.

STAEL (MADAME DE), fille de Necker, femme célèbre par ses écrits, m. en 1817.

STAFFORD, famille d'Anglet.

d'origine normande, dont le chef fut Paul et l'allié de Guillaume le Conquérant.

STAHL, chimiste allemand. 1660-1734.

STAHREMBERG, feld-maréchal autrichien. 1657-1737.

STANHOPE, gén. anglais, homme d'Etat célèbre, conclut en 1717, avec le cardinal Dubois, le traité de la *Triple alliance*. 1673-1721.

STANISLAS (SAINT), martyr, fut évêque de Cracovie. 1036-1047. — **KOTSKA** (SAINT), fils d'un sénateur polonais, m. en 1568.

STANISLAS Ier, LECZINSKI, roi de Pologne, puis souverain des duchés de Bar et de Lorraine; m. en 1766.

STANLEY, écrivain anglais, né vers 1620, m. à Londres en 1678.

STASSART (BARON DE), homme d'Etat et litt. belge. 1780-1854.

STATIUS, poète comique latin, vécut entre le temps de Plaute et celui de Térence.

STEIBELT, compositeur de musique allemand. 1765-1823.

STEIN (BARON DE), homme polit., né à Nassau en 1757, fonda en 1819, à Francfort, une société des antiquités allemandes.

STEPHENSON, célèbre mécanicien anglais, inventeur de la locomotive. 1781-1848.

STERNE, écriv. angl.; m. en 1768.

STÉSICHORE, poète lyrique grec qu'on fait vivre de 633 à 553 av. J.-C.

STEWARD (DUGALD), philosophe écossais; m. en 1828.

STEWART-DENHAM, économiste, né à Edimbourg en 1713, m. en 1780.

STILICON, gén. sous Honorius.

STILPON, phil. de Mégare, florissait vers 340 av. J.-C.

STROBÉE, compositeur grec du Ve siècle av. J.-C.

STOFFLET, gén. vendéen, fusillé à Angers en 1796.

STOICIENS (les), phil. grecs de la secte de Zénon, disciples de Zénon, se distinguant par l'austérité de leurs principes, et leur fermeté.

STOURM, né en 1797 à Metz, appelé en 1855 à la direction générale des postes. Anc. député, anc. représentant du peuple.

STRABON, géographe grec; mort sous Tibère.

STRADIVARIUS, célèbre facteur d'instruments à cordes, né à Crémone. 1664-1746.

STRAFFORD (COMTE DE), m. déc-

... sous Charles Ier d'Angleterre; condamné à mort. 1565-1641.

STRATON, phil. grec, m. en 270 av. J.-C.

STRÉLITZ (les), corps d'infanterie moscovite licencié par Pierre le Grand.

STROZZI, savant homme d'État florentin. 1372-1452. — (PIERRE), maréchal de France, m. en 1558. — (LÉON), grand prieur des galères de France. 1515-1554.

STUART, nom d'une famille royale d'Écosse et d'Angleterre.

STURM, célèbre mathématicien fr. 1804-1855.

SUARD, litt. et critique français. 1733-1817.

SUARÈS, théol. espagnol. 1548-1617.

SUBERVIE (BARON), gén. et anc. ministre fr., m. en 1776.

SUCCESSION D'ESPAGNE (GUERRE DE LA), terminée au profit de la France, par les traités d'Utrecht et de Rastadt. 1701-1713.

SUCHET (DUC D'ALBUFÉRA), maréchal de France. 1772-1826.

SUE (EUGÈNE), célèbre romancier fr., né en 1804.

SUÉNON. Trois rois du Danemark ont porté ce nom, du commencement du XIe siècle à 1157.

SUÉTONE, hist. latin; né vers 70 av. J.-C.

SUÈVES, anc. peuple de la Germanie qui envahit l'Empire romain.

SUFFOLK (WILLIAM POLE, DUC DE), gén. anglais que Jeanne d'Arc força de lever le siège d'Orléans.

SUFFREN, marin fr., m. en 1788.

SUGER, abbé de Saint-Denis, gouverna la France pendant la croisade de Louis VII. 1083-1152.

SUIDAS, lexicographe grec. On croit qu'il vivait vers le Xe siècle.

SUIN, magistrat et administrateur fr., fut appelé au conseil d'État, puis au sénat; mort en février 1852.

SULPICE (SAINT), évêque de Bourges, m. en 591.

SULPICE-SÉVÈRE, historien ecclésiastique. 365-410.

SUNNITES, secte musulmane dont les adhérents prétendent conserver la vraie tradition.

SURCOUF, fameux corsaire, descendant, dit-on, par sa mère, de Duguay-Trouin. 1773-1827.

SUZANNE, femme célèbre par sa chasteté; née en 609 av. J.-C.

SWEDENBORG, savant suédois, fondateur d'une secte religieuse. 1688-1772.

SVERKER Ier, roi de Norwège, reconquit son royaume sur l'usurpateur Magnus. 1179-1185.

SWIFT (JONATHAN), célèbre litt. irlandais. 1667-1745.

SYAGRIUS, gén. rom., fut vaincu par Clovis à Soissons, m. en 486.

SYLLA, dictateur romain; m. en 78 av. J.-C.

SYLVESTRE. Trois papes ont porté ce nom, de 314 à 1044.

SYLVIA (RHÉA), mère de Romulus et de Rémus.

SYMMAQUE, orateur romain, m. en 410. — (pape), m. en 514.

SYMPHORIEN (SAINT), martyr, m. en 179.

SYNÉSIUS, évêque et écrivain grec. 370-430.

SYPHAX, roi de Numidie, fut vaincu par Scipion. 203 av. J.-C.

T

TABARIN, célèbre acteur de farces, qui jouait sur le Pont Neuf au temps de Louis XIII.

TABLE-RONDE (LA), institution de chevalerie au VIe siècle.

TACITE, célèbre historien latin. 54-130.

TAFNA (TRAITÉ DE LA), conclu entre le gén. Bugeaud et Abd-el-Kader. 1837.

TAGLIONI, célèbre danseuse, née à Stockholm, en 1804.

TAILLANDIER (SAINT-RENÉ), litt. français, né en 1817, memb. de l'Académie française.

TAINE, litt. fr., né en 1828.

TALBOT, chef de l'armée anglaise au temps de Jeanne d'Arc.

TALBOT (JEAN), célèbre général anglais qui se distingua dans les guerres entre Charles VI et Charles VII; tué à Castillon. 1453.

TALHOUET (MARQUIS DE), député fr., né en 1822.

TALLARD (COMTE DE), maréchal de France, ministre sous Louis XIV. 1652-1728.

TALLEMENT DES RÉAUX, aut. des *Historiettes*; m. en 1858.

TALLEYRAND-PÉRIGORD, célèbre diplomate fr.; m. en 1838.

TALLIEN, célèbre conventionnel, m. en 1820.

TALLIEN (MADAME), femme du précédent; m. en 1835.

TALMA, célèbre tragédien fr.; m. en 1826.

TALON (OMER), célèbre magistrat fr. 1595-1652.

TALON, anc. représentant du peu-[illegible], né en 1800.

TAMBURINI, chanteur ital[illegible], [illegible] en 1800.

TAMERLAN, roi tartare; m. en 1[illegible].

TANAQUIL, femme de Tarquin l'Ancien.

TANCARVILLE (VICOMTE DE MELUN, COMTE DE), eut beaucoup de crédit sous le roi Jean et sous Charles V; m. en 1382.

TANCRÈDE, prince sicilien; m. en 1112.

TANNEGUY-DUCHATEL, vaillant capitaine sous Charles VII; m. en 1449.

TAO-KOUANG, emp. de la Chine, de 1820 à 1850, soutint une guerre inégale contre les Anglais.

TARAISE (SAINT), patriarche de Constantinople, né vers 740, m. en 8[illegible].

TARBÉ, archéologue fr., né en 1817.

TARDIEU, médecin fr., membre de l'Acad. de médecine, né en 1818.

TARDS-VENUS (LES), compagnies d'aventuriers qui se formèrent en France après la paix de Brétigny, 1360.

TARIK ou **TARIF**, gén. arabe, envahit l'Espagne en 711.

TARQUIN L'ANCIEN, 5e roi de Rome.

TARQUIN LE SUPERBE, 7e et dernier roi de Rome, de 534 à 509 av. J.-C.

TARTAS, gén. fr., anc. représentant du peuple, né en 17[illegible].

TASCHER DE LA PAGERIE (COMTE DE), sénateur fr., né en 1787, m. en 1861.

TASCHEREAU, litt. fr., anc. député et représentant, né en 1801.

TASSMAN, navigateur hollandais, découvrit la *Tasmanie* et la *Nouvelle-Zélande*, né vers 16[illegible].

TASSE (LE), illustre poète italien, auteur de la *Jérusalem délivrée*; m. en 1595.

TASSILLON, duc de Bavière, se révolta contre Charlemagne et fut fait prisonnier, 788.

TASSIN, savant bénédictin. 1697-1777.

TASSONI, poète italien. 1565-1635.

TATIUS, roi des Sabins, 744 av. J.-C.

TAVANNES (GASPARD SAULX DE), maréchal de France. 1509-1573.

TAVANNES (GUILLAUME DE), a laissé des mémoires historiques fort estimés. 1553-16[illegible].

TAVANNES (JEAN DE), ligueur acharné; m. en 1660.

TAVERNIER, célèbre voyageur fr. 1605-1686.

TAYLOR, gén. et président des États-Unis d'Amérique. 1790-1850.

TAYLOR, voyageur et litt. fr., membre de l'Institut, né à Bruxelles en 17[illegible].

TAYLOR, voyageur et litt. améri-cain, né en 1825.

TCHÈQUES, nom que les habitants slaves de la Bohême portent dans leur langue.

TECTOSAGES, peuple de la Gaule dans la province Narbonnaise.

TÉGLATH-PHALAZAR, roi de Ninive, m. en 724 av. J.-C.

TÉGNER, poète suédois. 1782-1846.

THÉAS, dernier roi des Odryses, en [illegible], m. en 358.

TÉKÉLI, magnat hongrois, chef d'un soulèvement contre l'Autriche. 1658-1705.

TÉLÉMAQUE, fils d'Ulysse et de Pénélope, voyagea sous la conduite de Minerve pour retrouver son père.

TÉLÉSILLA, femme poète d'Argos, sauva sa patrie attaquée par les Spartiates. 511 av. J.-C.

TELL (GUILLAUME), chef de la révolution qui affranchit la Suisse, en 1307.

TEMPLIERS (LES), ordre religieux et militaire fondé à Jérusalem en 1118, détruit en France par Philippe le Bel en 1314.

TENCIN (CARDINAL DE), archevêque de Lyon, ministre de Louis XV. 1684-1758. — (MADAME DE), sœur du précédent, femme auteur, mère de d'Alembert. 1681-1749.

TENDE (HONORÉ, COMTE DE), maréchal de France. 1500-1580.

TÉNIERS, peintre flamand; m. en 1694.

TERBARG, peintre hollandais, m. en 1681.

TÉRENCE, poète latin; m. en 159 av. J.-C.

TERMANTIA, dame romaine, pre-mière [illegible].

TERNAUX, célèbre manufacturier fr. 1763-1833.

TERRAIL (PIERRE DU), célèbre [illegible], né en 1476.

TERRASSON (L'ABBÉ), litt. fr. 1670-1750.

TERRAY (L'ABBÉ), contrôleur général des finances sous Louis XV, détesté à cause de ses financières. 1715-1778.

TERREUR (LA), période de la Révolution française qui s'étend du 31 mai 1793 à la chute de Robespierre.

TERTULLIEN, célèbre docteur de l'Église, m. en 245.

TESSÉ (COMTE DE), maréchal de France, mort 1725.

TÊTES-RONDES, institution de la chevalerie du VIe siècle.

TETRICUS, usurpa la pourpre à Bordeaux en 258.

TEUTATES, dieu des Germains et des Gaulois, auquel on sacrifiait des victimes humaines.

TEUTONIQUES (CHEVALIERS), ordre religieux et militaire, fondé à Jérusalem par les Allemands. 1128. Napoléon les supprima en 1809.

TEUTONS, nom commun à plusieurs anciens peuples de la Germanie.

TEXIER, archéol. et voyageur fr., membre de l'Institut, né en 1802.

TEXIER, litt. fr., né en 1816.

THADDÉE ou **TADÉE**, surnom de saint Jude.

THAER (ALBERT), célèbre agronome, né en Hanovre. 1782-1850.

THAYER, sénateur, fr., né en 17.. (EDOUARD-JAMES), frère du précédent, sénateur fr., né en 1802.

THALÈS, philos. célèbre de la Phénicie, l'un des sept sages de la Grèce, m. en 548 av. J.-C.

THÉATINS, ordre religieux fondé à Rome en 1524, pour assister les malades et les prisonniers.

THÉBAIN. LÉGION THÉBAINE ou **THÉBÉENNE**, légion rom. composée de Thébains et commandée par saint Maurice; ayant refusé à Dioclétien de sacrifier aux idoles, elle fut massacrée.

THÉMISTOCLE, le plus illustre des généraux d'Athènes; m. en exil, en 470 av. J.-C.

THÉNARD, chimiste fr., fut pair de France, vice-président du conseil de l'instruction publique. 1777-1857.

THÉOCRITE, poète grec, du IIIe siècle av. J.-C.

THÉODEBALD, roi d'Austrasie, en 548.

THÉODAT, épousa Amalasonte, reine des Visigoths, et la fit périr; 534 Vitigès le mit à mort. 536.

THÉODEBERT Ier, petit fils de Clovis, roi d'Austrasie, m. en 548.

— **THÉODEBERT II**, roi d'Austrasie, m. en 612.

THÉODOMIR, prince visigoth, fonda en Espagne un État indépendant. 711.

THÉODORA, nom de plusieurs impératrices d'Orient.

THÉODORE, soldat et martyr. 306.

THÉODORE (SAINT), archevêque de Cantorbéry, m. en 690.

THÉODORE Ier, pape. 642-649.

THÉODORE II, pape. 898.

THÉODORET, hist. ecclésiastique. 387-458.

THÉODORIC Ier, roi des Visigoths, tué à la bataille de Chalons. 451.

THÉODORIC II, roi des Visigoths, m. en 466.

THÉODORIC LE GRAND, roi des Ostrogoths, célèbre parmi les barbares, m. en 526.

THÉODOROS, emp. d'Abyssinie, périt à *Magdala*, lors de l'expédition anglaise. 1868.

THÉODOSE Ier. LE GRAND, empereur romain, de 379 à 395. Trois empereurs ont porté ce nom.

THÉODOSIEN (CODE), recueil de lois rom. publiées par Théodose II. 438.

THÉODULFE, évêque d'Orléans sous Charlemagne, fut le restaurateur des lettres, m. en 821.

THÉON, savant mathém. d'Alexandrie. IVe siècle.

THÉOPHANE, historien grec de Mytilène, s'attacha à la fortune de Pompée.

THÉOPHILE (SAINT), l'un des Pères de l'Église, évêque d'Antioche, m. en 193.

THÉOPHILE, emp. d'Orient, m. en 842.

THÉOPHRASTE, philos. grec, aut. des *Caractères*, IVe siècle av. J.-C.

THÉOPOMPE, roi de Sparte. 770-723 av. J.-C. — Orateur et hist. grec, IVe siècle av. J.-C.

THÉOT (CATHERINE), française, fameuse visionnaire. 1725-1794.

THÉRAMÈNE, gén. et orateur athénien, fut l'un des trente tyrans, m. en 403.

THÉRÈSE (SAINTE), carmélite, célèbre par ses visions et par l'amour divin le plus exalté; m. en 1582.

THERMES (DES), maréchal de France. 1482-1562.

THERMIDOR (LE 9) 27 juillet 1794, journée de la Révolution qui mit fin à la *Terreur* et par la condamnation de Robespierre, m. sur l'échafaud.

THERPANDRE, célèbre musicien grec, né à Lesbos. VIIe siècle av. J.-C.

THERSANDRE, l'un des Épigones, fils de Polynice, roi de Thèbes. XIIIe siècle av. J.-C.

THERSITE, Grec lâche et insolent qu'Achille tua d'un coup de poing.

THÉSÉE, héros grec, 10e roi d'Athènes, environ XIIIe siècle av. J.-C.

THESPIS, créateur de la tragédie grecque. VIe siècle av. J.-C.

THÉVENOT (JEAN DE), voyageur fr. 1633-1667.

THIARD (PONTUS DE), évêque de Châlon-sur-Marne, fut porté des poètes de la pléiade fr. 1521-1605.

THIBAUDEAU, conventionnel, 1765-1854. Proscrit par Louis XVIII, il ne put rentrer en France qu'après la révolution de 1830.

THIBAUT, comte de Champagne, composa des chansons; m. en 1254.

THIBOUST (LAMBERT), auteur dramatique fr., m. en 1868.

THIERRI. Quatre princes mérovingiens ont porté ce nom.

THIERRY (SAINT), abbé, m. en 533. — Évêque d'Orléans, m. en 1016.

THIERRY (AUGUSTIN), illustre hist. fr. 1795-1856.

THIERRY (AMÉDÉE), frère du précédent, hist. et administrateur fr., membre de l'Institut, né en 1797.

THIERS (ADOLPHE), illustre hist. fr., célèbre homme d'État, ex-président de la République fr., né en 1797.

THIEULLEN (BARON DE), homme polit. fr., sénateur, né en 1789.

THOMAS (SAINT), l'un des douze apôtres.

THOMAS D'AQUIN (SAINT), docteur de l'Église; m. en 1274.

THOMAS, litt. fr.; m. en 1785.

THOMAS (CLÉMENT), anc. représentant du peuple fr., né en 1809, fusillé pendant la Commune, en 1871.

THOMAS, compositeur fr., membre de l'Institut, né en 1811.

THOMAS, architecte et voyageur fr., né en 1815.

THOMAS, sculpteur fr., né en 1821.

THOMPSON, poète écossais; m. en 1748.

THOMPSON, gén. anglais, économiste et homme polit., né en 1783.

THORIGNY (THIBECE LEULLION DE), magistrat fr., sénateur, ancien ministre, né en 1798.

THOU (DE), magistrat français; m. en 1617.

THOUIN (ANDRÉ), célèbre horticulteur fr. 1747-1823.

THOURET, publiciste fr., ancien représentant du peuple, né en 1807.

THOUVENEL, homme polit. et diplomate fr., sénateur, né en 1818.

THRASÉAS, sénateur romain, né au commencement du 1er siècle, protesta contre la tyrannie de Néron.

THRASYBULE, gén. athénien, vers 411 av. J.-C.

THUCYDIDE, hist. grec; m. en 395 av. J.-C.

THUILLIER, peintre paysagiste fr., né en 1799.

THUILLIER (MARQUISE LOUISE), fille du précédent, peintre paysagiste, née en 1829.

THUROT, fameux corsaire 1727-1760.

THYESTE, frère d'Atrée.

TIBÈRE, emp. romain, m. en 37.

TIBULLE, poète latin, m. en 18 av. J.-C.

TIECK (LOUIS), litt. allemand. 1773-1853.

TIERS-ÉTAT, nom donné autrefois en France à la portion de la nation qui n'était comprise ni dans le clergé ni dans la noblesse; les députés du Tiers-État.

TIGELLIN, favori et ministre de Néron. Condamné à mort par Galba, il se coupa la gorge, en 69.

TIGRANE LE GRAND, roi d'Arménie; m. en 60 av. J.-C.

TILLANCOURT, homme polit. fr., né en 1809.

TILLEMONT (SÉBASTIEN LE NAIN DE), hist. fr. 1637-1698.

TILLETTE DE CLERMONT-TONNERRE (BARON), homme polit. fr., né en 1789.

TILLY (COMTE DE), gén. allemand; m. en 1632.

TIMÉE, phil. pythagor., né à Locres, IVe siècle av. J.-C.

TIMOLÉON, célèbre gén. corinthien, chassa Denys le jeune de Syracuse; m. en 337 av. J.-C.

TIMON, célèbre phil. athénien, Ve siècle av. J.-C.

TIMOTHÉE (SAINT), poète et musicien grec, 446-358 av. J.-C. — Célèbre gén. athénien, mourut en exil, IVe siècle av. J.-C.

TINTORET (LE), célèbre peintre de l'école vénitienne, élève du Titien. 1512-1594.

TIPPOO-SAEB, célèbre prince indien, combattit vaillamment les Anglais, fut tué à la prise de Seringapatam. 1749-1799.

TIRÉSIAS, devin de Thèbes.

TIREUR (FRANC), soldat volontaire des compagnies franches organisées pendant la guerre contre la Prusse (1870) et qui combattait en tirailleur dans les bois.

TIRIDATE Ier, roi d'Arménie, 23-73. — **TIRIDATE II**, le Grand, 2??-314.

TISSOT, célèbre médecin suisse, 1728-1797.

TISSOT, litt., membre de l'Acad. fr. 1768-1854.

TITE-LIVE, hist. latin, m. en 19.

TITIEN (LE), peintre italien, m. en 1576.

TITUS, 10e empereur romain, de 79 à 81.

TOBIE, Israélite célèbre par ses vertus, était aveugle.

TOCQUEVILLE, publiciste et homme d'État fr., 1805-1859.

TOPFFER, célèbre écrivain genevois, 1799-1846.

TOYRAL-BEG, fondateur de la dynastie des Seldjoucides, conquit la haute Asie, 993-1063.

TOIRAS (DE), maréchal de France sous Louis XIII, prit du service en Savoie, 158.-16.5.

TOISON D'OR (ORDRE DE LA), ordre de chevalerie institué en 1429 par Philippe le Bon, duc de Bourgogne.

TOLET, jésuite, prédicateur de plusieurs papes, remplit avec honneur diverses missions importantes. 1532-1596.

TOPINO-LEBRUN, peintre d'hist., né en 1764, exécuté en 1800, compromis dans la conspiration d'Aréna contre le 1er consul.

TORCY, marquis de, neveu de Colbert et ministre de Louis XIV, 1665-1746.

TORQUEMADA, premier inquisiteur gén. d'Espagne, en expulsa les Juifs. 1420-1498.

TORRES, célèbre gén. portugais. 1720-1822.

TORRICELLI, célèbre physicien italien, inventeur du baromètre, 1608-1647.

TORY, surnom donné en Angleterre aux partisans du pouvoir royal, en oppos. aux Whigs.

TORTENSON, général suédois, se distingua pendant la guerre de Trente Ans. 1603-1651.

TOSCANELLI, astronome, né à Florence en 1397, m. en 1482.

TOTILA, roi des Ostrogoths, reprit aux Grecs presque toute l'Italie. 5..-552.

TOULLIER, jurisconsulte franç. 1752-1835.

TOULONGEON (VICOMTE DE), hist. fr., né en 1748.

TOULOUSE, RAYMOND DE, l'un des chefs de la 1ère croisade. 1042-1105.

TOURNEFORT, botaniste fr., auteur d'une classification méthodique estimée. 1656-1708.

TOURNEMINE (le Père), savant ..., dirigea pendant 14 ans le Journal de Trévoux. 1661-1739.

TOURNEMINE (GARNON DE), gén. ... 17..

TOURNEUX, ingénieur français, né en 1811.

TOURNON (FRANÇOIS DE), cardinal fr., conseiller de François 1er, négocia le *Traité de Madrid*; m. en 1562. — MAILLARD DE, cardinal fr., légat en Chine. 1668-1710.

TOURVILLE (COMTE DE), célèbre amiral fr., perdit en 1692 la bataille navale de *la Hogue*. 1642-1701.

TOUSSAINT LOUVERTURE). *Voy.* **LOUVERTURE.**

TOUSSENEL, publiciste fr., né en 1803.

TRACY (DESTATT DE), philos. fr. 1754-1802.

TRAJAN, emp. romain, s'illustra par son administration intérieure, mais il persécuta les chrétiens. 52-117.

TRAUN (COMTE DE), feld-maréchal autrichien. 1677-1748.

TRAVOT, ... franç. 1767-1836.

TRÉBELLIEN, usurpateur, avait d'abord été pirate. Proclamé en 264, il perdit l'empire suivante.

TRÉBONIUS, tribun du peuple, lieutenant de César dans les Gaules. Tué en 43 à S...

TRIBUTIEN, antiquaire fr., né en 180.

TRÉHOUART, marin fr., sénateur, né en 179.

TREILHARD (J.-B. COMTE), prit une grande part aux décrets sur la constitution du clergé, sur la rédaction des codes de l'État civil par l'autorité temporelle. 1742-1810.

TRÉLAT, médecin fr., anc. représentant, anc. ministre, né en 1795.

TREMBLEY, grand naturaliste, né à Genève en 1700, m. en 1784.

TRÉMOILLE (LA). *Voy.* **LA TREMOILLE.**

TRENTE (CONCILE DE), concile œcuménique qui se tint à *Trente*, 1545-1563, où les protestants furent entendus et condamnés.

TRENTE ANS (GUERRE DE), lutte des princes protestants d'Allemagne que contre les princes catholiques. 1618-1648.

TRENTE TYRANS (LES), magistrats imposés aux Athéniens après la guerre du Péloponèse et la prise d'Athènes. 404 av. J.-C.

TRESSAN (COMTE DE), gén. et littér., membre de l'Académie française. 1705-1783.

TRÊVE DE DIEU, suspension d'armes demandée par l'Église et observée par les seigneurs pendant certain jours de l'année. Elle fut instituée sous Henri 1er, en 1041.

TRÉVISANI, peintre italien. 1656-1746.

TRÉVISE (MORTIER, DUC DE). *V.* **MORTIER.**

TRÉZEL, gén. fr., ancien ministre et pair, 1780-1860.

TRÉZEL, théâtre fr., né en 1782.

TRIBONIEN, célèbre jurisconsulte qui réunit, par l'ordre de Justinien, les collections du droit romain, m. en 56.

TRIBOULET, fou célèbre de Louis XII et de François 1er, m. en 1536.

TRIBUR (Diète de), dans laquelle les Allemands déposèrent Charles le Gros, en 887.

TRICOTEUSES (les), femmes qui, sous la 1re républ., assistaient en tricotant aux clubs, aux séances de la Convention.

TRIPIER, avocat célèbre, conseiller à la cour de cassation, député, pair de France. 1765-1840.

TRISSIN, poète italien. 1478-1550.

TRISTAN, grand-prévôt de Louis XI.

TRISTAN D'ACUNHA, navigateur portugais, au commencement du XVIe siècle.

TRIUMVIRAT. Il y eut à Rome le triumvirat de Pompée, de César et de Crassus, puis celui d'Octave, d'Antoine et de Lépidus.

TRIVULCE, seigneurs originaires de Milan, prirent part aux guerres de Louis XI et de François 1er en Italie.

TROBRIAND (KERDERN DE), gén. fr., né en 1780.

TROCADÉRO (Passage du), pris les Français, sous les ordres du duc d'Angoulême, 1823, sur les Espagnols.

TROCHU, gén. fr., né en 1815, fut gouverneur de Paris pendant la guerre de 1870-1871.

TROGLODYTES, peuples fabuleux de l'Abyssinie qui se nourrissaient de reptiles et de lézards, et vivaient dans des cavernes.

TROGUE-POMPÉE. V. POMPÉE (Trogue).

TROILE ou **TROILUS**, fils de Priam et d'Hécube.

TROLLEY, jurisconsulte fr., né en 1808.

TROMP, nom de deux célèbres marins hollandais au XVIIe siècle.

TRONCHET, défenseur de Louis XVI; m. en 1806.

TRONCHIN, célèbre médecin genevois. 1709-1781.

TRONSON DU COUDRAY, célèbre avocat qui défendit la reine Marie-Antoinette, membre du conseil des Anciens. 1750-1798.

TROPLONG, célèbre jurisconsulte fr., président du sénat sous Napoléon III. 1795-1869.

TROUBADOURS, nom donné aux poètes provençaux au moyen-âge. Ils parlaient la langue d'oc.

TROUSSEAU, célèbre médecin fr., m. en 1867.

TROUVÈRES, nom donné aux anc. poètes des provinces du Nord; ils écrivaient en langue d'oïl. Ils fleurissent du XIIe au XIVe siècle.

TROYON, célèbre peintre franç., m. en 1865.

TRUBLET, abbé, litt. et compilateur fr., m. en 1770.

TRUCHET, célèbre mécanicien fr. 1657-1729.

TRUDAINE, intendant gén. des finances, 1703-1769.

TRUGUET, amiral. 1752-1839.

TRYPHON (Diodote, dit), usurpateur du trône de Syrie, m. en 142 av. J.-C. — Autre de ce nom, chef des esclaves siciliens, révoltés contre les Romains, fut battu et pris. 99 av. J.-C.

TUBALCAIN, fils de Lamech et de Tsilla, inventa l'art de travailler le fer et l'airain. 3000 av. J.-C.

TUCHINS (les), aventuriers qui ravagèrent le Poitou et l'Auvergne au XIVe siècle.

TUDOR, nom d'une famille qui occupa le trône d'Angleterre, de 1485 à 1603.

TULLIE, fille de Servius Tullius et femme de Tarquin. 210 av. J.-C.

TULLUS HOSTILIUS, 3e roi de Rome, de 670 à 617 av. J.-C.

TULLIUS SERVIUS. V. SERVIUS.

TULOU, célèbre flûtiste franç., né en 1786.

TURCS (les), grande famille de peuples orientaux du Turkestan.

TURENNE (VICOMTE DE), illustre maréchal de France; m. en 1675.

TURGOT, célèbre économiste; m. en 1781.

TURNÈBE, savant philologue. 1512-1565.

TURNER, hist., né à Londres en 1775, m. en 1851.

TURNER, théol. américain, né en 1790.

TURNUS, roi des Rutules, tué par Énée.

TURPIN ou **TULPIN**, archevêque de Reims, fut conseiller de Charlemagne; m. en 800.

TURQUETY, poète fr., né en 1807.

TYCHO-BRAHÉ, astronome suédois. 1546-1601.

TYRREL, hist., né à Londres en 1642, m. en 1718.

TYRRHÉNIENS, anc. peuples d'Italie.

TYRTÉE, poète athénien; m. en 668 av. J.-C.

U

UGALDE (JOSÉPHINE BEAUCÉ, DAME), cantatrice fr., née en 1829.

UGOLIN, magistrat de Pise, du parti des Guelfes; m. de faim dans une tour. 1288.

UHRICH, gén. fr., né en 1822, défendit Strasbourg contre les Allemands, en 1870.

ULLIAC-TRÉMADEURE (MADEMOISELLE SOPHIE), femme de lettres fr., née en 1794.

ULPIEN, illustre jurisconsulte romain, ministre d'Alexandre-Sévère, m. en 230.

ULRIC (SAINT), évêque d'Augsbourg. X° siècle.

ULRICH, poète allemand, né en 1813.

ULRIQUE (ÉLÉONORE), reine de Suède, sœur de Charles XII. 1688-1741.

ULYSSE, époux de Pénélope, prit part à la guerre de Troie.

UNION (ACTE D'), acte du parlement britannique par lequel l'Irlande fut réunie administrativement à la Grande-Bretagne, et le parlement de Dublin supprimé. 1801.

URBAIN (SAINT), pape et martyr, m. en 230.

URBAIN. Nom porté par huit papes, de 223 à 1644; c'est sous Urbain II que se tint le concile de Clermont, où fut prêchée la 1re croisade.

URFÉ (HONORÉ D'), célèbre romancier fr. 1567-1625.

URSINS (PRINCESSE DES), favorite de la reine d'Espagne, femme de Philippe V, gouverna sous ce prince; m. en 1722.

URVILLE (DUMONT D'), V. DUMONT.

URSULE (SAINTE), martyre en 452.

URSULINES (ILS), ordre de religieuses sous l'invocation de sainte Ursule, institué en 1537 par sainte Angèle de Brescia.

UTRECHT (TRAITÉ D'), qui mit fin, en 1713, à la guerre de la succession d'Espagne.

UXELLES (MARQUIS D'), maréchal de France. 1652-1730.

V

VACHEROT, phil. fr., né en 1809. Publications diverses.

VACQUERIE, litt. fr., né en 1818.

VADIER, fougueux conventionnel. 1765-1828.

VAILLANT (JEAN), savant franç. 1632-1706. — (SÉBASTIEN), botaniste fr. 1669-1722.

VAILLANT, marin fr., né en 1793, contre-amiral, m. en 1858.

VAISSE, administrateur fr., anc. ministre, sénateur, né en 1799.

VALAZÉ (DUFRICHE DE), membre de la Convention, né en 1751, m. en 1793.

VALDEMAR. Nom porté par quatre rois de Danemark, de 1157 à 1376.

VALDIVIA, l'un des compagnons de Pizarre, m. en 1559.

VALÉE (COMTE), maréchal de France, gouv. gén. de l'Algérie. 1773-1846.

VALLÉE (OSCAR DEVALLÉE et DE), litt. fr., né en 1821.

VALENS, emp. romain. 364-378.

VALENTIN (SAINT), martyr, m. en 270.

VALENTIN, peintre fr. 1600-1632.

VALENTINE DE MILAN ou **VALENTINE VISCONTI**, épousa, en 1389, Louis d'Orléans, frère de Charles VI.

VALENTINIEN Ier, emp. romain, de 364 à 375.

VALENTINIEN II, emp. romain d'Occident, de 424 à 455.

VALENTINOIS (DUCHESSE DE). V. POITIERS (DIANE DE).

VALÈRE-MAXIME, hist. latin, fut admis à la cour de Tibère.

VALÉRIEN, emp. romain, de 253 à 260.

VALÉRIUS FLACCUS, poète latin.

VALÉRIUS PUBLICOLA, collègue de Brutus; 509 av. J.-C.

VALÉRY (SAINT), abbé, m. en 622.

VALHUBERT, gén. fr. 1764-1805.

VALMY (DUC DE), titre donné par Napoléon au gén. Kellermann.

VALMY (ÉDOUARD DE KELLERMANN, DUC DE), homme polit. fr., né en 1812, petit-fils du précédent.

VALINCOURT (DU TROUSSET DE), historiog. de Louis XIV. 1653-1730.

VALOIS (HENRI DE), historiographe de France. 1603-1676.

VANCOUVER, navigateur angl.; m. en 1798.

VANDALES, ancien peuple de la Germanie.

VAN-DYCK, célèbre peintre et graveur flamand; m. en 1641.

VANIÈRE (LE PÈRE), jésuite fr., poète latin moderne. 1664-1739.

VANLOO, peintre fr.; m. en 1745.

VAPEREAU, litt. français, né en 1819.

VARNER, vaudevilliste français. 1789-1854.

VARRON, consul romain, vaincu à Cannes en 216 av. J.-C.

VARRON, poète latin; m. en 26 av. J.-C.

VARUS, gén. romain, périt, avec 3 légions, dans une embuscade où il fut attiré par Arminius, l'an 9 av. J.-C.

VASA, famille souveraine qui a pour tige Gustave Wasa, lequel délivra la Suède de la domination danoise en 1523.

VASCO DE GAMA. *V.* **GAMA.**

VASCONS, anc. peuples de l'Espagne, qui s'établirent au VI° siècle dans les Gaules.

VASILI, nom de plusieurs princes et czars de Russie.

VASQUEZ, théologien espagnol, surnommé l'*Augustin de l'Espagne.* 1551-1604.

VASTHI, femme d'Assuérus, roi de Perse.

VATEL, maitre d'hôtel qui se tua, en 1671.

VATIMÉNIL (Henri Lefebvre de), homme d'État, fut ministre de l'instruction publique. 1789-1860.

VATOUT (Jean), homme polit. et spirituel écrivain fr. 1792-1848.

VATTEVILLE (Dom Jean de), abbé de Baume-les-Dames, devint pacha à Constantinople, m. en 1703.

VAUBAN, célèbre ingénieur militaire, sous Louis XIV.

VAUBLANC (Comte de), ministre de Louis XVIII. 1756-1845.

VAUBOIS, général français, défendit héroïquement l'île de Malte. 1748-1833.

VAUCANSON, mécanicien fr.; m. en 1782.

VAUDOIS (Les), secte d'hérétiques qui, persécutés, se retirèrent en Piémont. Ils avaient pour fondat. Pierre Valdo. 1179

VAUDREY, officier fr., sénateur, né en 1784.

VAUDREUIL (Marquis de), dernier gouv. du Canada sous la domination franç. — (Philippe de), fils du précédent, conquit le Sénégal.

VAUGELAS, grammairien fr.; m. en 1650.

VAULABELLE, hist. fr., ancien représentant du peuple, anc. ministre, né en 1799.

VAULABELLE, vaudevilliste fr., né en 1802, frère du précédent.

VAUQUELIN, célèbre chimiste fr. 1763-1829.

VAUQUELIN DE LA FRESNAYE, poète fr. 1536-1606.

VAUVENARGUES, moraliste fr., m. en 1747.

VAUX (Comte de), maréchal de France. 1705-1788.

VAVIN, homme polit. fr., député, né en 1793.

VÉGA (Lope de). *V.* **LOPE.**

VÉLASQUEZ, célèbre peintre espagnol; m. en 1660.

VÉLASQUEZ, gén. espagnol, accompagna Colomb dans son 2° voyage; m. en 1523.

VELLÉDA, druidesse et prophétesse de Germanie, sous l'empereur Vespasien.

VELLEIUS PATERCULUS, hist. latin du temps d'Auguste et de Tibère.

VELLY (L'Abbé), historien fr.; m. en 1759.

VELPEAU, chirurgien fr., membre de l'Institut et de l'Académie de médecine, né en 1795.

VENCE (L'Abbé de), commentateur de la Bible. 1766-1749.

VENCESLAS. Il y a eu quatre princes de ce nom, en Bohême, en Hongrie et en Allemagne.

VENDÉE (Guerre de), guerre des royalistes de l'Ouest insurgés contre la République en 1793.

VENDOME (Duc de), gén. fr.; m. en 1712.

VÉNÈDES, peuple de Germanie, vers l'embouchure de la Vistule.

VÉNÈTES (Les), peuple d'origine slave qui donna son nom à la Vénétie.

VENTURA (Rév. Père Joachim), orateur et théolog. italien, né en 1792, m. à Versailles en 1861.

VÊPRES SICILIENNES (Les), massacre des Français par les Siciliens le lundi de Pâques, en 1282.

VERCINGÉTORIX, chef gaulois qui défendit l'indépendance de son pays contre César; vaincu l'an 52 av. Jésus-Christ.

VERDI, compositeur italien, né en 1814.

VERGENNES (Comte de), ministre des affaires étrangères sous Louis XVI. 1717-1787.

VERGÉ, publiciste fr., né en 1810

VERGIER, poète fr. 1657-1720.

VERGNIAUD, célèbre orateur girondin; m. en 1793.

VERHUELL, amiral hollandais. 1764-1845.

VERMANDOIS (Raoul Ier, Comte de), sénéchal de Louis le Gros, roi de France; m. en 1155.

VERMOREL, journaliste franç., membre de la Commune, mort prisonnier à Versailles, 1871.

VERNET (CLAUDE-JOSEPH), peintre de marine fr., m. en 1789.

VERNET (CARLE), fils du précédent, célèbre peintre de batailles; m. en 1836.

VERNIER, célèbre mathém. fr., inventeur de l'instrument dit *Vernier*. 1580-1637.

VERNON, amiral angl. 1684-1757.

VÉRON, publiciste fr., docteur en médecine, député, né en 1798.

VÉRONÈSE (PAUL), célèbre peintre italien; m. en 1588.

VÉRONIQUE (SAINTE), femme juive qui, suivant la tradition, essuya le visage de Jésus montant au Calvaire, avec un linge blanc, où se grava l'empreinte des traits du Sauveur.

VERRÈS, Romain accusé de concussion par Cicéron.

VERROCHIO, peintre et sculpteur florentin, maître du Pérugin et de Léonard de Vinci. 1428-1488.

VERTOT, hist. fr.; m. en 1735.

VÉRUS (LUCIUS), associé à l'empire par Marc-Aurèle. 130-169.

VÉSALE, le premier médecin anatomiste, né à Bruxelles. 1514-1564.

VESPASIEN, emp. romain, de 67 à 79.

VESTRIS, célèbre danseur qui se disait le *dieu de la danse*. 1729-1808.

VEUILLOT (LOUIS), litt. et journaliste fr., né en 1813.

VIARDOT, peintre fr., né en 1805.

VICENCE. Le titre de duc de Vicence fut donné par Napoléon 1er à Caulaincourt.

VICO, phil. italien; m. en 1744.

VICTOR. Trois princes de Savoie ont porté ce nom jusqu'en 1796. Le dernier, Victor-Emmanuel, est roi aujourd'hui de l'Italie entière.

VICTORIA, reine d'Angleterre, veuve du prince Albert de la maison de Cobourg, née en 1819.

VICTORIEN (SAINT), proconsul d'Afrique et martyr, m. en 484.

VIEILLARD, sénat., né en 1791.

VIEIL-CASTEL (COMTE DE), litt. fr., né en 1797.

VIEN, célèbre peintre fr. 1716-1809.

VIENNE (JEAN DE), amiral de France, servit sous Charles V et Charles VI, fit une descente en Angleterre. Tué à Nicopolis, en 1396.

VIENNET, litt. et homme polit. fr., membre de l'Acad. franç., pair et député, né en 1777.

VIEUXTEMPS, célèbre violoniste belge, né à Verviers, en 1820.

VIEUZAC (BARÈRE DE), célèbre conventionnel, membre du comité de Salut public. 1755-1841.

VIGÉE, poète com.q. fr. 1758-1820.

VIGER, célèbre homme d'État canadien, m. en 1861.

VIGNE, peintre belge, né en 1806.

VIGNY (ALFRED-VICTOR, COMTE DE), poète fr., membre de l'Institut, né en 1799.

VIGNIER, litt. fr., anc. professeur, né vers 1793.

VIGOUREUX (LA), fameuse empoisonneuse du XVIIe siècle, fut brûlée vive en place de Grève, 1680.

VILLANI, hist. italien. 1275-1348.

VILLARET (FOULQUES), grand-maître des *Hospitaliers de Saint-Jean de Jérusalem*, prit Rhodes et s'y établit avec ses compagnons, qui furent appelés alors les *Chevaliers de Rhodes*; m. en 1329.

VILLARET DE JOYEUSE, célèbre amiral fr., 1750-1812, perdit contre les Anglais la bataille navale de Brest, 1794.

VILLARS (MARÉCHAL DE), sauva la France à Denain; m. en 1734.

VILLEHARDOUIN, hist. fr.; m. en 1213.

VILLÈLE, ministre fr.; m. en 1854.

VILLEMAIN, célèbre professeur et écrivain fr., sécrét. perpétuel de l'Acad. fr., anc. sénat., anc. ministre, né en 1790, mort en 1870.

VILLEMESSANT (HIPPOLYTE CARTIER, dit DE), journaliste franç., né en 1812.

VILLEMIN, litt. et écrivain fr., né vers 1812.

VILLEMOT, journaliste fr., né en 1811.

VILLENAVE, litt. français, né en 1798.

VILLENEUVE, vice-amiral fr., m. en 1806. Il fut vaincu à Trafalgar, en 1805, par l'amiral angl. Nelson.

VILLENEUVE DE CHENONCEAUX (VALLET, COMTE DE), sénateur fr., né en 1777.

VILLENEUVE (HUGON DE), poète et romancier franç., contemporain de Philippe-Auguste.

VILLEROI, maréchal de France; m. en 1730.

VILLEROI, médecin et statisticien fr., membre de l'Institut, né en 1782.

VILLEROI (DUC DE), maréchal de France, gouv. de Louis XIV. 1597-1685. — (FRANÇOIS, DUC DE), son fils, maréchal de France, gouv. de Louis XV. 1644-1730.

VILLERMÉ, publiciste et agronome fr., né en 1819.

VILLERS, litt. fr. 1767-1815.

VILLETTE (MARQUIS DE), membre

de la Convention, ami de Voltaire. 1736-1793.

VILLIERS DE L'ISLE-ADAM, maréchal de France. 1354-1437. — Grand-maître de l'ordre de Saint-Jean de Jérusalem, défendit l'île de Rhodes contre Soliman. 1463-1533.

VILLON (François), poète franç. 1431-1480.

VINCENT (SAINT), martyr. 304.

VINCENT (SAINT), de Lérins, moine. m. en 450.

VINCENT DE PAUL (SAINT), prêtre renommé pour sa charité. 1576-1660.

VINCENT DE BEAUVAIS, encyclopédiste fr., m. en 1264.

VINCENT (BARON DE), officier et administrateur fr., sénateur, né en 1793.

VINCENT mathém. et érudit fr., né en 1797.

VINCI (LÉONARD DE), célèbre peintre de l'école florentine. 1452-1519.

VINDEX, Gaulois vaincu par L. Rufus; se tua de désespoir. m. en 68.

VINTIMILLE - LASCARIS, grand ... de Nice. 1560-1637.

VIOLLET-LEDUC, architecte fr. Restaura avec M. Lassus, Notre-Dame de Paris, la Sainte-Chapelle, etc. Né en 1814.

VIOTTI, célèbre violoniste et compositeur d'Italie. 1753-1824.

VIRET, l'un des apôtres de la réformation en Suisse. 1511-1571.

VIRGILE, le plus célèbre des poètes latins; m. en 19 av. J.-C.

VIRGILE (SAINT), moine, m. en 624. ... SAINT, évêque, m. en 780.

VIRGINIE, ... philosophe de Rome dont la mort amena presque la chute des ...; v. 418 av. J.-C.

VIRGINIUS, centurion romain, tua Virginie, sa fille, dont le meurtre amena la chute d'Appius Claudius et des décemvirs. 449 av. J.-C.

VIRGINIUS RUFUS, général romain, m. en 97.

VERIATHE, chef lusitanien; assassiné en 140 av. J.-C.

VISCONTI, illustre famille d'Italie.

VISIGOTHS, ... peuples de la Germanie, qui s'établirent dans le midi de la Gaule et en Espagne.

VISITANDINES, dites aussi Religieuses de la Visitation, ordre de femmes, fondé à ... en 1610, par saint François de Sales et la baronne de Chantal.

VITAL (SAINT), martyr. 1er siècle.

VITALIEN, pape. 657-672.

VITELLIUS, empereur romain, m. en 69.

VITET, litt. et homme politique fr., membre de l'Institut, né en 1802, m. en 1874.

VITIGÈS, roi des Ostrogoths d'Italie, vaincu par Bélisaire; m. en 540.

VITIKIND. V. **WITIKIND.**

VITRUVE, architecte du siècle d'Auguste.

VITRY (JACQUES DE), chroniqueur fr. 1244.

VITRY (... DE), maréchal de France, tua le maréchal d'Ancre, sous Louis XIII. 1581-1645.

VITU, publiciste fr., né en 1823.

VIVONNE, maréchal de France; m. en 1688.

VIZÉ, litt. fr. 1640-1710.

VLADIMIR, nom de deux princes russes. Xe et XIe siècle.

VLADISLAS, nom de plusieurs ducs et rois de Pologne, du XIe au XVIIe siècle.

VOECE, théolog. protestant. 1583-1680.

VOGEL, compositeur de musique allemand. 1756-1788.

VOGEL, voyageur allemand, mort au Soudan, vers 1850.

VOISIN, médecin fr., né en 1794. Fondateur, avec M. Falret, d'une maison de santé pour les aliénés dans les environs de Paris.

VOISENON (abbé de), litt. fr., membre de l'Académie. 1708-1775.

VOITURE, bel-esprit fr.; m. en 1648.

VOLCES (LES), anc. peuple de la Gaule, qui occupait une partie du Languedoc.

VOLNEY, érudit fr.; m. en 1810.

VOLOGÈSE, nom de cinq rois parthes.

VOLSQUES, peuple de l'Italie ancienne.

VOLTA, célèbre physicien italien, inventeur de la pile électrique, m. en 1827.

VOLTAIRE, célèbre poète et prosateur fr., m. en 1778.

VOLTERRE (DANIEL DE), célèbre sculpteur et peintre italien. 1509-1566.

VOLUMNIE, femme de Coriolan, qui obtint de son mari la levée du siège de Rome. 490 av. J.-C.

VOLUSIEN, fils de Gallus, associé à l'empire avec son père, massacré. 253.

VORTIGERN, roi breton, périt en 485.

VOUET (SIMON), célèbre peintre fr. 1582-1649.

VOYSIN, chancelier de France sous Louis XIV. 1654-1717.

VUILLEROY, administrateur fr., président d'une section au conseil d'État, né en 1810.

VUITRY, conseiller d'État franç., président d'une section, né en 1812.

W

WAAST ou **WAST** (SAINT), évêque d'Arras, m. en 540.

WACE, poète et chroniqueur fr. 1112-1182.

WAFFLARD, auteur comique fr. 1787-1824.

WAGRAM (CHARLES BERTHIER, DUC ET PRINCE DE), sénateur fr., fils du maréchal-prince de Neufchâtel. Né en 1810.

WAIFRE, duc d'Aquitaine, résista à Pépin; m. assassiné en 768.

WAILLY (NOËL-FRANÇOIS DE), gram. et lexicographe fr. 1724-1801.

WAILLY, litt. fr., né en 1804.

WAILLY, érudit fr., membre de l'Institut, né en 1806.

WALKENAER, écrivain et érudit fr. 1771-1852.

WALDECK (PRINCE DE), maréchal général des Provinces-Unies (Pays-Bas). 1620-1692.

WALDSTEIN ou **WALLENSTEIN**, fameux gén. des impériaux, célèbre au commencement de la guerre de Trente ans. 1583-1634.

WALESKI (COMTE DE), homme d'État fr., ministre, président de la chambre des députés sous le second empire, m. en 1868.

WALDOR (MÉLANIE VILLENAVE, MADAME), femme de lettres françaises, née vers la fin de 1796.

WALKER, aventurier américain, né vers 1820, fusillé en 1860.

WALID Ier, célèbre calife ommiade, conquit l'Espagne. 705-715.

WALID II, calife. 1270-1305.

WALLACE, héros écossais, décapité en 1305.

WALLIA, roi des Visigoths, m. en 419.

WALLIS (SAMUEL), navig. angl., découvrit, de 1766 à 1768, les îles de la Polynésie auxquelles il a donné son nom.

WALLON, hist. fr., membre de l'Institut, né en 1812.

WALLONS, nom donné autrefois aux habitants de la partie des Pays-Bas où l'on parlait l'ancien dialecte, dit wallon.

WALPOLE, célèbre homme d'État anglais; m. en 1745.

WELSH, litt. fr., né en 1782.

WALTER, publiciste anglais, né en 1818.

WALTON, orient. angl. 1600-1681.

WARNACHEVIRE, maire du palais de Bourgogne sous Thierry II, livra la B. ... à Clotaire II; m. en 626.

WARWICK (RICHARD NEVIL, COMTE DE), célèbre dans la *Guerre des deux Roses*, tué à la bataille de Barnet. 1471.

WASHINGTON, fondateur de la république des États-Unis, m. en 1799.

WATT, célèbre mécanicien écossais, perfectionna les machines à vapeur; m. en 1819.

WATTEAU, célèbre peintre de genre fr.; m. en 1721.

WATTEVILLE (BARON DE), administrateur et écon. fr., né en 1801.

WERBER, célèbre compositeur de musique allemand; m. en 1826.

WEBER, célèbre physicien allemand, né en 1804.

WÉBER, physiolog. et naturaliste allemand, né en 1795.

WEISS, hist. fr., né en 1812.

WEISS, prot. et litt. franç., conseiller d'État, né en 1827.

WEISHAUPT (ADAM), chef de la secte des Illuminés en Allemagne. 1748-1822.

WELLINGTON, général anglais, commandant les forces réunies contre la France en 1815; m. en 1852.

WERNER, poète allemand. 1768-1794.

WESLEY (JOHN), fond. de la secte des méthodistes. 1703-1791.

WESTERMANN, philologue allemand, né en 1806.

WHITE, officier et publiciste anglais, né en 1794.

WICAR, peintre fr. 1762-1834.

WICLEF, hérésiarque anglais; m. en 1384.

WILFRID (SAINT), moine anglo-saxon. 634-709.

WILHEM, fond. des écoles populaires de chant en France. 1781-1842.

WILKER, voyageur américain, né en 1845.

WILKIE, célèbre peintre écossais. 1785-1841.

WILLAUMEZ, vice-amiral franç. 1767-1845.

WILLEMS, peint. belge, né en 1812.

WIMPFEN (FÉLIX DE), gén. fr., chef de l'insurrection fédéraliste (1793) de la Normandie. 1745-1814.

WIMPFEN (EMMANUEL-FÉLIX DE), gén. fr., né vers 1807, était à Sedan en 1870.

WILSON (RICHARD), paysagiste anglais. 1714-1782.

WILSON, orientaliste anglais, né vers 1789.

WISEMAN, prélat angl., cardinal, né à Séville en 1802; archevêque de Westminster.

WITIKIND, héros saxon, résista longtemps à Charlemagne. Il se soumit enfin et embrassa le christianisme; m. en 807.

WITT (JEAN DE), grand pensionnaire de Hollande; tué en 1672.

WOILLIEZ (N..., DAME), femme de lettres fr., née vers 178...

WOLF, phil. allemand; m. en 1754.

WOLF, philol. allemand, né en 1795.

WOLSEY (THOMAS), cardinal-archev. d'York, ministre de Henri VIII d'Angleterre. 1470-1530.

WOLOWSKI, économiste franç., d'origine étrangère, membre de l'Institut, né à Varsovie en 1810.

WRANGEL (BARON DE), navigat. russe, né vers 1795.

WURMSER, général autrichien. 1724-1797.

WURTZ, chim. fr., membre de l'Acad. de médecine, né en 1817.

WYKEHAM, homme d'État et ministre anglais. 1324-1404.

WYNANTS, peintre paysagiste hollandais. 1600-1678

X

XAINTRAILLES, se signala, sous Charles VII, dans la guerre contre les Anglais ... 1461.

XANTIPPE, gén. athénien, père de Périclès, vainquit les Perses à la bataille navale de Mycale, 479 av. J.-C. — Femme du phil. Socrate.

XÉNOCRATE, phil. grec, disciple de Platon, dont il continua l'école. 406-314 av. J.-C.

XÉNOPHANE, phil. et poète grec, fut le fondateur de l'école éléatique.

XÉNOPHON, connu par ses écrits et par ses talents militaires; un des chefs de la Retraite des *Dix mille*, m. en 355 av. J.-C.

XERXÈS Ier, roi de Perse, perdit les batailles de Salamine et de Platée, en 479 avant Jésus-Christ; fut assassiné par Artaban, son capitaine des gardes.

XIMÉNÈS (FR. DE CISNEROS, CARDINAL DE), ministre de Charles-Quint. 1437-1517.

XIMÉNÈS (MARQUIS DE), litt. fr. 1726-1817.

XUTHUS, fils d'Hellen et père d'Achéens et d'Ion, qui furent la tige des Athéens et des Ioniens.

XYLANDER, philologue, né à Augsbourg en 1532, m. en 1576.

Y

YANKEE, nom donné ironiquement par les Anglais aux habitants de l'Amérique du Nord.

YÉZID, nom de plusieurs califes d'Orient, de 680 à 724.

YOLOFS, nom de peuplades presque sauvages qui habitent au Sénégal.

YON (SAINT), martyr, m. en 200.

YORK. Plusieurs princes anglais ont porté le nom de duc d'York.

YORK (Frédéric, duc d'), fils du roi Georges III, gén. anglais, fut battu par les Français à *Houdschotte*, 1793, et à *Tourcoing*, 1794; m. en 1827.

YOUNG (ÉDOUARD), célèbre poète anglais. 1681-1765. — THOMAS, savant physicien anglais. 1773-1829.

YOUNG (ÉDOUARD), poète anglais. 1681-1765.

YOUNG (ARTHUR), célèbre agronome anglais. 1741-1820.

YPSILANTI, illustre famille grecque dont les membres prirent part à l'insurrection de la Grèce en 1821.

YRIEIX ou **YRIEZ** (SAINT), né à Limoges en 511, fut chancelier de Théodebert, roi d'Austrasie.

YSABEAU, médecin et agronome fr., né en 1793.

YVES (SAINT), évêque de Chartres; m. en 1115.

YVON, peintre fr., né en 1817.

Z

ZABULON, 10e fils de Jacob, donna son nom à l'une des tribus d'Israël.

ZACHARIE, père de saint Jean-Baptiste et mari de sainte Élisabeth.

ZACHARIE, roi d'Israël, fils et successeur de Jéroboam II, m. en 767 av. J.-C.

ZACHARIE, grand-prêtre, fils de Joad, fut lapidé par ordre de Joas. VIIIe siècle av. J.-C.

ZACHARIE, l'un des petits prophètes. VIe siècle av. J.-C.

ZACCONE, litt. fr., né en 1817.

ZALEUCUS, phil. grec, né vers 700 av. J.-C.

ZAMOYSKI, homme politique et agronome polonais, né en 1800.

ZAMRI, roi d'Israël, m. en 907 av. J.-C.

ZAPOLY (JEAN Ier), roi de Hongrie. 1487-1540. — JEAN II SIGISMOND, fils et successeur du précédent. 1540-1570.

ZARAGOZA, gén. mexicain ...

race indienne, en 1820, soutint contre les Français la cause de Juarez.

ZÉNO (Apostolo), poète et critique italien. 1668-1750.

ZÉNOBIE, reine de Palmyre; faite prisonnière par les Romains, en 273 elle mourut à Tibur.

ZÉNON, phil. grec, fondateur de l'école stoïcienne. 340 av. J.-C.

ZÉNON L'ISAURIEN, empereur d'Orient. 474-491.

ZÉPHYRIN (SAINT), pape, m. en 218.

ZEUXIS, peintre grec, l'un des plus grands artistes de l'antiquité. 1er siècle av. J.-C.

ZÉVORT, litt. fr., né en 1816.

ZIMISCÈS (JEAN), empereur grec d'Orient. 925-975.

ZIMMERMANN, poèt. protestant, né à Darmstadt, en 1803.

ZISKA, chef des Hussites, né vers 1360.

ZOÏLE, nom d'un critique d'Homère. IVe siècle de notre ère.

ZONARA, hist. grec du XIIe siècle.

ZOPYRE, satrape perse, s'introduisit par surprise dans Babylone, gagna la confiance des habitants et ouvrit les portes à Darius, qui faisait le siège de la ville.

ZOROASTRE, fond. de la religion des Mages chez les Perses et les Mèdes.

ZOROBABEL, ramena les Juifs dans leur pays après l'édit de Cyrus.

ZOSIME ou **ZOZIME**, hist. grec. Ve siècle.

ZOSIME (SAINT), pape de 417 à 418.

ZUNTIBOLD ou **ZWENTIBOLD**, roi de Lorraine, m. en 900.

ZUMALACARRÉGUY, gén. espagnol. 1788-1845.

ZURBARAN, peintre espagnol. 1598-1662.

ZWINGLE, célèbre réformateur suisse. 1484-1547.

ZYPŒTAS ou **ZYPŒTÈS**, roi de Bithynie, se soumit à Alexandre. 325-281 av. J.-C.

FIN.

Limoges. — Imp. E. ARDANT et Cie